跨文化研究

TRANSCULTURAL STUDIES

总第 7 辑

（2019 年第 2 辑）

王柯平　胡继华
主 编

社会科学文献出版社
SOCIAL SCIENCES ACADEMIC PRESS (CHINA)

目　录

·学术焦点·概念史研究·

·经典阐释·流亡，比较与喻象·

布鲁门伯格与现代性问题

罗伯特·B. 皮平（Robert B. Pippin）/文

武淑冉/译

摘　要：布鲁门伯格对永恒哲学历史和思辨哲学历史的攻击使他必须为正当性的标准做出辩护。他为现代知识革命辩护的方法，并不是将其与其他应对“伟大问题”的尝试性成果进行比较（哪怕仅仅是将无关历史的理性检测应用到现代性或前现代性中），而是将科学革命孤立起来。这暗示了对现代传统的另一种阐释，并抵制了问题多元化的弱化或瓦解。归根结底，在相当程度上，布鲁门伯格的现代正当性就是能够证明其自创的“正当性”和“现代性”这两个概念的合法性。从“世俗化”“基督教冲突”“理论好奇心的解放”到“现代的时代性”这四个最富争议性的地方可以看出，尽管布鲁门伯格的计划在当今享有盛誉，但在与现代主义教条的挑战中，就其全部价值而言，这一计划并未成功。

关键词：布鲁门伯格；现代性；正当性

令人奇怪的是，评判一个人是具有合法性还是犯有罪行，人们的观点会有所不同。（C'est curieux comme le point de vue diffère，suivant qu'on est le fruit du crime ou de la légitimité.）

安德烈·纪德（André Gide）①

许多人将“现代性”的高潮视为后启蒙时代西欧传统的顶峰，而此处

① 出自《伪币制造者》（*Les Faux-Monnayeurs*）的这一引语是布鲁门伯格《现代的正当性》［此著作并未出现在罗伯特·M. 华莱士（Robert M. Wallace）的译本中］中的一则警句，该著作的版本为1966年版。本文对布鲁门伯格《现代的正当性》的所有引用均出自华莱士的译本（剑桥：麻省理工学院出版社，1983年）。

恰恰是一个巨大且令人困惑的讽刺。这一情况发生于19世纪下半叶的某个时刻。由于自我欺骗和自鸣得意，这一全新之物似乎突然变得异常古老且“过时”，并似乎“真正”沦为对古老宗教意识的表述，或成为表达前现代甚至原始意识的用语，或成为表达遗忘“存在”（Being）的措辞。在这样的语境下，要真正实现“现代”（即上面所指的讽刺），就是要实现“现代主义”，就是要从现代性的结尾处对其观照，由此我们可以揭示出这样一个真相：现代性无力兑现其建构新开端的承诺。作为画家、诗人、作曲家或思想家，他们可能坚定地站在伟大历史鸿沟的另一边。沿彼处观望，可以看到言说的连续性，亦可瞥见苏格拉底和培根，或奥古斯丁与笛卡尔，以及他们所呈现的诸种选择的坍塌。与此同时，他们可能正在向整个领域挥手作别。

启蒙运动文化仍是当今占据主导位置的“正统”文化，但也面临着现代主义的质疑。在这一质疑的长久余波中，新近出版的译作——汉斯·布鲁门伯格（Hans Blumenberg）的《现代的正当性》（*The Legitimacy of the Modern Age*）——恰恰是这一书名，成了引发争论的直接因素。1600年，乔尔丹诺·布鲁诺（Giordano Bruno）被判决烧死在柱子上。在布鲁门伯格看来，布鲁诺公然将脸从十字架前转开（呈现在他面前的十字架是他得以救赎的最后机会）的英勇姿态理应被视为富有英雄气概和具有历史决定性的意义。布鲁诺的这一姿态是对典型现实的一种拒绝，是对一种全新思想形式的表达。“诺拉人”（Nolan）确实跨过了一道真正的门槛，而这道门槛将现代性与前现代性截然分开［将布鲁诺与站在这条分隔线另一边的库萨的尼古拉斯（Nicolas of Cusa）分离开来］。在布鲁门伯格看来，新的就是新的，而非迟来的。并且，在后尼采（post-Nietzsche）时代和后海德格尔（post-Heideggerean）世界中，那些异端的东西要优于旧的东西。用一个简单的词语表述，现代性的“自我断言”就是“正当性”。

布鲁门伯格的书在面世之初便引起诸多争论，并引发了来自洛维特（Löwith）、伽达默尔以及其他直接或间接批判该书的学者的强烈反应。在这样的情形下，布鲁门伯格创作了第二个版本（1976）。这一版本在原来的基础上加以改动和扩充。罗伯特·M. 华莱士（Robert M. Wallace）译本所采用的正是这一版本。华莱士的翻译归属于麻省理工学院出版社的《当代德国社会思想系列研究》（*Studies in Contemporary German Social Thought*）。此书的大部分观点仍支持这一重大学术转型的重要性。但是，一旦布鲁门伯格从与对手争论的细节中走出，他几乎便创造出这样一种问题和争论：无论是在美国还是在欧洲，这一争论都没有相应的清晰而天然的观众。他不仅试图确定现代科学英雄所怀有的动机的正当性（这已然是一项超越了标准观念史的任务），还力求对他所使用的正当性标准加以阐释，并予以捍卫。后一个目标促使他提出了一种雄心勃勃的历史哲学——“反思辨”的历史哲学，尽管这又是一种没有明确先例的提法。以下正是其最为雄心壮志的断言：

> 我们将要把自己从这样的想法中解放出来：那些“伟大问题”具有固定标准。在整个历史上，这些伟大问题以一种永恒不变的紧迫性占据了人类的好奇心，并激发出人类对世界的自负心理和自我阐释。（第 65 页）

如果这一断言正确，那么正如其所暗示的那样：要判定哪些问题必须被提出以及哪些问题是“正当的”，并没有一种独立的方法。要解决这一问题，要么通过一种方法论的现象学（像黑格尔派、胡塞尔派及海德格尔派哲学家那样）来确定，要么这一问题本身就是先验的、自然主义的或实用主义的。从这个意义上讲，布鲁门伯格的雄心壮志——他不仅试图竭力表明，在某个时代，一个问题是如何成为需要被回答的问题的，并且力图说服人们，需要被回答的那个问题是如何获得正当性的，及其具备正当性的原因——失败了。而布鲁门伯格所指的“正当性”是这样一种标准：它似乎隐含着远超历史紧迫性的意味。接下来，我将讨论两个问题：一是布鲁门伯格范围广大的历史性叙述，二是其范围更为广大的哲学性“正当性策略”。在下面的论述中，我持如下观点：尽管布鲁门伯格的计划在当今享有盛誉，但在与现代主义教条的挑战中，就其全部价值而言，这一计划并未成功。

为了证明这一点，我们有必要对布鲁门伯格所做的历史叙述中的大量细节进行回顾，因为支持其思想的证据就藏身于这些细节中。当你确实开始领悟历史叙述的细节，尤其是洛维特、伽达默尔、施特劳斯和阿伦特，甚至是尼采和海德格尔所做的那些令人生畏的历史叙述的细节时，你就会识别出，布鲁门伯格这本 670 页的书不过是故作谦虚。

就布鲁门伯格研究现代性“问题”的方法而言，尽管他是在鲜明地捍卫现代事业的进步本性，但与上述思想家相比，他却显得狭隘和迂腐。他的大部分关注点集中于晚期经院哲学和早期现代哲学—科学传统。他的目标始终是证明这样一个观点：在这一时期内，那些被提出的尤为特殊的问题即使不是自发的，也是新的，而且是“正当的”。此外，布鲁门伯格的方法暗示了更大范畴的出现。同时，经常被提及的另一方法也隐含了这一点。这一方法指的是对任何一种“整体论”的坚定拒绝。“整体论”将使现代知识传统淹没在更为广大的根源中（要么是社会根源，要么是历史根源，要么是本体论根源）。尽管如此，布鲁门伯格仍旗帜鲜明地坚持认为：诸如知识、理性、天性或进步等现代范畴所具有的意义这一问题，只能在有限的“对话”语境中提出，而这一语境要比通常所假定的语境有限得多。布鲁门伯格的方法总是在竭力表明，在这样的语境中，只会提出这种问题，只会出现与这种问题相伴的困难，只会出现与之相应的可能性回答。[①] 或者（我从布鲁门伯格的观点中推断），在布鲁门伯格看来，霍克海默（Horkheimer）和阿多诺（Adorno）怀着启蒙理性的概念来寻求启蒙“辩证法”的偏好是错误的。因为在尚不掌握对话细节的前提下，他们不可能理解“理性”的概念，而“理性”的概念正是从对话中发展出来的。[②]

总而言之，布鲁门伯格对永恒哲学历史和思辨哲学历史的攻击迫使他为正当性的标准做出辩护。他为现代知识革命辩护的方法，并不是通过将其与其他应对“伟大问题”的尝试性成果进行比较（哪怕仅仅是将无关历史的理性测试应用到现代性或前现代性中），而是将科学革命孤立起来。这暗示了对现代传统的另一种阐释，并抵制了问题多元化的弱化或瓦解。其中，现代传统总是强调对处于险境中的特殊“对立对话”的识别，而其识别范围涵盖了现代性中的各个领域。并不存在跨越所有历史的一系列伟大问题，现代科学只是其中一种附属现象。现代精神（geist）也不存在。更为

① 参看“让·埃费尔（Jean Effel）在《快报》（*L'Express*）上发表的一幅漫画。漫画再现了戴高乐（De Gaulle）召开记者招待会的情景，并配有如下文字：‘先生们！现在请对我的问题给出回答！’这些配词用来描述这样一种程序，而这一程序将被用于解释如下逻辑：某一历史时期优于另一历史时期”。（第379页）

② 如果其方法中的这一点能够得到有效辩护，那么它将有助于支持理查德·罗蒂（Richard Rorty）近来所持有的言论。他的言论与我们应当如何阅读现代知识传统的故事有关。关于布鲁门伯格，罗蒂甚至这样写道：“我们赞同尼采和海德格尔的看法，他们认为哲学传统几乎完结；我们认同卡莱尔和福柯的观点，他们认为艺术和科学已然完美融合；我们对马克思的观点也深信不疑，他告诫我们，不要相信那些说谎的资本主义出版社所宣扬的有关现代世界的东西。现在，在这一方面，我们又拥有了一个拥护者。”参看《伦敦书评》（*London Review of Books*），1983年6月16日—7月6日，第3页。

精要的概括是，归根结底，布鲁门伯格的现代正当性就是能够证明其自创的“正当性”和“现代性”这两个概念的合法性。这两个概念虽不易记忆，却极富挑战性。

当然，在不关注布鲁门伯格所做分析的前提下，这些更具系统性的问题无法得到充分探究。在接下来的部分，我将把关注点放在布鲁门伯格四部分研究中最富争议的地方。我将这几个部分分别命名为：“世俗化”（secularization）、“基督教冲突”（the Christian contradiction）、“理论好奇心的解放”（the liberation of theoretical curiosity），以及“现代的时代性”（the epochality of modernity）。

一

关于世俗化问题。全书以一种与自身理论高度契合的方式，将其写作缘起归结于 1962 年与洛维特开展的一场特殊“对话”。这场对话的主题是“进步”这一现代概念的起源及意义，更确切地说，是关于“现代”的看法。对话中关于“现代”的看法是，总有无限的进步，并且，这无穷无尽的进步正是人类历史的“意义”所在。处于这场争论中心的是这样一个问题：现代信仰是否正是基督教末世论的一种“世俗化”表现？其中，“现代信仰”指的是，在所有具有决定性的方面，历史不是静止的、循环的、混乱的，而是进步的。现代信仰作为线性历史阐释的一个版本，成为其核心精神的，是否只能是“道成肉身学说”和“末日审判教义”所要求的那种核心要义。此外，正如布鲁门伯格在这部分所正确指出的那样，所谓“进步问题”，不过是对大量现代观点和现代实践所做的一个具体例证，而这些现代观点和实践常常被随意地视为基督教主题的世俗化。从西方文明的源头到社会学研讨会，再到碰撞思维火花的闲聊，人们常常会听到以下观点，并对此深信不疑：现代的职业道德是基督教自我克制和至善准则的世俗化；现代的自我披露文学是虔诚文学和忏悔文学的世俗化版本；对认识论上确定性的现代性追求，是对可靠救恩的世俗化尝试；政治平等的现代观点是基督教中“上帝面前人人平等”观点的世俗化表现。抑或在不同的环境中，人们还会听到如下见解：关于“政治权威”这一现代概念，其诸多方面并非源自诸如契约、权利和自由等现代原则，将其视为神圣权威的世俗化表现反而更合适；或者，科学自身仅仅是“我们的”宗教而已。当然，乍看之下，以上所有观点对现代性的解释都显得非常自然。的确，我们很少在周围看到“神圣”之物，也不再虔诚地相信其存在。当我们意识到现代哲学传统已无法为现代工程提供任何类似于共同“基础”的东西时，那些“神圣”之物恰恰为我们指出了残余信仰的宗教来源。此外，笛卡尔关于现代性消融的神话的观点非常极端。现代性消融的神话指向的是与前现代宗教信仰的关联，它是一场彻底的悬置，其悬置对象是所有先验信念和原始开端。

然而，布鲁门伯格的观点主要集中于进步的问题，以及洛维特所持有的世俗化论点。① 这使其受到某种限制，无法在广泛的范围内探索世俗化这一巨大主题。将目光聚焦于洛维特身上的同时，布鲁门伯格还选取了另外一位作者。在这位作者看来，根据事实本身，要证明现代概念是基督教概念的世俗化，就是要“取消其正当性”。就是要表明，现代性的自我理解就是自我欺骗。但在一些世俗化理论家看来，情况断然不是如此（黑格尔就是一个鲜明的例子）。然而，在与洛维特的论争中［在这一章节的后面部分，其论争对象还有魏兹泽克（Weizsäcker）、卡尔·施密特及其他一些人］，布鲁门伯格确实以一种典型的方式成功讲出了很多东西。他所说的显然旨在强调普遍性问题，而他那与众不同的观点其实很简单。布鲁门伯格为以下观点摆出证据：仅靠基督教末世论，已无法为进步的现代概念提供基础。他还认为，人们通常所持有的观点——末世论的历史概念以某种方式进入逐渐世俗化的世界，并在这样的环境中，受外因驱动而转换为世俗化的概念——是错误的。更确切地说，“末世论被世俗化的观点是错误的，与此相反，世俗化是由末世论造成的”。换言之，那些末世论的观点是被自身世俗化的。为支持前一个观点，通过提出如下观点，布鲁门伯格论证了这一不合理的类比。这一观点指的是，“拯救”这一末世论概念来自外部，而进步的理念却由内部产生；末世论怀着恐惧或预感观望未来，而不是抱着进步理论中的希望眺望远方；“无限进步”这一概念已然无法充当将无限的神圣特质转移到人类历史中的媒介。因为无限的历史任务，甚至是不确

① 参看华莱士有益的导读及其文章：《进步、世俗化和现代性：洛维特与布鲁门伯格的辩论》（Progress, Secularization and Modernity: The Löwith/Blumenberg Debate），《新德国批评》（*New German Critique*）1981年第22期，第63—79页。正如接下来笔者所清晰呈现的那样，我并不同意华莱士的这一看法：布鲁门伯格已经回应了洛维特的所有批评。关于这一点，参看洛维特对布鲁门伯格的评论。此评论载《哲学评论》（*Philosophische Rundschau*）1968年第15期，第195—201页。

定的历史任务这一世俗化概念，已与更为艰涩复杂的历史任务达成和解。这一世俗化概念不再补偿历史的“神圣”特质，反而成了“屈从”这一令人沮丧的形式的契机。为论证后一个论点，他指出，在《新约全书》中，末世论自身并不具备被转化为任何历史概念的特质。因为其真正的作用在于，为支撑救赎观念而对历史的全盘否定。只有提供更多基督不会随时离开的证据，一种关于世界和人类历史的观念才会发展起来（内在于基督教传统）。而这正是布鲁门伯格在末世论观点未实现自身预言的压力下，通过宣称末世论的自我“世俗化”所要表达的意思。这一努力旨在使人类与堕落世界的持久存在这一事实达成和解。

然而，令人感到意外的是，在对末世论的批判中，就其关键点是什么这个问题，布鲁门伯格在本书的第一部分中很少准确给出说明。毕竟，对末世论和现代进步观念所做的不恰当类比应当不会引起洛维特的格外关注。布鲁门伯格并未宣称进步的现代概念是基督教末世论，而只是表示，对以下设想他无法给出解释。这一设想指的是，在西方思想史上成为如此强大信念的进步观念是如何摆脱对“基督教假想”的依赖的。其中，“基督教假想”指的是，对进步观念而言，作为整体的人类历史对其一定有某些促进作用。而天文学和物理学中的进步不足以解释上述假想。这几乎不可能是一个自古就有的人类假想（在希腊人那里，这一假想并不存在），因此，它一定是在基督教传统的深远影响下产生的。洛维特总是富于创意地做出如下设想：就消除这一观点——关于进步的现代信仰全然是现代的，因而也是合理的——的权威、揭露其自我欺骗性而言，必要的基督教“视野”已经足够。但是布鲁门伯格的大部分批判并未真正走到洛维特所要表达的核心上，反而更像是一些无足轻重的限制条件。

更令人诧异的是，当这些问题被小心翼翼地充分展开时，布鲁门伯格竟然同意了洛维特在这些问题上的大部分观点及其他看法。在布鲁门伯格的所有批评中，他坚持认为，正如将历史的“意义”看作一个整体一样，关于进步的现代观念也是前现代传统品质不恰当甚至不合法的剩余。它无法将其起源追溯到现代性自身。尽管前现代的内容并无对应的世俗化表现，而仅仅是对基督教传统已然勾勒出的领地的“重新占领”，现代性还是无法（“悲剧性地”）抗拒如下事实：以一种新的方式尝试侵入基督教传统。

因此，众所周知，现代已不可能拒绝对历史总体性问题的回答。

> 从这个意义上讲，使用后中世纪时代方法的历史哲学是回答中世纪问题的一个尝试。在这个过程中，进步观念被推至普遍层面。作为一项主张，这一普遍性过分扩展了其范围，其范围是原始的、在地区范围内受限的、在客观上受限的。（第48—49页）

然而，鉴于此，读者可能想知道，在“世俗化”与“重新占领”对抗的模式中，其可能性支柱是什么。或者，读者仅仅想搞清楚这么一个问题：如果大家公认的这些被现代性“重新占领”的广大领土不属于现代性，那么在现代性中，什么是“正当的”？此外，这个问题恰好证明了书中大量有趣的内容，因为此书相当大的部分已转向了那些看起来极为微小的议题或语义学问题。我认为，真正的问题与洛维特、魏兹泽克或施密特几乎已没有关联。对布鲁门伯格而言，澄清概念转变的本质和动机才更为重要，而这一概念上的改变内在于某一传统。正如前面提到的那样，布鲁门伯格正在为一个决定性概念的转变建构一种完全内在的叙述。这一叙述表明了现代的自我“认定”是如何成为唯一的可能性回应的。其回应对象是那些由基督教知识传统所引发的深刻且矛盾的问题。同时，他声称（其行文多半在暗示这一点），他的方法是解决关于连续性、范式、正当性或“我们看待事物方式”等问题的唯一方式。（从这个意义上讲，相比于黑格尔所做的形式认识论阐释，其阐释对象是对先验世界或“外部世界”存在可能性的否定，我们或许可以将布鲁门伯格的叙述称为一种内在叙述或“划时代”剧变中出现的一个现象。）在笔者看来，这必然要求布鲁门伯格为以下问题做出解释：为什么“现代发觉无法回答历史总体性的问题”？澄清某些代代相传的问题具有“非商讨性”之意图何在？此外，他何以能够断定这一点：凭借一种几乎处于原始状态的独立性，知识传统能够被孤立出来？但就目前而言，布鲁门伯格的主要任务是向我们表明，基督教传统自身产生了各种各样令人绝望的困境，而这些困境拉开了现代“解决方案”的序幕。

关于基督教冲突问题。布鲁门伯格在此处刻意讲述的故事令人如此着迷，以至难以总结。或更确切地说，是难以充分总结。他以简明扼要的主张陈述了其整体理论，开启了他在这部分的论述。其断言虽然非常隐秘却简洁有力：“现代是对诺斯替主义的第二次克服。”（第126页）这可能意味着什么？尽管在此处我无法总结出支撑以上论断所需要的详细证据，但不容否认，布鲁门伯格使这个怪异的论点变得看似合理，乃是全书的重大成就之一。大体而言，这一论证可分为以下两个部分。

首先，布鲁门伯格将诺斯替主义视为基督教最大的异端邪说。这主要是因为，对于基督教自身的所有问题而言，相较于“非异端”的官方基督教，诺斯替主义与早期基督教传统的基本原则更为一致。要将作为造物主的上帝所拥有的绝对权力与世间邪恶的存在调和起来异常困难。鉴于这一巨大难题，马克安（Marcion）和其他神学家因论证上帝并不对物质世界的邪恶负责，为之负责的是“坏的”造物者，而享有令人羡慕的理论优势。显然，为了调和作为造物主的上帝和作为救世主的上帝（作为救世主的上帝指的是，亲自以其无限权力建立这个世界，却“需要”对它进行拯救的上帝）之间的矛盾，官方基督教不得不坚持上帝“至高”这一概念，并为邪恶的出现提供了另一种解释。奥古斯丁对诺斯替主义的“第一次”克服所包含的巨大意义由此彰显。奥古斯丁对诺斯替主义的克服所凭借的办法是，让人为世间恶的存在承担责任，而不是让上帝或造物主为之负责。然而，正如布鲁门伯格所言，这是一个付出了高昂代价的解决办法。其代价在于继续坚持上帝绝对主权与上帝全能的看法，但这是一个具有爆炸性的观念。在整个中世纪，这一观念持续发展，由此变得越来越不稳定。之所以如此，主要是因为以下这一点：全能观念与人类邪恶之间的联系被认为是人间“神圣”秩序消失的开端。当神圣全能观念所产生的影响按照合乎逻辑的推论被加以操纵时，对世界所做的任何一种推理正确的连贯性解释、符合逻辑的论断或合理的规划都将被视为对上帝权力的限制，而这令人无法接受。于是，秩序消失就为现代的“自我认定”的可能性做好了准备。[“世间信仰的崩塌使人类第一次成为富有创造力的存在，并将人从其自身活动中所包含的灾难性催眠物中解放出来”（第139页）。]

以上解释提出了几个问题，而许多学术问题是最重要也是最难以简要论述的。在对基督教的质疑中，诺斯替主义遗产是否如布鲁门伯格所暗示的那样，占据主导位置且富有感染力？其中，诺斯替主义对基督教的发难以基督教知识传统“为据”。在目的论的可能性被摧毁的废墟上，在唯名论日渐声势浩大的氛围下，在上帝“隐身说”越来越汹涌的情形中，在不断质疑世界品性“寡廉鲜耻”的声讨中，要求全能上帝扮演神圣角色的信念是否曾一度激增？在人类“自我认定”的口号下，就对世界进行现代“拯救”的起源而言，这些要求是否确实有益？其中，有多少是关于真实历史影响的叙述？许多更为理论化的阐释性问题是经过浓缩的，这使布鲁门伯格难以直接回应这些问题。在他的描述中，关于自然（材料—运动中的物质，最终只是作为原料而被加以操纵或“控制”）的现代概念的起源与神学传统相关。是否正因如此，这一概念才只能被理解为一种“重新占领”？而“重新占领”的领域则是由神学清晰界定的（即使这一领域处于神学传统的末路）。在我看来，尽管这个问题在其书中尚未被论述，却是最有趣的一个。布鲁门伯格借用了尼采的观点，简洁地对以上问题做出了回应。关于这一点，书中有几处暗示。他所借用的观点是，现代科学事业已无法将自身从它的基督教传统尤其是神学设想中解放出来（参看第139—143页）。

然而，为了与上述语境保持一致，我们在此处要追问的中心问题是：假设其在学理上讲得通，布鲁门伯格的解释是否有助于我们理解现代观念中的决定性起源？布鲁门伯格是否能够为其基本观点做出辩护？他的基本观点是，两个时代之间不存在“鸿沟”，它们也不是对基督教主题的重复。在这部分的第二个重要论断中，他采用了一个有趣的策略。通过提出以下问题，他竭力表明基督教—诺斯替主义的重要性：“那些我们将之与现代性相联系的动机、目标和世界观为什么没有先于基督教出现？”诚然，伊壁鸠鲁的原子论[①]表明，它似乎已经出现了。

布鲁门伯格竭力表明，在两种语境的交织缠绕中，复兴德谟克利特的原子论是何其困难。两种语境：一是伊壁鸠鲁和卢克莱修，二是由上帝神圣绝对权力、唯意志论以及神学传统所造成的世界的不确定性。实际上，如果没有后一个语境，伊壁鸠鲁就能够为“抵消”人与宇宙的关联做出努力。他的目标是提出一种自然观，这一对自然漠不关心的姿态，牵涉到斯多葛哲学的自然观及其是否正当的问题，在哲学史上极为重要。这显然假定了如下观点：如果机械原子论是正确的话，那么所有的解释都将被要求为以下的观点做出合理解释，或将其推进一步。这一观点是，从理论上讲，自然的“可中和性”不具有足够的威胁力。如此一来，所有伊壁鸠鲁主义者所要做的就是“排除不确定性”，而非“创造确定性”（第182页）。然而，举例来说，在笛卡尔的哲学中，历史性发展导致世界与上帝（以及应当有的期待）之间

① 如果读者对布鲁门伯格方法中更为明确的例子感兴趣的话，可参考其《哥白尼世界的起源》（*Die Genesis der Kopernikanischen Welt*），法兰克福：苏尔坦普出版社，1975年。同样，在此书中，布鲁门伯格不仅竭力表明哥白尼是如何反抗充满谬误和幻想的传统的，更揭示出这一传统自身所蕴含的创造出哥白尼这一人物的“可能性”（如此，便可解释阿里斯塔克学说的影响，其学说与哥白尼的观点截然相反）。

不再有任何理性联系，也导致诸如心神不定、不确定性和对自然潜在的虚假性等体验的产生。而这远比斯多葛学派中的情形更为紧迫，且更具有威胁性。因此，对笛卡尔而言，世界的物质性一定意味着某些不同的东西。实际上，“从根本上讲，把世界简化为纯粹物质不是一个理论命题，这一命题必然会对抗传统的真理。但可以把它说成是一个理性的假定，一个自我认定的假设——理性能够为其在世界上的可能性作担保”。（第205—210页）

实际上，神学传统引起了恐惧。此处的“恐惧”指的是，在物质世界中，任何事情都是可能的。那些曾认定物质只是一种明确假定的人，此时面对物质所引发的实际结果，已无法再“无动于衷”。他不得不征服自然。只有在那一语境中，机械原子论或其他任何可能是科学的世界观才会发展成一项探索事业。在这项事业中，对物质事件细节所做的任何持续追问，都能找到其动机。

这一切构成了一幅早期现代性图景，尤其是关于笛卡尔时代的图景。这一图景不同寻常却备受欢迎。这并非从表面上判断笛卡尔基础主义形而上学的价值，而是以一种实用意图为其理论性观点打下基础。布鲁门伯格认为，在历史语境中被解读出的意图，正是笛卡尔哲学的正当性，而不是其根基的表面价值。这一根基指的是清晰的“我思”与清楚的上帝观念结构。① 此时，将布鲁门伯格的阐释与列奥·施特劳斯进行对比将很有趣。施特劳斯同样强调现代性的实际起源。尽管在某些情况下，由于神秘主义的纠缠，在施特劳斯及施特劳斯学派的阐释中，这些问题变得更为复杂。在施特劳斯看来，实际的意图往往是一种政治科学主义，一种旨在征服的“意志”。因为，形而上学或任何种类的第一哲学要么像一位姗姗来迟的特洛伊英雄，要么是多余的角色。然而，在“古今之争”（quarelle des anciens et des modernes）中，“意志”的起源往往被施特劳斯学派通过与古代对比的方式加以解释。好像抛弃古代是“意志”的必要前提和充分条件。在布鲁门伯格看来，中世纪不仅仅是一个中间时期。他以异常坚定的态度强调中世纪的重要性。对存在问题的思想传统，他也同样加以强调。这一知识传统催生了现代性的动机，并堵死了回归古代之路。布鲁门伯格富有极强说服力的观点与施特劳斯的解释形成了一个意味深长的对比。

然而，就其全部价值而言，布鲁门伯格所使用的方法的价值或许比它

① 显然，那些在实际中出现的问题与理论上存在的问题是一致的。然而，最重要的是关于优先性的问题，以及就人们该如何解读笛卡尔文本的整体性这一问题所给出的某种决定。

本身所能承载的更大。在这部分中，他继续使用了先前的方法，把巨大的力量和影响归因于内在知识传统中的混乱、矛盾及其所形成的解决方案。他似乎并非意在表明这一点：神圣绝对权力和唯意志论的矛盾促成了现代的动机，从而可以用一种不同的方式观照自然。这似乎是他所相信的关于动机的唯一来源。① 一个问题缘何成为一个需要或最需要被回答的问题，或许与"先在"于它提出的那些问题密切相关。然而，暗示其他历史的、社会的、政治的甚至私人的、心理的因素在其中未起作用，这似乎极为异常。我们不必是一个粗略的简化论者、一位渊博的社会学家、一位尼采式的谱系学家、一位福柯式的考古学家，但无论如何，至少应对这一点保持警觉：就现代性诞生的内在动机而言，"问题"和"答案"相互影响这一说法可为其做出部分解释。当然，以下三者——中世纪宫廷文化、教化（指的是黑格尔对现代精神起源所做的解释），以及个人意志和精神——所带来的影响在其中发挥了某种作用。要搞清楚如何将这些碎片整合在一起向来是困难的。然而，在笔者看来，至少在这个问题上，就其完整的阐释而言，黑格尔在其现象学中对"自我异化的精神"（sich entfremdte geist）的解释似乎更为合适。

然而，如果要追踪这条线索，无疑是离题万里。鉴于黑格尔在通常意义上所被解读的方式，要探索黑格尔所使用的方法，就意味着要专注于其难以操控的形而上学体系，而这一体系与在时间中自我显现的"宇宙精神"相伴相依。此外，还需专注于在历史性迈向智慧的历程中所出现的"必然"阶段，以及对"封闭的"同一理论中差异性和个体性的摧残。近来，对黑格尔哲学进行神学的和形而上学的解读再次大行其道。因此，基于这一情形，黑格尔的声音在布鲁门伯格的阐释下被淹没了。然而，要表明布鲁门伯格与黑格尔的相关性（没有形而上学的包袱），就是另外一个话题了。

随后是关于理论好奇心的解放问题。这部分在全书中所占篇幅最长，布鲁门伯格将其命名为对好奇的"审判"。该部分列举了从苏格拉底到伊壁鸠鲁，再到伏尔泰、康德、费尔巴哈及弗洛伊德等众多哲学家。在这一叙述的下一个阶段，问题转变为：在上面详述的语境中，现代性的理论好奇心是如何自我定义、自我理解、自我正当化的。而它为什么会成为一个"值得好

---

① 这体现在他所列举的众多例证中，参看其对奥康唯名论的解释（第188—189页），以及他随后对海德格尔所做的批评，或参看其论点——要解释历史上所发生的许多事情，就要关注那些人类提出且试图回答的"问题"，而不是着眼于任何隐秘的动机（第191—192页）。

奇”、几乎可以说令人着迷般好奇的问题呢？这种着迷呈现出一种摆脱传统假定的样貌，而这一假定关乎知识的“价值”问题。上帝神圣绝对权力和唯意志论之间形成了悖论，如果这一悖论引发了对世界强烈的不确定感，导致上帝的“隐匿”，那么也将为阐释和决断性带来压力。既然仅凭“信仰”无法解除压力，那么关于好奇的现代观念又如何能够解除这一压力呢？

此外，布鲁门伯格的叙述遵循一种黑格尔式的思想原则——辩证法。关于这一点，可做如下描述：“在经院哲学的完美梦境中，摧毁性已然潜伏其中。”（第336页）完成与摧毁的辩证牵涉到一个问题：那些试图为理论好奇“体系”进行辩护的历史为何最终都自相矛盾？换言之，为理论好奇“体系”进行辩护是指反对无限的好奇。而这种无限的好奇旨在支持一个更高的目标，或一个比好奇得到满足后所能实现的更为重要、更为普遍的目标。为这一进程所做的论证牵涉到对交替阐释的双重否定。首先，布鲁门伯格否定了这样的观点：科学知识的动机及我们对其意义的感受产生于“自然的”必然性——一种生存的必然性。经过历史发展，科学或许已然使自身成为生存的必需品，但这一事实并不能论证其自然的必然性，无法对特殊起源做出解释，同时也无法阐释现代好奇心的自我理解（self-understanding）。此外，就那些为理论好奇“体系”进行辩护的人所许下的最初的承诺而言，这样一种自然主义的实用主义并不公正。他们的诺言是：科学一定会使人变得更好、更快乐，而不只是“可能的”。其次，布鲁门伯格否定了任何一种这样的假定。这一假定是指，对包括哲学、自然科学、数学、宗教和艺术等所有门类的知识抱有永恒的、广泛的“渴望”。事实上恰恰不然，这种自然渴望在中世纪受到了专横压制，但它与迷信的枷锁不断斗争，最终在文艺复兴时期获得解放（参看第233页）。人类想要知道的东西，以及他们为什么想知道往往比渴望本身更为独特。如果几乎中世纪的所有事业都被贬低为迷信、愚昧和错误，那么中世纪的意义和动机将无法得到公正的评判。

布鲁门伯格的另类解释是很好的例证，它证明了其追寻的、每个时代都要尽力回答的那些问题。有时，“划时代”的功业背后所隐藏的问题并不明晰。在这种情形下，布鲁门伯格将花大量篇幅、罗列众多细节来对这一语境进行描述。在这一语境中，对现代好奇表示支持的人将不得不坚定不移地坚持其立场。他以苏格拉底的“第二航程”（deuteros plous）开篇，其笔墨远远超过我的预期。苏格拉底的“第二航程”指的是远离阿那克萨哥拉式的对自然哲学的关注，转而投身于“人间事务”。对布鲁门伯格而言，这开启了传统观点与以下断言的辩论：理论好奇具有独立价值，实践目标具有更高的价值。而这两个断言相互关联，同时出现。布鲁门伯格关注了从斯多葛学派到怀疑主义，再到奥古斯丁学说及基督教传统的论争。其中，基督教传统将其焦点放在对所有其他目标拯救的优先性上。在这种情形下，布鲁门伯格做了更多。他甚至借最伟大的“现代奥古斯丁”——海德格尔为他对现代好奇的谴责做出辩护。这大量存在于布鲁门伯格所做的重要的叙述及这些叙述为自身所制造的张力中。这有助于我们相信布鲁门伯格对现代好奇所做出的断言，但其中也存在严重缺陷：它以提出许多问题的方式将这些观点人为地组合起来。而此处所体现出的这一缺陷比书中其他地方更明显。

举例来说，为了从理论上说清苏格拉底拒绝“自然”哲学是为了支持“人间事务”的观点，布鲁门伯格草率地采用了一种西塞罗式的粗糙观点(参看第248页)。在笔者看来，或许更简单的做法是，认定苏格拉底没有拒绝对自然的询问，而是对“原因”这一自然概念的充分性加以挑战。这一挑战指的是宣称其解释不仅是错的，而且是不完整的，同时要求终结思辨哲学。或许，更简单的是做出如下判断：为了支持自我认知的观点，苏格拉底并没有远离自然探索，甚至不认为这些问题是不可分割的，并断言经过“回忆”重新获得的不是“这”本身，甚至也不是灵魂，而是“理式”，“理式”才是真正的“自然”。具有讽刺意味的是，当布鲁门伯格注意到苏格拉底功业的另一面时（确实，这一面如此突出，他不可能不注意到），他选择了满足于自身范畴，并因柏拉图式的苏格拉底哲学忽略了这些范畴而对其加以谴责。“然而，在理式世界中（理式世界存在于柏拉图式的苏格拉底哲学中），可见世界的基础仍无法与苏格拉底对宇宙理论所持有的排斥观点轻易达成一致。”（第254页）在对“经济”理论历史的叙述中，布鲁门伯格草率地将苏格拉底纳入其中。笔者以为，两者的不可调和性或许会使他的这一轻率做法暂停。

布鲁门伯格的叙述线索足够清晰。他以苏格拉底坚持自我认知的优先性为叙述的开端，接下来叙述的是伊壁鸠鲁对自然的冷漠，然后是将理论普遍哲学化这一令人质疑的希腊化做法一直叙述到中世纪早期和晚期对诸如上帝“正义”这些事物的强调。而上帝的“正义”正是其自我创造的秘密所在。接着，他叙述了德尔图良对认识价值的约束，而这些知识是指与拯救相关之物的知识。在随后的叙述中，他提出，探求物质世界这一诱惑具有极大的危险性，它可能使人失去灵魂。此外，他还论述了相当成问题的自我认知，而这种自我认知是由古代和中世纪对好奇心的限制所导致的。首先，在异端邪说中，其难题显而易见（也就是说，在回应异教徒方面，一定数量的理论推测和探究是必要的）。其次，在对科学的依赖日渐增强的背景下，即使就宗教目的（为复活节确定日期）而言，其问题也一望便知。在以下情形中，问题表现得尤为明显：奥古斯丁试图向异教徒阐释永恒惩罚的现实可能性，以尽力避免对“全能的特殊祈求”。

> 奥古斯丁的论证前后不一致，其不一致本身意义重大：一方面，他可以为自己提供基础。在这一基础上，他立论坚持世界的规则性，并将那些假定的神迹视为表面迹象，而这些迹象正是由我们未知的规则所造就的。在处理异教徒及其所持有的宇宙观念这一问题上，他所凭借的只是这样的方法。另一方面，他又恐惧合法性。因为在合法性面前，申诉将被提出。这一申诉不仅会为人类的好奇心理赋予正当性，并且由于其对理性的强调，在未来也会对人类的好奇心加以超越。其中，申诉所强调的理性只是上帝自由意志中被有限承认的一个部分。（第320页）

就这一具有反讽意味的问题而言，这只是其众多例证中的一个。这个问题意味着，必须搞清楚对理论启蒙的需求是如何重要且具有潜在的危险性。从理论上讲，什么东西是必须认识的？此外，恰恰是这样的企图——诋毁理论知识的重要性、质疑堕落世界具有足够知识的可能性——使其在反对理论活动自身的论证（如果理性如此重要，那为何人还会焦虑不安？）中难以投入更多的精力。

> 将神学的自负提高到最大限度，并以其压倒理性，这导致了意想不到的后果：在对世界的解释上，神学的角色被降低到最低限度。这就为理性成为一种新科学的器官做好了准备，而这种新科学将从传统中解放自身。（第347页）

就解放好奇心而言，没有哪种反对观点认为好奇仅仅是一种自我辩护。

在支持好奇应当受到约束的论争中，逐渐减少的同一性使好奇的“自我认定”成为可能。但现代性仍要求对自我认定给出绝对的正当性，并在“效用”这个概念中发现这种正当性。从培根到笛卡尔，再到伏尔泰，在其铺就的语境中，“效用”这个概念可以被稳定地调用，从而被借以复述经院哲学家对徒劳而懒散的形而上学思辨的指控。除此之外，“效用”概念也可以为一种似乎已大大降低的求知抱负提供防护。此处对思辨志业所做的现代性限制就是一种与之相似的防卫，其出发点在于保护超越自然的无限的真正权力。然而，相较于世俗化部分的讨论，布鲁门伯格在阐释正当性是如何表明其态度的时候，其论述要模糊得多。从某种程度上讲，他将任何一种证明求知抱负是正当的要求都视为它自身对成问题的经院哲学的重新占领（reoccupation）。似乎在他看来，现代性不可遗忘苏格拉底和基督教的遗产（尽管本应可以），并必须在以下方面捍卫自身——对剩余的现代性而言已不相称的那些方面。也就是说，似乎在布鲁门伯格看来，在诸如科学事业、朝向目标的进步性及进步的无限性等事物可能的发展结局中，时代将使自身承担起建立信仰的重任，而这并不合理。这些信仰是过时的，它们极其危险。当这些信仰显露出其双面性时，似乎便可取消科学自身的正当性——而这是不公正的。因为，正如我们意欲探求现代性将如何回答人类历史的意义这一问题一样，在现代性中，辩护的要求是过时的。如前所述，布鲁门伯格的立场不如先前明确，但其论证也并未就此完结。

他论述了解放好奇心所做的阐释是如何产生问题的，而好奇心的解放向来被视为是进步且有益的。一方面，在这一语境中，正如莫佩尔蒂（Maupertuis）在关于人类的表演实验（performing experiments）中所暗示的那样，我们很难判定哪种限制应当得到辩护。其中，这些“限制”指的是加在受约束的好奇心之上的束缚。另一方面，要确定这一范围——科学活动所带来的结果注定有益——也变得越发困难。同时，医学、道德、政治和形而上学之间的精确关系也不可避免地成为一个严峻问题。

简言之，打下这一基础的是康德。布鲁门伯格对康德的论述很简洁，却十分重要。因为，正是康德“把对理论好奇的‘审判’发展为一种封闭的、系统的阐述，而不是使其成为一种能够被再次取代或修改的阐释”（第 433 页）。大概可以推测，这意味着康德对理性求知“需要”的理解（后来发展为二元论）仍然是我们所认为的那样。尽管我们在大体上很容易赞同这样的观点，但它与什么相关我们无法确切地知道。也就是说，康德哲学体系中最大的歧义之一是：同样一本书（这本书看起来像是对思辨哲学和理论—学科哲学的激进批判）却承认，限制也是对我们求知欲（wissbegierde）的一种满足（befriedigung）。这本书以我们可兑现的诺言做总结：

> 在本世纪结束前，数百年来无法完成的任务有时会自我处理，但迄今为止，这种自我处理是徒劳的。这一无法完成的任务是指，求知欲完美地推进了人类理性。（A856、B884）

因此康德认为，人类的根本好奇心可以得到满足。同时，恰恰是对这种满足的追求将理性带入了自我批判中，而自我批判最终彻底限制了形而上学的主张。或者说，康德成功地抛弃了古老的苏格拉底—奥古斯丁为整个问题所创设的术语：要么是公开且危险的好奇心，要么是内在心性与自我的认知。在布鲁门伯格看来，在确定理论好奇心的合法性问题上，近代早期所面临的部分困难在于对这些方案的全部接受——因此，近代早期多少体现出为常识、效用、实用性等事物做辩解式防护的意味。正是康德打破了这一设想，并坚持认为：

> 这些根本不是可供选择的方案，而是好奇心的动机本身。通过客观地触及条件的总体性，继续对其追踪，最终使自我认知成为其必要的主题。（第 434 页）

这一论断使对科学知识不受限制的真正追求成为可能。这一可能得以实现所凭借的方法是：表明对科学知识的追求并非与自我认知构成竞争关系，而是要求以某种自我认知作为表明其正当性的条件。同时，也不能将这一追求视为对道德自律的一种形而上的风险。

布鲁门伯格似乎再次将大量毫不相干的问题混合在一起，认为将奥古斯丁的自我认知与先验分析论（transcendental analytic）中浮于表面的自我认知联系起来是十分过时的。同时，康德在对这一问题的转换上，还搞错了一个关键点：传统人文主义中存在自我认知的可能性几乎为零。当然，“人类学”这一经验心理学的任务，甚至道德自省与苏格拉底、基督教、浪漫主义传统中所看重的内容几乎没有任何相似之处。此外，正如布鲁门伯格所述：颇具讽刺意味的是，康德对科学形而上学的批判彻底导致我们对现象本质做出了自发且不加以限制的研究。尽管在后面的篇章中，布鲁门伯格试图将康德的知识主题与费尔巴哈和弗洛伊德所做的研究联系在一起，但他的做法操之过急，以至只是在两者之间建立了一种松松垮垮的关联。其中，费尔巴哈和弗洛伊德研究的是引发人类探究欲的历史来源和心理上的主观根源。或者，更准确的说法是，通过使人类探究欲的起源与实践相互抵消，而非将实践托付于某种自我限制的自我认识上（正如我在另一篇文章中所持有的观点那样：正因如此，康德才会着重强调批判事业的仪式）[①]，康德对科学好奇所赋予的正当性实现了自身目标。因此，严格意义上讲，在康德的语境中，布鲁门伯格在后面对费尔巴哈和弗洛伊德的主题所做的讨论是不合逻辑的。并且，在布鲁门伯格试图确立界限前，这些讨论需要从费希特和黑格尔对康德的批判中摘取大量细节。康德确实避免了理论好奇与自我认知之间或科学与拯救之间的对立，在这一点上布鲁门伯格是对的。但康德所凭借的方法并不是将这两个主题进行连接。确实，通过将这些领域决然分开，将求知的主观“条件”与人类“分离”，康德避开了上述困境。而且，这一分离远远超过了他留给当代世界的遗产。

关于现代的时代性问题。布鲁门伯格的核心问题呈现在第二部分和第三部分及其如下叙述中：在上帝全能和世俗化问题上，基督教传统中的“内在严格主义”（第465页）如何驱使自身走向自我毁灭？此外，核心问题还呈现在这样的语境中：现代科学好奇心是如何使自身得到理解，并使自身获得合法性的？该书的第四部分主要是对前面观点的概括和再次强调。以现代“门槛”为界，尼古拉斯站在中世纪那边。通过考察尼古拉斯是如何清晰地考察那些问题的，布鲁门伯格简要地概括了其历史性论点。其中，尼古拉斯所考察的问题是，在跨过那道门槛前，旧传统就已经创造出并试图加以解决的那些问题。然而，他失败了。按照布鲁门伯格的解释，他的失败是必然的。随后，他考察了布鲁诺是如何解决这些问题的。但是，他凭借的方法只是对传统加以拒绝，并使之全然现代化。自始至终，通过再次批判“历史本体论”（第466页）及其他任何一种否定现代性所具有的真正时代性的观点，并再次坚持时代性并非意味着惊异、中断或不可通约的观点，他重申了其方法论要求。为了说明这一点，他对库恩（Thomas Kohn）进行了论述，并做出如下断言：（a）存在跨越划时代剧变的“参照条件”（我认为，他想

---

① 罗伯特·B. 皮平：《康德的形式理论》，纽黑文：耶鲁大学出版社，1982年。

要表达的是那些虽然难以回答但也“常见的问题”）；（b）这些问题具有一种持久性，其持久性长于思想史中的变革或革命（尽管这些问题不会持续太久，并在最后被视为不正当的，因此无须被回答）；（c）库恩只是避开了对新范例为何会产生这一问题的任何一种解释。值得注意的是，在所有人中，偏偏倾听布鲁门伯格会令人产生古怪的感觉。他反对库恩的观点，认为对历史解释的可能性而言，类似于康德的“第一类推”是一项必要条件。这一原则坚持本质的持久性（参考第466页）。当然，布鲁门伯格和库恩分歧的核心是，在布鲁门伯格看来，尼古拉斯将中世纪世界观中的各种元素组合起来的努力必定失败。他的失败不是对任何“研究计划”所屡次遇到的问题的例证，而是对导致研究计划不合逻辑的说明。

布鲁门伯格对库恩的失败做了论述，论述中的细节是有趣的。尽管笔者怀疑，这些细节会使任何库恩式的学者相信这一点：学术性神学中的矛盾具有如此大的毁灭性，以至于想要延续传统变得不可能。布鲁门伯格针对现代观点绘制了具有挑战性的图景，而在其所使用的方法论方面，该书在最后这个部分做了清晰的阐释。这也正是该书更为有趣的地方。如前所述，在布鲁门伯格所构建的体系中，最重要的要素是他对正当性本身所做的解释，及其对作为“新时代”的科学理性的梳理。这两个要素清晰地展现在最后这个部分，并引出一个终极论断。

二

正如本文从始至终所表明的那样，布鲁门伯格旨在离析一种特殊的历史性对话：这种方法一出现就遭到抵制，最终又克服了种种障碍。在这一方法中，生发出对某种“自我认定”的要求，及对自由探寻自然的需要和权力。布鲁门伯格的观点是，因为有前现代文化的残余，所以这一划时代的事件并不是一项革命性的突破。“前现代文化”指的是那些引起探寻需求的东西，是以“正当的”的美德为评判要素的衡量标准，是对后来各种学术问题的“更佳”解决方案。然而，这一划时代的事件确实是一项突破，它给出了一系列新的回答——在某些方面，它如此新颖，从而非法地“重新占领”了假定的框架。而那些假定指的是：这些解决方案最终都将被证明无效。正如前面所印证的，这多少有点复杂的辩证法意味（或下赌注的感觉）。但在布鲁门伯格那里，其富有哲学挑战意味的方面是，他对正当性及进步这个问题所具备的特性的坚持。

具有讽刺意味的是，在尝试执行这一计划的过程中，布鲁门伯格已经完成了一部著作，而这部作品也只是对前现代世界所做的一种“正当化”努力。因为他总是宣称，对现代进步特性的任何评定都只会与上述选择放置在一起，进行特定的比较，而比较的方面是上述惯例所具有的标准。因此，他声称已对诸如独立的理论好奇、效用、自我认知、研究中的进步等具体的现代之物的正当性进行了说明。当然，这仍然只是一种带有明确被动性的正当性。它指向前现代世界，而且只能被指向前现代世界。这一在历史上受到制约的语境暗示了对那些正当性标准实际上的接受。此外，怀着对先前时代的假设，当现代天文学和物理学研究事业确实开始呈现出一种不连续的面貌时，布鲁门伯格实际上改变了布局，引入了“重新占领”的论点，并似乎承认了那些不连续性——那些全新的要素不能以相同的方式被赋予正当性。在先前的时代中，一些古老的问题无法被“回答”。因为，对其他古老问题的重新回答意味着要舍弃一些问题（如历史的“关键点”、好奇心的正当化等）。他似乎相信，在这种情形中，许多特殊问题所明确显现出来的进步性就是赋予那些被重新占领的“问题框架”以正当性。但是，果真如此的话，那么关于现代正当性最有趣的问题似乎就被消除了。

这恰恰表明，布鲁门伯格遗留了一个模糊的问题：什么应当被视为且凭什么被视为现代性的中心特征的决定性特点？这也表明，布鲁门伯格对自己选择这些现象的行为表示怀疑，而他所选取的这些现象与基督教、经院哲学传统及早期现代传统元素中所蕴含的自我毁灭的要素相符。其中，早期现代传统未被“重新占领”的理论边缘化。换言之，直到最后，我也没有看到“现代性”自身为什么是“对诺斯替主义的第二次克服”。当然，如果是的话（布鲁门伯格确实为证明它是“正当的”做了大量工作），那么现代性也就确实克服了诺斯替主义。

进一步讲，布鲁门伯格为“正当性”所做的断言与关于现代性的论断一样，最终都陷入了令人迷惑不解的境地。如果这本书被命名为“现代事业中某些要素的历史适当性”，那么，我们对布鲁门伯格在此处所做的工作很难表示不赞同。但是，“现代的正当性”又是另外一回事。在已然宣告其意图的情形下，布鲁门伯格极易受到两种不同的攻击。显然，类似施特劳斯学派人（及其奇怪的伙伴——尼采）将倾向于搞清楚这一点：在为正当性所做的断言中，到底涉及了多少内容。毕竟，在我们尚未认识、尚未从头到尾思考如下对象时，我们确实已经知道，对不得不被评估的中心而言，的确存在几种可能的结果（因为我们必须决定是否要对它们进行探究）。这一对象指的是，对在“官方文化”中成为主导力量的“科学形象”而言，为正当性所做的断言意味着什么。在政治、法律、医学、教育和其他众多领域中，这是重大问题。在那样的语境中，当考虑到现代工程的全部含义时，再倾听以下观点似乎就无益处了：现代性为晚期经院哲学的矛盾（除非某人试图说服旁人，鼓励其返回前现代即神学文化中）给出了解决方案，正因如此，现代性是正当的。或许，布鲁门伯格不同意以下看法：他所讨论并为之赋予正当性的，只是一个狭小范围内的科学和哲学问题。但不容否认的是，这一做法将会限制这些由“问题”所恰当覆盖的领域，而这是不合理的。同时，这一做法也会导致如下后果：要证明这些问题的“正当性”，将以琐碎为代价。用更多施特劳斯的术语来说，如果“现代性的正当性”这一说法成立的话，那它一定会使现代工程所允诺的生活获得正当性，也一定会证明这是一种好的生活，而非仅仅优于库萨所暗示的那种生活。如果只坚持如下观点，那么这听起来将会像实证主义①这一新事业中最古老的叙述之一一样。这一观点指的是，对更好或更坏生活的某种讨论需求是一种过时的“重新占领”，而占领的主体是前现代问题的现代性。或者说，如果这个问题可以被讨论，那么只能在一个狭小的特殊的历史对话中，否则这一问题将成为无本之木。

另外，类似黑格尔的人将探究如下问题：如果我们对传统动机的完整状况一无所知的话，那么我们如何能够接受神学传统是现代性正当性的一个必要构成要素？除非前现代传统自身就是正当的，否则关于现代性与任何前现代危机之间关系的特殊叙述都不会使任何事物正当化。可预见的是，布鲁门伯格想要通过隔离关于问题和回答的对话来阐明以上观点。其中，

---

① 这指向布鲁门伯格“充分理性”概念中的另一个危险。他宣称，对现代性的任何评定都只能成为一种比较，而比较的两个对象是现代性与“古代”或“现代”。这一方法极易导致两种后果：要么会导致我们在处理这两个跨越时代的对象时，将使用肤浅的教科书式的分类；要么会把我们的思维限制在确实存在的历史时代中，限制在这样一种思路上，即历史的“问题”已成为历史上特殊议程的一部分。如果是这样的话，那么举例来说，人们将能证明这一点：历史上的“希腊人”——在他们身上，中世纪知识传统开始明晰起来——不代表古代的希腊人。如果确实如此的话，那么布鲁门伯格的正当化程序将无法生效。我们不必支持任何意识形态的批判，而这些意识形态的批判旨在怀疑历史上的柏拉图（或笛卡尔、黑格尔）可能只代表了柏拉图的一部分，或者是对柏拉图的曲解（我们此处所说的柏拉图代表古代）。

这些问题和回答规定了古代和早期基督教传统的关系。然而，从某种意义上讲，在另一个问题中寻求某些问题的动机是徒劳的。在展示这种做法可获益良多的方面，布鲁门伯格做了一项富有独创性的工作。但令我费解的是，我们为什么要思考这样的问题：这一方法全面探讨了关于希腊文化、基督教或启蒙运动等各种重要的问题。在这一问题的探讨上，黑格尔做出了伟大贡献，他提出了个体历史动因（individual historical agents）的自我理解（self-understanding）或各种历史文化的自我形象（self-images）的观点。然而在解释各种行为和事件上，这些观点将被证明是不充分的。如果我们假设一种共同的历史工程，那么，关于各种行为和事的解释就会多得多。在这一历史工程中，个体和社会在没有对其做出明确认可的前提下参与其中。而在后来显现的情形中（或者通过黑格尔自己），对历史工程的认可将可能被肆意滥用，并往往可能成为引发“看不见的手”（hidden hands）这一猜想的危险诱饵。然而，在理解作为我们自身的过往文化及阐释我们自身“动机”的问题上，黑格尔、马克思、尼采、弗洛伊德、海德格尔或伽达默尔的阐释学说确实让我们获得了许多清晰的理解。至少，相较于我们无法回答的一系列问题，在关于我们自身的问题上，这些阐释策略可能会给我们更多启发。

当然，布鲁门伯格的著作并未经常性地探讨这些重大问题。但是，他在如何使现代性“正当化”这一问题上所做的清晰论断，足以使人产生如下忧虑：尽管书中有许多出彩之处及令人感到震慑的学识，但那些为这本著作所折服的人，尤其是因书中推测性方法的歧义和滥用而失望的人，将为另一种相似的现代性现象及所有其他年代做出辩护，而这是一种目光短浅的任性行为。

（作者单位：芝加哥大学、约翰大学社会思想委员会；译者单位：北京第二外国语学院）

神话及其政治意蕴

——布鲁门伯格遗作研究

安格斯·尼科尔斯（Angus Nicholls）/文
刘　静/译

摘　要： 布鲁门伯格有些作品尚未被翻译成英文，虽然它们看起来不涉及政治，但是实际上充满了浓厚的政治色彩，且与近代德国历史有着密切关系。布鲁门伯格非常明确地关注神话与政治之间的关联，并结合神话理论来理解国家社会主义现象。在其生活的历史和个人背景下，他几乎不可能审慎地将生活和理论划清界限。他的这些作品回答了一些紧迫的问题，包括：如何从神话理论的角度来理解国家社会主义的现象；政治神话是否应该被克服，是否能够被克服，抑或是否存在例外状态；在这种例外情况下，如果挪用政治神话是不可避免的，那么政治神话能否被维护。布鲁门伯格貌似彻底谴责了政治神话本身。但真实情况绝非如此，因为希特勒及其政权只是一个政治神话带来灾难性后果的极端例子。既然布鲁门伯格的政治著作认为并非所有的政治决策过程都是理性的，许多政治决策过程实际上是修辞性的，那么看起来他可能在暗示，神话作为一种修辞的定向方式，非常难以完全从政治中脱离出来。

关键词： 政治哲学；政治神话；《预表》；多神论自由主义

引　言

至少直到最近，人们并不认为汉斯·布鲁门伯格是一位显山露水的政治哲学家。《现代的正当性》（*The Legitimacy of the Modern Age*，1996）、《哥白尼世界的起源》（*The Genesis of the Copernican World*，1975）和《神话研究》（1979），这三部曲在20世纪80年代由罗伯特·M. 华莱士翻译成英文，他在导语中将布鲁门伯格置于战后德国思想的语境中。对于那些阅读布鲁门伯格德语原著或熟悉他短篇论著的读者来说，布鲁门伯格思想的图景比这更为复杂。这是由于他一生中发表过一些不那么有名的文本，其中一些尚未被翻译成英文，虽然它们看起来不涉及政治，却充满了浓厚的政治色彩，且与近代德国历史有着密切关系。事实上，我们甚至可以说，这些文章（下文将讨论三篇）[①] 由于论点表述隐含间接，因而更加具有张力。但是在过去两年里，由于其遗作被发掘，布鲁门伯格便不再仅仅被认为是一位隐微的政治哲学家。《预表：政治神话研究》（*Präfiguration*，被认为是《神话研究》未发表的章节，后发表于2014年，以下简称《预表》）、《埃及人摩西》（*Moses der Ägypter*，发表于2015年）两篇论文都表明，布鲁门伯格非常明确地关注神话与政治之间的关联，这种方式让我们联想到恩斯特·卡西尔在《国家的神话》中所做的尝试（1946），即结合神话理论来理解国家社会主义现象。[②] 至少据我所知，《埃及人摩西》也是布鲁门伯格公开讨论与锡安主义有关议题的唯一发表作品，他在其中严厉批判了汉娜·阿伦特的《耶路撒冷的艾希曼：平庸的邪恶》。

这篇论文出自他与菲利克斯·海登里希（Felix Heidenreich）联合进行的研究中，其中一些可见于布鲁门伯格的作品《预表》后记（编者为安格斯·尼科尔斯和菲利克斯·海登里希，柏林：苏尔坎普出版社，2014年，第83—146页）。这篇论文的第一个版本发表于一个会议，即由Van Leer耶路撒冷研究所组织、举行于2015年5月5日的“汉斯·布鲁门伯格在耶路撒冷”会议。我感谢耶路撒冷会议的其他参与者提出了有益的建议和评论，还要感谢菲利克斯·海登里希、皮尼·伊费根（Pini Ifergan）和鲁迪格·齐尔（Rüdiger Zill）对论文做出的评论。这里提出的一些论点也出现在以下出版物中。尼科尔斯：《神话和人类科学：汉斯·布鲁门伯格的神话理论》（伦敦和纽约：劳特利奇出版社，2015年，以下简称《神话和人类科学》）；尼科尔斯：《如何通过言语无所作为：布鲁门伯格对柏拉图〈普罗泰戈拉

① 有关论文是《现实概念和国家理论》，《瑞士自由月刊》1968年第48期，第121—146页；《现实的概念和神话的潜在功效》，载《恐怖和游戏：神话接受的问题》，曼弗雷德·弗尔曼编，慕尼黑：芬克出版社，1971年，第11—66页；《修辞现实的人类学解读》，载《我们生活于其中的现实》，斯图加特：雷克拉姆出版社，1986年，第104—136页，由华莱士翻译为《对修辞当代意义的人类学解读》，载《哲学之后：结束还是转型?》，肯尼斯·贝恩斯等编，剑桥：麻省理工学院出版社，1987年，第429—458页。

② 汉斯·布鲁门伯格：《预表：政治神话研究》，安格斯·尼科尔斯和菲利克斯·海登里希编，柏林：苏尔坎普出版社，2014年；汉斯·布鲁门伯格：《埃及人摩西》，载《真理的严格主义》，阿尔里奇·迈尔编，柏林：苏尔坎普出版社，2015年，第9—21页。

篇〉的接受》；穆勒：《普罗米修斯不言弃：汉斯·布鲁门伯格哲学中的古代世界和现代生活》（慕尼黑：芬克出版社，2015年）；尼科尔斯：《歌德情结：汉斯·布鲁门伯格论恶魔》（载弗里德里希等编《恶魔：歌德论一种模棱两可的命运》，慕尼黑：芬克出版社，2014年，第97—119页）。在布鲁门伯格著作尚无译文可用的情况下，我用了自己的翻译。

我在自己的新书《神话和人类科学：汉斯·布鲁门伯格的神话理论》[①]中，断言布鲁门伯格的思想与他的生平经历密不可分。从表面上看，人们可能会认为哲学论证完善与否，应该取决于其内在逻辑，不用考虑其历史背景或个人经历。在布鲁门伯格所属的欧陆哲学传统中，这种立场或许看起来符合埃德蒙德·胡塞尔把其学科定位为“严密科学”的观点[②]，也与20世纪英美或分析哲学传统的哲学观不谋而合。但是，布鲁门伯格深受胡塞尔后期作品（尤其是《欧洲科学危机和超验现象学》，简称《危机》）影响，所见或许略有不同。

胡塞尔在20世纪30年代中期国家社会主义的体制下写作，得出的结论是：他早前要把哲学变成“严密科学”的雄心壮志注定会遭遇失败。胡塞尔之所以重新评估哲学的志向，不仅仅是由于1933年之后他所处的历史环境，尽管当时的历史环境确实促成了书中所述的普遍危机氛围。事实上，主要问题在胡塞尔思想的内部：现象学还原的首个版本——围绕着现象学的所有偏见和假设都能够被摈弃（“悬搁”），这样纯粹的意识就能够成为科学研究的客体——在胡塞尔看来，从理论上讲是可望而不可即的。这是因为，人类意识总是受制于特定的历史环境，所以，哲学的真正任务不是摈弃我们的偏见和假设，而是首先要意识到它们。为了描述现象学还原的新形式（《危机》第36页所概括的）[③]，胡塞尔需要一个全新的哲学概念：生活世界，即“关于先在世界普遍性原理的科学”[④]。

这一主张的背景是，实证主义和现代科学酝酿了一种欧洲文化氛围，

---

① 尼科尔斯：《神话和人类科学：汉斯·布鲁门伯格的神话理论》，伦敦和纽约：劳特利奇出版社，2015年。

② 胡塞尔：《作为严密科学的哲学》，昆汀·劳尔译，纽约：哈珀与罗出版社，1965年，第71—147页。

③ 胡塞尔：《欧洲科学危机和超验现象学》，大卫·卡尔译，埃文斯顿：西北大学出版社，1970年，第137—141页。

④ 胡塞尔：《欧洲科学危机和超验现象学》，大卫·卡尔译，埃文斯顿：西北大学出版社，1970年，第146—147页。背景请参阅德莫特·莫兰（Dermot Moran）《胡塞尔的〈欧洲科学危机和超验现象学〉：导论》，剑桥：剑桥大学出版社，2012年，第178—217页。

它从技术方面来说非常成功，却意识不到科技应该服务于哪些规范性目标。事实上，正是自然科学的严谨造成了这场危机，这意味着只有历史性、批判性地挖掘并评估前科学时代的生活世界、技术现代性背后的“前逻辑有效性”和“原始的自明性”，才能有机会重新规范定位欧洲各门科学。① 历史性自我反思，体现为对生活世界这个新学科概念的理解，因而将成为分配给哲学的首要任务之一；在胡塞尔看来，自然科学尚未准备承担这项任务。② 在布鲁门伯格写于 1950 年关于胡塞尔的任教资格专题论文中（此论文一直未发表），他深入研究了胡塞尔重新定向的结果③，其论文主题是：胡塞尔现象学的危机，可能在严格的理论动机之外，还有个人经历动机。布鲁门伯格应该已经了解胡塞尔 20 世纪 30 年代哲学重新定位的个人生平背景，因为他的博士论文导师路德维希·兰德格雷贝（Ludwig Landgrebe）曾经是胡塞尔的学术助理，参加过胡塞尔的布拉格系列演讲（胡塞尔被迫流亡境外时进行的以《危机》为主题的系列演讲）④。

胡塞尔于 1936 年目睹了欧洲危机。而布鲁门伯格的生活也受到了欧洲危机的深刻影响。其时，胡塞尔在德国被禁止教学和出版已经三年了⑤。布鲁门伯格生于 1920 年，父亲是德国天主教徒，母亲是德裔犹太人，后皈依新教。布鲁门伯格被国家社会主义政权划分为所谓的“半犹太人”，在战争结束前被禁止接受正规大学教育，并于 1945 年 2 月被监禁于萨克森-安哈尔特采尔布斯特（Saxony-Anhalt Zerbst）——一个残酷的劳改营。⑥ 1945 年，布鲁门伯格同时面临着历史问题和个人问题：他作为国家社会主义曾经的受害者，如何在依然存留纳粹政权深刻印记的德国哲学界成为一个专业哲人？而这的确不是小事一桩，因为在德国战后哲学圈子，布鲁门伯格周围同事的政治经历大都不清不白，但依然掌握着重要的学术威权。

这种重要人物不在少数，这里仅举出两位。布洛克（Walter Bröcker）是基尔大学的哲学教授。布鲁门伯格在基尔大学撰写了博士论文和任教资格论文，

① 胡塞尔：《欧洲科学危机和超验现象学》，第 124、127 页。

② 同上书，第 9、12、51—52 页。

③ 布鲁门伯格：《本体论距离：胡塞尔现象学危机研究》，未发表的任教资格论文，基尔大学，1950 年。

④ 莫兰：《胡塞尔的〈欧洲科学危机和超验现象学〉：导论》，剑桥：剑桥大学出版社，2012 年，第 31—32 页。

⑤ 所谓的“非雅利安人”从 1933 年起被禁止从事公共服务行业，包括大学工作。

⑥ 关于布鲁门伯格在国家社会主义体制下经历的进一步描述，请参阅尼科尔斯《神话和人类科学》，第 11—13 页。

而布洛克在 1933 年至 1935 年期间曾是国家社会主义党（NSDAP）——准军事组织“纳粹冲锋队”的成员，从 1940 年到 1945 年，他一直是国家社会主义党的正式成员。[①] 埃里希·罗特哈克尔（Erich Rothacker）是《概念史文库》（*Archiv für Begriffsgeschichte*）的编者，布鲁门伯格在这本书中发表了一篇重要的早期长篇文章。[②] 埃里希·罗特哈克尔去世后，布鲁门伯格撰写了一篇丝毫不牵涉政治因素的讣闻，而且由他本人在一次公开的学科会议上朗读[③]；但是，罗特哈克尔从 1933 年直到战争结束都是国家社会主义工人党成员，并一度主管过约瑟夫·戈培尔的国家文教部（Reichsministerium für Volksaufklärung und Propaganda）的民族教育分部。[④] 除了这些牵涉纳粹的人物以外，还存在着海德格尔哲学的广泛影响，布鲁门伯格与这种影响之间的关系非常复杂，此文篇幅有限无法探讨[⑤]；而这种影响在伽达默尔的哲学诠释学中发现了它不那么“原创”因而更容易接受的战后表达形式。伽达默尔亲自签署了对希特勒保持学术“忠诚的誓言”，于 1935 年自愿加入纳粹的“政治康复机构”[⑥]，在 1960 年出版《真理与方法》（*Wahrheit und Methode*）之后，他成了战后德国哲学的主导人物。也许是出于这个原因，布鲁门伯格在他与雅各布·陶伯斯（Jacob Taubes）的私人信件中辛辣地讽

---

① 提里茨基：《魏玛共和国及第三帝国时期德国大学哲学》，柏林：科学院出版社，2002 年，第 815—816 页。

② 布鲁门伯格：《隐喻学的范式》，《概念史存档》1960 年第 6 期，第 137—142 页。罗伯特·萨维奇将其译为英文，伊萨卡，纽约：康奈尔大学出版社，2010 年。

③ 布鲁门伯格：《埃里希·罗特哈克尔的讣告》，1966 年 4 月 29 日在美因茨科学和文学学院公开会议上公布，载《美因茨科学与文学年鉴》，1966 年，第 70—76 页。

④ 参见恩斯特·克利：《埃里希·罗特哈克尔》，载《第三帝国的个人词汇》，第四版，法兰克福：S. 费歇尔出版社，2013 年，第 510 页。关于罗特哈克尔与戈培尔之间的交道，以及他在国家社会主义工人党内部施加文化影响力的其他企图，请参阅拉尔夫·斯托维尔《埃里希·罗特哈克尔：他的人生和他的人类科学》，波恩：波恩大学出版社，2012 年，第 13—17、113—210 页。

⑤ 关于这个问题，请参阅尼科尔斯《神话和人类科学》，第 99—100 页；菲利克斯·海登里希《汉斯·布鲁门伯格的人与现代》，慕尼黑：芬克出版社，2005 年，第 25—30 页；奥利弗·穆勒《对理性的关切：汉斯·布鲁门伯格的现象学人类学》，帕德博恩：Mentis 出版社，2005 年，第 47—59 页。

⑥ 提里茨基：《德国大学哲学》，柏林：学术出版社，2002 年，第 340、698 页；吉恩·格朗丹：《伽达默尔传记》，纽黑文：耶鲁大学出版社，2003 年，第 158、181、182 页；克利：《第三帝国人员词典》，柏林：尼柯尔出版社，2016 年，第 172 页。

刺伽达默尔为"德国哲学的教皇"[①]。

在这样的历史和个人背景下，布鲁门伯格几乎不可能审慎地将生活和理论划清界限。事实上，在《生活世界理论》(*Theorie der Lebenswelt*)一书中，布鲁门伯格认为"将生活世界的概念引入哲学"是"胡塞尔最成功的发明"。[②] 这篇文章可能写于20世纪70年代后期，并于2010年在其遗作中被人发现。从这篇文章中，布鲁门伯格指出生活世界是"前逻辑的"，也是"前预示的"，是"哲学尚未可能存在的世界，也是乌托邦式的最终世界……在那个世界里，哲学之存在将不再必要"(第33、120页)。有趣的是，布鲁门伯格故意赋予胡塞尔的概念以政治外观。他认为，生活世界可以与自然状态的政治理论联系起来，如同陶伯斯的著作所体现的一样。从这些方面讲，生活世界可以被视为一系列前哲学的"偏见"或"制度"，它们将混乱的自然状态放置到适当的距离之外，好让生活变得舒适且有秩序(第39、123—124页)。从这样的人类学语境中来看，理论或思想的功能主要是预期性和防御性的：只有当前逻辑的生活世界被某种紧急或例外状态(Ausnahmezustand)打断时，才需要理论或思想。用布鲁门伯格的话来说，"思想是例外状态，纯粹的思想则是例外状态中的例外(Ausnahme vom Ausnahmezustand)"(第61页)。在这里，前理性的偏见与制度，以及纯粹思想、哲学或理论，两者之间的界限，即神话和逻各斯之间的界限，从来都不是泾渭分明的。两者都存在于同一个连续统一体中，因为主体间歇性地受到威胁与危机的影响，两者都提供了心灵定向的途径，以及处理现实的实用手段。虽然布鲁门伯格从未明确地将关于生活世界的政治理论与个人生平联系在一起，但是这种理论由遭受国家社会主义恐怖且一生被这种记忆缠累的学者提出，一点都不令人惊讶。

菲利克斯·海登里希(Felix Heidenreich)最近一篇文章也考虑到了本文讨论的布鲁门伯格遗作中包含更明确政治内涵的新著作。他认为，布鲁门伯格政治思想最显著的局限在于其狭隘的主体中心倾向，以及缺乏共同体概念。[③] 海登里希指出，在一定程度上，布鲁门伯格把西方思想史视为针

---

① 1965年3月22日，布鲁门伯格和雅各布·陶伯斯：《布鲁门伯格与陶伯斯1961—1981年通信录》，赫伯特·科普·奥伯施泰姆林克和马丁·特雷姆编，柏林：苏尔坎普出版社，2013年，第47—48页。

② 曼弗雷德·萨默：《生活世界理论》，柏林：苏尔坎普出版社，2010年，第37页。

③ 菲利克斯·海登里希：《汉斯·布鲁门伯格哲学的政治方面》，《哲学之光杂志》2015年第27期，第521—537页。

对不同形式专制主义的一系列务实回应。例如，在《现代的正当性》中，现代科学自行其是的方法被认为是对神学专制——对上帝无限权力的不可预测和变幻莫测特性的一种务实回应。[①] 十几年后，《神话研究》描述人类先祖作为被迫适应开放无遮蔽的生活的物种，面临着诸多威胁，为了回应这种“实在专制”，便赋予这些威胁名字、性格和人类特点，来为它们做好准备。将这些威胁命名，讲述关于它们的故事，能够用有客体的恐惧代替无客体的焦虑来使它们变得熟悉，把它们纳入生活世界。[②] 根据海登里希的说法，这种理论基本视角属于现象学，以主体为中心，具有个人主义本质，因而能够禁受年轻西德审慎与质疑的自由主义的检验。公民个体不愿再受一套强大体制或“指挥系统”的约束，如同阿诺德·盖伦（Arnold Gehlen）在国家社会主义时期构建的臭名昭著的体制哲学一般。[③] 他们也不再会被迫相信一个宏大的政治理论，就像边界以外的东德那样。相反，德国《基本法》（Grundgesetz）将确保在任何给定的时间内，公众都将一直能够接触到基于多种常常互相冲突的现实理论的多重体制。布鲁门伯格一部著名文集的标题甚至似乎宣布了他对这种质疑性多元论的坚信：《我们生活的多种现实》（*Wirklichkeiten*, *in denen wir leben*, 1986）。

《预表》和《埃及人摩西》两篇文章揭示出当布鲁门伯格的政治思想被应用于两个紧迫的问题时所产生的更明确的后果。这两个问题不仅出现在布鲁门伯格的人生中，还对身为犹太裔德国人的他产生了切身影响。第一个问题，如何从神话理论的角度来理解国家社会主义的现象；第二个问题，政治神话是否应该被克服，是否能够被克服，抑或是否存在例外情况——例如，在犹太人大屠杀之后有必要建立犹太人的家园——在这种例外情况下，如果挪用政治神话是不可避免的，那么政治神话是否可以被维护。为了探究这些问题，首先有必要考察布鲁门伯格在政治意义重大的1968年前后所写的三篇文章。

---

① 布鲁门伯格：《现代的正当性》，华莱士译为英文，剑桥：麻省理工学院出版社，1985年，第48页。

② 布鲁门伯格：《神话研究》，华莱士译为英文，剑桥：麻省理工学院出版社，1985年，第3—32页。

③ 阿诺德·盖伦：《人类及其在世界中的性质和位置》，柏林：容克和杜恩豪普特出版社，1941年，第448页。克莱尔·麦克米兰和卡尔·皮勒默将其译为英文（纽约：哥伦比亚大学出版社，1988年）。此书的相关部分，名为“最高命令系统”（Oberste Führungssysteme），已从战后版本中删除，因此未出现在从第三版（1950年版）译出的英文版中。

1.1968年前后的政治著作：神话、政治与修辞

或许，激发布鲁门伯格政治写作兴趣的是康德早在1800年提出的一个问题：人是什么（Was ist der Mensch）[①]。康德的回答是，人是分裂的，人一方面具有自然倾向，另一方面有能力通过理性和道德来超越自然倾向。但是，20世纪的德国哲学并不满足于康德的回答。诸如马克斯·舍勒（Max Scheler）、赫尔穆特·普莱斯纳（Helmuth Plessner）和阿诺德·盖伦（Arnold Gehlen）等思想家认为，康德过分强调理性在人的本性中所起的作用，忽略了人作为生物的存在。这些思想后来被总结为哲学人类学，它试图从生物学的角度重新审视人，并考察从这样的分析中能得出什么结论。[②]

舍勒、普莱斯纳和盖伦给出了一致答案，简而言之：人缺乏专门的生物适应能力，难以适应特定的环境。因此，人看起来不适合生存，病态，缺乏专门能力，其行为是怪异的。文化——采取工具、住房、服装，尤其是语言和修辞的形式——弥补了人类适应能力的欠缺，使人具有生物学上的生存能力。这是一个古老的思想，柏拉图《普罗泰戈拉篇》（320c－322d）中讲述的普罗米修斯故事就有提及，在这个故事里，泰坦神普罗米修斯从诸神那里偷走了机械工艺和火，把它们送给人类以帮助他们生存。然而，即使在人类得到了这些礼物之后，宙斯仍然不得不给予他们政治美德（areté）和修辞，这样他们才不会互相残杀。

布鲁门伯格关于神话和政治理论的早期著作属于这个哲学传统范畴。从《普罗泰戈拉篇》的智者论开始，这个传统强调，人类需要修辞和相关的政治美德才能在一个艰难的世界中生存。布鲁门伯格在1968年第四届诗学和诠释学会议上，通过名为《现实的概念和神话的潜在功效》（Wirklichkeitsbegriff und Wirkungspotential des Mythos）的论文首次阐述了这些观点。这一神话理论让人们强烈地想起维科的“新科学”，它告诉我们，人类开始讲故事，是为了应对定向障碍的观感，克制面对恶劣自然力量的焦虑感。根据布鲁门伯格的观点，给这些力量命名，就能使它们变得可以亲近，愿意聆听人的诉求。这篇文章已经包含潜在的政治神话理论，它将在约十年后的《神话研究》中浮现出来。根据布鲁门伯格在这篇文章中的说法，神

---

① 康德：《逻辑学》，载《六卷著作》，威廉·魏施德编，第七版，达姆施塔特：科学图书公司，2011年，第447—448页。

② 有关概述，请参阅约阿希姆·菲舍尔《哲学人类学：20世纪的思想模式》，弗莱堡：阿尔伯出版社，2008年。

话带来了“权力的划分”(Gewaltenteilung)。通过将自然宇宙划分为一系列彼此抗衡的有限力量，人类开始在世界上找到一种方向感。重要的是，没有任何一个神明被认为是万能的，因为多神论的神话与一神论的教条相反：

> 不赋予神明“全能”的属性……对神话及其接受者而言极其重要。它的积极方面符合我所说的“迂回性”(Umständlichkeit)，是神话形式的概念性决定因素。全能从根本上禁止了讲述全能者故事的可能性。从故事形态上看，故事总是迂回曲折的(Umwege)，而绝对力量的行动方式是确定的，如同两点之间直线距离最短一样。每一个多神论神话都可以这样来理解：其固有意图是将神话所代表的种种力量转化为有限力量。[1]

神话主要是口头的而非书写的，承认多个神明，允许围绕着一个核心叙事展开不同的变奏版本，其特点是宽容。从某种意义上说，这仅仅是对大卫·休谟(David Hume)在《宗教的自然历史》(1757)中观点的重述，即“多神论不坚持独一无二的神有着独一无二的真理，比一神论更宽容”。[2]但是，布鲁门伯格的独特新观点是指出了神话叙事带来的距离效果。讲故事创造了一种心理距离，疏离了神明或它们所代表的力量，将神明描绘为彼此相争的各方——常常或多或少地产生了一些与因爱生妒或类似主题有关的“家庭”戏剧——这也削弱了神明的能力，而将它们人格化。用布鲁门伯格的话来说，“神话说起它的对象，好像说起放在身后之物……神话的决定性瞬间并不在于神话内容，而在于它赋予聆听者和观察者的距离感”(第17页)。这个神话理论的另一个重点，也是它最受争议的地方之一，是它把神话和教条对立起来。布鲁门伯格出于与休谟不同的原因来为这种对立辩护。他认为，神话肯定不是“尚未达到绝对神学的标准和程度，而是一开始就避免达到这种标准”(第42页)。休谟及启蒙思想者一般都认为多神论神话是一神论教条的原始先导，而布鲁门伯格认为神话和教条一直在西方思想中并驾齐驱。

在1968年的诗学和诠释学会议上，与会学者们都知道，这些讨论应该

---

① 布鲁门伯格：《现实的概念和神话的潜在功效》，载《恐怖和游戏：神话接受的问题》，曼弗雷德·弗尔曼编，慕尼黑：芬克出版社，1971年，第43页。

② 休谟：《宗教的自然历史》，J. C. A. 加斯金编，牛津：牛津大学出版社，2008年，第195页。

大概不仅关乎远古，而且影射了当时及近代德国的历史。其中一位回应者尤里·施特利德（Jurij Striedter）甚至指责布鲁门伯格把神话审美化、恢复神话的地位、忽视了国家社会主义对神话明确的政治利用。[①] 雅各布·陶伯斯也出席了那次会议，他激烈地质疑布鲁门伯格将神话和教条对立。[②] 陶伯斯写作的《神话研究》出版于1979年，在他看来，布鲁门伯格似乎要恢复神话的地位。[③] 不只是陶伯斯这样认为，《神话研究》出版后（它阐发了1968年诗学和诠释学会议提出的神话理论），一系列评论者追随尤里·施特利德的思路，指责布鲁门伯格不仅忽视了神话在国家社会主义中的角色，还秘而不宣地恢复了神话的地位。[④]

在充满政治意味的诗学和诠释学会议召开同年，布鲁门伯格还发表了或许是他一生中最明确的政治论文：《现实概念和国家理论》（Wirklichkeitsbegriff und Staatstheorie）。在其他文章中，我曾探讨过这篇论文应该结合布鲁门伯格在《神话研究》中对柏拉图《普罗泰戈拉篇》接受的大背景来看待。这是因为，一般说来，这篇论文显示了布鲁门伯格对智者论的偏爱，以及他与整个柏拉图传统的完全对立。[⑤] 这篇论文指出，国家理论通常是基于有关现实的理论。由于柏拉图认为终极真理和现实存在于只有哲人王才能企及的理念或形式世界，他的国家理论倾向于不自由，在这种国家理论中，政治政策不过是纯粹哲学思想的化身。按照布鲁门伯格的观点，这就是为什么柏拉图主义力图从政治中去除幽默和自由的修辞传统。

这篇文章最不寻常的地方在于，它对恩斯特·卡西尔的《国家的神话》展开了含蓄的论战。《国家的神话》由卡西尔写于战争最后阶段流亡美国的期间，出版于1946年，在这本书中，卡西尔认为纳粹为了增加其政治权力而欺世盗名地运用了神话。按照这一观点，神话的复位并不等同于启蒙运动的终止；这更像是一个现代国家对神话犬儒的、技术层面上的利用，而

---

① 尤里·施特利德：《第一次讨论：神话与教条》，载《恐怖和游戏：神话接受的问题》，曼弗雷德·弗尔曼编，慕尼黑：芬克出版社，1971年，第527—547页，尤其是第540页。

② 同上，第538—545页。

③ 雅各布·陶伯斯：《多神论的现状》，载《从崇拜到文化：历史理性批判篇》，夏洛特·伊丽莎白·丰罗贝尔特、埃米尔·恩格尔编，斯坦福：斯坦福大学出版社，2010年，第302—314页。

④ 对《神话研究》短期影响的简要介绍可见于尼科尔斯所著《神话和人类科学》，第196—204页。

⑤ 尼科尔斯：《如何言出不行》，载《恐怖和游戏：神话接受的问题》，曼弗雷德·弗尔曼编，慕尼黑：芬克出版社，1971年。

这个国家的体制已经因魏玛共和国的危机而遭到了削弱。在卡西尔看来，犬儒地利用神话的主要先驱是马基雅维利。在卡西尔的阐述中，马基雅维利要把政治与伦理分离开来，形成一种新的技术性政治“艺术”：

> 马基雅维利想要引入的不仅是一门新科学，而且是一门新的政治艺术。他是第一个谈到“国家艺术”的现代学者。……柏拉图和他的追随者们曾试图提出合法国家（legal state）的理论；马基雅维利率先引入一种新理论，来抑制或最小化合法性这一具体特征。他的政治技艺注定会被应用于合法以及不合法的国家，也同等地适用于二者。①

卡西尔认为，从马基雅维利时代开始，采用政治技术手段只在于“赢得游戏”，而不在于判定游戏应该达到什么样的道德目的，国家社会主义则是一个政治技术手段脱离了伦理道德的范例。技术官僚的德国已经彻底失去了道德导向，在对它的描述中，卡西尔的分析与胡塞尔早先在《危机》中的诊断非常相似。

在古巴导弹危机仅仅过去六年之后，布鲁门伯格与卡西尔针锋相对地声称，正是因为引入了马基雅维利的现代政治概念，人们才能在冷战环境中有所作为。政治技艺将自身与道德伦理分离开来，将自身的合法性看作纯粹人为的结果，而不是上天注定或存在必然，这是一种言语的政治，而非行动的政治。布鲁门伯格的言外之意是，在核时代，言语绝对比行动更可取：

> 马基雅维利将伦理与政治分离……被视为可疑之举……但是这种政治技艺模型不仅不适用于毒药和匕首的行动；相反，它促使人们认识到要有这样一种思想状态：为某些行动遭受摈弃、得到防范或得到模拟而感到心满意足。（《现实概念和国家理论》，第138页）

从布鲁门伯格极其悲怆的幻灭观点来看，现代政治应该偏好言语而非行动，偏好修辞而不是基于道德信念的行动。这里的“修辞”首先是指文明行为和谈判意愿。它包括放弃左右两派宏大政治理论的乌托邦目标，

① 卡西尔：《国家的神话》，纽黑文：耶鲁大学出版社，1946年，第154—155页。

以确保实现最基本、最重要的目标：基本生存。语言行为理论家J. L. 奥斯汀（J. L. Austin）有一本书名为《如何通过言语来行动》，布鲁门伯格将其稍微改动，给这项政治思想制定了下面这句反讽的口号：“如果通过言语无所行动”。

布鲁门伯格在1971年发表的关于人类学与修辞的论文《修辞学当代意义的人类学视角》（Anthropologische Annäherung an die Aktualität der Rhetorik）中重申了这一立场。在这里，布鲁门伯格试图回答康德在提出“何为人”问题时所面临的困惑。一个答案是，人类有修辞天赋和文化能力，因此是“丰富”的。柏拉图《普罗泰戈拉篇》中出现的普罗米修斯式人类学则青睐另一个答案。而后，这另一个答案由20世纪哲学人类学的倡导者（如舍勒、普莱斯纳和盖伦）以不同方式重申。这个答案说，人是“贫乏的”，因为人缺乏特定的生物学特长，也缺乏强大的本能组织来规范其行为。布鲁门伯格意识到，无论如何回答这个问题，都会带来政治后果。哲学人类学，尤其是盖伦所给出的答案，已经被德国批判理论的支持者视为为专制国家强大的“导向”机构寻找理由①；而布鲁门伯格则认为盖伦是在宣扬“制度的绝对主义”（absolutism of institutions）②。正是出于这个原因，布鲁门伯格拒绝在本体论上回答这个人类学问题，即假定人类的起源和本质可能是什么。

> 人类学的主题仍然是“人的自然本性”（human nature），但人性从来不是真正“自然的”，也永远不会是。它以隐喻伪装的形式出现，例如动物与机器，沉积层与意识流，与神类似及与神较量，所有这些信条和道德化说辞都不能够保证向我们清楚地揭示人的本性。人只能通过知道自己不是什么来理解自己。不仅人的处境是潜在隐喻性的，人的存在本身也是如此。（出处同上，第456页）

用布鲁门伯格本人喜欢的悖论来解释这种处境，就是“人是什么”这个问题我们一直都在回答，却永远无法确定地回答。一劳永逸地回答这个问题，就像西奥多·阿多诺在《否定的辩证法》（1966）中所指出的那样，

---

① 哈贝马斯对盖伦的严厉批判载于哈贝马斯关于人类学的力作，发表于《菲舍尔哲学词典》，阿尔文·迪默和伊沃·弗伦泽尔编，法兰克福：菲舍尔出版社，1958年，第18—35页。

② 布鲁门伯格：《修辞学当代意义的人类学视角》，载《恐怖和游戏：神话接受的问题》，曼弗雷德·弗尔曼编，慕尼黑：芬克出版社，1971年，第439页。

将会“破坏人性的可能性”[①]。人类的“自然本性”不是“自然的”，因为人类的特征是其文化能力，而文化千变万化，还受历史变化的影响。正如布鲁门伯格在重要的人类学遗作《对人类的描述》（*Beschreibung des Menschen*，2006）中所暗示的那样，人类可以被描述，但永远不能被定义。因此，对何为人的任何“答案”都只能是临时的、隐喻性的、修辞性的。当涉及政治时，布鲁门伯格似乎倾向于智者论而不是柏拉图主义：“人类作为贫乏的被造物，需要修辞以作为表面的艺术来应对自己缺乏真理的处境”（第431—432页）。在此处，布鲁门伯格提到的“缺乏真理”体现为我们不能够界定人的本质。布鲁门伯格在写作中反对一切形式的政治柏拉图主义，支持政治智者论，他提出，既然人类在任何问题上都无法获得绝对真理，包括“何为人”这个问题，那么他们就不得不把修辞作为政治的基本媒介。

这在后来又是如何转化为布鲁门伯格在《神话研究》中所进行的、很大程度上处于潜在的政治论述？在《神话研究》中，神话被归于更广泛的修辞范畴。[②] 对于布鲁门伯格来说，在国家社会主义之后书写神话研究，重要的是指出任何社会都必须拥有多重神话。布鲁门伯格并不认为神话是人类发展的“原始”阶段，可以被抛在身后。神话更像是一种人类原始的导向模式——它将人类与威胁力量分离开来，并与威胁力量保持距离——神话总是潜伏存在的，而且总是可以回归的。神话将永远是政治的一部分，而应对神话的关键是，确保在任何特定的时间里，都应该有多个神话，好让任何一个神话都不能凌驾于所有其他神话之上。这种受人类学影响的政治观点最近被海登里希描述为“距离的自由主义”。[③]

布鲁门伯格关于政治神话的观点可见于他和卡尔·施密特对歌德《诗与真》中“无人反对神，除非神自身”（*nemo contra deum nisi deus ipse*）箴言正确解读的辩论。[④] 这一争论始于施密特在《政治神学续篇》（1970）中

---

① E. B. 阿什顿译，伦敦和纽约：劳特利奇出版社，2004年，第124页。

② 布鲁门伯格指出，在古希腊，神话最初是由游吟诗人在观众面前进行的口头叙述。在这种背景下，那些记录流传下来的故事，就是观众们认为最可信、最迷人、最重要的故事（第149—172页）。

③ 菲利克斯·海登里希：《距离的自由主义：论布鲁门伯格现象学人类学的意识形态》，载《现象学研究期刊》2011年第35期，第52—63页。

④ 歌德：《诗与真》，载《歌德全集》，两部，40卷，亨德里克·比卢斯等编，法兰克福：德国古典出版社，1985—2003年，卷1.14，第841—842页。

对这句话的分析。然后，他们在20世纪70年代中期的通信中继续争论，最后以布鲁门伯格1979年在《神话研究》中对这句话的阐释结束。歌德说出这句话的时候，其主题背景是关于所谓的“恶魔式”人物，如拿破仑，他们登上历史舞台似乎就是要与全世界为敌。[①] 施密特以一神论和基督教的角度解释这句话，认为它指神圣整体中圣父圣子的二元对立。[②] 而布鲁门伯格却赞成以多神论的角度解释，在我看来这样的解释是出于政治原因。从多神论的角度来看，这句话的意思是，任何想成为全能上帝的人，都必须在一个互相抗衡的权力系统中受到其他神明的制约。正如布鲁门伯格在《神话研究》出版前大约4年，即1975年写给施密特的信中所说：

> 歌德的箴言抓住了多神论的普遍意义在于权力分立、防备绝对权力，以及防备任何宗教无条件地运用绝对权力这一点。当有很多神的时候，他们总是已经在彼此制衡。一个神明只能受到另一个神明制衡。[③]

这一说法在《神话研究》一书中再次出现，但更广阔的讨论背景是这句箴言在1939年至1945年间的政治含义。施密特曾在《政治神学续篇》中称歌德的这句话“在上次战争期间（1939—1945），被熟悉歌德作品的人在不计其数的非正式讨论中引用解读”（第126页）。布鲁门伯格回应称，或许对于反对希特勒、希望战争结束的读者而言：

> 来自《诗与真》的秘密慰藉体现在这里，那些熟读歌德作品的人们以此抚慰自己……歌德眼前看见，在《诗与真》第四部分，如果有人能违抗上帝的话，那么他就是失败的拿破仑，恶魔的化身公然违抗了上帝，只有召唤出宇宙的力量，才能将其制服。（《神话研究》，第532页）

---

① 关于这个问题，请参见尼科尔斯《歌德的恶魔观：古人之后》，纽约州罗切斯特：卡姆登出版社，2006年。

② 卡尔·施密特：《政治神学二：一切政治神学终结的神话》，迈克尔·霍泽尔、格雷厄姆·沃德译，剑桥：政治出版社，2008年，第127—129页。

③ 布鲁门伯格1975年8月7日致施密特书信，载《布鲁门伯格与施密特通信录》，法兰克福：苏尔坎普出版社，2007年，第133页。

对于1939年至1945年之间的读者来说，这句话的意思是：任何如拿破仑或希特勒般妄图自立为万能上帝的人最终都会被其他的神明所推翻，而其他神明恰恰是为了推翻他才被召唤出来。

这场辩论让我们看出布鲁门伯格在私人通信和出版作品中围绕德国近期历史进行激烈政治辩论的模式。布鲁门伯格和施密特——前者是国家社会主义的受害者，后者是其主要法学家和知识分子拥护者——之间的通信政治意蕴非常浓重，但它是在德国知识精英无比博学和文明的规范中进行的。真正的问题很少被直接触及，大概是因为它既无法言说，又显而易见。要讨论近期德国史，唯一的途径似乎就是解释歌德用拉丁语写的箴言。

因此，直到最近布鲁门伯格遗作出版，读者才不得不从布鲁门伯格的各种著作中推断和解码在很大程度上潜蛰的政治神话理念，然后汇编成类似于政治理论的东西。这一政治理论的基本轮廓是：神话和修辞是人类基本取向形式，它们从未被完全抛弃，而人类依赖这二者，恰恰是由于人类无法以柏拉图和其他政治理性主义者所想象的方式获得绝对真理。在这种情况下，当一个政治神话威胁到其他政治神话的时候，要解决可能会出现的问题，最好的政治办法是确保在任何社会中，都永远保留由宪法保证的多元神话和多元修辞手段。布鲁门伯格在诗学和诠释学会议上的同事奥杜·马夸尔德（Odo Marquard），带着比布鲁门伯格一生写作都更明确无疑的政治倾向来继续发展这种自由的神话和修辞理论。[①] 然而，其遗作中近期出版的文章，尤其是《埃及人摩西》，或许表明布鲁门伯格也可能预见到了一些例外状态，在这些情况下，政治神话，甚至是“国家”神话，如果不是规范的，就有可能是不可避免的。这一立场可能会被视为他与学术对手卡尔·施密特在理论方面有切近性。

2.《预表》和《埃及人摩西》

施密特早就认识到神话在政治中的重要性。施密特是法国社会学家乔治·索雷尔（Georges Sorel）的忠实读者。索雷尔在《论暴力》（*Réflexions sur la violence*，1908）中提出了一种政治神话理论，并将其应用于法国左派的大罢工。按照索雷尔的观点：

① 奥杜·马夸尔德：《颂赞多神论：一神与多神》，载《哲学与神话：一场对话》，汉斯·波泽编，柏林：德格鲁特出版社，1979年，第40—58页；载《宗教理论与政治神学》，第1卷，《这个世界的王、施密特及其后果》，雅各布·陶伯斯编，慕尼黑：芬克出版社，1983年，第77—84页。

参加宏大社会运动的人总是想象他们即将采取的行动就像一场战争，认为自己一定会在战争中取胜。我提议给这些构想冠以“神话”的名称。[①]

对于索雷尔来说，神话无疑是非理性的，因为它们是通过形象而不是概念来表达的。从这个角度看，神话不是“事物的描述”，而更多是“行为意志的表达”；由于神话是非理性的，它“不能被反驳，因为它在本质上等同于一个群体的信念”。索雷尔认为，社会主义学说本身不足以激发群众运动；相反，它还需要一个引人注目的群众行动象征物，如“大罢工的神话”，才能“在工人的头脑中牢固树立良好的形象”。索雷尔关于神话的思想来源于亨利·柏格森哲学的启发。理性的论点和概念关联于数学时间的外在逻辑顺序，神话却可以渗透到时间的内在自我中，渗透到非理性的“情感生活本质”中。用这种方式，神话诉诸“纯粹的直觉，先于一切的思考分析”。[②]

施密特在其早期反民主宣言《议会制的危机》（*Die geistesgeschichtliche Lage des heutigen Parlamentarismus*，1923）中，采纳了索雷尔的见解，即政治行动的最好动机不是理性概念，而是感性动人的神话：

一个民族或社会团体是否具有历史使命，他们的历史时刻是否已经到来，标准只存在于神话之中。是从真实生命本能的深处，而不是从推理或对目标的思考中，才产生了强烈的热情、伟大的道德决定和恢宏的神话。在无中介的直觉中，受到神启的群众创造了一个神话形象，它驱动着群众向前运动。[③]

但与索雷尔不同的是，施密特将对政治神话的希望寄托在欧洲政治的右翼，而不在左翼身上。对于施密特来说，索雷尔的神话理论是一个“直接、积极决定的理论”，它可以有效地绕过任何议会讨论。确实，正是“国家神话”使墨索里尼在1922年掌权，这一点给施密特留下了深刻印

---

① 乔治·索雷尔：《论暴力》，杰里米·詹宁斯编译，剑桥：剑桥大学出版社，2009年，第20页。
② 同上，第26、28—30、113页。
③ 卡尔·施密特：《议会制的危机》，艾伦·肯尼迪译，剑桥：麻省理工学院出版社，1988年，第68页。

象。施密特写道，“精神上的共同敌人……会产生最引人注目的同仇敌忾”，意大利法西斯妖魔化共产党，从而能够引发强烈的政治情感浪潮。施密特因此得出结论：“神话理论是议会制思想相对理性主义衰落的最有力征兆”（第76页）。

对于施密特来说，重要的是这个诉求：独一的政治神话。换句话说，一神论的政治神学应该出现在民族国家之中。政治神话的内在风险在于，如果它落入相对主义的多神论，就可能会分裂国家身份。

> 团结和归属感的最后残余将毁于数目不可预测的多元神话。对于政治神学来说，那就是多神论，正如每个神话都是多神论一样。（同上）

我们可以假定布鲁门伯格对索雷尔和施密特的政治神话都很熟悉。1968年，索雷尔《论暴力》的德文译本发表在《苏尔坎普理论文集》（*Suhrkamp Series on Theorie*）上，由布鲁门伯格、迪特尔·亨里奇（Dieter Henrich）、雅各布·陶伯斯合编；而施密特关于政治神话的观点，已经隐含在他和布鲁门伯格关于歌德《诗与真》中拉丁文箴言的辩论中。那场争论中，布鲁门伯格当然是在呼唤施密特想要避免的局面——在一个自由的“多神论”国家里，任何一个神话都无法占据主导地位——出现。

在国家社会主义统治下长大的布鲁门伯格经历了“国家神话”可以被拼凑起来并维护下去的过程。然而，由于一些可能比理论更加私人化的原因，布鲁门伯格在他的一生中都避免在这个问题上直接表达自己的观点。这一决定为《神话研究》带来了一段时间的负面影响，评论者们为布鲁门伯格忽略这一主题而责难他。其中一位评论家是戈茨·穆勒（Gotz Muller），他抱怨布鲁门伯格的著作“几乎没有提到”近代德国历史上“现代神话的危险扩散”。[①] 在这方面，布鲁门伯格与卡西尔相比之下不被看好，卡西尔至少在《国家的神话》中尝试过做这样的分析。穆勒的批评则引发了布鲁门伯格下面的回应：

> 对我而言，回应评论总是很困难。它总是太迟。但我的确感到被你的评论刺痛了，这是有原因的。这本书中有一章已经出现在手稿中，

① 戈茨·穆勒：《布鲁门伯格的神话研究》，载《德国文献学期刊》1981年第100期，第314—318页，再版于布鲁门伯格《预表》，第69—78页；此处第78页。

> 但这章内容完全破坏了我对这本书的兴趣，所以我没有发表这一章。等我离世之后，人们可以随意处理这章内容。它的题目是：作为神话后果的斯大林格勒①。这一章比书中其他部分耗费了我更多的精力。②

这一缺失的章节已经在遗作集中被发现，并被冠名为《预表》发表。布鲁门伯格可能是在20世纪70年代开始写这章内容的，在20世纪80年代初又加以修改，可能是要把它加在其他最终未能完稿的书中。

据我所知，布鲁门伯格唯一尝试阐述明确的政治理论就是在《预表》中。“预表”的概念来源于《圣经》类型学，根据这一概念，《旧约》中的某些事件被认为是《新约》事件的预表。③ 在政治背景中，为政治行动寻找正当理由、援引重要先例的时候，就牵出了预表。因此，布鲁门伯格遵循哈伊姆·赫尔佐格（Chaim Herzog）的分析，④ 指出埃及和叙利亚军队在争论何时发动赎罪日战争袭击时，选择了斋月第十天，是因为公元623年穆罕默德也选择了斋月第十天来发动白德尔战役(《预表》，第10—11页)。换句话说，当不能理性地做出决定时，人们就会借由充满感情色彩的先例来神话式地做出决策：

> 预表现象的前提假设是，神话思想形态作为一种特定的运行倾向，仍然充满威力，或再次恢复了威力。在预表中，神话接近甚至逾越了魔法的边界：只要明确行动重复“预表”，就能够期望获得同样的效力。然而，首先要说明预表只是一种决策助手：在条件不变的前提下，已经做过的事情不需要重新考虑、疑惑或茫然，它已经被范式预先决定好了。……行动与预表挂上钩，就应该会保障决策产生确切结果，不可能失败，享有着魔法般的保护；由于行动受到保护，不会因个人的变化无常而脱离正轨，所以就保证了确定的结果。走在已经烧完荆

① 现已改名为伏尔加格勒。——译者注

② 布鲁门伯格1981年7月20日致戈茨·穆勒的信件，载《预表》，第62页。

③ 埃里希·奥尔巴赫如此解释《圣经》中的《预表》，“建立两个事件或人物之间联系的形象解读，前者不仅表示自身，也表示后者，而后者包含前者或令前者圆满”；例如，“亚当是将来基督的预表”（哥林多前书15：21）。参见埃里希·奥尔巴赫《喻象》，拉尔夫·曼海姆译为英文，载《欧洲文学戏剧中的场景》，纽约：子午线出版社，1959年，第11—76页；此处第50、53页。

④ 哈伊姆·赫尔佐格：《赎罪的战争》，伦敦：韦登菲尔德和尼克尔森出版社，1975年，第33页。

棘丛的路上，没有任何因素能排除它也可能通往相反的方向。（《预表》，第9、16—17页）

因为预表为人类在理论观点不充分的情况下提供了非理性的定向方式，布鲁门伯格将预表置于更普遍的神话和修辞范畴内。这样来看，可以有正反两方面的预表：正面预表与吉祥的先例相关，应该加以重复（如同上文中把白德尔战役联系到赎罪日战争），而反面预表是指一项行为意在“改正”或“翻转”之前的历史事件。

布鲁门伯格为理解国家社会主义的神话部署而使用的主要例子是一个负面预表，它被用来将希特勒入侵斯大林格勒①合理化。根据布鲁门伯格的观点：

> 希特勒下令攻打斯大林格勒，从而开启了战争的转折点。为了实现目的，希特勒特别前往波尔塔瓦，北方与东方冲突的原型查理十二世（即瑞典国王）于1709年被击败于此地。希特勒意欲补救那次失败。在那里，没有一成不变的历史经验，只有即将成为历史的胜利，在那里，只有未来历史的遗影（Vorprägung）。只要一个人确定正确的出发点，前影就一定会允许自身被逆转，朝相反的方向行进……看起来，只有希特勒一个人相信他找到的象征性事件。在周围许多参与造神运动的人中间，他是唯一执着于重复预表的人，只要预表并非对他不利。这对现实主义的事业没有助益。1941年初冬，当他的军队在莫斯科郊外陷入困境时，他不顾周围所有人都在窃窃私语此事显然重复了历史，而是诉求于“历史不会重演”这条原则。（《预表》，第31—32页）

布鲁门伯格所说的“显然重复”当然是指已经讨论过的、与歌德拉丁文箴言有关的例子：和希特勒一样，拿破仑在1812年的俄国战役中被击溃，因此他成了希特勒的“负面预表”（negative Präfigurat）。这让我们看出《神话研究》“佚失的一章”（结合歌德的拉丁文箴言讨论作为恶魔式人物的拿破仑）在最终手稿中占据的位置。

《预表》这篇文章并不解释国家社会主义现象，更像是一个审视政治神

① 现已改名为伏尔加格勒。——译者注

话运作方式的案例研究。它充其量分析了某些决策或许是建立在非理性基础上。它的现象学基础——通过正面或负面地援引历史先例，个体行为主体获得一种定向及合理化意识——没有告诉我们多少国家社会主义作为社会学现象的细节。布鲁门伯格确实想到过这个观点：国家可能近似于个体行为主体，因为二者都是根据自身历史来确立方向的。如此说来，预表只有向整个国家表明，历史事件的正向或反向重演具有内在逻辑，才会具有政治上的说服力。在这里，历史重演并不意味着历史是通过某些历史代理人的偶然行为而“被重复”（wiederholt werde）；更确切地说，是历史“将自我重现”（sich wiederholen werde）。换句话说，历史中某种更高层次的普遍模式正被唤起，而个人或政权（在这个案例中是希特勒和国家社会主义）希望依附于此模式。这种形式的“自我神话化”也有更广泛的社会运作，“当其他人都将其用于自身时，它便也运作起来”。“以这种方式发展下去，就会产生一个与现实主义背离的世界”（第32—33页）。

在阅读《预表》的基础上，人们可能会得出这样的结论：布鲁门伯格彻底谴责了政治神话本身。但真实情况绝非如此，因为希特勒及其政权只代表一个政治神话带来灾难性后果的极端例子。既然布鲁门伯格的政治著作认为并非所有的政治决策过程都是理性的，许多政治决策过程实际上是修辞性的，那么他看起来可能在暗示，神话作为一种修辞的定向方式，非常难以完全从政治中脱离出来。正因布鲁门伯格反对启蒙运动所声称的神话和逻各斯之间严格对立，理由是柏拉图和其他人创造出二者对立的神话，以确保哲学能胜过诗歌和诡辩；所以，布鲁门伯格也可能会认为，在某些情况下，使用政治神话如果不是理性的和规范性的，那么至少是务实的和有效的。然而，至关重要的是，布鲁门伯格并没有指出政治神话的定向和激发功能陷于神话狂热状态的临界点，比如希特勒那样。甚至更重要的是，他的政治神话理论仍然属于严格意义上的现象学范畴，它仅仅是描述性的，而不是政治运动性或规范性的。

在遗作中出现的最具爆炸性、最让人困扰的《埃及人摩西》中，布鲁门伯格似乎暗示，在某些特殊情况下，可能不可避免地会用到政治神话。这篇文章可能是在20世纪80年代中后期写成，事实上其中心前提是：神话的功效在于赋予文化群体甚至国家以集体认同感。神话为群体提供了一种存在与政治定向，而那些通常以“启蒙”或“真相”的名义试图揭露这些神话的人，面临着这样的风险：异化这个群体，甚至毁灭他们。

布鲁门伯格写道："最扑朔迷离的想法莫过于真理想要被热爱、能够被热爱、可以被热爱了。"那些试图揭露或澄清这类神话的人，沉湎于布鲁门伯格所说的"真理的专制"——无条件地渴望说出"真理真相"，而不管对那些被迫听闻的群体可能会产生什么破坏性影响。[①] 两个这样的人分别是弗洛伊德和阿伦特，布鲁门伯格指出，他们二人的问题不仅在于他们决意说出各自版本的"真理"，还在于他们决意说出真理的时机。

弗洛伊德的"真理"出现在《摩西和一神论》中。它的主题关乎犹太人的文化身份，而此时此刻是犹太人历史最黑暗的时刻，即1939年——弗洛伊德被迫离开维也纳前往伦敦一年之后。弗洛伊德开篇如此说道：

> 要证明一个被其民族赞誉为最伟大儿子之一的人其实并非该民族的成员，这的确不是一件令人轻松愉快的事情，当证明者本人也是这个民族的成员时更是如此。然而，任何维护所谓民族利益的考虑都不能使我将真理置于不顾。[②]

这几句话表达了布鲁门伯格所谓"真理的专制"的本质，即无论会有何种后果，都必须要把真理公之于众。弗洛伊德的论点称，摩西是埃及人，不是希伯来人，他带领以色列人出埃及，被以色列人杀害，随后被尊崇为被杀的犹太教之父，这样，他的追随者就可以弥补内心的愧疚——这众所周知，不需要细说。[③] 布鲁门伯格的主要观点在于，弗洛伊德以"真理"为名，做好了准备来"让本民族百姓的自信心面临风险"，对本民族的宗教进行"分析"，据称是为了增进本民族的自我理解，更不用提这还是弗洛伊德学术生涯的光辉顶点。根据布鲁门伯格的说法，至少对于自恋的弗洛伊德来说，"要从一个饱受屈辱和苦难的民族手中夺走起初历史性地开创了他们民族信仰的领袖，1939年并不是最为雪上加霜的时机"。布鲁门伯格指出，即使摩西是一个神话人物，犹太人在自身最黑暗的时刻也需要这个神话。布鲁门伯格在这篇文章中对弗洛伊德的论述，需要结合他对弗洛伊德著作探讨的广泛背景

① 布鲁门伯格：《埃及人摩西》，载《真理的严格主义》，阿尔里奇·迈尔编，柏林：苏尔坎普出版社，2015年，第11页。

② 弗洛伊德：《摩西和一神论》，凯瑟琳·琼斯译为英文，伦敦：霍加斯出版社，1939年，第11页。

③ 批判性历史考辨参见让·阿斯曼《埃及人摩西：西方一神论对埃及的记忆》，剑桥：哈佛大学出版社，1997年，第144—167页。

看待，这一主题无法在此文中探讨。[①] 但是，至少对于布鲁门伯格的政治神话论点而言，弗洛伊德在《埃及人摩西》中所讨论的主要角色（摩西），代表着一个可供比较的对象，他引领人类独立，追求解放，对照于这篇文章的真正焦点：汉娜·阿伦特的《耶路撒冷的艾希曼：平庸的邪恶》。

下面这句话让两者之间的对照关系立刻明晰起来："正如弗洛伊德把摩西排除在犹太民族以外，汉娜·阿伦特把阿道夫·艾希曼带离以色列国。"（第13页）摩西和艾希曼之间的对照令人迷惑而震惊，在这篇高度个人化、极具论辩性的文章中尤其如此。这可以结合比较布鲁门伯格对正面和反面预表的讨论来理解。"作为国家奠基人的负面民族英雄，他必须被杀，像摩西一样，尽管他创造了这个国家得以存在的可能性条件"（第14页）。这是因为：

> 有些国家是通过他们的敌人建立起来的。否则，没有人能够克服他们存在的障碍。他们之所以存在，是因为支持他们存在的一切其他因素都太过微弱、太过友好、太过理想、太过文学化，难以支撑他们胜过充满阻力的世界。抑或尽管面临这般境况，他们也得以存在。（《预表》，第13—14页）

无论人们是否接受布鲁门伯格对以色列如何建国的分析，或是否接受审判艾希曼在以色列民族身份形成中所起的作用，布鲁门伯格的文章都要求我们重新审视阿伦特的《耶路撒冷的艾希曼：平庸的邪恶》。这番重新审视，需要我们结合布鲁门伯格的政治神话理论来看待阿伦特的论点。

阿伦特可以原谅艾希曼是从阿根廷被绑架到以色列的情况，因为阿根廷政府不大可能为了超过十五年前的罪行准许引渡。[②] 但是，她对艾希曼审判的总体态度，是认为以色列无权在耶路撒冷的以色列法庭上审判艾希曼。阿伦特说："鉴于受害者是犹太人，犹太法庭进行审判是正确和恰当的；不过，鉴于罪行是反人类罪，就需要一个国际法庭才能恰如其分地审理"（第269页）。此外，从一开始，她就把整个过程描述为"戴维·本－古里安的作秀审判"（第4页）。这次作秀审判不仅是为了审判艾希曼的具体罪行，也

---

① 参见鲁迪格·齐尔《亲和与批评：布鲁门伯格读弗洛伊德》，载《布鲁门伯格观察：科学、技术与哲学》，康奈利厄斯·博克编，弗莱堡：阿尔伯出版社，2013年，第126—148页；亦参见《真理的严苛》中欧立希·迈耶的评论，第105—115页。

② 汉娜·阿伦特：《耶路撒冷的艾希曼：平庸的邪恶》，伦敦：企鹅出版社，2006年，第264页。

是为了审判“历史上的反犹太主义”（第 19 页），这在阿伦特看来是不可能完成的任务。对于住在以色列的犹太人以及流散全球各地的犹太人来说，这次审判还应该“让他们相信，只有在以色列，犹太人才能安全地过上体面的生活”（第 8 页）。所有这一切意味着，纳粹政权的整体罪恶都必须投射到艾希曼一个人身上，在阿伦特看来，与其说他是控诉方所称的“怪物”或“狡猾算计的骗子”，不如说他更像是一个“小丑”（第 54 页）。因此，阿伦特创造了“平庸的邪恶”一词来描述一个庸常之人——他“既不是伊阿古，也不是麦克白”，而只是一个异常勤奋的执行命令的官员。简而言之，“从艾希曼身上找出恶魔般的深层邪恶”是不可能的事情（第 287—288 页）。

布鲁门伯格对真理或阿伦特如何看待艾希曼都不是特别感兴趣，而阿伦特对艾希曼的定性已经由于新的研究发现而受到挑战。新的研究发现表明，艾希曼远远比阿伦特所认为的狡猾得多，他效忠于国家社会主义和反犹主义的程度远远超过阿伦特所愿意接受的范围。[①] 在布鲁门伯格看来，审判的政治意义比艾希曼的实际人格更重要。在他看来，阿伦特对“真理”的无条件追求，以及她对道德严谨性的坚持，使她看不到艾希曼审判中只能归于神话范畴的成分，也看不到艾希曼的神话地位。布鲁门伯格认为，阿伦特“从司法的角度看一切，因为她不准许任何例外，而且，作为美国公民，她也不需要准许”（第 16 页）。

布鲁门伯格说起“例外”，是在故意使用施密特《政治神学》的语言（虽然他多年来强烈反对这本书，[②] 因为这本书告诉我们“主权者就是决定例外的人”[③]），人们很难避免得出这个结论。但是，我们在这里可以区分施密特和布鲁门伯格对这一术语的不同用法。对于施密特而言，关于例外情况的裁决构成了政治的本质，这种裁决在根本上是非理性的，因为它无法从任何预先存在的规范中推演出来。正是在这个基础上，施密特建立了他的整个主权理论。他论述道：“例外要被理解为指代国家理论中的一个普遍概念，不仅仅指代应用于各种紧急法令或戒严状态的一种架构”（出处同上）。对于布鲁门伯格而言，正如我们所见，例外状态主要是预期性和防御

① 参见贝蒂娜·斯坦尼斯《耶路撒冷的艾希曼：大屠杀罪犯未经检验的生活》，鲁斯·马丁译为英文，伦敦：博德利海德出版社，2014 年。

② 背景信息见皮尼·伊费根《切入主题：施密特与布鲁门伯格论政治神学与世俗化》，《德国新批判》2010 年第 3 期，第 149—171 页。

③ 施密特：《政治神学》，乔治·施瓦布译为英文，芝加哥：芝加哥大学出版社，1985 年，第 5 页。

性的，在生活世界受到外部入侵扰乱的时候出现。在这些情况下，政治神话可能不可避免地提供必要的定向功能。

在布鲁门伯格的政治神话理论中，这次审判是一个例外，因为对于他来说，在特定的历史环境中，由透明体制支撑的自由多神主义显然并不适用。如果艾希曼的罪行被“国际化”为“反人类罪”，这可能（至少从一种解读方式看来）是“自由”或“多神论”的解决方案。这样，在布鲁门伯格看来，这些罪行就会失去对于以色列的特定政治意义：将 20 世纪 60 年代早期常常遭受威胁的国家的存在合法化。在这里，“自由主义”或“多神论”的国际法庭将由许多国家或“诸神”共同组成，以裁决危害人类的罪行。但在布鲁门伯格看来，审判的目的其实并不是对抽象的“反人类罪”做出普遍有效的裁决，正如我们所见，在任何情况下都不能界定抽象的“人性（何为人）”；审判的实用主义政治功能更多的是使以色列民族能够逮捕、审判和裁决“历史性敌人及反面建国者”（第 19 页）。这完全是一种“神话行为”，它必须集中在一个恶魔形象上，这样以色列的合法性就可以通过一个单独的例子成为明确的和直观的。

就像索雷尔和施密特的政治神话理论一样，神话在这里的作用并不是提供逻辑论证，而是创造一个充满意义的形象。阿伦特为艾希曼审判提供了法律和社会学角度的分析，而布鲁门伯格把这次审判视为岌岌可危的民族国家创造政治神话的例子。而且，在布鲁门伯格看来，“一个人无法同时拥有分析和神话这二者”（第 18 页）。阿伦特选择了分析，而布鲁门伯格认识到了政治神话在特定历史背景下的必要性。这种政治神话理论不是从普遍性立场勾画的，而是从基于历史的现象学立场出发，即从受到威胁的主体或民族国家的视角出发。在这里，我们或许会发现布鲁门伯格和施密特立场可能存在差别：对布鲁门伯格而言，“合理的”政治神话是预防性和防御性的，而不是侵略性的。然而，这种区分显然是不确切的：历史经验告诉我们，在国际关系中，“防御性”或“预防性”行动，与“侵略性”行动之间的区分，往往只是主观的。布鲁门伯格也肯定会意识到，“防御性”和“预防性”在政治环境中可能具有高度的修辞功能。

“严密科学”（strenge Wissenschaft）是胡塞尔在 20 世纪初为哲学所定的目标，但他在 1936 年之前就已经放弃了这个目标。在布鲁门伯格看来，阿伦特没有抓住实用主义后退的意义，即任何哲学判断都必须取决于被判断现象的历史背景，以及做出判断的历史立场。换句话说，“真理”本身就是拘囿于历史情况的范畴。这一批评关系到对《耶路撒冷的艾希曼：平庸的邪恶》所造成的最严重的创伤：这部书声称欧洲犹太人委员会（European Jewish Councils）参与共谋了所谓“最终解决方案”。用阿伦特的话说，艾希曼“没有预料到犹太人对自身毁灭抱有普遍的热情。……他预期到、也得到了犹太人高度的合作”（第 117 页）。这种判断最轻微地说，是严苛的。在布鲁门伯格看来，这些犹太领导者陷入的历史境遇完全没有先例：“那是一种令人无法相信的真实，不可期望任何一个人能够面对”（第 14 页）。在事件发生后的 16 年或更长时间里，从美国公民的安全立场来判断这些犹太领导者，并没有考虑到历史对“真理”的影响作用。布鲁门伯格对阿伦特的批判不包含可见于肖勒姆（Scholem）信件的个人看法，肖勒姆认为，阿伦特对于欧洲犹太人委员会的判断显示出她对犹太人缺乏爱意。① 尽管如此，《埃及人摩西》无疑是布鲁门伯格遗作中最个人化、最有揭示意义的文本之一。

后记：“批判”布鲁门伯格的遗作

当胡塞尔试图将哲学重新定位为一门“严密科学”时，他的其中一个目标是克服威廉·狄尔泰（Wilhelm Dilthey）历史世界观哲学的明显相对主义。在胡塞尔看来，如果认为“真理”取决于观察者历史及文化视角，哲学就将无法获得“科学”（Wissenschaft）地位，因为它无法发展出普遍永恒的标准将“真理”与“非真理”区分开来。② 胡塞尔的写作主要针对狄尔泰的后期作品《人文科学中历史世界的形成》（*Der Aufbau der geschichtlichen Welt in den Geisteswissenschaften*），狄尔泰在其中阐述了“生命表达”（Lebensäußerungen）的概念。对于狄尔泰而言，人文科学中的所有文本都是生命表达，即特定历史时期和文化中人类体验的具体化。要解读这些生命表达，就要理解和进入（sich hineinversetzen）生命表达背后之人的视角。这个过程从来都不是完全理性的，因为它不仅涉及文本形成背景的历史重建，还需要想象力和同理心。③ 狄尔泰的洞见当然与 20 世纪的许多理论相

① 《肖勒姆 1963 年 6 月 23 日致阿伦特》，载《论犹太人贱民：犹太人身份与现代政治》，伦·费尔德曼编，纽约：格罗夫出版社，1978 年，第 241 页。

② 胡塞尔：《作为严密科学的哲学》，纽约：哈珀与罗出版社，1965 年，第 122—136 页。

③ 威廉·狄尔泰：《人文科学中历史世界的形成》，鲁道夫·马克瑞尔、弗里斯托夫·罗迪编，普林斯顿：普林斯顿大学出版社，2002 年，第 226—229、233—237 页。

矛盾：从结构主义的眼光来看，他发现文本在作者想要表达的意思之外，还可能具有许多其他意义。当然，这也可能成为《埃及人摩西》的命运。

《埃及人摩西》是最深层意义上的生命表达。它不能与作者的历史背景分开来理解，而是需要读者了解作者生平（无论是谁承担了构建作者生平的艰难任务，它都将是决定性文本）。对于像我这样至少对布鲁门伯格遗作有所了解的人来说，这篇文章的政治热忱是前所未有的。无论布鲁门伯格对“多神论自由主义”的明显倾向在今天的我们看起来是多么天真（我们生活的文化中，跨国媒体公司数目越来越少，它们能够控制政治修辞舞台的演出内容），《埃及人摩西》中出现的政治神话理论甚至会违反其中所包含的微弱的自由主义。像他之前的所有哲学家一样，布鲁门伯格不能为“例外情况”制定普遍有效的标准。鉴于他的个人经历，他认为“例外情况”对应于有必要创建和保卫犹太人的家园，这并不令人意外。因此，当“批判”这个文本时，我们需要提出一些不能给出明确答案的问题。这篇极其个人化的文本，仅仅是弗洛伊德意义上私下的“仔细研究”（durcharbeiten）吗？或者，布鲁门伯格真的准备以他的名义发表一篇关于政治神话的潜在非自由主义理论的文章吗？他的遗作为这些问题提供了至少一半答案。1988年2月10日，布鲁门伯格给他的挚友、知己亨宁·里特尔（Henning Ritter）写信说：

> 多年以来，我把一篇写好的文章，《埃及人摩西》，锁了起来。它揭露了弗洛伊德和阿伦特的私下合谋（Hinterrücklichkeiten）。基本上讲，我是考虑到汉斯·约纳斯（Hans Jonas），才不允许任何人读它。①

布鲁门伯格出于对约纳斯（他是布鲁门伯格和阿伦特共同的朋友）的尊敬，没有发表这篇文章，甚至没有把这篇文章给任何人看。就像他遗作中大部分内容一样，布鲁门伯格之所以写《埃及人摩西》，似乎主要是为了自己。

（作者单位：伦敦大学玛丽女王学院；译者单位：廊坊市静韬文化传播有限公司）

---

① 汉斯·巴约尔：《真理的代价：布鲁门伯格论阿伦特〈耶路撒冷的艾希曼：平庸的邪恶〉》，《水星》2015年第5期，第52—59页，此处引用为第59页。

陌生的方法

——布鲁门伯格与罗蒂论隐喻

安东尼·雷诺兹（Anthony Reynolds）/文

林振华/译

摘　要：隐喻乃帮助人类进步的实用工具，对隐喻的这个理解仍然是布鲁门伯格著作的重要假设，同时也成为罗蒂新实用主义的研究方法。布氏的隐喻学影响了罗蒂，而罗蒂也以布氏为同道。布氏为罗蒂提供了一个思想史模型，按其设想，这是绝对隐喻（其在传统中仍具有潜在可操作性）的概念不断恢复或转化的过程。另外，布氏还为罗蒂呈现了一个设想为哲学实用主义的起源（和胜利）的现代性模型。不过，二人的研究仍然有很大差别，因为罗蒂开创的方法与布氏的隐喻学方法方枘圆凿。布氏眼中隐喻的实用作用，其实是其隐喻学研究的对象而非方法。隐喻湮没于语言的本义，然后才谈得上实用主义的胜利；而隐喻学的任务在于，点明那些在日趋实用的过程中变得平常的隐喻。

关键词：布鲁门伯格；罗蒂；隐喻

> “隐喻怎么发挥作用?”这就像问天赋怎么发挥作用？若我们知道答案，天赋也就无关紧要了。
>
> ——罗蒂《客观性、相对主义与真理》[①]

罗蒂在评论《现代的正当性》（*The Legitimacy of the Modern Age*）英译本时，盛赞布鲁门伯格的这部鸿篇巨制捍卫了实用主义。依罗蒂之见，布氏重新赋予哲学现代性概念以积极意义，罗蒂将其成就视为实用主义主角培根

① Richard Rorty, “Unfamiliar Noises: Hesse and Davidson on Metaphor,” in *Objectivity*, *Relativism*, *and Truth*, Cambridge: Cambridge UP, 1991, p. 172.

（Francis Bacon）所开创的实用主义事业。[①] 布氏对启蒙运动的实用主义辩护，让罗蒂赞叹有加，这不足为奇，但他的本意不仅仅是表达一己之见。事实上，我们完全可以认为，布氏之作有时明显是实用主义的；认为现代特有的“理性能力”（rationality）乃“现成工具中的实用之选”[②]（罗蒂语），故而名正言顺。

实用主义在布鲁门伯格的著作中至关重要，置身其隐喻学构想，或许我们能对此有更深的理解。早在20世纪60年代，布氏就在其《隐喻学范式》中将隐喻学视为“概念史（Begriffsgeschichte）的辅助方法”；隐喻学以思想史的某实用主义模型为前提，据此，连哲学体系都是隐喻持续作用的结果。[③] 于是，哲学语言在布氏所谓的“绝对隐喻”［即原始辞格（primal figures），它们蕴含着思想的基础结构，但难以按逻辑表述］之修辞基础上形成。[④] 在他的这部早年作品中，布氏把隐喻视为草率之作，通过隐喻，人类思维急欲以想象的种种揣测和预测，创造自己的历史。[⑤] 十年后的1971年，在《修辞学当代意义的人类学视角》中，布氏从人类学视角考察了修辞的草率之处。他视人为“匮乏存在物”（Mängelwesen），已失去与真理的联系，却又不得不继续在世上行事。危难之际，修辞成了应付并弥补人类理性之不足的实用主义方法。正如布氏所言，修辞是“理性能力本身的某种形式——一种与理性之短暂性互补的理智手段”。[⑥]

在布鲁门伯格的哲学著作中，实用主义围绕着人类历史上修辞的多样功能而展开，并成为影响深远且贯穿始终的主题之一。罗蒂专门盛赞《现代的正当性》，其新实用主义思想明显可见布鲁门伯格隐喻学研究的烙印。罗蒂曾偶然参加康斯坦茨诗学和诠释学会议（布氏为小组领袖，亦经常参

---

① Richard Rorty, “Against Belatedness,” *London Review of Books*, 7 (1983), pp. 3 – 5.

② Richard Rorty, “Unfamiliar Noises: Hesse and Davidson on Metaphor,” in *Objectivity, Relativism, and Truth*, Cambridge: Cambridge UP, 1991, p. 4.

③ Cf. Blumenberg, *Paradigmen zu einer Metaphorologie*, *Archiv für Begriffsgeschichte*, vol. 6, ed. Erich Rothacker, Bonn: Bouvier, 1960; reissued by Suhrkamp (Frankfurt am Main) in 1998. See also Blumenberg, “Prospect for a Theory of Nonconceptuality,” in *Shipwreck with Spectator: Paradigm of a Metaphor for Existence*, trans. Steven Rendall, Cambridge: MIT Press, 1997, pp. 81 – 102, here p. 81.

④ Blumenberg, “Prospect for a Theory of Nonconceptuality,” in *Shipwreck with Spectator: Paradigm of a Metaphor for Existence*, trans. Steven Rendall, Cambridge: MIT Press, 1997, p. 10.

⑤ Blumenberg, “Prospect for a Theory of Nonconceptuality,” in *Shipwreck with Spectator: Paradigm of a Metaphor for Existence*, trans. Steven Rendall, Cambridge: MIT Press, 1997, p. 13.

⑥ Blumenberg, “An Anthropological Approach to the Contemporary Significance of Rhetoric,” trans. Robert. M. Wallace, in *After Philosophy: End or Transformation*, ed. Kenneth Baynes, James Cameron, and Thomas McCarthy, Cambridge: MIT Press, 1987, p. 452.

会)，上述影响无疑来源于此。

隐喻乃帮助人类进步的实用工具，对隐喻的这个理解仍然是布鲁门伯格著作的重要假设，同时也成为罗蒂新实用主义的研究方法。不过，布鲁门伯格的隐喻学研究试图分离并去除哲学话语中潜藏的隐喻痕迹。因此，尽管布氏的隐喻学影响了罗蒂，尽管罗蒂以布氏为同道并对其研究大唱赞歌，但实用主义并非布氏之作的终论。布氏研究仍然一分为二地看待实用主义问题。一方面，它替实用主义进行了必要辩护；另一方面，作为方法，它必然反对实用主义的影响。的确，布氏的多数著作旨在揭示实用主义的隐喻，并阻止其发挥作用。接下来，我将通过研究罗蒂新实用主义的修辞，考察隐喻学与实用主义的矛盾，并分析两者在方法论上的共存空间。

一

新实用主义的隐喻学种子其实早就在罗蒂的著作里生根。例如，在《哲学与自然之镜》中，罗蒂认为，隐喻学对西方哲学传统之修辞学基础的深刻洞见，促使实用主义的兴起。[①] 在他看来，西方哲学史构成了“一个由希腊视觉隐喻主导的历史时代”。那时，知识的本质往往被默认为准确再现：

> 俘获传统哲学的图画是一面巨镜的心的图画，它包含着各种各样的表象（其中有些准确，有些不准确），并可借助纯粹的、非经验的方法加以研究。如果没有类似于镜子的心的观念，作为准确再现的知识观念就不会出现。没有后一种观念，笛卡尔和康德共同采用的研究策略——通过审视、修理和磨光这面镜子以获得更准确的表象——就不会讲得通了。[②]

实用主义摒弃了贯穿于哲学传统的视觉隐喻。它的出现意味着知识模型从诠释式或再现式，转向诗歌式或创制式，用 I. 哈金（I. Hacking）的话说，

---

① Rorty, *Philosophy and the Mirror of Nature*, Princeton: Princeton UP, 1979, pp. 9 - 13.

② Rorty, *Philosophy and the Mirror of Nature*, Princeton: Princeton UP, 1979, p. 12. See also Martin Jay, *Downcast Eyes: The Denigration of Vision in Twentieth-Century French Thought*, Berkeley: University of California Press, 1993, pp. 2, 187, 588；中译文见《哲学与自然之镜》，李幼蒸译，北京：商务印书馆，2003 年，第 9 页。——译者注

从“再现”转向“干预”。[①] 知识的再现式模型始于柏拉图的理式论，并在19世纪西方哲学话语和20世纪现象学语言中一统天下。作为对这一传统的回应，罗蒂假设了以知识的“反再现”解释为基础的新实用主义研究。[②]

从“再现论”(representationalism)转向反再现论，暗示了从“模仿论”(mimesis)转向科恩(Tom Cohen)近来提出的所谓的“反模仿论”。这种转向与其说全然背离了模仿论，不如说修正或重释了模仿论。[③] 事实上，培根撰写《学术的进展》(*Advancement of Learning*)，试图捍卫科学中的实验法，进而解除理论探索的禁令。布鲁门伯格从该书中分离出这种修正的一个重要实例。[④] 在他看来，培根对现代性的最大贡献在于重新界定了自然与艺术的关系。培根曾写道：“有人把艺术仅仅视为自然的帮手，自诩有能力完成自然已经着手的工作，及时修正她的错误，或在她受约束时施以援手，但信誓旦旦地保证，绝不会改变、转化自然，说白了给自然改头换面。其实，这是难以觉察的错误。”[⑤] 培根便修正了这个错误。依其之见，艺术模仿自然，不再单纯地视之为“被创制的存在体”(natura naturata)，而视之为“创制过程”(natura naturans)。布氏如此概括培根的成就影响：“人不必继续束缚于自然的‘理式桎梏’(eidetic reserve)。他只需掌握自然进程的构造法则和威力，就可以‘随心所欲’。”[⑥] 强调从“自然的‘理式桎梏’”到“自然进程的构造法则和威力”的重要转向，使培根能建立一种科学的创制模型。该模型以彻底修正亚里士多德的模仿观为基础，使模仿论摆脱其原初的理式语境。1957年，布氏发表了一篇文章，为培根的这篇论文埋下伏笔。文章中，他如此点评了模仿论的现代早期演变：

> 在阐释亚里士多德的模仿观时，阐释者反复强调动态的自然概念之重要性。动态的自然概念所表达的，并非自然现成的整个理式；我们

---

① Ian Hacking, *Representing and Intervening: Introductory Topics in the Philosophy of Natural Science*, Cambridge: Cambridge UP, 1983.

② Rorty, “Pragmatism as Anti-Representationalism,” introduction to J. P. Murphy, *Pragmatism: From Peirce to Davidson*, Oxford: Westview Press, 1990, pp. 1 - 6, here p. 2.

③ Tom Cohen, *Anti-Mimesis from Plato to Hitchcock*, Cambridge: Cambridge UP, 1994, p. 8.

④ Blumenberg, *The Legitimacy of the Modern Age*, trans. Robert M. Wallace, Cambridge: MIT Press, 1983, pp. 377 - 401.

⑤ Francis Bacon, *De Dignitate et Augmentis Scientarium* (vol. 2, ch. 1), in *Francis Bacon: A Selection of His Works*, ed. S. Wahrhaft, New York: Macmillan, 1982, p. 397.

⑥ Blumenberg, *Paradigmen*, p. 35. See also Bacon, *De Dignitate*, p. 397.

可以通过它管窥（Inbegriff）不断限定这一理式的创制过程……“模仿自然”不仅意味着复制理式，而且意味着复制创制过程本身——“艺术往往模仿自然的方法。”[1]

通过模仿自然方法（the method of nature），理论探索能够得到合理解释，而艺术也获得了创造力。

培根对模仿论的修正，催生了罗蒂所谓的实用主义反再现论，因而罗蒂称赞布鲁门伯格在《现代的正当性》中，将培根置于重要地位。不过，直到模仿论的现代修正重现于爱默生超验主义的文学诗学，该反再现论才进入美国实用主义传统。培根重构了自然与艺术的关系，而爱默生步人后尘，提出了文学创制论，用来克服以模仿为本源的文学理论之修辞惰性（rhetorical inertia）。传统模仿论认为，艺术是对自然形式的模仿，而爱默生的艺术论基础，并非再现形式，而是模仿他所谓的“自然方法”，即被视为某种动态生成力量的自然创制力。[2] 爱默生提出文学反再现论后，再现的模仿论转向了以创制或制作（poesis）模型为核心的模仿论。换言之，被模仿的不再是静态的作品，而是具有创意的创制行为本身。这种模仿不再限于创制千篇一律的仿品，而是可以自由自在地创制崭新的存在体（entities）。此乃浪漫派文论的文学宣言。于是，在文学浪漫主义语境中，反再现论具有方法论之可能性，修改后的模仿论即以观念论的自然概念为据（自然是动态的创制或生成力量）。[3]

罗蒂承认，爱默生从文学入手，调整并修正了自然创制力（natural pro-

① Blumenberg, “‘Nachahmung der Natur’: Zur Vorgeschichte der Idee des schöpferischen Menschen,” *Wirklichkeiten in denen wir leben*, Stuttgart: Reclam, 1981, pp. 55 – 103, here p. 72. Blumenberg quotes here from Samuel H. Butcher, *Aristotle's Theory of Poetry and Fine Art*, London: 1927, p. 126. Cf. also Blumenberg, “The Concept of Reality and the Possibility of the Novel,” in *New Perspectives in German Literary Criticism*, ed. Richard Amacher and Victor Lange, Princeton: Princeton UP, 1979, pp. 29 – 48.

② Cf., for instance, Emerson, “The Method of Nature,” in *Ralph Waldo Emerson: A Critical Edition of the Major Works*, ed. Richard Poirier, Oxford and New York: Oxford UP, 1990, pp. 82 – 96.

③ 1994 年，罗蒂在《与现实不符的真理》（Truth without Correspondence to Reality）一文中，考察了美国实用主义的流变。同韦斯特（Cornel West）一样，他也强调了“神圣”创造力在爱默生早期实用主义的重要意义：“说到底……爱默生一如其弟子尼采，并非民主哲学家，而是个体自我创造（他所谓的‘个体无限性’）的哲学家。神圣力量从未离开爱默生的脑海。”该文重刊于 *Philosophy and Social Hope*, London: Penguin, 1999, pp. 23 – 46, here p. 26。

ductivity）的这种观念论模型，而皮尔士（Charles Saunders Peirce）与詹姆士（William James）在此基础上，改进了反再现论方法。皮尔士的溯因理论（theory of abduction）和詹姆士的哲学再现（或他所谓的"概念法"）批判，均始于对自然创制力模型的修辞学修正。詹姆士对爱默生的做法笃信不疑。在他看来，哲学再现只会中断并阻止自然变动之活力，因为"真实存在的，并非既成事物，而是即成事物"。"有位丹麦作家曾说，我们先生存、后理解；以概念理解生命，就是阻止生命的运动，将其剪成碎片，然后把碎片固定到我们的逻辑标本盒中。通过比较这些样本，我们可以确定在静止情况下它们的关系。这种方法假定生命已经完满，因为概念往往是基于事实形成的，是后知后觉的。"① 浪漫派修正了被创制物与创制过程的经典差别（说到底就是亚里士多德眼中的差别）。詹姆士对"既成事物"（things made）与"即成事物"（things in the making）的划分，便源于此。上述差别经必要修正后，预示爱默生的突出文学创制或制作的永恒活力的文学模型得以修正。詹姆士将爱默生的文学反再现论转化为哲学方法，进而得到一种方法模型。正如他所言，该模型"平易近人"，"富于创造力"，"与其说是一个解决的方法，还不如说是进一步工作的计划，特别是改变现有的实在的各种方法的表征。因此理论成为我们可以依赖的工具，而不是谜语的答案，依赖这种工具，我们并不后靠，而是向前推进，有时在这种工具的帮助下去改造自然。"②

这种实用主义反再现论的隐喻学基础，由杜威率先明确提出。杜威批判其所谓"知识的旁观论"（spectator conception of knowledge），称之为柏拉图理式论的遗风。

> 亚里士多德批判了恩师柏拉图的理式论，认为理式不过是感官永久化的事物。由此，他其实指出了哲学跟宗教、艺术的相似之处……除了纯术语的意义，难道不能把他对柏拉图理式的见解用到他的形式论上吗？几百年来对科学与神学进程影响至深的这些形式与本质，除了去除污点，剔除瑕疵，弥补缺陷，证实内涵与暗示，究竟还剩什么？面对日常生活中的事物，现实经验难免有令人失望之处，为满足渴望

① William James, *A Pluralistic Universe*, New York: E. P. Dutton, 1971, pp. 236, 248.

② James, *Pragmatism*, Cambridge: Harvard UP, 1978, p. 32；中译文见《实用主义》，陈羽纶、孙瑞禾译，北京：商务印书馆，1979 年，第 30 页。——译者注

之需，通过理想化的想象力，这些事物被改头换面，于是罩上神圣的光环。而那些形式与本质简单说来，不正是这样的事物吗？[①]

这里，杜威的言下之意是，调和柏拉图与亚里士多德的形而上学的理式原则，就是“戴上神圣光环”的“日常生活中的事物”。于是，杜威便以维科的视角，提出了理式论诗歌起源说。虽然他将理式论范式以及随之而来的“知识的旁观论”视为隐喻学观念，但他发展的方法创造论，乃基于理式论中的自然进程的生成力。杜威批判这种理式论范式的隐喻学基础，却绝非全然反对，因为从修辞角度讲，取代再现在实用主义中位置的方法创造或生成模型，仍然以理式论的自然概念为模板。杜威挖掘艺术的创造潜能，视之为“自然之至极”。由此可见，他的方法论承袭了爱默生诗学对模仿的动态修正（dynamic revision of mimesis）。杜威在《经验与自然》中写道：

> 如果希腊哲学把知识视为静观而不是把它当作一种创作艺术是正确的，而且如果现代哲学也接受这个结论，那么唯一逻辑就是相对地轻视一切生产形式，因为它们是一些实践的方式，而从概念上来讲，实践的方式是低于静观的。于是艺术的东西便次于美感的东西、“创造的东西”便次于“鉴赏的东西”了，而科学工作者——正如我们意味深长地说——在等级上和在价值上比享受他的劳动成果的艺术消遣者都更为低下。但是如果现代把艺术和创造放在第一位的趋势是有道理的，那么我们就应该承认这个主张的含义并予以贯彻。于是我们就会看到，科学就是艺术，艺术就是实践，而唯一值得划分的区别不是在实践和理论之间的区别，而是在两种实践的方式之间的区别：一种实践方式是不理智的，不是内在地和直接地可以享受的，而另一种实践方式对我们而言富有深刻的意义。当我们开始有这样的觉察时，我们就会明白，艺术——这种方式可能为我们提供可以分享的意义——乃是自然界完善发展的最高峰，而“科学”，恰当地说，乃是一个婢女，引导着自然之物通往令人快乐的境界。[②]

---

① John Dewey, *Reconstruction in Philosophy*, Boston: Beacon, 1957, pp. 105 - 106.

② Dewey, *Experience and Nature*, New York: Dover, 1958, pp. 357 - 358；中译文见《经验与自然》，傅统先译，南京：江苏教育出版社，2005 年，第 228 页。——译者注

从这段话我们可以看出，杜威试图以创制取代静观，此举本身脱胎自艺术或“技艺”即“自然之至极”的模仿观。模仿自然进程的创制力时，艺术与科学使自然“完整”，或者如杜威下文所论，两者“形成了自然的‘终结（目的）’”：“思想、智慧、科学就是有意地把自然事情导向可以为我们直接所占有和享受的意义。这种指导，即操作的艺术，本身就是一件自然的事情，在这个过程中，原来不完备的自然变得十分完备，因而当有意识的经验的对象被反省地选择出来时，便形成了自然的‘终结（目的）’”。①

杜威的科学方法的内模仿基础证明，以知识的创制论代替静观论，并不意味着摒弃催生了静观模型的形而上学范式。事实上，从隐喻学角度讲，杜威的知识创制模型正源于这个范式。文学浪漫主义与哲学实用主义之核心，是方法的创造力或创制力，其理式论背景从杜威在《艺术即经验》中引用的济慈名言显而易见：“太阳、月亮、地球及其万物，都能构造更伟大的事物，即永恒的事物——其伟大之处，甚于造物主自己创造的一切。”② 虽然实用主义摒弃了源自哲学理式论的“视觉性修辞”(rhetoric of visuality)，但它包含了源自同一理式论语境的创造力或创制力修辞。因此，浪漫主义诗人与实用主义哲学家都依赖于以理式论为本源的创造力修辞模型。不过，正如这段引文暗示，诗歌创作的行为甚至将超越“造物主本人”的成就。对创制或制作的诗学或哲学强调，既体现了理式论范式的影响，又彰显了超越这一范式的渴望。

二

浪漫派的立论之本，是摒弃古典的模仿模型，另辟创制或生成模型[以自然进行的创制力为蓝图的修辞创制力（rhetorical productivity）理论]。罗蒂的实用主义反再现论便建立在这一基础上。爱默生的浪漫主义反再现论浓缩于隐喻的创造或创制模型；反过来，罗蒂的反再现论假设了隐喻创制模型的方法论形式。在爱默生与罗蒂看来，隐喻并不再现自然已经呈现

---

① Dewey, *Experience and Nature*, p. 358；中译文见《经验与自然》，傅统先译，南京：江苏教育出版社，2005 年，第 229 页。——译者注

② Dewey, “The Live Creature and ‘Eternal Things’,” in *Art as Experience*, New York: Perigree, 1980, pp. 20 - 34, here p. 20.

的事物，而是发挥自身创制之能，改变并扩充自然。

爱默生认为，创制力的自然与创制形式的自然的区别，可用于分析述行力（performative force）与再现形式的修辞区别。通过分析自然概念中的这种区别，爱默生可以从再现形式中挖掘深藏的述行力的作用模型。他将创制力的自然与创制形式的自然的区别，置于其隐喻创制理论的动态结构。因此，在爱默生的诗学中，自然的持续变形（perpetual metamorphosis），作为创制力的自然的修辞范例，受到埃利森所谓隐喻“持续的修辞运动”（perpetual rhetorical motion）的模仿与影响。[①] 1841 年，爱默生于一篇日记中写道：“我们的语言中，没有哪个词不是通过强调自然而向我们显现自然之特质的，自然的变形恰恰以这种方式显现自己。天地是舞者，是念珠，是激流，是轻舟，是薄雾，是蜘蛛的陷阱，是你之所求；隐喻会掌控想象力，并赋予其强烈的愉悦感。天地以风电难及的速度，变成你所说的事物；在这崭新莫测的大洗牌中，万物都找到了属于自己的位置。”[②]

罗蒂袭用尼采的形而上学之隐喻起源说，似乎因此撇下了形而上学。[③] 布鲁门伯格的隐喻学，德里达在《白色神话学》中解读隐喻，都得到他的认同，这为我们的判断提供了依据。[④] 然而，如此解读罗蒂的研究，恐怕忽视了以下事实：罗蒂的反再现论隐喻说，乃基于爱默生超验主义的理式论文学理论。这一传统影响并促进了普遍实用主义的出现，进而通过皮尔士、詹姆士、杜威间接触及罗蒂。当然，我们或许难以觉察浪漫主义的修辞模型对罗蒂隐喻理论的影响，因为罗蒂似乎唯独倚赖戴维森（Donald Davidson）提出的隐喻模型。尽管戴维森让罗蒂能以分析哲学的语汇阐述自己的反再现论隐喻说，但二者的隐喻模型其实并不相容。

戴维森从讨论亚里士多德的隐喻着手，考察并反驳了其后各种隐喻理论，最终得出如下结论：

---

① Cf. Julie Ellison, *Emerson's Romantic Style*, Princeton: Princeton UP, 1984, pp. 201 – 203.

② 这段文字出自爱默生 1841 年的一篇日记。该文重刊于 *Emerson in His Journals*, ed. Joel Porte, Cambridge: Harvard UP, 1982, p. 256。

③ 有关罗蒂的新实用主义与尼采对柏拉图主义的修辞批判之相承关系，见 Rorty, *Objectivity, Relativism, and Truth*, p. 32；另见 Cary Wolfe, *Critical Environments: Postmodern Theory and the Pragmatics of the "Outside"*, Minneapolis: U of Minnesota P, 1998, pp. 12 – 21。

④ 有关罗蒂对自己与德里达的研究之兼容性看法，见 “Deconstruction and Circumvention,” in *Essays on Heidegger and Others*, Cambridge: Cambridge UP, 1991, pp. 85 – 106。

> 我们必须放弃这样一种看法，即认为隐喻带有一种信息，它具有一种内容或意义（当然，这指出了它的字面意义之外的某种意义）。我们一直在考虑的那些各种不同的理论误解了它们的目标。普遍的错误在于把注意力集中到由隐喻引出的思想内容上，并把这些内容理解成隐喻本身。毫无疑问，隐喻常常使我们注意到我们以前没有注意到的事物的诸多方面；毫无疑问，隐喻使我们注意到惊人的相似之处；正如布莱克所说，隐喻的确提供了一种透镜或框架，我们可以通过它来考察相关现象。问题并不在于此，而在于隐喻是如何与它使我们见到的东西相联系的。①

通过区分词语的意义及其功用，把隐喻"完全归到实用范围"，戴维森从理论上阐释了"内在述行性化为再现效果之驱动力的隐喻"（metaphor whose implicit performativity becomes the driving force of its representational effects）。② 在罗蒂看来，"戴维森让我们借助自然世界中的陌生事件模型（信仰与欲望变化的原因），而非陌生世界的再现模型来看待隐喻"。③ 戴维森的如下论述清楚反映了其隐喻的述行性：与隐喻混淆的，并非其再现效果，而是这些效果的成因。戴维森在文中强调了"述行性"概念。他坚信，"隐喻使我们

① Donald Davison, "What Metaphors Mean," in *Inquiries into Truth and Interpretation*, Oxford: Clarendon Press, 1984, pp. 245 - 264, here p. 261；中译文见马蒂尼奇编《语言哲学》，牟博等译，北京：商务印书馆，1998年，第865页。——译者注

② 关于普通隐喻的述行理论，以及戴维森隐喻理论的述行性阐释，参见 Dorothy Mack, "Metaphoring as Speech Act," *Poetics*, 4 (1975), pp. 211 - 256; Ina Loewenberg, "Identifying Metaphors," *Foundations of Language*, 12 (1975), pp. 315 - 338; Ted Cohen, "Metaphor and the Cultivation of Intimacy," in *On Metaphor*, ed. Sheldon Sacks, Chicago: U of Chicago P, 1978, pp. 1 - 10; Max Black, "How Metaphors Work: A Reply to Donald Davidson," in *On Metaphor*, ed. Sheldon Sacks, Chicago: U of Chicago P, 1978, pp. 181 - 192, esp. pp. 188 - 189; Richard Moran, "Seeing and Believing: Metaphor Image and Force," *Critical Inquiry*, 16 (1989), pp. 87 - 112, esp. p. 92。

③ Rorty, "Unfamiliar Noises," pp. 162 - 172, here p. 163. 隐喻的再现模型转向因果或述行模型，其根源可能在于隐喻结构内部的潜在矛盾或双重性，长期以来对生动（enargeia）与活力（energeia）的混淆便源于此。这种混淆从拉丁词语"迹象"（evidence）可见一斑（它似乎强调生动之视觉性至关重要）。近来，学者试图提炼隐喻的述行性，这说明他们有意恢复隐喻的生动。参见 Carlo Ginzburg, "Veranschaulichung und Zitat: Die Wahrheit der Geschichte," in *Der Historiker als Menschenfresser: Über den Beruf des Geschichtsschreibers*, Berlin: Verlag Klaus Wagenbach, 1990, pp. 85 - 102; Anselm Haverkamp, "Perpetuum Mobile: Shakespeare's Continual Renaissance," *Theaterschrift*, 11 (1997); Rüdiger Campe, "Staging Rhetoric: Bella Evidentiae in the 18th Century," unpublished manuscript。

观察两个或更多事物之间的相似之处，而且往往观察新鲜或奇怪的事物之间的相似之处”，从而引导我们“关注可能未受关注的事物”，还“让我们通过多比较来注意世界的方方面面”。[①] 根据言语行为理论，隐喻能“使我们观察相似之处”，“引导我们关注某事物”，是因为它具有“示意力”（illocutionary force）。隐喻“示意力”产生的效果，叫“语效”（perlocutionary effect）。戴维森与罗蒂认为，隐喻的界定往往太依赖于其语效，而非实际产生语效的示意力。[②]

罗蒂调整了戴维森的隐喻观，将其作为自己反再现隐喻理论的哲学阐释。不过，依我所见，在这些修改之处，两人的隐喻理论其实并不相容。当然，罗蒂调整戴维森的论据，为己所用，以便使自己的隐喻理论有别于视觉性转义（the trope of visuality）。戴维森已明确指出，过分看重视觉，会导致我们过分看重隐喻示意力产生的再现效果或语效［可能有人称之为“二次转义”（metalepsis）］。不过，两人的分歧是修辞创制力的问题。与罗蒂不同，戴维森仍然是哲学实在论者，相信“我们能了解并谈论不为我们所构建的客观的公共世界”。[③] 戴维森试图将关注焦点从再现转移至“述行的因果性”（performative causality），但他的做法未能阐述隐喻的彻底创制模型。

戴维森的隐喻理论似乎反映了隐喻的创制或生成模型，而他转向创制力，是其明知不可能彻底“说明”（paraphrasing）隐喻何以瞩目，仍执意为之。戴维森认为，述行的因果性表明，这种隐喻模型产生的再现效果，依然不能简化为可以完全确定或限定的含义：“隐喻提示或启示的，往往不完全，甚至根本就不是对某真理或事实的认识，故试图逐字阐释隐喻的内涵，会误入歧途。”[④] 换言之，我们无法完全确定或充分说明隐喻迫使我们注意的事物。戴维森指出，确定隐喻内涵的难处在于，“我们始终关注隐喻迫使我们注意的事物，总以为可从中挖掘某种内涵。如果此事物的范围有限，且本质是命题式的，那么其本身就不会引起任何疑问。我们只需将隐喻唤起的内容投射到隐喻上。然而，隐喻要我们关注的事物，根本就没有界限；

---

① Davidson, “What Metaphors Mean,” pp. 247, 256, 257.

② Cf. J. L. Austin, *How to Do Things with Words*, Cambridge: Harvard UP, 1962.

③ Davidson, “A Coherence Theory of Truth,” in *Reading Rorty: Critical Responses to Philosophy and the Mirror of Nature (and Beyond)*, ed. Alan R. Malachowski, Oxford: Basil Blackwell, 1990, pp. 120 – 138.

④ Davidson, “A Coherence,” p. 263.

当要表达某个隐喻的‘意思’时，我们很快意识到，要提及的内容无边无际”。[①] 这段话清楚地表明，戴维森的隐喻模型，归根结底，仍局限于某诠释学范式，具有“不可完全诠释”（hermeneutic inexhaustibility）的特点——符合一种不受限制的“修辞经济标准”，能够产生无穷无尽的阐释效果。

戴维森对隐喻的兴趣，很大程度是描述式的，故其隐喻模型必然为诠释型。与戴维森不同，罗蒂对隐喻的理解是“纲领式的”。他把隐喻视为实用主义的方法论资源。说到底，罗蒂的隐喻模型为诗学型，而非诠释型。罗蒂不但以诠释学术语描述自己的研究，而且将其研究分为两个层面：一个层面他明确称之为“逆诠释学”（the inverse of hermeneutics），另一个层面则存在于创造新术语与新词汇的过程。他指出，“我们试图沟通本土文化与某异域文化或历史时期，试图沟通本门学科与另一门看似用难以数计的词语追求遥不可及目标的学科”，实用主义方法“便可能寓于这一诠释活动。不过，它也可能寓于设置新目标、创造新词汇、建立新学科（紧随所谓的逆诠释学）的‘诗学’活动——换言之，尝试用我们新创造的陌生术语，重新诠释我们熟悉的环境”。[②] 在此，罗蒂区分了两种截然不同的实用主义模型——诠释学模型与诗学模型。诠释学模型旨在将未知或陌生事物吸收至已知或熟悉的领域；而诗学模型旨在将新术语或词汇的创制，以及随后对熟悉事物的重新诠释置于陌生的领域。

罗蒂的隐喻诠释学模型贴近维科及布鲁门伯格研究所依赖的修辞模型［两人均视修辞为自我伸张（self-assertion）的实用主义手段］。陌生且需要警觉的，是被“诠释”为隐喻并因此纳入熟悉范围的内容。布鲁门伯格借现象学术语，将这个过程描述为一种方法——让感官体验中影响意识顺畅流动的反常、外来或异质的元素失效。尽管隐喻可能被视为干扰哲学话语的一个因素，但布鲁门伯格认为，若将其作为排除意识中的干扰手段，那么在哲学范围内，它是可以接受的：

> 借用胡塞尔的术语，隐喻首先是一种“扰乱”（Widerstimmigkeit）。对于依赖身份关注而存在的意识，这无疑是致命一击；意识必须成为

---

① Davidson, “A Coherence,” pp. 262 – 263.

② Rorty, *Philosophy and the Mirror of Nature*, p. 360; emphasis added. Cf. also Rorty, “Deconstruction and Circumvention,” in *Essays on Heidegger and Others*, Cambridge: Cambridge UP, 1991, pp. 85 – 106, esp. p. 88.

> 始终能成功进行自我偿还（self-restitution）的机体。由此，也恰恰通过与隐喻的关系，我们得出了胡塞尔制定的规则：“异常打破了现象（appearance）原本和谐的统一，它从属于更高级的和谐。”唯有当一致性受到威胁、亟待修复时，原有破坏性的元素才会变成隐喻。隐喻通过重新认知的把戏，融入意向性。把外来组织解释为“隐喻而已”，乃是自我主张的行为：干扰被视作辅助。在经验中，这与融合之需相符——把自身作为整个因果体系的一部分，乃至近乎备受期待之奇迹的极惊人事件。[①]

如此一来，布鲁门伯格以现象学术语提炼了维科之前的论断。作为一种方法，隐喻把陌生事物纳入熟悉范围，并以这种方式服务于意识。

不过，罗蒂颠倒了这种诠释学范式。他假定隐喻是陌生的修辞学观念或发明，我们熟悉的事物或可于其中得到阐释或转化。实用主义者不用熟悉的术语来阐释隐喻，而是把熟悉的事物阐释或转化为隐喻未被同化的“他异性”（alterity）。因此，隐喻推动的研究，关乎对熟悉事物的“诗学挪用”（poetic expropriation），而不是对陌生事物的“诠释学挪用”（hermeneutic appropriation）。

这种诗学或逆诠释学功能，预设了一个仍然“扰乱”且抵制诠释学移用的隐喻模型。于是，从诠释学角度看，戴维森提出的隐喻模型没有限度，能够产生无穷无尽的诠释效果，而罗蒂的隐喻理论的特点，或可概括为诠释学“预锁”（foreclosure）。换言之，它抵制现有认知范式中的阐释。戴维森的隐喻，其特点是难以控制的诠释学“增殖”（proliferation）；罗蒂的隐喻，其特点则是它对诠释学的抵制。罗蒂的隐喻象征着与再现一刀两断，因为它不会用以重新呈现可以提前获知的客体。然而，这种反再现的隐喻模型具有相当大的创制力。由于它对再现的预锁，其必须设计一种能够容纳“顽固转义”（recalcitrant tropes）的阐释理论新模型。作为方法，罗蒂的隐喻通过超越现成诠释模型的权限，改变存在的“实体”（realities），对新模型的创造或说明因此必不可少。

> 若“理解”或“诠释”意为“纳入先前的体系”，那么隐喻是无法理解或阐释的。可若我们扩展一下这两个概念，加入“使用”或

---

① Blumenberg, “Prospect for a Theory of Nonconceptuality,” in *Shipwreck with Spectator: Paradigm for a Metaphor of Existence*, trans. Rendall, Cambridge: MIT Press, 1997, pp. 81 – 102.

> “处理”的含义，那么我们就能按照理解自然异象的方式来理解隐喻。为此，我们会修改理论，让它们适用于新材料。我们诠释隐喻，就如我们诠释这些异象——在我们的理论中，想方设法进行可能有助于应对异常情况的修改。[①]

隐喻被视为无法纳入现成诠释范式的异象或干扰，并因此催生了新的理论模型，可以吸收并消除隐喻的扰乱力量。罗蒂在《偶然、反讽与团结》（*Contingency*, *Irony and Solidarity*）中写道：“杂音和记号的本义使用，就是我们可以把关于人们在不同情况下会说什么的旧理论进行处理并使用；隐喻的使用则使我们忙于发展新理论。”[②] 这里，罗蒂区分了杂音与记号的本义用法与隐喻用法，但这种区别并不是绝对的。罗蒂的研究，乃基于隐喻向“本义”层面的成功转移或转化；他指出，这个过程受理论逐渐调用与修改的影响。因此，在新实用主义中，本义与隐喻义之间似是而非的区分，为诠释与直释之间更基本的区分所取代：通过直释，抵制诠释的隐喻也具有了实用价值。

不过，对于直释隐喻会产生什么结果，这种直释是怎样受到影响的，罗蒂提出，杂音与记号的隐喻用法，让我们忙于修改旧理论，发展新理论；其言外之意是，隐喻通过调用理论，进入本义层面。罗蒂所谓的“直释隐喻”，似乎承袭自皮尔士早期的科学探究框架。在皮尔士看来，探究就是为“怀疑所恼”，而“奋力达到信仰境界”。[③] 在科学界，一些与已有真理、与既定的科学真理背道而驰的新证据，就是受到这种新刺激而形成。皮尔士的探究模型，存在于这种“恼怒”的化解过程，或者如皮尔士所言，存在于信仰或习惯逐渐形成中“刺激的消解过程”。[④] 皮尔士与顽固的对象斗智斗勇，以达到能容纳科学新证据的新“信仰境界”；而罗蒂的实用主义者提出新理论，以获得能容纳新隐喻的新世界观。罗蒂在修辞学语境，重建了皮尔士所谓的习惯养成或信仰确立过程，将其作为直释隐喻的一种理论。

---

① Rorty, “Unfamiliar Noises,” p. 167.

② Rorty, *Contingency*, *Irony and Solidarity*, p. 17；中译文见《偶然、反讽与团结》，徐文瑞译，北京：商务印书馆，2003年，第29—30页。——译者注

③ Peirce, “The Fixation of Belief,” in *The Essential Peirce*: *Selected Philosophical Writings* 1, ed. N. Houser and C. Kloesel, Bloomington: Indiana UP, 1992, pp. 109 – 123, here p. 114.

④ Peirce, “Man's Glassy Essence,” in *The Essential Peirce*: *Selected Philosophical Writings* 1, pp. 334 – 351, here p. 348.

这种隐喻直释模型是罗蒂新实证主义的方法论核心，使罗蒂与戴维森分道扬镳。戴维森明确反对以这种直释模型为核心的隐喻理论。罗蒂讨论隐喻时，曾引用《隐喻的意义》；而该文构成了罗蒂隐喻理论的基础。在该文中，戴维森摒弃了他所谓“外延的”隐喻理论，或者说误用的隐喻理论。他之所以摒弃该模型，是因为扩大术语的参考范围，以理解本身没有语言名称的事物，就像“向我们的词汇引入新术语”。另外，这个隐喻理论忽略了戴维森所谓“对词语原始意义的欲求”。

> 在隐喻中，某些语词呈现出新的（或人们常说的“扩展出的”）意义。例如，当我们读到“神的灵运行在‘水面’（face）上”这句话时，我们会把“face”（脸面）这个词看作是具有一种扩展出的意义（我且先忽略这句话里所包含的其他进一步的隐喻）。这种扩展出的意义凑巧适用于哲学家所谓的这个词的外延，即这个词所指称的那类实体。“face”这个词在这里可用于通常所说的脸面，此外还可用于水。
>
> 这种解释……不可能是完全的，这是因为，如果“脸面”和“婴儿”这些词在这些语境中可正确地用于水和成年托尔斯泰，那么，水便确实具有脸面，托尔斯泰便确定是一个婴儿，而隐喻的一切意思便都消失了。倘若隐喻中的语词被应用于那些恰当的领域，那么，隐喻与把一个新词项引入我们的词汇之间便没有任何差别了，这也就是说，做出一个隐喻便是在扼杀这个隐喻。①

戴维森刻意让自己的隐喻理论有别于（至少内在看来）词语误用的模型。不过，作为罗蒂新实证主义核心的隐喻模型，其实属于词语误用，因为罗蒂坚信，通过直释，隐喻可以增加并扩大我们的词汇。这个特点“很可能”属于“广义的语误转义”（extensive trope of catachresis）。尽管戴维森明确摒弃了广义的隐喻模型，但罗蒂所承袭的正是该模型。于是，在《偶然、反讽与团结》中罗蒂指出，“戴维森让我们把语言及文化的历史，想象成达尔文所见的珊瑚礁的历史。**旧的隐喻不断死去，而变成‘本义’（literalness）**，

① Davidson, “What Metaphors Mean,” pp. 248 - 249；中译文见马蒂尼奇编《语言哲学》，牟博等译，北京：商务印书馆，1998 年，第 847—848 页，引用时有改动。——译者注

成为新隐喻得以形成的基座和衬托。”① 换言之，戴维森所反对的隐喻扼杀因素，恰恰是罗蒂的新实证主义方法。②

正如戴维森与罗蒂所见，同时亦如皮尔士“方法作为习惯信息的模型”（model of method of habit information）所默认，隐喻的直释是以牺牲隐喻与认知为代价的。在直释过程中，隐喻湮没于意识思维门槛下“没有反思”（unreflected）的第二天性。罗蒂指出，“被重复、流行起来、到处流传。于是它会要求一个习惯的使用，在语言游戏中一个惯常的地位，从而不再是一个隐喻，或者说，像我们语言中大部分的句子一样，变成死的隐喻。它将变成语言中本义上真或本义上假的句子。换言之，关于我们同伴语言行为的理论，将让我们不假思索就能应付这类词子的表述，正如我们应付语言中大部分句子的表述一样”。③ 对于产生这类隐喻，并将其作为“‘诗学’或‘文学’瞬间”而吸收的普遍的文化情形，罗蒂如此描述道：

> 它周而复始地见于文化的各个领域……当诸事不顺，当新一代人心存不满，当年轻人觉得某体裁的作品不过如此，或者充斥着库恩（Thomas Kuhn）所谓的“异常”，亟待另起炉灶时，它便粉墨登场。这时，大家开始琢磨给旧词赋新义，偶尔使用新词，进而明确新用法，先让大家关注其本身，然后才投入使用。在初始阶段，话语仍然是孤立的单词，色彩仍然是层叠的颜料，和弦仍然是杂组的音符。先锋派特征就是“半成品的物质性”（half-formed materiality）。标志性的术语或风格（展现持久力，成为可吸收之意义的载体，并提供让常规操作继续进行的工具）不再显现。它将从此销声匿迹，直至又出现心存不

---

① Rorty, *Contingency, Irony and Solidarity*, p. 17，黑体为作者所加，中译文见《偶然、反讽与团结》，徐文瑞译，北京：商务印书馆，2003年，第28页。——译者注

② 在罗蒂的理论著作中，实证主义方法不断被描述为隐喻的直释。可参见《作为科学、隐喻与政治学的哲学》（*Philosophy as Science, Metaphor, Politics*）：“对于哲学传统，海德格尔与实证主义者之态度最重要的区别，乃源于对当代政治史的态度差异。实证主义的根本动机……是……延续浪漫派对启蒙运动神化自然科学的反应。一旦科学主义修辞……消除，黑格尔主义与实用主义，就可被视为清障之举，为法国大革命建立希冀的社会（每个人的潜能都会给予公平机会）铺平道路。用我在本文中使用的话语讲，这种欲求意味着希望每种新隐喻都有机会自我牺牲，有机会通过用语言直释成为死隐喻”（*Essays on Heidegger and Others*, p. 18）。

③ Rorty, *Contingency, Irony and Solidarity*, pp. 18 – 19；中译文见《偶然、反讽与团结》，徐文瑞译，北京：商务印书馆，2003年，第31页。——译者注

满的一代，将这种术语或风格与近来的新意相提并论，对其“提出质疑”。[①]

罗蒂的新实证主义所坚持的是一个语言生发过程。它基于新术语、隐喻或语误的不断创制与直释，而在它们被吸收之前，仍然不可解读，不可诠释，故只是没有要旨的载体，或者罗蒂所谓的“半成品的物质性”。这类隐喻若要发挥实用效果，必须跨越意识思维的门槛，湮没于布鲁门伯格所谓的“认知基底”（Substruktur des Denkens）。[②]

三

作为转化世界或（借爱默生言）不断发明自然的方法，罗蒂的新实用主义象征着从方法论层面，延续或拓展了爱默生最初的研究。爱默生的修辞模型，明显承袭自并寓于更大的观念论研究；而罗蒂的修辞模型，有意从方法论层面，恢复有助于阐述这种观念论范式的原初过程。换言之，罗蒂触及了预示浪漫主义的柏拉图理式论传统。皮尔士、詹姆士、库恩的早期实用主义仍脱胎于观念论的自然创制力模型，而罗蒂从隐喻入手重组实用主义方法，揭示了这种创制力模型的修辞学基础，并尝试恢复其实用潜能。

罗蒂明确将实用传统重新定位为本质上的修辞学研究，这表明他有意从方法论层面把修辞学重塑为布鲁门伯格所谓的“知识论语用学”（epistemological pragmatics）。[③] 如此一来，早期诗人祈自诸神的创造天赋，最终为浪漫派诗人所调用，并经皮尔士、詹姆士、杜威以及最近的罗蒂，以方法论形式正式纳入美国实用主义。新实用主义使修辞学从其在观念论中的“投射”中“全身而退”，此后，摆脱观念论修辞学似乎是板上钉钉的事。然而，如此摆脱到底有多大可能；在多大程度上，这种修辞潜能从其可行的观念论范式中完全提炼出来；罗蒂有意且明显地恢复修辞，其作为方法能否成功，都是悬而未决的问题，因为修辞的实用功能性取决于修辞能否完全被吸

① Rorty, “Deconstruction and Circumvention,” p. 88.

② Blumenberg, *Pradigmen*, p. 13.

③ Blumenberg, *Pradigmen*, pp. 23 – 48. 布鲁门伯格的《隐喻学》第二章题为“真理隐喻学与知识论语用学”（*Wahrheitsmetaphorik und Erkenntnispragmatik*）。

收进它所作用的“论述形构”（discursive formations）。罗蒂研究的明显隐喻学形态，其实剥夺了修辞学所谓的“可用潜势”（enabling latency）。

罗蒂多次引用布鲁门伯格的话，证明他赞同布氏“思想史即隐喻史”的观点。[①] 鉴于罗蒂的实用主义方法是围绕隐喻的直释而构想的，故布氏的隐喻学与新实用主义的关系显而易见。布氏为罗蒂提供了一个思想史模型，按其设想，这是绝对隐喻（其在传统中仍具有潜在可操作性）的概念不断恢复或转化的过程。另外，布氏还为罗蒂呈现了一个设想为哲学实用主义的起源（和胜利）的现代性模型。罗蒂转向布氏，以其作品佐证自己的研究，这背后的动机不言自明，两位理论家不约而同地认可修辞学作为哲学史中“知识论语用学”的重要作用。不过，二人的研究仍然有很大差别，因为罗蒂开创的方法与布氏的隐喻学方法方枘圆凿。如我们所见，布氏眼中隐喻的实用作用，其实是其隐喻学研究的对象而非方法。隐喻湮没于语言的本义，然后才谈得上实用主义的胜利；而隐喻学的任务在于点明那些在日趋实用的过程中变得平常的隐喻。

布鲁门伯格一直把自己的研究视为“历史现象学”，一种旨在揭示或“点明”绝对隐喻之隐含作用的纯“描述”方法。虽然在 20 世纪 60 年代至 80 年代，他的研究曾出现几次理论转型，但目标始终如一。布氏一开始阐述自己的隐喻学研究，便十分明确地区分了隐喻学实践与实用主义的隐喻学方法：“我们必须看到，隐喻学无法告诉我们如何使用隐喻，或者如何处理隐喻中出现的问题。相反，身为隐喻学实践者，面对无法回答的问题，我们已经不可能到隐喻中寻找其‘答案’。”[②] 此后，在《修辞学当代意义的人类学视角》中，他写道：“我没见到任何有关人类学的科学课程，除了……摧毁据称‘自然’的一切，然后以其在人类基本成就——‘生命’的功能体系中之‘造作’而治罪。”[③] 近来，他又重新思考了隐喻学，以涵盖其所谓的“无概念性”（nonconceptuality）。为此他指出，“自己就是要拈出当下之自不待言的特征，即人们谈论当下话题时，似乎始终想不到的词语”。[④]

当然，布鲁门伯格的“隐喻学范例”的确对这个隐喻禁令有所僭越。

---

① Rorty, *Contingency, Irony and Solidarity*, p. 16.

② Blumenberg, *Paradigmen*, pp. 23 – 24.

③ Blumenberg, “Anthropological Approach,” p. 439.

④ Blumenberg, “Prospect for a Theory of Nonconceptuality,” in *Shipwreck with Spectator*, trans. Steven Rendall, Cambridge: MIT Press, 1997, pp. 81 – 102.

哈弗坎普（Anselm Haverkamp）指出，布鲁门伯格与库恩均倚赖语法范式的内在隐喻，并以其作为各自研究的框架原则。[①] 布氏欲“点明”（ans Licht bringen）哲学传统中发挥作用的绝对隐喻，这其实仍然是柏拉图笔下的“远征”（anabasis）之举。虽然隐喻必然出现于布氏的隐喻学研究，但隐喻学与实用主义说到底依然背道而驰，甚至水火不容，因为一方试图揭示隐喻，而另一方必须掩盖隐喻。实用主义的成功激发了隐喻学所回应的问题，而隐喻学的成功必然使修辞学失去实用功能。

正是隐喻学与实用主义之间这种方法论的对立，干扰了新实用主义研究，因为罗蒂似乎既想揭示实用主义的修辞学重要性，又想维持修辞学的实用主义功能性（其前提是它在语言中隐匿）。因此，通过把修辞学从其可用的观念论语境中“解放出来”，罗蒂的新实用主义或许堪称实用主义传统的巅峰与绝唱。一方面，他似乎成功地将整个传统追溯至维科与布鲁门伯格眼中的起点；但另一方面，从方法论角度看，他所描述的过程在可用的观念论范式外形成的可能性，仍不得而知。说到底，在历史与文化框架中，既揭示修辞学隐匿的隐喻学功能性，又将修辞学作为这类框架转化与更新的手段，这怎么可能？罗蒂如何能既揭示其方法的修辞学重要性，又保持其方法的有效性？如果隐喻学与实用主义本质上互不相容，那么看起来在罗蒂的研究中，至少有一个隐喻必须被隐匿、被压制，或者被排除在考察对象之外。德里达在《白色神话学》中指出，界定隐喻范围的哲学尝试无法成功，因为如他所言，“至少有一个隐喻始终被排除于体系之外。”[②]

行文至此，我希望说明一点：罗蒂新实用主义的修辞创制力模型，似乎象征着同爱默生超验主义背后的观念论创制力模型一刀两断，但与此同时，罗蒂的方法仍然依赖于观念论创制力的绝对隐喻。唯独这种观念论范式的隐喻学框架被保留了下来，意味着罗蒂已经脱离形而上学的理式王国，

---

① 有关隐喻学的“范式”隐喻，见 Blumenberg，“Beobachtungen an Metaphern，” in *Archiv für Begriffsgeschichte* 15，ed. Erich Rothacker，Bonn：Bouvier，1971，pp. 161 – 214，esp. pp. 195 – 199；另见 Anselm Haverkamp，“Paradigma Metapher，Metapher Paradigma-Zur Metakinetik hermeneutischer Horizonte（Blumenberg/Derrida，Kuhn/Foucault，Black/White），” in *Epochenschwelle und Epochenbewusstsein*（Poetik und Hermeneutik XII），ed. R. Herzog and R. Koselleck，Munich：Fink，1987，pp. 547 – 560；David Adams，“Metaphors for Mankind：The Development of Hans Blumenberg's Anthropological Metaphorology，” *Journal of the History of Ideas*，1（1991），pp. 152 – 166，esp. pp. 155 – 158。

② Derrida，“White Mythology：Metaphor in the Text of Philosophy，” in *Margins of Philosophy*，trans. Alan Bass，Chicago：University of Chicago Press，1982，pp. 207 – 271.

这一做法在爱默生、梭罗与皮尔士的隐喻学中早有预见。罗蒂对浪漫主义创造力之修辞学的依赖程度，从他讨论“隐喻即‘陌生杂音’”时明显匆匆而作的结论中，便可见一斑。罗蒂有点不厚道地指出：“‘隐喻怎么发挥作用?’这就像问天赋怎么发挥作用? 若我们知道答案，天赋也就无关紧要了。”[①] 浪漫派天才的艺术创制，促使自然持续不断地“自我创制”（auto-poesis）。同样，罗蒂的实用主义者，通过反抗理论说明与方法论有意控制的这个修辞过程，促使自然持续不断地转化。在罗蒂新实用主义理论中创制的新隐喻，“就像开辟新径的闪电，凭空出现”。[②] 它与库恩的“直觉闪念”（flashes of intuition）、皮尔士的“溯因洞见”（abductive insights）异曲同工，三者均基于新柏拉图主义创制力模型的僵死隐喻。

最后，我想指出，从方法论入手，调整理想或神性创造力，使之适用于罗蒂新实用主义的隐喻理论，意味着绝对隐喻重振雄风，而非有意在方法论上恢复实用主义。事实上，这种调整重现了布鲁门伯格所谓的人类“最大胆的隐喻”。按他的说法，这个隐喻“或许几乎实现了人类的自我构想：当他认为神明遥不可及时，必然开始了最困难的修辞学行为，即自比神明的行为”。[③] 因此，保证布鲁门伯格所谓的“现代合法性”，并非观念论的摒弃，而是让实用主义者——人类恢复造物主上帝的绝对隐喻。[④] 如此诠释的结果是，即便在其新实用主义形式下，实用主义仍然“只是被直释的绝对隐喻的迷惑效果”。[⑤] 不过，考虑到新实用主义的目标，这种欺骗性状态与其说是这种方法的失败，不如说是它的成功。

（作者单位：美国纽约大学；译者单位：广东省深圳市福田区城市绿洲学校）

① Rorty, “Unfamiliar Noises,” p. 172.

② Rorty, “Philosophy as Science, Metaphor, Politics,” in *Essays on Heidegger and Others*, p. 17.

③ Hans Blumenberg, “An Anthropological Approach,” p. 456.

④ Cf. Robert M. Wallace, “Hans Blumenberg on Descartes and the Modern Age,” *Annals of Scholarship*, 1 (1987), pp. 37 – 63, here p. 58.

⑤ Blumenberg, “Prospect for a Theory of Nonconceptuality,” p. 102.

比较文学始于流亡

——论库尔提乌斯、奥尔巴赫与尧斯*

厄尔·杰弗里·理查兹（Earl Jeffrey Richards）/文
林振华/译

摘　要：比较文学始于流亡，而流亡本身，归根结底，一直引导着比较文学研究的方向。这个问题的确值得深刻反思。为此，本文特意考察德国20世纪三位至关重要的比较文学学者——库尔提乌斯、奥尔巴赫、尧斯。他们都有各自的流亡经历，关注他们著书立说的不同背景，尤其是当时德国的思想语境，将使我们更加直观而真切地理解流亡与比较文学的关系。流亡让奥尔巴赫与库尔提乌斯不得不在道德困境中挣扎，尧斯的笔下则显然没有这种困境。比较文学始于流亡，但紧随其后的不是审美的挣扎，而是道德的挣扎。比较文学或许始于流亡，但肯定不会终于流亡。

关键词：比较文学；流亡；库尔提乌斯；奥尔巴赫；尧斯

以家为美者，尚不谙世事；
以天下为家者，已铸钢筋铁骨；
然以天下为异乡者，方为尽善尽美。
柔弱之心怀藏一隅之爱，
强壮之心怀藏天地之爱，

---

* 本文为厄尔·杰弗里·理查兹（Earl Jeffrey Richards）教授2019年9月22日在北京第二外国语学院发表的讲座讲稿。理查兹教授毕业于美国普林斯顿大学比较文学系，现执教于德国乌普塔尔大学（Wuppertal），其但丁研究、克莉斯蒂安（Christian de Pizan）研究享誉欧美学界，更令人敬佩不已的是他的正义感。教授是大名鼎鼎的“纳粹猎手”（Nazi hunter），曾挖出深藏学界的纳粹军官 Hans Ernst Schneider 和 Hans-Robert Jauss。——译者注

完美之心则天地之爱尽失。

——圣维克托的休[①]

两年前，林振华君中译库尔提乌斯巨著《欧洲文学与拉丁中世纪》（*European Literature and the Latin Middle Ages*，以下简称《欧拉》）出版了。有感于此，我打算谈谈20世纪德国三位极为重要的比较文学学者——库尔提乌斯（Ernst Robert Curtius，1886—1956）、奥尔巴赫（Erich Auerbach，1892—1957）和尧斯（Hans Robert Jauss，1921—1997）。[②] 能在中国古都北京畅谈该题目，我深感荣幸，感谢贵校的诚挚邀请。接下来，我将简要介绍这三位学者著书立说的不同背景。比较文学始于流亡，而流亡本身归根结底，一直引导着比较文学研究的方向。这个问题的确值得深刻反思。我会介绍影响三位学者著述的德国思想语境。另外，我还会加入少许其生平经历，帮助大家更好地理解我的观点。这些题外话源于我在美国时的经历，但在德国学界并不受欢迎。

---

① *Delicatus ille est adhuc cui patria dulcis est*;
fortis autem iam, *cui omne solum patria est*;
perfectus uero, *cui mundus totus exsilium est.*
Ille mundo amorem fixit, *iste sparsit*, *hic exstinxit.*
Hugo de Sancto Uictore, *Didascalicon de studio legendi*, III, ed. Ch. H. Buttimer, 1939, p. 69.

② 准备此次演讲时，我重新审读了几篇旧文，更新了部分素材。参见“E. R. Curtius' Vermächtnis an die Literaturwissenschaft: Die Verbindung von Philologie, Literaturgeschichte und Literaturkritik,” in: *Ernst Robert Curtius* (1886 - 1956): *Werk*, *Wirkung*, *Zukunftsperspektive*, ed. Arnold Rothe and Walter Berschin, Heidelberg: Carl Winter Universitätsverlag, 1989, pp. 249 - 272; “La conscience européenne chez Curtius et chez ses détracteurs,” *Ernst Robert Curtius et l'idée d'Europe*, ed. Jeanne Bem and André Guyaux, Paris: Champion, 1995, pp. 257 - 286; “Vergangenheitsbewältigung nach dem Kalten Krieg, Der Fall Hans Robert Jauss und das Verstehen,” *Germanisten*, *Tidskrift för svensk germanistik*, *Zeitschrift schwedischer Germanisten*, Jahrgang 2, Nummer 1 (1997), pp. 28 - 43; “Erich Auerbach und Ernst Robert Curtius: der unterbrochene oder der verpaßte Dialog?” in *Wahrnehmen-Lesen-Deuten*, *Erich Auerbachs Lektüre der Moderne*, ed. Walter Busch and Gerhart Pickerodt, Frankfurt: Klostermann, 1998, pp. 31 - 62; “Erich Auerbach's *Mimesis* as a Meditation on the Shoah,” *German Politics and Society*, 19 (2001), pp. 62 - 91; “Generationswechsel oder Paradigmawechsel: Ernst Robert Curtius und Hans Robert Jauss und das Problem der Kontinuität in der europäischen Literatur,” in *Ernst Robert Curtius e l'identità culturale dell'Europa* (Atti del XXXVII Convegno Interuniversitario Bressanone/Innsbruck, 13 - 16 luglio 2009), ed. Ivano Paccagnella and Elisa Gregori, Padua: Esedra editrice, 2011, pp. 217 - 233; Ottmar Ette, *Der Fall Jauss*, *Wege des Verstehens in eine Zukunft der Philologie*, Berlin: Kadmos, 2016; Jens Westemeier, *Hans Robert Jauß*, *Jugend*, *Krieg und Internierung*, Konstanz: Konstanz University Press, 2016.

流亡常常与奥尔巴赫的著作联系起来。2016 年，身居明斯特（Münster）的布拉斯贝格（Cornelia Blasberg）进一步用这一概念谈论库尔提乌斯。[①] 她认为，奥尔巴赫与库尔提乌斯在各自的流亡过程中，试图以平生所学，重构被纳粹破坏殆尽的欧洲文化记忆。今天，我将进一步用“流亡”概念讨论尧斯（恐怕有失敬意）。原因有二。其一，尧斯曾任武装党卫队（Waffen-SS）军官，死心塌地效忠“第三帝国”。后来，他离开“第三帝国”，流亡在外 50 年。其二，他斥责库尔提乌斯躲进历史的“墓茔”自我流亡。比较文学始于流亡，但每次流亡不尽相同。

一　三场殊途不同归的流亡

“流亡”有“放逐，被迫失去”之意。在“第三帝国”存在的 12 年里，库尔提乌斯以“内部流亡”的方式苟延残喘，奥尔巴赫则旅居伊斯坦布尔。后者时常引用圣维克托的休（见题记），但我们该如何理解“以天下为异乡”——全世界都是流亡之所，全世界行放逐之罚，抑或全世界都是异乡？其实，圣维克托的休提到的，乃是始于 16 世纪的教父传统。身处该传统的基督教父，不断在布道文中提及“天下的流亡”（exilium huius mundi）[②]。

那么我们可否将“流亡”一词放到尧斯身上？不同于极力追忆“连续”

① Cornelia Blasberg, “Verloren und rekonstruiert: ‘Europa’ in den Exilschriften von Erich Auerbach und Ernst Robert Curtius,” in *Europa gibt es doch... Krisendiskurse im Blick der Literatur*, ed. Florian Kläger and Martina Wagner-Egelhaaf, Paderborn: Wilhelm Fink, 2016, pp. 185 - 201. See also: Emily Apter, “Global *Translatio*: The ‘Invention’ of Comparative Literature, Istanbul, 1933,” *Critical Inquiry*, 29（2003）, pp. 253 - 281; David Damrosch, “Auerbach in Exile,” *PMLA*, 2（1995）, pp. 97 - 117; and Kader Konuk, “Jewish-German Philologists in Turkish Exile: Leo Spitzer and Erich Auerbach,” in *Exile and Otherness: New Approaches to the Experience of Nazi Refugees*, ed. Alexander Stephan, Oxford: Peter Lang, 2005, pp. 31 - 48.

② 根据 Brepols Library of Latin Texts 的检索结果，“exilium huius mundi”首见于 Caesarius of Arles 的布道文［469（470）—542］。类似说法后见于 Peter Damian 和 Alain de Lille。1125 年，即圣维克托的休创作 *Didascalion*（约 1128 年）的数年前，William of Malmesbury 在其 *Gesta regum Anglorum* 第四卷中写道，“无论如何，对基督徒而言，天下乃流亡之所，天下乃故土，我等流亡于故土，故土乃我等流亡之所”（*diversis respectibus Christiano totus est mundus exilium et totus mundus patria; ita exilium patria, et patria exilium*）。见 *Gesta Regum Anglorum Atque Historia Novella*, ed. Thomas Duffus Hardy, London: English Historical Society, 1840, p. 531。

(continuity)的奥尔巴赫与库尔提乌斯,尧斯强调“间断”(discontinuity)。他的方法脱胎于纳粹立场——拉丁文学(latinity)与罗马天主教不属于日耳曼,拉丁文学强调市井生活和太阳,它早已入侵崇尚森林与月亮的日耳曼之地。纳粹分子为日耳曼部落抵抗罗马军团之举欢呼,并声称德国立场就是“永远对抗”罗马。此说法甚至为托马斯·曼(Thomas Mann)所重复。武装党卫队既是军事组织,又是政治组织。在武装党卫队看来,欧洲乃是生物学概念,而非地理和文化概念。1941年,希姆莱(Himmler)的幕僚刊行了小册子《帝国与欧洲》(*Das Reich und Europa*),其中就宣称,“欧洲并非地理的,而是关乎血缘的概念”(Europa ist kein geographischer, sondern ein blutsmäßig bedingter Begriff)。文学是种族与血缘的表述。纳粹模式主导的比较文学,旨在凸显种族与血缘的种种差异,而非共同之处。譬如,1939年图宾根(Tübingen)罗曼研究学者魏斯(Kurt Wais)主编的《当代欧洲各民族诗歌》(*Die Gegenwartsdichtung der europäischen Völker*),以及武装党卫队官方杂志《世界文学》(*Die Weltliteratur*,取自歌德名言,专论比较文学问题)上的一些论文便是明证。身为忠诚的武装党卫队军官,尧斯笃信这一思想。它跟激发奥尔巴赫与库尔提乌斯的“世界价值”(cosmopolitan values)背道而驰。

事实上,几十年来,尧斯一直试图打压库尔提乌斯。为此,他刻意把库尔提乌斯与奥尔巴赫对立起来。那么,他居心何在?

根据新近史料,尧斯曾在希特勒青年团服役,因表现优异,于1939年11月,也就是年满18岁前夕,受邀加入刚刚组建的武装党卫队。23岁时,他已成为武装党卫队最年轻的军官,并首次联合党卫军尼德兰师(SS-Nederland),打击南斯拉夫的游击队。1947年,该部队指挥官瓦格纳(Jürgen Wagner)因战争罪被处以绞刑,且立即执行。后来,尧斯调往临近列宁格勒(Keningrad)的纳尔瓦(Narva)防线,加入查理曼师(the Division Charlemagne)。因战功卓著,他获得“日耳曼金十字勋章”。从东线撤退期间,他的部队于施图特霍夫(Stutthof)停留数周,在格但斯克[Gdansk,但泽(Danzig)]附近重新整编了一所集中营。当时,尧斯从部队中挑出近百名法国士兵留在集中营,全听“那里的指挥官发落”。他们的调令均有尧斯的署名和印章。留守的士兵多为充满失败情绪的人或同性恋者。这些调令无异于对他们处以极刑,毕竟施图特霍夫是不折不扣的死亡营。[①] 尧斯至

① 见美国大屠杀纪念馆网站 https://encyclopedia.ushmm.org/content/en/article/stutthof,另见 http://www.holocaustresearchproject.org/othercamps/stutthof.html。

少可借所谓的“公差”（dienstreise）之名向西部逃亡，但最终没有，具体原因尚不得而知。预感到德国大势已去后，武装党卫队为其军官伪造文件，以期在战后德国，仍保留这一“精英组织”的有生力量［1974 年上映的影片《奥德萨密件》（*The Odessa File*）便据此改编］。无论如何，尧斯上了“立即拘捕”名单。根据美军情报，尧斯出行自由，且与其他潜伏的武装党卫队成员保持联系。直至 20 世纪 90 年代，武装党卫队西德老兵网依然存在。

尽管身为通缉犯，尧斯却利用伪造的简历，于 1945 年 11 月成功考入波恩大学，攻读罗曼研究，师从库尔提乌斯。此事到 6 周后的 12 月中旬才败露。众所周知，库尔提乌斯与纳粹不共戴天。对于在逃的武装党卫队军官而言，躲到“第三帝国”的著名反对者的背后，无疑是绝佳的藏身之举。从某种意义上讲，尧斯离开军队也是流亡。只不过，在逃军官的流亡，全然有别于因宗教原因而失去教职的教授的流亡。尧斯被关押在雷克灵豪森（Recklinghausen）的纳粹骨干临时拘留所。[①] 获释后，他得到纳粹同情者、学界巨擘赫斯（Gerhard Hess）的支持，并于随后的50 年间，炮制打压业师的言论。库尔提乌斯试图以“文学套语”（literary commonplaces）构建欧洲文化记忆的连续感，但这一理论受到尧斯的不断抨击。反过来，同情尧斯的德国学者转向奥尔巴赫，视其为文学社会学之典范，并让其与库尔提乌斯针锋相对。数十年来，尧斯从不为效忠“第三帝国”而道歉，还戏称这是思想的“七面纱舞”（dance of the seven veils）；在关于普鲁斯特的博士论文中，他称之为“铭记之我与自忆之我的游戏”（das Spiel zwischen dem erinnerten Ich und dem sich erinnernden Ich）。尧斯展示了 1945 年后受纳粹思想影响的德国学者炮制出何等虚伪的记忆文化。这种文化欺诈与纳粹试图改写德国文化记忆的做法何其相似。[②] 了解战后特定的语境，自然有助于我们观看 1961 年的影片《纽伦堡审判》（*Judgment at Nuremburg*）……

① 有关雷克灵豪森的纳粹高官犯的更详细分析，见 http://www.dorsten-unterm-hakenkreuz.de/2012/05/28/dorstener-nazis-hinter-stacheldraht-das-recklinghauser-internierungslager-hillerheide-war-von-geheimnisvollem-schweigen-umgeben/。

② 见 Otto Gerhard Oexle，“Zweierlei Kultur：Zur Erinnerungskultur deutscher Geisteswissenschaftler nach 1945，” *Rechthistoriscbes Journal*，16（1997），pp. 358 – 390。

二 流亡与“Erkenntnis”

“铭记之我与自忆之我的游戏”，这话不禁使人想起德尔菲阿波罗神庙上的著名铭文“认识你自己”（γνῶθι σεαυτόν，英译文“know thyself”，德译文“erkenne Dich selbst”，拉丁译文“nosce te ipsum”）。它暗指美学中的“重新认识”（Erkenntnis）问题以及“自我认知”（Selbsterkenntnis）问题。三位学者始终关注“重新认识”与“自我自知”。事实上，德语词“Erkenntnis”的细微之处，恰恰能说明它们的区别。接下来，我们将重点考察“知晓”（knowing）、“重新认识”（re-cognizing）和“认知”（recognizing）的问题。大家可能会觉得在上德语课。先说“Erkenntnis”。如果一切情况相同，那么“Erkenntnis”与“直觉”（Intuition）正相反。“kennen”意为“知晓”，“erkennen”意为“知晓某物，以便认知它或重新认识它”。或者说，一个是基于认识和逻辑的知识，一个是基于主体情感直觉的洞见。德语前缀“er”指引发或终结某种状态的一个过程。比如，“ertrinken”（溺亡）派生自“trinken”（喝），“erstechen”（刺死）派生自“stechen”（刺），“erledigen”（完成）派生自“ledig”（自由的，单身的），“erliegen”［无力对付（伤痛或疾病）］派生自“liegen”（躺，卧），“erzählen”（讲述）派生自“zählen”（计算）。“Erkenntnis”还可指“结论”。比如“ich bin zu der *Erkenntnis* gekommen”（我有结论了）就可英译为“I have come to the *conclusion*”。从中我们不难看出认知如何从认识层面确定某物。相反，“未能认知某物”则用“verkennen”表示。在印欧语言中，有关知识的词语语义相当复杂。“知晓”与“重新认识”问题源于希腊词语“εἶδον”，该词形式上为不定过去式，但表达的是现在时意义。在古希腊语中，表达“看见”和“知晓”的动词的不定过去式，往往具有现在时意义。“εἶδον”派生自现在时词根“Fιδ-”（看）。拉丁语动词“video”（看）即由此而来。其背后的理据是，人“知晓”某物，乃因为已经看见它。从词源上讲，“直觉”概念源于拉丁语动词“intueor”。该词形式上为被动语态，但表达主动意义，即“观察，注视”。其字面意思是“察看（look into）某物”，前缀“in”旨在强化动词“tueor”（看）的意思。这种察看或观察跟认知式探究被察看或观察物没有关系。

很多比较这三位学者的论著都注意到，“Erkenntnis”对这三位学者至关重要。自此，我将考察指引他们研究的不同哲学影响。首先，让我们谈谈柏林古典学家伯克（August Boeckh，1785—1867）及其语文学遗作《语文学研究大全与方法》（*Encyklopädie und Methodologie der philologischen Wissenschaften*，1877）。[①]在现代德语中，“Erkenntnis”与“Einsicht”有语义相通之处，但对库尔提乌斯与奥尔巴赫而言，“Erkenntnis”的认知特质与直觉洞见的情感性质界限分明。

遗作开篇即提到围绕文本阐释的语文学法与哲学法区别的争论。作者指出语文学与哲学存在知识论的差异。为此，他借用了创造“aesthetics”一词的18世纪德国哲学家鲍姆加登（Baumgarten，1714—1765）的区分方式。“aesthetics”派生自希腊词语“αiσθητικός”（感官知觉的），用以区分感官判断与逻辑（经验）判断。18世纪以前的释义跟上好的浓味蔬菜炖肉（ragoût）有关。烹制者有食谱，能看出种种原料，如肉、洋葱、酸奶油等。可把它们杂烩之后，就无法再将其分门别类。感官知觉不可能细化为若干逻辑论断。浓味蔬菜炖肉我们要么喜欢，要么不喜欢，但不可能给出喜欢的原因。这就跟品酒一样。口味判断并非逻辑或经验判断。

就本质而言，语文学不同于哲学。它需要知识论重构。我们不妨将德累斯顿圣母教堂（Frauenkirche）与南京大报恩寺琉璃塔的重建做个类比。这两处建筑重建时，都涉及“原物归位”（anastylosis）问题，即尽可能多地用原建筑材料，重新建造、复原或重构废墟。古代的例子可举以弗所（Ephseus）的塞尔苏斯图书馆（Celsus Library）。伯克描述了语文学与哲学的不同之处，其中谈到了古希腊语中的“阅读”概念。

> 哲学是直接或原初“认识”（γιγνώσκει），语文学则是“重新认识”（ἀναγιγνώσκει）。在希腊语中，后者恰好蕴含“阅读”之义，因为阅读是绝佳的语文学活动，阅读冲动乃语文学冲动最合适的表述。……所以，说“φιλόλογος”（爱言）与“φιλόσοφος”（爱智）对立，并非在于两者分析的材料不同，而是它们的思考方式与概念化过程不一样。不过，这种对立亦非绝对。柏拉图从更高的思辨角度，给出了更为深刻的判断。他认为，一切知识，一切“灵知”（γνῶσις）都是一种“重新认识”。如此一来，通过重构，语文学反其道而行之，必然也能得出与哲学一样的结论。语文学与哲学相反相成。若没有认知能力，就无

① 伯克对德国语文学研究影响至深。2005年，柏林洪堡大学创建了“伯克古代研究中心”。中心宗旨写道，伯克是整个古代全方位研究的拓荒者，是古典学跨学科研究与教学的奠基人之一。

法认出哪些事物已经得到认知，而若不知道别人已经认知了哪些事物，也不可能实现真正的认知。①

在德国，语文学与哲学的关系历来紧张。语文学是否应该以历史研究或哲学思辨为导向，至今众说纷纭。语文学如果以历史研究为导向，那么所得结论就是以经验为据，难免断章取义，缺乏内涵，常常难以让人信服，因为它们都是只言片语，且与审美判断格格不入。语文学如果以哲学思辨为导向，缺少逻辑细究的主体审美判断就会占据主流。语文学与哲学之间的这种张力，对库尔提乌斯和奥尔巴赫至关重要。这一点没有逃过学者的法眼。②

伽达默尔（Hans-Georg Gadamer，1900—2002）在《真理与方法》（*Wahrheit und Methode*，1960）中谈过上述问题——历史分析［他特别提到历史主义（Historismus）］只能在"绝境"（Aporien）中停止。希尔施（E. D. Hirsch，参见 *Validity in Interpretation*，1967）则不以为然。他区分了文本的原初义和转化义。文本的原初义与其日后的"解读"（receptions）之间的矛盾，正是尧斯学术思想的核心。兹举例说明。莎士比亚《亨利五世》（*Henry V*）中，有一段圣·克里斯平日（Saint Crispin's Day）演讲（第四幕第三场），其中写道：

我们是少数人，幸运的少数人，我们一帮兄弟；
今天跟我一起流血的，
就是兄弟；就算他出身再怎样低微，
今天也该给他绅士的身份。

---

① Boeckh, "Die Philosophie erkennt primitiv, γιγνώσκει, die Philologie erkennt wieder, ἀναγιγνώσκει, ein Wort, welches im Griechischen mit Recht den Sinn des Lesens erhalten hat, indem das Lesen eine hervorragend philologische Thätigkeit, der Lesetrieb die erste Aeusserung des philologischen Triebes ist. […] Daher sind φιλόλογος und φιλόσοφος Gegensätze, nicht im Stoff, sondern in der Ansicht und Auffassung. Doch ist dieser Gegensatz nicht absolut, da alle Erkenntniss, alle γνῶσις, nach Platon's tiefsinniger Ansicht auf einem höheren speculativen Standpunkt eine ἀναγνῶσις ist, und indem die Philologie reconstructiv auf dasselbe gelangen muss, worauf die Philosophie vom entgegengesetzten Verfahren aus gelangt. Philologie und Philosophie bedingen sich wechselseitig; denn man kann das Erkannte nicht erkennen ohne überhaupt zu erkennen, und man kann auch nicht zu einer Erkenntniss schlechthin gelangen ohne, was Andere erkannt haben, zu kennen."

② 奥尔巴赫的情况，见 Charles Breslin，"Philosophy or Philology: Auerbach and Aesthetic Historicism," *Journal of the History of Ideas*, 3（1961），pp. 369 – 381。笔者1989年的论文从库尔提乌斯的角度探讨了这个问题。

(We few, we happy few, we band of brothers;
For he to-day that sheds his blood with me
Shall be my brother; be he ne'er so vile,
This day shall gentle his condition.)

这段话有两种截然不同的解读。1944 年诺曼底登陆前夕，为振奋士气，奥利维尔爵士（Sir Laurence Olivier）将《亨利五世》搬上银幕。影片充满了浓郁的民族主义情绪。1989 年，布拉纳（Kenneth Branagh）出版了一个比较隐晦的反浪漫主义版本，凸显了原著中主战与反战的细微差别。那么，《亨利五世》的内涵到底如何，“幸运的少数人”指谁，司汤达（Stendhal）在《红与黑》（*Le Rouge et le Noir*）结尾用了这个说法，但讲的是美学精英，而非出生入死的兄弟。

回到“Erkenntnis”与“Intuition”之间的矛盾。1985 年 3 月底，伽达默尔到访北卡罗来纳大学。我知道他父亲是药物化学教授和自然科学家。于是，我私下直言不讳地问伽达默尔，人文学科学者可否不用自然科学式语汇，而用“指称性”（referentiality）透明、结果符合可重复可验证原则的语汇？所谓“可重复可验证原则”，就是条件相同时，同样的实验应该得到同样的结果。伽达默尔用蹩脚的英文打发了我的提问：“This question does not please me.”他仅仅把德语“diese Frage gefällt mir nicht”直译过来。在《真理与方法》中，伽达默尔坚信，意义源于人类语言的主体细微差异，源于所谓的“本体论转向”（ontologische Wende），它连接了说话者的“存在”与其语言意义。伽达默尔认为，自然语言具有主体的存在即时性（subjective existential immediacy），这也是他在自己的阐释理论中孜孜以求并特别强调的。他的立场与伯克的立场截然不同。几十年来，他一直支持尧斯。所以，他访学期间，我又用德语问他，是否知道尧斯出任过武装党卫队军官。他听到后，愤而转身离开，不肯再与我多叙。一切不言自明。显然，他的期待视野与我的合不到一块儿。1979 年 9 月，第九届国际比较文学会议在因斯布鲁克（Insbruck）举行。当时，我也私下问过尧斯，他出任武装党卫队军官一事是不是空穴来风。他一听马上沉默不语，然后像军人一样脚跟一并，右转身，直接离开了。站在旁边的助理告诉我，提这个问题无异于向他寻仇。

言归正传，让我们谈谈三位学者吧。19 世纪语文学大师伯克与格勒贝尔（Gustav Gröber，1844—1911）对库尔提乌斯影响至深。两人都认为，研究目的是从古代和中世纪的作品中，获得新的洞见。他们均反复提到所谓的"Erkenntnis"（"重新认识"，以下为哲学问题）。从诠释学考察"Erkenntnis"问题，始于鲍姆加登《美学》（*Aesthetica*，1750）考察文学作品的部分（在《美学》中，他创造了"aesthetics"，用以描述基于感官知觉而非逻辑知觉的趣味判断）。鲍姆加登认为，"gnoseologia"或者说"知识论"（Erkenntnistheorie）可以分为逻辑与美学；美学是低于逻辑的知识论形式；之所以说"低级知识论"（gnoseologia inferior），是因为它是"感官认知科学"（scientia cognition sensitivae）及其判断，换言之，审美判断并不受制于逻辑验证。

库尔提乌斯深受伯克和格勒贝尔的影响。此外，格奥尔格圈子［围绕象征派诗人斯特凡·格奥尔格（Stefan George，1868—1933）的一批知识分子］的影响也不可小觑。对那些知识分子而言，"Erkenntnis"毫无诗意。他们笃信以看似非理性实则直觉的、深奥的、曲高和寡的方式看待文化。在短文《对话格奥尔格》（Stefan George im Gespräch，1911）中，库尔提乌斯转述诗人的话："说自然科学进步，简直是无稽之谈。自古以来，人类就意识到，知识注定只属于少数人，只能按部就班地交流。……我从未想过靠学术研究来获取学问。"①

库尔提乌斯摇摆于两种截然不同的文本阅读方式之间。分析欧洲文化连续性时，他承认自己有点感情用事。他多次引用新教神学家特勒尔奇（Ernst Troeltsch，1865—1923，参见 *Deutscher Geist in Gefahr*，pp. 52，86，109 - 111）的观点。特勒尔奇似乎能弥合伯克、格勒贝尔与格奥尔格之间的鸿沟，他指出："我们欧洲世界的形成，不是靠承袭或独立于古代世界，而是有意与之水乳交融。"②

奥尔巴赫的思想之旅与库尔提乌斯有所不同，且更引人入胜。对其影

---

① "Die Idee des Fortschritts durch die Wissenschaft ist ein Wahnsinn. Alle großen Zeiten wußten，daß Wissen nur für wenige bestimmt und nur stufenweise mitteilbar ist.［…］Das Erkenntnismäßige liegt mir von Natur［aus］fern，" Curtius，*Kritische Essays*，pp. 153，155. Michael Kowal translates："Theory is totally alien to me."

② *Unsere europäische Welt*，*sagt Ernst Troeltsch*，*beruht nicht auf Rezeption und nicht auf Loslösung von der Antike*，*sondern auf einer durchgängigen und zugleich bewußten Verwachsung mit ihr.* See：Dirk Hoeges，"Emphatischer Humanismus，Ernst Robert Curtius，Ernst Troeltsch und Karl Mannheim：Von *Deutscher Geist in Gefahr* zu *Europäische Literatur und lateinisches Mittelalter*，" in *Ihnen begegnet sich das Abendland*（*Bonner Vorträge zur Erinnerung an Ernst Robert Curtius*），ed. Wolf-Dieter Lange，Bonn，1990，pp. 31 - 52；and Frank Töpfer，"Selbstbegegnung in der Geschichte：Zum Begriff des Humanismus bei Ernst Robert Curtius，" *Archiv für Begriffsgeschichte*，54（2012），pp. 91 - 117.

响最大的是法律学者利林塔尔（Karl von Lilienthal，1853—1927）[①] 和特勒尔奇。众所周知，利林塔尔关注社会史问题，特勒尔奇则质疑基督教教义中的绝对真理，但也是忠实的信徒。作为一战后“魏玛大同主义”（Weimar cosmopolitanism）的呼吁者，特勒尔奇坚信，欧洲文化展现了古今的交融。这个观点不仅深深影响了奥尔巴赫，而且影响了库尔提乌斯。[②]

与他俩相比，尧斯的思想之旅始于有关普鲁斯特的博士论文《普鲁斯特〈追忆逝水年华〉中的时间与回忆》（Zeit und Erinnerung in Marcel Prousts，À la recherche du temps perdu）。论文在赫斯的指导下完成，1955 年发表，1970 年再版，被收入与伽达默尔合编的书系。赫斯虽不是党员，但忠实拥护纳粹。他最著名的或者说臭名昭著的“大事”，是 1942 年辩称，根据家谱，蒙田（Montaigne）可能是犹太人后裔，并应该以此解读其散文。蒙田充其量只有四分之一犹太血统。既然这些“二等混血儿”（Mischlinge zweiten Grades，纳粹对他们的称呼）可以加入国防军（Wehrmacht），那么 1943 年时，阅读蒙田应该没问题。[③] 早在 1939 年，魏斯主编的《当代欧洲各民族诗歌》就已经抨击对普鲁斯特等法国犹太作家的研究（普鲁斯特不仅是犹太人，还是同性恋，这正中纳粹下怀）。20 世纪 60 年代初，魏斯获得美国现代语言学会（American Modern Language Association）荣誉会员的提名，但他 1939 年的言论最终成了绊脚石。这无疑开了先河。1985 年，尧斯同样获得提名，但因有参加武装党卫队的经历，提名遭到否决，而钱钟书成功获此殊荣。此外，赫斯还为“里特布施行动”（Aktion Ritterbusch）招兵买马。[④] 所

① Wilfried Küper, "Der Heidelberger Strafrechtslehrer Karl von Lilienthal," in *Semper Apertus*, *Sechshundert Jahre Ruprecht-Karls-Universität Heidelberg* 1386 – 1986, ed. Wilhelms Doerr and Peter Anselm Riedl, Berlin: Springer, 1985, pp. 929 – 959.

② Austin Harrington, *Concepts of Europe in Classical Social Theory*: *Themes in the Work of Ernst Troeltsch and Its Contemporaries and Their Status for Recent Conceptions of Modernity in Europe*, Badia Fiesolana, San Domenico: Europ. Univ. Inst., 2003; and idem., *German Cosmopolitan Social Thought and the Idea of the West. Voices from Weimar*, Cambridge: Cambridge University Press, 2016.

③ Gerhard Hess, "Zu Montaignes Abstammung, Ein Bericht," *Zeitschrift für französische Sprache und Literatur*, 3 (1942), pp. 220 – 227; *Gebremste Reform*, *ein Kapitel deutscher Hochschulgeschichte Universität Konstanz* 1966 – 1976: *Festschrift zum* 70. *Geburtstag von Gerhard Hess*, ed. Hans Robert Jauss und Herbert Nesselhauf, Konstanz, 1977.

④ Frank-Rutger Hausmann, *Deutsche Geisteswissenschaft im Zweiten Weltkrieg. Die Aktion Ritterbusch* (1940 – 1945), 3rd rev. ed., Heidelberg: Synchron Publishers, 2007.

谓“里特布施行动”，即德国学界为了给“第三帝国”正名而在法国进行的长期宣传运动。从1942年到1945年，赫斯补任海德堡大学罗马法讲席教授。前任门希（Walter Mönch，1905—1994）被调往位于德占布鲁塞尔的德意志研究所，协助缉拿抵抗组织成员，并推行纳粹将比利时“日耳曼化”的计划。鉴于诸类行径，门希在战后被剥夺教职，其讲席由赫斯继任。1950—1951年，赫斯出任海德堡大学校长，大肆宣称海德堡大学“与纳粹一刀两断”。[①] 从1955年到1964年，他还担任了日耳曼研究基金会（German Research Foundation）主席。其间，赫斯一直在保护并提携出狱后的尧斯。

这些细节无疑表明，“第三帝国”与早期的西德联邦共和国之间，无论是行政层面还是思想层面，都存在特殊的连续性，并在“冷战”期间，得到美国外交政策的容忍，乃至怂恿；再者，它们往往深藏不露，或者被轻描淡写。然而，库尔提乌斯与奥尔巴赫考察并强调的，并非这种“连续性”。在这种伪连续性的背景下，尧斯于其美学理论，及其对库尔提乌斯的连续性批判中大谈间断，这不能不说是反讽。

尧斯的教授资格论文是《〈列那狐的故事〉——论中世纪的动物诗》(Roman de Renart: Untersuchungen zur mittelalterlichen Tierdichtung，1959)。论文仍由赫斯指导，主要考察《列那狐的故事》的种种变体。在康斯坦茨大学（Konstanz），尧斯化名奥尔狄纳里乌斯（Ordinarius），并于1967年举行了一次纪念赫斯的讲座。讲座题为《研习文学史的意义与目的》，暗合席勒（Friedrich Schiller）1789年发表的就职演说《研习世界史的意义与目的》。1970年，讲座更名为《向文学研究挑战的文学史》发表。(理想的)文学通史与文学批评之争由来已久。1844年，法兰西学院拉丁修辞教授兼巴黎索邦大学（Sorbonne）法语修辞教授尼扎尔（Désiré Nisard），在其《法国文学史》(*Histoire de la littérature française*) 引言中，重新定义了“文学史”(literary history)，即有别于甚至对立于“文献史”(history of literature) 的概念。他认为，文学史应该根据作品的修辞技法，精挑细选，以其中“最佳者”为研究对象，而非以囊括所有“文字产品”(literary production)

① Steven P. Remy, *The Heidelberg Myth: The Nazification and Denazification of a German University*, Cambridge: Harvard University Press, 2003.

为己任，后者是严肃的归档之举，摒除一切价值判断或审美评价。①

从某种意义上讲，相比于库尔提乌斯或奥尔巴赫，尧斯的语文学与哲学观点更难以把握。在学术生涯中期，他痴迷于伽达默尔的诠释学。伽达默尔强调，“期待视野”（horizon of expectation）对理解、解读文学作品至关重要——读者以自己的“前见”（pre-judgments）或“偏见”（prejudices）来“阅读”（用伯克的话讲，即“重新认识”）文学作品。这种阅读派生自“lecture”的拉丁词源“lego”，本意为“汇集，搜集，挑选，选择”；换言之，读者从阅读的文本中，搜集、汇集、挑选素材，形成一己之见。［这个带有挑选意象的词源，让我们不禁想起美国学者外交官莫伊尼汉（Daniel Patrick Moynihan）的名言：“见解各异，事实唯一。”（Everyone is entitled to his own opinion，but not to his own facts.）］如此一来，当读者的偏见与置入文学原文的偏见“融合”后，对作品的解读便水到渠成。这就关乎尧斯在康斯坦茨大学的同事伊瑟（Wolfgang Iser）提出的“内刻读者”（inscribed reader）概念，即作者创作时心里已想着特定的读者群。这种方法有别于寻找并还原作者的原始意图。

值得注意的是，尧斯其实把伽达默尔的思想嫁接到自己早年对武装党卫队号令结构的哲学改造上。这里，我们又遇到了纳粹意识形态的潜在连贯性问题。尧斯堪称思想的“猎手与搜集者”，或者说是思想的机会主义者。他笃信的那些清晰界定的哲学价值，似乎一直变来变去。埃特（Ottmar Ette）一语中的地指出尧斯如何把武装党卫队的号令结构用于自己的批评学派。尧斯认为，传统的文学研究忽视了他所谓的事实——与原作的“审美距离”，在作品的不断接受过程中产生，并向期待视野靠拢。在其普鲁斯特研究中，尧斯强调“史诗距离”（十多年后又以“审美距离”的面目出现）之重要性。“审美距离”跟鲍姆加登的美学概念，跟康德对审美判断中真善美之融合的思考毫无关系。再者，审美距离根本无法测量。测量审美距离

① 参见我的文章，“The Concept of Culture in the Humanities after the Digital Turn：The Stylometric Paradigm，” in *Vielfalt der Disziplinen-Einheit des Kulturbegriffs? Symbole*，*Annäherungen*，*Perspektiven*，*Diskurse*，ed. Caroline Kolisang，Bielefeld：Transkript Verlag，2019，pp. 147 – 162。该建议无异于反对以莫尔会（Maurists，初推行于 Saint-Germain des Près 地区，可追溯至 17 世纪中叶）和博兰德会（Bollandists）为代表的史学编纂传统。莫尔会与博兰德会旨在按特定主题，尽可能搜罗所有资料。这种一味求全的努力并不是无可争议。当博兰德会修士搜集了某圣徒的所有传记后，根据基督教传统与异教传统之融合所需的种种条件，圣徒崇拜的演变过程一目了然，于是这种求全的历史编纂法立即遭到谴责。

意味着可以通过验证核实，可我们如何验证“审美距离”(ästhetische Distanz)?“审美距离”是尧斯的术语，但我们怎么测量“审美差异”?如果我们到欧洲参观任意一所中世纪教堂，马上就能看到一系列罗马式、哥特式、反宗教改革时期以及第二次梵蒂冈会议时期的建筑。这些形态各异的建筑相安无事，没有一点儿“距离感”。可是当尧斯先谈史诗距离后论审美距离时，难道他在描述自己的思想流亡吗?

库尔提乌斯与奥尔巴赫可以清清楚楚地归入由鲍姆加登开创、延续到20世纪的所谓“新康德学派”。该派认为，在感知主体的头脑中，当对真善美的感知到某刻合而为一，就可能形成审美判断。法兰克福的上层资产阶级花巨资把康德的理论制成石刻，以永世流传。铭文“Dem Wahren，Schönen，Guten”被刻在法兰克福老剧院（Alter Oper）1880年启用时的雕带上。另外，尧斯亦关注其所谓的“边缘现象”（Grenzphenomenen)，在其所谓的“美不复存的艺术”(Die nicht mehr schönen Künste，1964年他编纂了一本同名刊物）中如何呈现。其实，这三位学者的差异可概括如下。库尔提乌斯把语文学设想为精确的科学，用以代替主观的直觉的判断；奥尔巴赫视语文学为方法，用以揭示意义流变与连续性；尧斯则利用奥尔巴赫眼中的意义流变，瓦解绝对意义的概念，还宣扬一种真善美再无价值的美学，一段脱胎于意义流变的“审美距离”。总览尧斯著作，我们会发现，他所谓的“Erkenntnis”，内涵不但不精确，反而很宽泛，完全不可与伯克、格勒贝尔、奥尔巴赫与库尔提乌斯的用法相提并论。在《向文学研究挑战的文学史》中他假定了“文学”与“历史”的敌人，审美认知（ästhetische Erkenntnisse）与历史认知（historische Erkenntnisse）的困难；唯有当文学研究发掘文学演化的过程［显然是在呼应布吕内蒂埃（Ferdinand Brunetière）的体裁演化论］，进而揭示文学的社会学功能，困难方迎刃而解。“审美认知”是个自相矛盾的术语，尤其是当它作为低级知识，与鲍姆加登的美学概念相比照时，因为“审美”和“认知”是截然不同的思维活动，前者属“感性”，后者属“知性”。所以，尧斯为反对审美认知与历史认知而一步步炮制的图示性说辞，不仅虚妄不实，而且荒诞不经。

三　三种不同的精英文化

库尔提乌斯可谓莱茵地区后裔，两千年前，那里汇集了罗马、凯尔特、日耳曼的影响。他生于阿尔萨斯小镇坦恩（Thann），成长在法德双语的环境。其祖父恩斯特·库尔提乌斯（Ernst Curtius）不仅因发掘奥林匹斯遗址而赫赫有名，而且是德皇腓特烈三世（Friedrich Ⅲ）的导师。其父弗里德里希·库尔提乌斯（Friedrich Curtius）是大律师和新教牧师、阿尔萨斯地区信义会（Evangelical Lutheran Church）主教（Präses），且与施魏策尔（Albert Schweitzer）私交甚笃。尽管库尔提乌斯很少谈论宗教话题，但他拥有深厚的神学背景，熟知当世神学家。其母路易丝（Louise）原名埃拉克－辛德班克伯爵夫人（Countess of Erlach-Hindelbank），生于瑞士伯尔尼的一个贵族家庭。据记载，冯·埃拉克家族可追溯至13世纪，祖辈为帝国文官。库尔提乌斯长姐格尔达（Gerda）嫁给了社会学先驱皮希特（Werner Picht）。库尔提乌斯本人即安葬在弗莱堡的皮希特家族墓地。二姐奥林匹娅（Olympia）嫁给了医师冯·魏茨泽克男爵（Viktor Freiherr von Weizsäcker），后者之侄为后来的德国总统理查德·冯·魏茨泽克。库尔提乌斯起初在柏林大学学习梵文，转至斯特拉斯堡大学后，改修罗曼语文学，并完成关于《列王纪》（*Li quatre livre des reis*）古法语译本述评的博士论文（1910）。1913年，他撰写了论述法国现代批评家布吕内蒂埃的教授资格论文［1906年去世前，布吕内蒂埃一直担任《双界杂志》（*La Revue des Deux Mondes*）主编。他提出了有名的文学体裁演化论］。1914年，他发表了研究康德著作中最艰涩部分的论文。这个部分即康德考察逻辑概念指称性的"图形说"。库尔提乌斯把自己的研究称为语文学考察——《论〈纯粹理性批判〉中的图形说》［"Das Schematismuskapitel in der *Kritik der reinen Vernunft*, Philologische Untersuchung," *Kant-Studien*, 1－3（1914）, pp. 338－366］。这篇特殊的论文至关重要，因为它表明，库尔提乌斯一开始就对语文学探究与哲学探究的区别何等敏感。可以肯定，库尔提乌斯终其一生一以贯之的是，语文学如何帮助理解文本，或者说，语文学能为中世纪文本带来何种益处［重新认识（认知）］。

众所周知，库尔提乌斯援引过桑茨伯里（George Saintsbury）的名言："没有近代的古代是横在路中的绊脚石，没有古代的近代是不可救药的荒唐事。"（Ancient without Modern is a stumbling-block, Modern without Ancient is foolishness utter and irremediable.）其著作也表明，库尔提乌斯在阅读文本时，如何以古鉴今、以今观古。尧斯试图以近乎归档的方式，收录单一文本的不同环境下的流布和变体。乍看之下，此举似乎与尧斯的做法无异。其实，两者的区别在于，库尔提乌斯的古今互鉴强调差异，但他并不以审美距离论之。为帮助大家直观理解，以纽约大都会博物馆的大洋洲艺术展为例。大都会博物馆位于第五大道1000号，咫尺之遥的727号就是蒂芙尼公司（Tiffany）。博物馆的大洋洲艺术展运用了各种灯光技巧，其中聚光灯的使用，让人联想到蒂芙尼的珠宝展。换言之，同样的打光方式不但影响着璀璨的钻石项链展，而且影响着大洋洲艺术展。可以说，审美距离显见于殖民者式“同化”的过程。艺术展恬不知耻地宣告：看，在纽约，我们可以允许自己富得足以把大洋洲的宗教艺术视为纯粹的审美现象。

扯得有点远，不过也是为了说明“审美距离”的真实意义。让我们再回到库尔提乌斯和流亡话题。

教授资格论文完成后的20年间，库尔提乌斯基本专注于当代法国文学，还在1922年，也就是《追忆逝水年华》最后一卷出版前数年，就预言了普鲁斯特如何收束作结。1927年，他把艾略特（T. S. Eliot）的《荒原》（*The Waste Land*）译成德文。另外，他还一跃成为魏玛共和国首屈一指的文化批评家，并公开批评纳粹的文化政治。他将自己20世纪20年代后期撰写的批评文字，整合收入《岌岌可危的德国精神》（*Deutscher Geist in Gefahr*）。该书1932年出版后旋即遭到纳粹新闻界的抨击。

从语言层面讲，20世纪20年代以来，库尔提乌斯的德语著述文风时而宏阔，时而壮丽，时而动人甚至伤感，尤其当论及巴尔扎克作品时。这些著述中，格奥尔格圈子的持续影响清晰可辨，对此我们后面还会详论。库尔提乌斯写了一部关于当代法国文坛先锋的论著《新法兰克王国文学开拓者》（*Die literarischen Wegbereiter des neuen Frankreichs*，1919）。原本他希望此书能得到格奥尔格的首肯并出版，但后来遭到了拒绝。另外，他的文化批判在语言上带有魏玛共和国时期文化批判之风。这种文风差异源于库尔提乌斯内心深处的纠结——一边是格奥尔格圈子的影响（强调以直觉和非理性洞见看待文化问题），另一边是其自身语文学训练的务实方法。早在1925年，库尔提乌斯就在论及巴尔扎克作品时声称，直觉是认知性知识的最高级形式（die höchste Stufe der Erkenntnis，p. 53），但后来他摒弃了这一观点。

根据“计量文体学”（stylometrics）分析方法（一种以统计学为基础的文体分析形式），我们可以确定，魏玛共和国存在鲜明的“话语群体”——社会主义者与共产主义者为一类，社会史学家为一类，保守派政治家为一类，但最重要的是以冯·奥西茨基（Carl von Ossietzky）为核心的亲欧洲文化批评家。冯·奥西茨基是和平主义者，《世界舞台》（*Die Weltbühne*）编委，1935 年获诺贝尔和平奖，旋即遭纳粹监禁，最终于 1938 年被折磨致死。值得一提的是，这一时期库尔提乌斯的文化批判、遣词造句与冯·奥西茨基如出一辙。在“第三帝国”存在的 12 年间，库尔提乌斯受到孤立，被迫“内部流亡”（innere Emigration），其间他把目光放到了中世纪拉丁文学。由于他没有加入纳粹的作家组织（Reichsschriftumskammer），当局禁止出版其著作。1939 年，当他受邀接替慕尼黑大学的福斯勒（Karl Voβler）后，希姆莱（Himmler）亲自介入，阻挠了任命。库尔提乌斯在《罗曼语研究》（*Romanische Forschungen*）、《罗曼语文学杂志》（*Zeitschrift für romanische Philologie*）等专业刊物上发表过很多研究成果。这些刊物都在纳粹审查之列。战后，他将其中很多论文整理成书，也就是巨著《欧拉》。该书于瑞士而非德国出版，原因很简单：1948 年，纸张在德国仍按配额供给。1933 年后，随着纳粹宣传越来越蛊惑人心，库尔提乌斯的学术语言再次借“Erkenntnis”之名，变得严谨和实证。1945 年后，库尔提乌斯又写了一些文化短论，其措辞和情感均与他早期 20 年代以来发表的文章类似。

库尔提乌斯的著述带着莱茵之风，而奥尔巴赫的著述则弥漫着 20 世纪 20 年代柏林的气息。魏玛时期的柏林充满活力，纵使无礼，亦总是朝气蓬勃。那是伊舍伍德（Christopher Isherwood）在《柏林故事》（*Berlin Stories*）中描绘的柏林。那时，胡格诺教徒后裔、普鲁士贵族（Junker，身为乡绅，他们往往反动好战，却也心怀天下）、同化的犹太富商和银行家在柏林互相结识，构成罕有的多元共生关系，虽说内部矛盾在所难免，但毕竟是德国历史上少见的时代。奥尔巴赫的父亲生于波兹南（Poznań），是个成功的糖商。帝国时期，他获得“商业顾问”（Kommerzienrat）的称号。接下来，持有者可获任“秘密商业顾问”，然后就能进入宫廷。换言之，奥尔巴赫成长于柏林的上流社会。他就读于 1859 年建校的法兰西文理中学（Französisches Gymnasium），后考入海德堡大学，攻读刑法。1913 年，在利林塔尔的指导下，他完成了第一篇论文。他的法学博士论文探讨了德国刑法修正案中的共犯问题（Die Teilnahme in den Vorarbeiten zu einem neuen Strafgesetzbuch）。该论题与利林塔尔关于集体犯罪论的论文（Beiträge zur Lehre von den Kollektivdelikten, Halle, 1879）一脉相承。利林塔尔以刑法分析的社会学导向著称。他最有名的弟子，是年长奥尔巴赫近十岁的拉德布鲁赫（Gustav Radbruch），此人在德国被称为“法律的社会历史分析之父”。数十年后，奥尔巴赫发表了一次演讲，谈论帕斯卡（Pascal）著作中的暴力与正义问题。当这位罗曼语言专家论及正义时，我们仿佛感觉一位法律博士在侃侃而谈。

对奥尔巴赫后来的文学进行分析，是第一个该明确但容易被忽视的背景。第二个背景则为新教神学家特勒尔奇的影响。[①] 特勒尔奇质问，“已揭示的”基督教真理历经数百年能否依然完整地流传？为此，他强调，随着社会环境变化，这些真理会被后世反复不断地重新阐释。换言之，特勒尔奇把基督教的已揭示真理之含义视为历史。[②] 奥尔巴赫在这方面似乎受特勒尔奇影响尤深。批评家经常批评奥尔巴赫的“透视主义”（perspectivism），该方法显然也可追溯至特勒尔奇。[③] 值得一提的是，有人批评道，作为一种思潮，历史主义好预言，搞投机，甚至让相对主义陷入危机。虽然它得到奥尔巴赫重用，但实则构成一种解释或诠释策略，即渴望认识历史变化与差异而不必否认连续性。

还有一点需要指出：1923年2月，奥尔巴赫迎娶了玛丽·曼凯维奇（Marie Mankiewitz）。后者家族为德意志银行最大的股东。我们强调这个细节，一来是因为奥尔巴赫在魏玛共和国时期，的确饱受反犹主义之苦［在反犹主义者看来，他就是“犹太金主”（Geldjude）］；二来是因为奥尔巴赫向来彬彬有礼，少言寡语，从不公开表露自己的遭遇，尽管这常常隐现于其巨著《模仿论》（*Mimesis*）的字里行间。1923年至1929年，奥尔巴赫任柏林的普鲁士国家图书馆馆员。在此期间，他潜心翻译了维科（Giambattista Vico）的《新科学》（*Scienza nuova*）。[④] 1929年，他出版了论但丁的教授资

---

① Utz Maas, writing at: https://zflprojekte.de/sprachforscher-im-exil/index.php/catalog/a/128-auerbach-erich.

② *Die Soziallehren der christlichen Kirchen und Gruppen* (1912; *The Social Teaching of the Christian Churches*, 1931) *Der Historismus und seine Probleme* (1922; *Historical Relativism and Its Problems*); *Der Historismus und seine Überwindung* ("Overcoming Historical Relativism," but published in English as *Christian Thought: Its History and Application*).

③ 关于特勒尔奇对奥尔巴赫的影响，以及1879年至1935年德国反犹背景下的奥尔巴赫著述，见 Malachi Haim Hacohen, *Jacob & Esau: Jewish European History between Nation and Empire*, Cambridge: Cambridge University Press, 2019。Hacohen 敏锐地指出：“没有谁能像特勒尔奇那样，洞悉宗教包容、民族融合、普世人性等主张之间，以及新教民族文化对他人影响的矛盾。”（第382页）

④ See: Erich Auerbach, "Vico and Aesthetic Historism," *The Journal of Aesthetics and Art Criticism*, 2 (1949), pp. 110-118; idem., "Vico's Contribution to Literary Criticism," in *Selected Essays of Erich Auerbach: Time, History, and Literature*, trans. Jane O. Newman, Princeton: Princeton University Press, 2014, pp. 3-10; René Wellek, "Auerbach and Vico," *Lettere italiane*, 4 (1978), pp. 457-469; and Joseph Mali, "Erich Auerbach: Vico and the Origins of Historicism," in *The Legacy of Vico in Modern Cultural History*, Cambridge: Cambridge University Press, 2012, pp. 135-194.

格论文《俗世诗人——但丁》(*Dante als Dichter der irdischen Welt*)。该书英译本将其误译为“世俗(secular)世界而非陆地(terrestrial)世界的诗人”。须知，奥尔巴赫意欲表明，但丁如何着眼于身边和当下，将日常生活元素融入其基督教“讽寓”(allegory)之中。他的维科译本、关于文学语言以及晚期拉丁与中世纪受众的专著，不但体现了他宏大的历史视野，而且使我们看到，他特别关注社会史，思考个体如何为自身行为负责。《模仿论》各章均专注“个案”，行文好似案情提要，其中每部作品的社会历史背景都发挥着恰如其分的作用。

毫无疑问，库尔提乌斯与奥尔巴赫代表了德国社会中具有地域(莱茵地区、柏林)特色的不同的精英。再说尧斯。尧斯来自格平根(Göppingen)。这座小镇位于斯图加特(Stuttgart)以东40公里左右霍亨施陶芬山(Hohenstaufen)山脚下，自1859年后成为火车模型制造商马克林(Märklin)大本营，并因此广为人知。尧斯一再强调，其父是出身小资产阶级的“乡村教师”(Dorfschullehrer)。这种让人放松警惕的自述，其实暗合摩根斯顿(Christian Morgenstern)的一首趣诗《狼人》(*Der Werwolf*)。诗中，狼人召唤某乡村教师的亡灵来“变换(幻)”(decline)自己(作者用关系代词“wer”的格的变化，做文字游戏)。[①] 使用如此魅惑的意象，凸显了尧斯刻意要回归“血与土的传统”，营造“种族”真实之感，只不过他披着层层叠叠且往往粗制滥造的学问外衣。的确，还有谁能比乡村教师更“真实”呢？根据史学家韦斯特迈尔(Jens Westemeier)的最新研究，我们得知，尧斯父母都是狂热的纳粹分子，尧斯本人亦深受感染。我这里不想抨击尧斯深受纳粹毒害(这一点其兄倒没有从其父母)。尧斯决定，追随纳粹意识形态，11岁就迫不及待地加入希特勒青年团。韦斯特迈尔在其新近出版的《尧斯传》一书英文摘要中写道，尧斯是个与纳粹为伍的青年、忠心耿耿的武装党卫队成员。他不满18岁即加入武装党卫队，忽略这点，我们就无法理解，这个1933年以来就在学校和希特勒青年团受纳粹熏陶的高中毕业生，为何如此好战。数十年的纳粹思想研究经历告诉我，其中大有文章。我考察了超过1500万字的文本语料库，以及150部1919年至1933年间的政治文化

① *Der Werwolf* "*-sprach der gute Mann*, /" *des Weswolfs*, *Genitiv sodann*, */dem Wemwolf*, *Dativ*, *wie man's nennt*, */den Wenwolf*, *-damit hat's ein End*. ("The who-wolf-said the good man, /the whose-wolf, if you want the genitive/the to-whom-wolf, in the dative, as it's called, /the whom-wolf, and that's the end of it").

论著，初步发现，并没有单独的纳粹作家话语群体。尽管希特勒与戈培尔(Goebbels)的教育背景不同，但他们似乎都在模仿魏玛共和国早期诸首相的语言，但文风也好，措辞也好，他们都迥异于罗森伯格（Alfred Rosenberg）和施特赖歇尔（Julius Streicher）等臭名昭著的纳粹理论家。

库尔提乌斯行文时而平淡，时而动情；奥尔巴赫写作则始终直入主题，有的放矢，可见其当初法律训练之功力。尧斯的语言则直来直去，有点呆板，往往火药味十足。那种说一不二的语气，让人不禁想到军官在发号施令。这也能体现他担任武装党卫队高官的经历。他承认自己所属的武装党卫队犯了滔天大罪，但彼时自己没在军中服役。真是巧了！这些语言的细微差别并非一无是处。

四　摇摆于格奥尔格与格勒贝尔之间的库尔提乌斯

初读库尔提乌斯的《欧拉》与奥尔巴赫的《模仿论》，是在我就读普林斯顿大学的第二学期。那是1971年2月的一个冰天雪地的周末。我至今还记得，也会永远记得，坐在学校图书馆里研读这两本书的情形。一切恍如昨日。我一开始就依稀觉得，这两本书是在二战背景下落墨成文。同时，我还很快感受到它们针对战争及其非人道之处的反抗力量（至越战达到顶峰）。从那个周末起近50年里，库尔提乌斯与奥尔巴赫从未离开我。其实，研究文本细读，总离不开库尔提乌斯与奥尔巴赫，前者的著作往往被视作修辞套语大全，用于“文学语言”研究。然而，如此对待库尔提乌斯，无疑忽略了他的思想传统，以及其著作背后的矛盾。换言之，我们无法说明，在思想的流亡中，在“第三帝国”的孤立情境中，库尔提乌斯如何完善一种实证的文学分析法。这段崎岖的发展之路可追溯至其青年时期。

1909年，即库尔提乌斯论文答辩的前一年，格勒贝尔来了一封信。从这封信我们可以看到，23岁的库尔提乌斯流露出纠结之情，一边是格奥尔格圈子青睐的直觉法，一边是格勒贝尔严谨的语文学法。格勒贝尔的信描绘了学生与导师围绕“Erkenntnis”问题的交流。格勒贝尔在信中提到了下述问题。

咱们沟通后，你认为，“以认知理想为终极理想的世界观，不可能正确。学者以逻辑为最高价值。对学者而言，外在的逻辑价值（在他们看来，尚未建立）无法用来建构自己的学术思想，即便这些价值合情合理，为每个人生存所必备，且我们深知它们可信”。我曾提到过早体系化（由投射个体的本意和欲望所致）之前的学术认知工作，那是耐心分析学术话题、反思我们认知能力之局限的前提……孜孜以求、摒除主体价值的真知，属于真理的理想……最后，“学者以逻辑为最高价值”的观念，应该借助“洞见”更精确地予以说明。[①]

七年后，库尔提乌斯在友人兼同事贡多夫（Friedrich Gundolf）的陪同下，到宾根（Bingen）拜访了格奥尔格。如上所述，格奥尔格明确否认科学和学术的进展，并表示厌恶“Erkenntnismäßige”（认知尺度）。

后来，库尔提乌斯的关注点逐渐从认知与直觉的对立，转向以极其乏味的方式整合文学套语。1938 年，在论及中世纪美学时，他首次解释了自己为何专注于主题或文学套语。

考察文学套语，相当于考察“无名的艺术史”，它全然不同于单个的艺术大师。如此考察可以让我们深入了解客观的风格形式。不过，在这些客观的风格要素中，我们会触及位于个体情感之下的历史生活层面。由此，我们能重新认识中世纪文学全景的结构语境。[②]

完成博士论文近 35 年后的 1944 年，库尔提乌斯举行了一场纪念格勒贝尔的讲座（讲稿于 1951 年首次发表）。在这次讲座中，他再次回到“Erkenntnis”问题。他认为，格勒贝尔把语文学视为广义的历史学科，类似我们如今所谓的“文化研究”。[③] 讲稿最后，他写道：“语文学就是重新认

---

① 格勒贝尔的信原文及英译文见 Gustav Gröber，*Briefe aus den Jahren* 1869 *bis* 1910，ed. Frank—Rutger Hausmann，Berlin：deGruyter，2018，pp. 250 – 251。

② “Die Toposforschung gleicht der, Kunstgeschichte ohne Namen im Gegensatz zur Geschichte der einzelnen Meister. Sie kann bis zu den unpersönlichen Stilfornnen vordringen. In diesen unpersönlichen Stilelementen aber berühren wir eine Schicht historischen Lebens，die tiefer gelagert ist als die des individuellen Erfindens. Wir treffen auf Strukturzusammenhänge，die，wie ich glaube，neue Erkenntnisse für das Gesamtbild der ma. Literatur gewähren können.” [“Zur Literarästhetik des Mittelalters，” *ZrP*，58（1938），p. 139.]

③ “Aufgabe und Gliederung der romanischen Philologie，” *Grundriß der romanischen Philologie*，Erster Band：*Geschichte und Aufgabe der romanischen Philologie*，*Quellen der romanischen Philologie und deren Behandlung. Romanische Sprachwissenschaft*，2. Auflage，Straßburg 1888，1904，pp. 140 – 156，186 – 202.

识。那时我就是如此理解的。自那以后，面对我自己和他人的研究，我不断自问，‘它们对重新认识有何帮助？’”① 我们又回到“Erkenntnis”的老问题，回到鲍姆加登对美学和审美感知的反思。

1953年，库尔提乌斯再次回到语文学所带来的认识，强调其可验证性与精确性的重要之处。

> 为了能以理服人，我采用了所有历史探究方法的基石——语文学。对于思想学科，它的重要性堪比数学对于自然科学的意义……偶然的事实真理只能借助语文学来获得。语文学堪称史学学科的婢女。我在运用这种方法时，尽可能吸收自然科学方法的精确之处。几何学用图形演示，语文学用文本演示，但语文学也应该得出可以应证的结论。②

不过，库尔提乌斯知道，文学批评与语文学不同，它有赖于与文学作品建立无逻辑且感性的联系。在后来的一篇艾略特论文中，他依旧回到“Erkenntnis”（重新认知）与“Intuition”（直觉）的问题。

> 批评始终是赌博。价值判断无法证明，就算其中有合理之处，也只是直觉而已。……当然，我们可以回过头来解释直觉，但这种解释仅能说服一开始就深有同感者。批评原本是无逻辑的接触。……然而，我不希望被误解。直觉是致命的字眼。传播它的乃思想上嗷嗷待哺者。用布莱（Franz Blei）的妙语说，我反对那些“靠直觉滋养”的人。我

---

① Philologie als Erkenntnis-das war es, was ich in jenem Augenblick begriff. Und seitdem habe ich mir vor eigenen und fremden Arbeiten immer wieder die Frage gestellt: “Was ist damit für die Erkenntnis geleistet?”

② “Um meine Leser zu überzeugen, mußte ich die wissenschaftliche Technik anwenden, die das Fundament aller Geschichtsforschung ist: die Philologie. Sie bedeutet für die Geisteswissenschaften dasselbe wie die Mathematik für die Naturwissenschaften. (...) Die zufälligen Tatsachenwahrheiten können nur durch die Philologie gesichert werden. Sie ist die Magd der historischen Wissenschaften. Ich habe versucht, sie mit derselben Präzision und Stringenz zu handhaben wie die Naturwissenschaften ihre Methoden handhabt. Die Geometrie demonstriert an Figuren, die Philologie an Texten. Die Mathematik darf sich mit Recht ihrer Exaktheit rühmen. Aber auch die Philologie ist der Strenge fähig. Sie muß Ergebnisse liefern, die verifizierbar sind.” (*ELLMA*, 2. Vorwort, 1953, p. 10.)

们只希望才智与直觉相辅相成。[1]

由此可见，库尔提乌斯从未摆脱青年时代的思想斗争，但同时我们发现，这些斗争大多发生在他在“第三帝国”时期的思想流亡期间。1946年，他为《转化》（*Die Wandlung*）杂志撰稿时，写下了一段颇为自责的文字。这段初作《欧拉》序言后被弃用的文字，重印之际作为附录收入了他的《欧洲文学论集》。

> 第一次世界大战后，我们见证了“新科学”的众多例证，这门科学以“洞见”或“直觉”为基础，并公开向大量引用的实证主义发难。有些人想方设法重塑历史上的伟人，以期符合格奥尔格派的道义。历史如今成了小说，有时成了神话。这些大多是异常行为，我们只有到今天才能对其估测，因为它们为1933年起不幸开始的大规模歪曲历史活动铺平了道路。那时人学到的是，“没有客观的科学”。科学不得不附着于种族、民族和政治。这个谎言必须被戳破。[2]

以上就是库尔提乌斯的思想流亡之路，其曲折复杂可见一斑。比较文学始于流亡。

---

① “Kritik bleibt ja immer ein Wagnis. Wertung ist unbegründbar. Der Grund ist wohl da, aber nur als Intuition. Sie kann überspringen als Funke. Mitteilbar ist sie nicht, nur vermittelbar. Das ist das Schöne an der Kritik. Sie ist ein Akt geistiger Freiheit. Freilich läßt sich die Intuition nachträglich motivieren. Aber diese Motivierung ist nur für den Mitfühlenden überzeugend. Grundakt der Kritik ist irrationaler Kontakt. […] Aber ich mochte nicht mißverstanden werden. Intuition ist ein fatales Wort. Es wird im Munde geführt von Leuten, die sonst nichts zu brechen und zu beißen haben. Ich bin, um Franz Bleis verdienstliche Prägung anzuwenden, ‘gegen geistige Ernährung durch Intuition’. Was wir mochten, ist ja nur, daß Intuition und Intelligenz sich zusammenfänden.” (*Kritische Essays*, pp. 300 – 301).

② “Nach dem ersten Weltkriege sah man zahlräche Proben einer ‘neuen Wissenschaft’, die sich auf ‘Schau’, Intuition’ oder andere Formen innerer Erleuchtung berief und dem vielberufenen ‘Positivismus’ den Krieg erklärte. Manche suchten große Persönlichkeiten der Geschichte nach der Dogmatik des Georgekreises umzuprägen. […] Geschichte wurde mitunter zum Roman, mitunter zum ‘Mythos’. Zum größten Teil sind das Verirrungen gewesen, deren Tragweite wir erst heute ermessen können. Denn sie haben der Geschichtsfälschung größten Ausmaßes den Weg gebahnt, die seit 1933 ihr verhängnisvolles Wesen trieb.” Es gibt keine objektive Wissenschaft, so wurde damals gelehrt. Wissenschaft sei rassisch, völkisch, politisch gebunden. “Dieser Lug muß verschwinden,” *Kritische Essays zur Europäischen Literatur*, Bern, 1950, pp. 434 – 435.

五 审美历史主义

说起奥尔巴赫对文学研究的影响，让我先讲个亲身经历。我在普林斯顿大学比较文学系读书时，有三位教授曾在耶鲁师从奥尔巴赫。他们是弗里德曼［Ralph Freedman，1950年耶鲁大学硕士，1953年耶鲁大学博士，其《黑塞传记》(*Hermann Hesse*) 享誉学界］、布朗伯特 (Victor Brombert，1948年耶鲁大学学士，1953年耶鲁大学博士，因对福楼拜的广泛研究而闻名)、法格尔斯 (Robert Fagles，1955年耶鲁大学硕士，1959年耶鲁大学博士，埃斯库罗斯与荷马的著名译者)。三位教授都认为，奥尔巴赫是提出文体学、文本细读、"新批评"核心方法的大师。我还认识奥尔巴赫的其他学生，比如尼尔森 (Lowry Nelson，1951年耶鲁大学博士，巴洛克文学专家)、卡林[①] (William Calin，1957年耶鲁大学学士，1960年耶鲁大学博士)、尼科尔斯 (Stephen Nichols，1963年耶鲁大学博士)。他们也都基本认同这一点。结束博士学业四十多年后，我惊讶地意识到，对奥尔巴赫的这种典型的美式"接受"，显然缩小了其 (审美) 历史主义的焦点——他将其概括为一系列关于物质与思想文化的认知 (用他的话说"Erkenntnisse") 结论，据此可判定文学作品的独特之处。奥尔巴赫曾言"为历史而历史" (l'histoire pour l'histoire)，这话到了美国，就变成了"为艺术而艺术" (l'art pour l'art) 在文本细读中的合法外衣。奥尔巴赫对此表示：

> 世人……逐渐发觉历史的活力，意识到历史现象的无与伦比，以及其中持续不断的内在动力；他们开始欣赏某个时期的重要统一……他们最终心甘情愿地认为，无法通过抽象而普遍的认知形式来把握事件的意义 (das Bedeutende des Geschehens nicht in abstrakaten und allge-

---

① 理查兹教授本次来京讲座期间，我惊闻卡林教授已于2018年5月20日仙逝。卡林教授生前任教于美国佛罗里达大学，是中世纪法国文学和法语诗歌著名学者。编译《欧拉》附录期间，我偶然读到他的著作《二十世纪人文主义批评家——从施皮策到弗莱》(*The Twentieth-Century Humanist Critics*: *From Spitzer to Frye*, Toronto: University of Toronto Press, 2007) 中论及库尔提乌斯的章节。他不但欣然授权我翻译相关文章［译文发表在曹卫东主编《跨文化研究》(总第2辑)，北京：社会科学文献出版社，2017年］，而且叮嘱多伦多大学出版社给我寄来此书。其间，教授还约我翻译中国古诗若干首，并发表在佛大的翻译专刊 *Delos* 上。对于卡林教授的热心帮助，我无以为报，只能在此寄托我深切的哀思。——译者注

meinen Erkenntnissen ergreifbar ist）；认为需要理解的材料，不必非得到社会上层和政治大事中找寻，其实艺术、经济、物质与思想文化亦大有可用……因为唯有在那里，我们才能发现独特之处（das Eigentümliche），找到受内力驱动并一直不断演变的东西……现在我们知道，我所谓的认知结论，象征着有"历史主义"之称的思潮（das die eben aufzgezähten Erkenntnisse, welche sich alle zu einer Geistesrichtung zusammenschließen, die man Historismus nennt）。[①]

库尔提乌斯希望考察反映在套语中的文字产品的客观层面，而奥尔巴赫则欲探明某作家作品的独特之处。他的立场是历史主义的，受维科与特勒尔奇的共同影响。奥尔巴赫"通过研究特勒尔奇而接近维科。特勒尔奇的著述包罗万象，涵盖神学与哲学、文化史与政治学，其本身构成了现代文化研究的重要基石。对特勒尔奇而言，维科率先提出现代而世俗的文化理论，故为19世纪诸理论之先声"。[②]

六　库尔提乌斯与奥尔巴赫在普林斯顿

从这一背景看，奥尔巴赫与库尔提乌斯的关系就很特殊了。1936年，奥尔巴赫被剥夺马堡大学教职后不久，库尔提乌斯推荐其到巴塞尔大学接替雷蒙德（Marcel Raymond）。换言之，《模仿论》出版前十年，库尔提乌斯就非常敬重奥尔巴赫。两人有据可查的碰面仅一次，即1949年秋在普林斯顿举行的第一届文学批评研讨会（Christian Gauss Seminars in Criticism）。

早在1946年，旅居伊斯坦布尔的奥尔巴赫就发表了关于帕斯卡的论文——《恶的胜利》（The Triumph of Evil）。该文分析了帕斯卡的政治理论，而奥尔巴赫在1949年10月普林斯顿研讨会的演讲正始于此。文章标题多多少少反映出奥尔巴赫当时的悲观情绪，后来他将其标题换成比较中立的《帕斯卡的政治理论》（Pascal's Political Theory）。1949年7月初即到美国的库尔提乌斯也听了奥尔巴赫的演讲。两人会面的情形被文学批评家布莱克默（Richard Blackmur）记录了下来。布莱克默在普林斯顿大学教授创意写

---

① *Mimesis*, English translation, Trask, pp. 443－444; original, p. 412.

② Almut-Barbara Renger, "Between History and Reason: Giambattista Vico and the Promise of Classical Myth," *Journal of Cultural and Religious Theory*, 1 (2014), pp. 38－52, citation, p. 42.

作和英国文学。他的记录于1985年才由菲茨杰拉德（Fitzgerald）发表。因此，这份二手文献常常被忽略。[①] 其实，在普林斯顿大学校园里，两位罗曼语文学家的交锋早就成为传奇。我的很多老师（那时还都是年轻的助理教授），比如沙利文（Edward Sullivan）、金（Edmund King）、韦德（Ira Wade）也参加了研讨会。他们的回忆与布莱克默的说法吻合。

奥尔巴赫待人热情，故极受欢迎。相比之下，库尔提乌斯的人气就大大逊色了。大家觉得他争强好胜，“牢骚满腹”（cantankerous），甚至“睥睨一切”（olympian）。根据已发表文献，库尔提乌斯的确如此。普林斯顿人有“严肃的势利眼”（serious snobs）之称，因此当某个教授说库尔提乌斯“牢骚满腹”，还真不得了。

库尔提乌斯并不认同奥尔巴赫对帕斯卡的看法。奥尔巴赫当时引用了帕斯卡的一段话：“效法正义并无过错，效法强者更有必要。无武力，正义将无所作为；无正义，武力将恣意横行……故正义武力，必当合而为一。正义之事须行之有力，武力之事须行之有义。”（Il est juste que ce qui est juste soit suivi，il est nécessaire que ce qui est le plus fort soit suivi. La justice sans la force est impuissante；la force sans la justice est tyrannique. …Il faut donc mettre ensemble la justice et la force；et pour cela faire que ce qui est juste soit fort，ou que ce qui est fort soit juste.）谈论帕斯卡笔下“恶的胜利”的问题时，奥尔巴赫其实是影射“第三帝国”中“恶的胜利”。[②] 不可否认，奥尔巴赫把（中世纪）喻像的思维模式用于帕斯卡，已属老调重弹。库尔提乌斯视帕斯卡的神学为“异端和乱语”，将其拒之千里。而奥尔巴赫认为，可

---

① Robert Fitzgerald，*Enlarging the Change*：*The Princeton Seminars in Literary Criticism* 1949－1951，Boston，Northeastern，1985，pp. 36－37。其中写道，“库尔提乌斯反对把‘现实主义’全盘用到福楼拜身上，他注意到，福楼拜明确否认现实主义意向。他甚至火冒三丈地指出，文学史的批判研究使用的术语禁不住检验；我们应该摒弃这些古董。奥尔巴赫恼羞成怒，‘为何要质疑教材上所谓现实主义的一切？’库尔提乌斯，‘因为教材上的东西全错了。’奥尔巴赫反击，‘单独看来，术语当然没有意义；但结合语境就足以理解，比如法国19世纪现实主义。无论福楼拜……是否被称为现实主义者，他的写作方式都是现实主义的，即便他否认如此。’……库尔提乌斯又回到‘现实主义者’这个范畴上，‘把司汤达、巴尔扎克、福楼拜都扔到一个范畴里真是有意思（当然也是无稽之谈）；难不成巴尔扎克和司汤达都享受生活，而福楼拜却饱受绝望之苦？该关注的不是小说家的共性，而是其差异。’奥尔巴赫温柔地回答道，‘没有历史的共性，你不可能接触福楼拜的个性。’”

② Jane Newman，“Force and Justice：Auerbach's Pascal，” in *Political Theology and Early Modernity*，ed. Graham Hammimll and Julia Reinhard Lupton，Chicago：University of Chicago Press，2012，pp. 159－180.

以以小见大，即通过研究帕斯卡的分词用法来分析其文体。库尔提乌斯反对文体分析，认为它不科学。（据说他嗤之以鼻地表示：“文体学，文学之科学!”）奥尔巴赫强调，严格说来，恶的问题非语文学问题，而是道德问题，但亦可借助语文学来解决。

过了两周，库尔提乌斯又听了奥尔巴赫论波德莱尔之风格杂糅的讲座。讲座讲稿后整理成文，取名《波德莱尔〈恶之花〉与崇高》（Baudelaire's Fleurs du Mal and the Sublime）。[①] 库尔提乌斯向奥尔巴赫提了四个问题。第一，从心理学角度讲，波德莱尔到底重不重要？第二，把甲、乙两种风格之混合定义为丙风格是否有意义？第三，回避“现实主义”这种模糊字眼岂不更好？第四，说波德莱尔不怀好意是否合适（“鬼鬼祟祟”、“不怀好意”或“居心叵测”）。奥尔巴赫回答道，波德莱尔的确毒性强烈。就风格而论，他同意波德莱尔的灵感独一无二，但强调波德莱尔风格杂糅。在他看来，现实主义意味着历史语境中的某种东西。库尔提乌斯的第一个问题引起了听众的热烈讨论，因为马利丹（Jacques Maritain，当时亦在场）认为，波德莱尔的重要之处在于，他表达自己洞见的手段是诗歌而非风格，尽管表达得比较隐晦。库尔提乌斯建议，批评家从可提炼的文字中提炼一切。当另一个听众问文字是否该脱离心理学时，库尔提乌斯答道，文字创造美的形式，创造艺术而不是知识的品级。显而易见，库尔提乌斯遵循了以往伯克和格勒贝尔对审美感知与实证历史分析的分野。

比起奥尔巴赫，布莱克默更仰慕库尔提乌斯。即便如此，他的这段评语凸显了两位学者截然不同的流亡之路。

> 读了奥尔巴赫，再读库尔提乌斯，我们看到，他的位置论（loci）予以其巨大保护。所谓“位置”，即人类试图在艺术中表达自己，表达生存状况及渴望的共同之处。比起奥尔巴赫，库尔提乌斯是坚定的现实无政府主义者（anarch of the actual）。他对奥尔巴赫的每次发难，都废黜那些似是而非的陈词滥调（formulas）……他明白，为何教材必然是错的，因为设计教材，就是要弥补阅读之缺。毕竟，一时不阅读，情有可原，一世不阅读，罪不可赦……库尔提乌斯一直致力于使用适合发掘洞见的中性语汇。（第 39 页）

---

① Erich Auerbach, “Baudelaires *Fleurs du Mal* und das Erhabene,” in *Gesammelte Aufsätze zur romanischen Philologie*, Bern: Francke, 1967, pp. 275 – 290.

布莱克默的评语低估了连续性在库尔提乌斯思想中的重要地位，而称其为“现实无政府主义者”则是质疑现代性对库尔提乌斯的重要意义。

比较文学的确始于流亡，但流亡的出路在何方？

七 库尔提乌斯与尧斯

在谈及库尔提乌斯与特勒尔奇的关系之前，我们先简要谈谈库尔提乌斯对神学的涉猎。库尔提乌斯基本不触及神学与哲学术语，只有一个例外。1949年，他在《比较文学》（*Comparative Literature*）杂志第一卷上，发表了短文《古代修辞与比较文学研究》（Antike Rhetorik und Vergleichende Literaturwissenschaft）。文中，他质疑民族性格的概念，并特别提到由此分析的恶果：“民族的‘本质’乃自其文学演绎而来，并形成概念模式。接着，这些概念又会转变为抽象的概念，以这种形式用于文学。于是，民族性格就从过去裹藏它的箱子里被翻了出来。对于理解（文本），如此做法并无大用。”①

其中，最后一句“für das Verständnis ist wenig geleistet”，正呼应了库尔提乌斯早年受格勒贝尔影响而对“Erkenntnis”的看法——“Was ist damit für die Erkenntnis geleistet”。这里格外引人注目的是术语“hypostasiert”。我将其译为“转变为抽象的概念”。该词的哲学与神学根源可追溯至古代，但德语动词“hypostasieren”乃由康德引入，意为将实际特征错放到抽象概念中。前文提到，库尔提乌斯熟谙康德哲学。该词醒目之处还在于罕见其用。

尧斯在其首次发表的针对库尔提乌斯的批评文章中，也用了这个词，这就更令人匪夷所思了。1967年，尧斯与库尔提乌斯分道扬镳，称其研究中世纪的做法就像躲进历史的墓茔。他的观点经常为其他库尔提乌斯批评家所

---

① Ernst Robert Curtius, “Antike Rhetorik und Vergleichende Literaturwissenschaft,” reprinted in: *Gesammelte Aufsätze* (Bern: Franke, 1960), S. 18 – 19: “Der Glaube an einen invariablen Nationalcharakter impliziert aber außerdem einen circulus vitiosus und ist schon aus diesem Grunde nicht annehmbar. Woher kennen wir den Charakter einer Nation? Wir lesen ihn ab aus ihren geistigen Schöpfungen. Das «Wesen» einer Nation wird aus der Literatur abgeleitet und in begriffliche Formeln gebracht. Dann werden die Begriffe hypostasiert und in dieser Form zur Interpretation der Literatur verwendet. Man holt den Nationalcharakter aus einer Schachtel heraus, in der man ihn vorher versteckt hatte. Für das Verständnis ist damit nichts geleistet.”

引用。

> 这种奇怪的传统假设，可以用学术史（即对特殊政治环境的反应）来解读。在希特勒时代，通过把语文学拉进历史的墓茔……库尔提乌斯代表作的这个由头决定了，时至今日，其模仿者的方法中仍缺少历史与社会维度。①

看起来，尧斯似乎以库尔提乌斯之道还治其人之身。尧斯真是恬不知耻，因为就在他抨击库尔提乌斯躲进历史的墓茔时，自己却加入武装党卫队，参与针对平民的暴行，参与真真切切的大屠杀。正如哈佛大学拉丁中世纪研究者齐奥尔科夫斯基（Jan M. Ziolkowski）所言：

> 这里的比喻并不恰当；若有哪本中世纪论著缺少宗教情怀，若有哪本文学史论著着力表现历史的延续与活力，那这本书就是《欧拉》。此其一。其二，该比喻的言外之意，是说库尔提乌斯胆小如鼠，畏首畏尾，这也不恰当。尽管二战的恐惧逐渐烟消云散，仍有很多人钦佩库氏敢于出版《岌岌可危的德国精神》，阐述自己的主张；认为他虽然躲在自己的墓茔中，但也好过像尧斯那样加入武装党卫队。20 世纪 40 年代，如果当时有更多人退居到库氏的生机勃勃的地下世界，那么欧洲就会成为全然不同的地方。②

墓茔与屠杀的对比并非无中生有。在纳尔瓦防线，尧斯为武装党卫队荷兰志愿兵团的三名连队指挥官之一。战后，为更好地理解该团幸存者的思想状态，有人对他们进行了专访。其中一次采访期间，一个幸存者回忆了那里的战事，以及连队指挥官下的命令。

---

① "Paradigmawechsel in der Literaturwissenschaft," *Linguistische Berichte*, 3 (1969), pp. 44 – 56, citation, p. 47: "Diese merkwürdige Hypostasierung der Tradition ist wissenschaftsgeschichtlich als Reaktion auf eine bestimmte politische Situation zu erklären: durch den Rückzug der Philologie in die Katakomben der Vergangenheit während der Hitlerzeit (...) dieser Ursprung des Curtiusschen Hauptwerks bedingt noch heute die fehlende historische und gesellschaftliche Dimension in der Methode seiner Epigonen."

② Jan M. Ziolkowski, "Ernst Robert Curtius (1886 – 1956) and Medieval Latin Studies," *The Journal of Medieval Latin*, 7 (1997), pp. 147 – 167, citation p. 157.

> 我们早就默认，俄国人的命一文不值。我们才不管是俄国人还是犹太人。我清楚地记得，我们在纳尔瓦防线，必须守住桥头堡。抓了战俘后，我们不得不先步行10公里，才能到达师团指挥所。大家都感觉，10公里徒步就像在雪地里穿行。于是，指挥官说道："把他们带走，15分钟后集合。"然后，我们就把战俘拉到反坦克墙边干掉。这对我们来说没什么难的。①

从纳尔瓦防线回来后，尧斯因用机枪处决10名俄国士兵和整编部队而获得"日耳曼金十字勋章"。接着，他被调往查理曼师。他下令对开小差者以施图特霍夫之刑论处时，用半德语半荷兰语嘲讽道，"Abführen en in een Viertelstunde weer terug"（"天网恢恢，你逃何处？"）。

还有一个细节，在尧斯手下的士兵看来，俄国人与犹太人没有区别，说这话的学者日后居然大谈异己性……尧斯诠释思想之核心在于，其开启了与当下针锋相对的"过去的极端他者性或异己性"（radical otherness or alterity of the past）观念，并提出了"审美距离"，尧斯即借此反对库尔提乌斯思想中至关重要的连续现象。连续性原则详细的来龙去脉，见于《欧拉》第十三章开篇。文中，库尔提乌斯考察了缪斯的文学传统中"具体的形式常量"。

> 我们必须展示某些至今仍被忽略的连续现象。借助语文学的缩微复印技术，我们可以从来源不同的文本中找出相同的结构要素，而这些要素堪称欧洲文学的表达常量……然而，我们的主要目的是运用经验而系统的定位法，更准确地了解我们的文学材料结构。通过逐步分析，我们从最宽泛的概念深入至特定概念。

---

① Sytze van der Zee, Sytze, *Voor Führer, volk en vaderland, De SS en Nederland*, Amsterdam: Prometheus, 1992, pp. 181 – 182: "Het was voor ons normaal geen waarde te hechten aan het leven van een Rus. Tussen Russen en Joden maakten wij geen verschil. Ik weet nog goed dat we aan het Narvafront lagen en een bruggenhoofd moesten houden. Wanneer we gevangenen maakten, moesten we eerst tien kilometer lopen, voordat we bij de Divisionsgefechtstand waren, de commandopost van de divisie. Nou had niemand zin tien kilometer heen en nog eens terug door de sneeuw te baggeren. De compagniescommandant zei dan: 'Abführen en in een Viertelstunde weer terug'. Waarop wij de gevangenen naar een tankval brachten en hen daar neerschoten. Dat vonden we allemaal niet zo erg."

相比于库尔提乌斯对连续性模式的研究，尧斯运用的“异己性”（alteritas）与“同一性”（identitas）概念原本属于神学范畴，可上溯至3世纪围绕基督教三位一体本质的讨论。圣父、圣子、圣灵为三位一体的三个位格各不相同，互为“他者”，但同时又都是上帝。换言之，基督教三位一体的上帝，可既互异又统一。尧斯生吞一个神学概念，将之用于截然不同的语境。此前他随意使用“Erkenntnis”，同样，他也不加分辨地使用“异己性”概念。

八 余论

我们已经看到库尔提乌斯如何放弃追求一成不变的民族性格，转而试图阐释“文学文化”（literary culture）中的连续性模式，这种模式不一定永世流传，也不一定摒弃历史或“史实性”（historicity）。库尔提乌斯临终前提出了一个没有答案的问题。奥尔巴赫则更加直接、更为明确。在《作为世界文学的语文学》一文结尾处，他如此写道（别忘了，站在今天这个讲台的，是一个归化的柏林人，一个在美国追思其失落故乡的流亡者）：

> 无论如何，我们的语文学家园是地球，而不再是民族。当然，语文学家所继承的最精确、最不可或缺的，是其民族的语言与教育。然而，唯有摆脱这份遗产，唯有把眼光置于其上，才能做到物尽其用。形势瞬息万变，因此我们必须回到已经掌握的中世纪教育，明白思想没有民族之分。①

流亡让奥尔巴赫与库尔提乌斯不得不在道德困境中挣扎，尧斯的笔下显然没有这种困境。比较文学始于流亡，但紧随其后的不是审美的挣扎，而是道德的挣扎。正如康德所言，真善美在审美判断中合而为一。流亡之路千千万万。的确，比较文学或许始于流亡，但肯定不会终于流亡。

（作者单位：德国乌普塔尔大学；译者单位：深圳市福田区城市绿洲学校）

① “Philologie der Weltliteratur,” in Auerbach, *Gesammelte Aufsätze*, pp. 301 – 310, citation p. 310.

《圣经》文学视野中的《母亲利巴的哀歌》*

马立安·高利克（Marián Gálik）/文
刘　燕　杨佳静/译

摘　要：《旧约·耶利米哀歌》是戏剧家向培良（1905—1961）创作独白剧《母亲利巴的哀歌》（1930）的最主要原型。本文在《圣经》文学的视野中，详细分析了《母亲利巴的哀歌》是如何对《旧约·撒母耳记》中的相关历史事件进行改写、挪置与扩充的，试图阐释中西文学中的"哀歌"与"哀吊"这一文类的相似性及其特质，并希望向培良的这部无人问津的短剧能够引起中国现代文学研究者的足够关注。

关键词：哀歌；圣经文学；向培良；《旧约·撒母耳记》；《母亲利巴的哀歌》

《旧约·耶利米哀歌》（*The Lamentations*）是向培良（1905—1961）改写《母亲利巴的哀歌》（1930）的最主要原型，其作者往往被误认为是耶利米先知（公元前626年—公元前582年）。向培良的《母亲利巴的哀歌》展示了希伯来历史上的一个恐怖事件，该悲剧发生在大卫王执政期间（公元前1037年—公元前967年），正值他统治以色列和犹大地区之始。时至今日，中国批评家们对向培良的这个短剧却少有关注。

据说，在扫罗统治期间（公元前1025年—公元前1005年），扫罗与基遍人不和，遂下令杀死他们。[①] 基遍人就一直与来到迦南地区的希伯来人住

---

* 本文英文版"Rizpah's Lamentations over Murdered Children According to Xiang Peiliang"发表在《合璧西中——庆祝顾彬教授七十寿辰文集》（李雪涛等编，北京：外语教学与研究出版社，2016年，第425—437页）中，中译文标题稍有改动。本译文为北京外国语大学中国文化走出去协同创新中心重点项目"布拉格汉学学派对中国现代文学的研究及其启示"（项目编号CCSIC2017-ZD01）的成果之一。

① 这个历史事件在《圣经》中并未直接记载，而是在《撒母耳记下》21：1—3中通过大卫之口被转述。

在一起，他们曾经帮助约书亚的军队击败了“五王”[①]。据说在这里“被冰雹打死的，比以色列人用刀杀死的还多”（《约书亚》10：11）。人们或许会为《申命记》作者的想象而感到震惊。《圣经》中的基遍人是迦南地区西米氏人的一个分支，但在其他近东民族的起源中，他们从未被提到过。[②]

据《撒母耳记下》21：1—6 记载，大卫王统治期间发生了连续三年的饥荒。大卫曾向耶和华求问发生饥荒的原因，他被告知：“这饥荒是因扫罗和他流人血之家，杀死基遍人。”按照协约，基遍人是以色列人的同盟者，不应被杀戮，而要被赦免。于是，赎罪便降临到扫罗及其家族后裔的身上。显然，扫罗无法容忍异邦人居住在他的王国内，这与大卫善待居住在以色列和犹大地区的外邦人大不相同。不过，狡黠的大卫其实是要借此事件消灭扫罗家族的所有男性，因为他们会成为自己王位的竞争对手。大卫招来基遍人的首领，问道：“我当为你们怎样行呢？可用什么赎这罪，使你们为耶和华的产业祝福呢？”基遍人回答：“愿将扫罗家的子孙七人交给我们”，“将他们悬挂在耶和华拣选扫罗的基遍山上”，即约书亚战胜五王的地方。

以下两段引文是在《撒母耳记下》21：8—10 中关于利巴[③]的两个儿子和扫罗的五个孙子的事情。本文所引《圣经》如未特别标注，皆出自和合本《圣经》。

> 8）却把爱雅的女儿利斯巴为扫罗生的两个儿子亚摩尼、米非波设和扫罗女儿米甲的姐姐米何拉人巴西莱儿子亚得列生的五个儿子。
>
> 9）交在基遍人的手里，基遍人就在耶和华面前，把他们悬挂在山上，这七人就一同死亡。被杀的时候正是收割的日子，就是动手割大麦的时候。
>
> 10）爱雅的女儿利斯巴用麻布在磐石上搭棚，从动手收割的时候，直到天降雨在尸身上的时候，日间不容空中的雀鸟落在尸身上，夜间不让田野的走兽前来糟践。

---

① “五王”分别是耶路撒冷王亚尼洗德、希伯伦王何咸、耶末王毗兰、拉吉雅非亚王以及伊矶伦王底璧。——译者注

② 见《撒母耳记下》11：19，Kurt Henning（hrsg.），*Jerusalemer Bibel-Lexikon*，Neuhausen-Stuttgart：Hänssler Verlag，1990，pp. 348 – 349。

③ 利巴（Rizpah），《旧约·撒母耳记》中翻译为“利斯巴”。——译者注

大卫得知此事后，对悲痛欲绝的利巴及其难逃宿命的扫罗的子孙们表现出了他的虚情假意。接下来，我们在《撒母耳记下》21：12—13中读到：

> 12）大卫就去，从基遍人那里将扫罗和他儿子约拿单的骸骨搬了来，是因非利士人从前在基利波杀扫罗，将尸身悬挂在伯珊的街市上，基遍人把尸身偷了去。
>
> 13）大卫将扫罗和他儿子约拿单的骸骨从那里搬了来，又收敛被悬挂七人的骸骨。

“被悬挂七人的骸骨”，指的是利巴的两个儿子亚摩尼（Armoni）、米非波设（Mehphiboshet）以及扫罗的五个无名外孙的尸体。应注意到，在扫罗的儿孙们被杀后，基遍人并未欢欣鼓舞，反而是大卫为了消灭其前任扫罗王的几乎全部男性后裔（除了一位），把三年饥荒、上帝的惩罚与扫罗“流人血之家”联系在一起，以便心安理得地成为统治以色列和犹大的王。甚至可以说，这场规模浩大的葬礼只不过是一场表演，让人观看，以掩盖大卫的虚伪。

二

《母亲利巴的哀歌》是向培良创作的一部充满诗意的短剧。事实上，《圣经》中只字未提这位母亲利巴内心极其复杂而痛苦的感受，只使用了“不容空中的雀鸟落在尸身上”和“不让田野的走兽前来糟践”等几句话，便使读者因利巴经历的一切苦痛而产生恐惧，在此期间，这位母亲只好等待大卫使者的到来，前途未卜。在《圣经》中，我们可以发现一些地方出现了“鸟”和“兽”，它们往往预示着上帝或人发出的某种警告或惩罚。在《申命记》28：26中，我们可以看到那些不遵从上帝话语的人所受到的严惩：“你的尸首必给空中的飞鸟和地上的走兽作食物，并无人哄赶。”与《申命记》中的说法一致，非利士人的勇士歌利亚对年轻的大卫说：“来吧！我将你的肉给空中的飞鸟、田间的走兽吃。”（《撒母耳记上》17：44）。在《以西结书》29：5中，我们可以读到上帝对埃及和合弗拉法老（公元前588年—公元前568年）的诅咒，当时合弗拉法老与尼布甲尼撒王（公元前605年—公元前562年）打仗，试图解放耶路撒冷却战败了，“我已将你给地上野兽、空中飞鸟作食物”。《列王记下》9：30—36 描述了类似的最可怕的场面。受膏的王“耶户”“耶和华民以色列的王”（《列王记下》9：6）命令在楼上的两三个太监把耶洗别王后从窗户扔下来。“她的血溅在墙上和马上，于是马把她践踏了。后来，他们想要埋葬她时，发现耶洗别被狗吃了，只寻得她的头骨和脚，并手掌。”（《列王记下》9：37）而扫罗的嫔妃利巴却敢于无视《申命记》中所提到的威吓，她把雀鸟、走兽从扫罗的儿子、孙子们的尸身上统统赶走。

《母亲利巴的哀歌》以一幕戏剧场景开始：“基遍城秋收的时候，黄昏，人们从田间回到城里。”[①] 然后，它描述了周边的环境：基遍城的人们从田间回来，炎热枯燥的天气完全使他们耗竭了。山上、城墙里面的树林中，无数的乌鸦飞回去，它们起先在天空盘旋，于是落下去，发出那样大的噪声，好像表示地面是为它们所占有的。[②] 在离城门不远的城墙上悬挂着两具尸体，稍过一点又悬挂着五具尸体。他们是被钉在城墙上的扫罗的七个子孙。母亲利巴日夜守护着这些尸体，白天为他们驱赶鸟雀，晚上为他们驱赶狐狸和其他觅食的野兽。[③]

在《母亲利巴的哀歌》的第一部分，利巴向秃鹰呼喊：“你乌鸦，黑色的梦哟，走开罢，不要进来，我求你们不要进来！你们，黑色可怕的梦哟，无论到什么地方都可以，你们的地方是宽广的。你们可以飞到天空，到树林里，到河水旁边，到岩石上面，到你们自己的窝里。黄昏来了，你们自己的儿子在窝里等待着你们呢，去吧，但是不要到我这里来。这里是我的儿子的地方，亚摩尼和米非波设是他们的名字……你们是被耻辱和卑怯所杀死；在完全没有防御的时候，你们是被暴力取去了，你们是成了耻辱和卑怯的牺牲品……”利巴的两个儿子令人想起了《雅歌》中那个无名的牧羊人——书拉密的爱人形象，如他们的“颊上开着红色的花”[④]，“额上是高贵的深紫和黄金的颜色”[⑤]，“头发像正在生长的葡萄藤，那上面将结出一串

① 向培良：《母亲利巴的哀歌》，《北新》1930 年第 4 期，第 81 页。陈由登：《向培良的戏剧理论与实践及外来影响》，硕士学位论文，福建师范大学，2007 年，第ⅳ、26、28、30、38 页。该作者把《母亲利巴的哀歌》视为一部戏剧。

② 它们可能是狗头鹰。参见钦定本《利未记》11：14 和合本《利未记》11：13。

③ 《圣经》多处提到了“狐狸”和“野狗”。

④ 《雅歌》5：13：“他的两腮如香花畦，如香草台。”

⑤ 《雅歌》5：11：“他的头像至精的金子。”

串的紫葡萄”，“手臂和大腿完整得像从大理石琢出来的”。[①] 不过，与《雅歌》相比，向培良的肖像描写缺少隐喻性。拉比·阿基巴（Rabbi Aqiba）在雅尼亚大会（约公元90年）上高度评价《雅歌》的比喻手法：“全世界没有什么能与将《雅歌》赐给以色列之事相提并论，《圣经》的全部作品都是神圣的，而《雅歌》则是‘圣中之圣’（Holy of Holies）。”[②] 向培良在此剧的一些描述与《雅歌》第4章第3、5、12—15节用“花”比喻书拉密的手法有异曲同工之效，在这几节中，书拉密的神殿好比“一棵石榴树”，乳房“像两只正在百合花丛中吃草的小鹿”，她是一个“封闭的花园”，是“花园中的喷泉”，是“一眼活水的井”。

作为《圣经》的读者，向培良阅读的可能是和合本《圣经》，我们在其剧本《暗嫩》中看到了有关大卫王的儿子暗嫩与他玛的悲剧故事；[③]《生之完成》则讲述了耶稣基督在伯大尼和客西马尼花园弥留之际的事件，[④] 这在其理论著作《人类的艺术》中也有迹可循。[⑤]

母亲利巴面对以色列妇女的呼告与《耶利米哀歌》有直接联系。如前所述，把《耶利米哀歌》的作者归为耶利米，这似乎无法成立，“因为这部哀歌中某些观点与其他以之命名的作品的观点不相吻合”。[⑥] 在《母亲利巴的哀歌》第二部分的开头，我们可以读到：

> 祸哉！以色列的母亲谁比我更苦？以色列妇人的眼泪谁比我流得更多？我嘘唏如风，如秋天吹死一切有生之物的西风。我的眼泪如不

① 《雅歌》5：14：“他的两手好像金管，镶嵌水苍玉。”《雅歌》5：15：“他的腿好像白玉石柱，安在精金座上。”

② Mishna, *Yadaim* Ⅲ, 5. 出自 Richard M. Davidson, “Theology of Sexuality in the *Song of Songs*. Return to Eden,” *Andrews University Seminary Studies*, Vol. 27, No. 1 (1989): 1.

③ 参见 Marián Gálik, “Temptation of the Princess. Xiang peiliang's Decadent Version of Biblical Amnon and Tamar,” in *Influence, Translation and Parallels. Selected Studies on the Bible in China* (Sankt Augustin: Monumenta Serica Institute, 2004), pp. 231 – 250.

④ 参见 Marián Gálik, “Omnia consumnata sunt: Xiang Peiliang's Version of the Biblical Story of Jesus between Bethany and Gethsemane,” in *Rooted in Hope. In der Hoffnung verwurzelt. Festschrift in Honor of Roman Malek S. V. D. on the Occasion of His 65th Birthday*, Vol. 2. eds. B. Hoster, D. Kuhlmann, Z. Wesolowski, Monumenta Serica Monograph Series LXVIII, 2. Sankt Augustin, 2017, pp. 649 – 664。

⑤ 向培良：《人类的艺术》，南京：拔提书店，1930年。

⑥ Nancy C. Lee, *The Oxford Encyclopedia of the Books of the Bible*, Vol. 1, New York: Oxford University Press, 2011, p. 557.

息的溪流。[①]

以上这段描写借用了《耶利米哀歌》1：12 和 1：16 的表达方式。如果没有它，《母亲利巴的哀歌》的表达也不会如此。

> 你们一切过路的人哪，这事你们不介意吗？你们要观看，有像这临到我的痛苦没有？就是耶和华在他发烈怒的日子使我所受的苦。
>
> 我因这些事哭泣，我眼泪汪汪，因为那当安慰我、救我性命的，离我甚远。我的儿女孤苦，因为仇敌得了胜。

对于那些不熟悉以上《圣经》经文的人来说，有必要知道此处的“女主角”并不是一位女性，而是指“耶路撒冷”。在耶路撒冷圣殿和犹大城全部被毁灭后，残存的废墟展现了公元前 586 年胜利者巴比伦人入侵时的情景。当然，将耶路撒冷拟人化为一位妇女，这与描写丧子的母亲或丧孙的祖母之痛相比稍有不同。在此，向培良的这部短剧所使用的抒情语调更具“个人化”（individual），而《圣经》作者所描述的内容则更具“集体化”（collective）。[②]

显然，向培良在描述利巴母亲的抱怨时，借用了《圣经》作者向上帝诉苦的方式。利巴哭诉道：“我向大地祈祷，但是大地不听我的，耶和华早已经离开我了。我向山岭诅咒，向黑夜，向这绝望的城墙，它们并不走开。”如果《耶利米哀歌》中的“耶路撒冷”母亲和“锡安”女儿为犹大城死去的居民和废弃的城市而哀哭，为他们沦为“巴比伦之囚”而悲戚，那么，利巴母亲就是在为关乎整个扫罗家族的末代后裔而哀号，除了约拿单的儿子、扫罗的孙子——“跛足的米非波设”[③]，他在五岁时从奶妈手上摔了下来，成了瘸子——幸免于难。因此，在王位继承或大卫崛起的故事中，他不再是大卫的对手。大卫竭尽全力为自己及家族争夺以色列和犹大

① 向培良：《母亲利巴的哀歌》，第 83—84 页。

② 近代评论者认为哀歌是在传统的口头哀歌背景下形成的文本，也许是某个诗人创作或添加了多重角色，或是校订者、抄写者将多重声音、歌者们说唱的内容固定下来。参见 Nancy C. Lee, *The Oxford Encyclopedia of the Books of the Bible*, p. 558。

③ 其名字与利巴的儿子米非波设相同，故本译文称之为“跛足的米非波设”，以示区别。——译者注

的统治权，并最终赢得了全胜。[①]

大卫问："扫罗家还有剩下的人没有？我要因约拿单的缘故向他施恩。"（《撒母耳记下》9：1）大卫的疑问对恰如其分地理解他的性格很重要。在扫罗的众多儿子中，约拿单曾是大卫唯一的好友，他和扫罗的另外两个儿子一起战死在基遍山（《撒母耳记上》31：2）。显然，大卫的这句问话流露出其虚伪的一面。也许大卫并不十分了解扫罗众多子孙的实际状况，但是他利用各种机会剿灭他们，只有约拿单的儿子"跛足的米非波设"是唯一的例外。由于残疾，他有着强烈的自卑情结，不得不在大卫家过着寄人篱下的生活（《撒母耳记下》9：10—13）。[②]

从向培良的《母亲利巴的哀歌》中，我们可以推断利巴并没有认清大卫的虚伪，也没有完全意识到其子孙后代的厄运。除了耶和华，她的抱怨对象只是那些导致儿孙们成为耻辱和卑怯的牺牲品的人，或者那些羞耻和怯懦的不正当行为，而她的抱怨并没有得到真正的回应。由此不难看出向培良对大卫王持有比较积极肯定的态度，而把基遍人视为非正义的一方。[③]《钦定版圣经》指出，大卫滥用了上帝的意愿惩罚扫罗，导致其家族沦为"流人血之家"。根据《钦定版圣经》中《撒母耳记下》的附注，大卫"听基遍人的抱怨，似乎是上帝发出的怨声"。[④] 它与此前提到的三年饥荒息息相关。这说明即使《圣经》读者从神学视角进行阐释，也不会相信上帝会跟大卫直接说话。据说扫罗也许无法容忍本国存在反以色列的民族，因此杀了一些基遍人，但是这件事在《圣经》中并未直接记载。[⑤] 或许我们可以推测，扫罗子孙的真正死因是大卫要掌握对以色列和犹大地区的绝对统治权。此外，基遍人想要在大卫的统治下和平生活，如同百年前在约书亚的统治下一起生活。于是，基遍人提议大卫把（扫罗的）七个子孙交给他们，

---

① 有关《撒母耳记下》的第三部分，参见 Robert Polzin, David and Deuteronomist, *A Literary Study of the Deuteronomic History*, Bloomington & Indiana University Press, 1993, pp. 98 – 108; John van Seters, *In Search of History. Historiography in the Ancient World and the Origins of Biblical History*, New Haven & London: Yale University Press, 1983, pp. 264 – 291。

② 有关大卫与基遍人的关系研究，参见 John van Seters, "David and the Gibeonites," *Zeitschrift für die alttestamentliche Wissenschaft*, 4 (2011), pp. 535 – 552, and Henri Cazelles, "David's Monarchyand the Gibeonite Claim (Ⅱ Sam, ⅩⅪ, 1 – 14)," *Palestine Exploration Quarterly*, 87 (1955), pp. 165 – 175。

③ 从向培良的戏剧《暗嫩》和《生之完成》，或可推及这个看法。

④ 见《撒母耳记下》21：1—5 附注。

⑤ 见《撒母耳记下》21：1 附注。

并“将他们悬挂在耶和华拣选扫罗的基遍山上”（《撒母耳记下》21：7）。

二

《母亲利巴的哀歌》的第三部分描写了七位死者的死因源自大卫对扫罗家族的嫉恨与恐惧。母亲利巴回忆起她的儿子们和扫罗的孙子们在少年时代的情形，他们一起狩猎、牧羊、酿酒，在葡萄园外追赶小狐狸。[①] 那时他们都年少无知，不够强壮，不谙世事。“黄昏到了的时候，我走到门前去。我并不像别的母亲那样心焦，因为你们是会按着时候回来的，不过我喜爱到门前去看着你们回来罢。”[②] 但如今，黄昏带给利巴的却是无边的绝望和恐怖。她看到他们死在“上帝面前的山上”[③]，被悬挂在基遍城的城墙上，她闻着他们身上散发的恶臭，祈求黑夜包裹儿孙们的尸体，因为他们暴露着，容易成为兽类攻击的目标。或许他们没有被悬挂在城墙上，而被悬挂在附近那些恐怖的树上。显而易见，向培良在此处参考了扫罗及其儿子约拿单、亚比拿达、麦基舒亚在基遍山战败后的描述。胜利的非利士人带走了扫罗和他三个儿子的尸体，并把他们的尸身“钉在伯珊的城墙上”（《撒母耳记上》31：9 和 12）。他们是国王子孙的“罪人”，不允许被长时间暴露在外，是被凌辱的对象，他们应尽快在这年温暖的季节，在第一次大麦收割的季节，让空中的鸟雀和地上的野兽吃掉。[④] 在以色列和犹大地区，夏天来得很快，并在九月中旬结束。“雨水的匮乏使植物都干枯了，土地（除了靠近海岸的）也日益干涸并扬起灰尘。”[⑤]

利巴戴了一片用粗料做的麻布，在以色列和犹大地区“麻布”象征着“吊孝”或“悔悟”，它可以用来搭一个抵挡酷日的庇护所。日日夜夜，利巴都竭力保护孩子们的尸体不被觅食的鸟兽所玷污。这种呵护正如《圣经》中写到的，尽可能不让“雨水从空中降临到他们身上”。夏季酷暑可能会持

---

① 比较“要给我们擒拿狐狸，就是毁坏葡萄园的小狐狸，因为我们的葡萄园正在开花”（《雅歌》2：1）。《圣经》中的狐狸（野狗）有时被理解为吃草动物（《诗篇》63：10）。

② 向培良：《母亲利巴的哀歌》，第 84 页。

③ 比较《撒母耳记下》21：9 以及约书亚对抗五王的话：“日头啊，你要停在基遍；月亮啊，你要止在亚雅仑谷”（《约书亚记》10：12）。大卫一心想把以色列和犹大建成第一个千年王国，因此，利巴和扫罗的后裔成为他向神斗士或上帝献祭的祭品。

④ 大麦收割不是向培良在剧中写到的秋收（十月），而应是在尼散月（三四月）。

⑤ Denis Baly, “The Geography of Palestine,” in *A Companion to the Bible*, Second Edition, ed. H. H. Rowley, Edinburg: T. &T. Clark, 1963, p. 198.

续几个月的干旱，利巴要熬过许多个日夜，目睹儿孙们的尸体逐渐变黑、腐烂，并发出恶臭。

第三部分是这出短剧中最长的部分，它主要描写七个死去的少年，虽然他们勇敢而美好，却无力抵抗那些屠杀者，因为他们不像扫罗和约拿单那样强壮有力。“但是他们（扫罗和约拿单。——译者注）已经死了，以色列不再有侠义和正直，以色列已经忘掉他们的好处了。”[①] 尤其是在充满了噩梦的黄昏和深夜，利巴不敢抬头看星星，因为她害怕狐狸（野狗）会猛冲靠近她的脚，那些觅食的野兽可能就是她的男孩们的鬼魂，他们想要赤裸地躺在她的怀里，就像是躺在他们的坟墓里一样。“你们在哪儿?”她问，“为什么你们不回答我？我只能闻到西风给我带来的你们尸体的臭味。”他们的嘴唇脱落，眼睛成了黑暗的大洞，西风把那些变成紫黑色的腐肉从附着的骨骼上吹了下来，一块块落在她的手里。利巴想睡一会儿，在睡梦中她可以回忆孩子们放牧、狩猎或者酿酒的场景，而不是成为这个可怕的噩梦的见证者。但她无法入睡，只听到黑夜对她轻声细语地冷嘲热讽，她的孩子们死了。如同在第二部分利巴恳求秃鹰离开一样，她再次恳求寒风甚至是地狱平静地离开她的孩子们，并诅咒它们永远像癞皮狗似地消失在黑暗的角落里；她恳求山峰崩塌倾倒，吞没她的孩子们；[②] 她请求大地母亲张开她的口，吞没她和她的孩子们。[③]

在这出剧第三部分的结尾，“祸哉”（意为“我真不幸啊”）一词出现了两次。[④] 有趣的是，向培良并没有从《耶利米哀歌》中选用“how”（哀号）或者“alas”，这个表示“号哭”的词也未在美国版的《圣经》中使用。在中国读者看来，“祸哉”一词与那位无名的希伯来先知所用的词相比，更能表现利巴母亲的悲痛。因为“哀歌”主要是由那些内心遭受痛苦折磨的人写成，他们不会像母亲哀悼自己死去的孩子那样直截了当地表达内心的痛苦。“诅咒”是《母亲利巴的哀歌》第三部分中最具魔力的词语。利巴开口道：“我毒恨的诅咒将如可怖的巫女，永远纠缠在土地上，直到地狱降临。我已经不再怕地狱烈火，因为我早已尝到比地狱火强烈十倍的苦

① 向培良：《母亲利巴的哀歌》，第86页。

② 参见《启示录》6：16，在世界末日，罪人向山和岩石说：“倒在我们身上吧！把我们藏起来，躲避坐宝座者的面目和羔羊的愤怒。”

③ 参见《民数记》16：32，“把他们和他们的家眷，并一切属可拉的人丁、财物都吞下去。”

④ 向培良：《母亲利巴的哀歌》，第88页。

痛了！我诅咒你，东方的光明呵，为什么又驱向大地。你为什么要用光明在我面前画出苦痛的图画？为什么不让黑暗永远存在？为什么要来嘲笑我的不幸？你东方的霞光呵，是不是我儿子的鲜血所染成？亚摩尼与米非波设有着比你们更加鲜的血呵，但是亚摩尼与米非波设的赤血现在枯干了。我诅咒你，诅咒你们也同样枯干！”①

在第三部分的末尾和最后一段的开头，向培良再次使用了夸张的手法，使用“从里面发出来的声音”的句子，提示大卫王随从们的到来。尽管在黎明时分，精神错乱的利巴并没有认出他们，她产生了幻觉，只看到了紫黑的腐肉、灰白的骸骨、将要落下的乌鸦以及想从她脚边偷偷走过的狐狸。她看不见它们，也不愿它们走来。孩子们的尸体只属于她自己，她不想让它们从身边偷走孩子们的尸体。第二次“从里面发出来的声音”说他们收到了大卫王的命令，已经从基遍人那里将扫罗和约拿单的骸骨取回了，要收敛悬挂在“上帝面前的山上”的七个儿孙的骸骨，一起埋葬。② 利巴听到这些话后，不许随从们靠近，并诅咒他们和大卫王，因为是大卫王把她的孩子们交给了基遍人。如今只有母亲能够安葬他们，只有母亲的手才可以把他们的骸骨拾起来。“我现在没有一块土地可以为他们造一个坟墓，但我有我的胸怀——这是女人的胸怀，是一个母亲的胸怀呵。我要把他们安葬在这里，如同在他们小的时候把他们抱在这里一样。不要来呵，不然我毒恶的诅咒会降到你们头上！”③ 可是，“一对骑马的人驰来”，他们并不在意利巴的诅咒，而是飞奔靠近她，执行他们的任务。④

三

根据以上分析，可以看出向培良的《母亲利巴的哀歌》明显体现了与中国传统文学的关联性，这一传统文类被称为“哀”，它类似希伯来的“挽歌”（qînôt）、英语中的“哀歌”（lamentations）、希腊语中的“悲歌”（threnoi）、拉丁语中的“悲歌”（threni）。⑤ 在中国文学批评理论《文心雕

① 向培良：《母亲利巴的哀歌》，第 88 页。

② 向培良：《母亲利巴的哀歌》，第 88 页；《撒母耳记下》21：9、12。

③ 向培良：《母亲利巴的哀歌》，第 89 页。

④ 向培良：《母亲利巴的哀歌》，第 90 页。

⑤ Nancy C. Lee, *The Oxford Encyclopedia of the Books of the Bible*, p. 557.

龙》第13章中，刘勰称之为“哀吊”。[①] 他认为“短折曰哀”，“哀者，依也。悲实依心，故曰哀，以辞遣哀，盖下流之悼，故不在黄发，必施夭昏”（“哀”就是“依恋”。悲哀的感情实际依附着人的内心。用文辞来表达哀痛。这种文体不适用于寿终的老年人，而是哀悼幼辈，尤其是夭折或不满三个月的小孩）。[②] 刘勰在文中提及“三良”，指的是三位年轻良才为秦穆公（死于公元前621年）殉葬的故事。虽然他们被视为随葬品，但是很难说这种陪葬行为完全出于心甘情愿，这必定与他们内心的痛苦和绝望紧密相连。在《诗经·秦风》中，我们可以读到一首名为《黄鸟》的诗。在这首共三节的短诗中，重复写道：“临其穴，惴惴其栗。”众人悼殉临墓穴，胆战心惊痛活埋。向培良笔下的利巴“诅咒”她周围的一切，包括大卫王和那些听命于他的随从，而《黄鸟》中仅有作者的抱怨：“彼苍者天，歼我良人。”（老天爷呀，为何坑杀我良人。）这两个案件——利巴的儿孙们被杀与为秦穆公陪葬的“三良”故事，展现了一种神秘的信仰以及古代中国、以色列和犹大地区类似的思想观念。在中国，这种殉葬习俗随着儒家理性思想的出现而逐渐消失，但在秦朝又死灰复燃，自公元前206年汉朝之后就未再恢复。不过，在元朝时的中国北方、西北地区甚至后来的明初之时，杀人殉葬或活埋依然是一种惯例或风俗。[③]《诗经》中的《黄鸟》成为后代诗歌的灵感之源，被许多诗人改写。惠特克（K. P. K. Whitaker）教授认为，改写得最好的是曹植的《三良诗》，其中的“谁言捐躯易，杀身诚独难”，强调了陪葬者内心的焦虑与紧张，与《诗篇》18：4抒发的悲痛之情类似。[④] 惠特克教授可能没有认真阅读刘勰的书，未注意到年轻殉葬者的年龄问题。

刘勰在对“哀吊”的解释中，提到一些写此类诗体的诗人，如（西晋）潘岳，其诗《金鹿哀辞》和《为任子咸妻作孤女泽兰哀辞》在众多其他作品中被视为典范。第一首《金鹿哀辞》是哀悼他的小儿子，第二首则是哀

---

① *The Literary Mind and the Carving of Dragons*（《文心雕龙》），trans. Vincent Yu-chung Shih, New York: Columbia University Press, 1959, pp. 68 – 73；范文澜：《文心雕龙注》，北京：人民文学出版社，1961年，第239—254页。

② *The Literary Mind and the Carving of Dragons*（《文心雕龙》），p. 69。此处以“黄发”比作老人，以“夭”或“昏”比作婴儿的早逝。

③ Silvia Freiin von Eschenbach, “In den Tod mitgehen. Die Totenfolge in der Geschichte Chinas,” in *Akten des 27. Deutschen Orientalistentages. Norm und Abweichung*, ed. Stefan Wild und Hartmut Schild, Würzburg: ERGON Verlag, 2001, pp. 647 – 667.

④ K. P. K. Whitaker, “Some Notes on the Background and Date of Tsaur Jyr's Poem on the Three Good Courtiers,” *Bulletin of the School of Oriental and African Studies*, 2 (1956), pp. 303 – 311.

悼其友任子咸妻的女儿泽兰，这个女孩死时年仅三岁。刘勰称赞这两首诗“莫之或继也。”[①]

四

在希伯来《圣经》中，扫罗王的孙子们和利巴的儿子们的悲剧可能只是个案，在以色列和犹大的历史中却不是唯一。从士师时代（约公元1050年前）的历史中，我们知道耶路巴力的儿子亚比米勒（Abimelech，他系婢女所生。——译者注）将基甸（或耶路巴力）士师的70个儿子杀死在一块磐石上，只有一人幸免于难：耶路巴力的小儿子约坦（Jotham）躲藏起来了。在示剑人的拥戴下，亚比米勒宣告自立为王。最后这位谋杀者却被一个女人杀死：她“把一块上魔石抛在亚比米勒的头上，打破了他的脑骨”（《士师记》9：53）。后来，这类事件不断发生，大卫王允许年轻的儿子所罗门王（Solomon）杀死自己的弟弟亚多尼亚（Adonojah，《列王记上》2：13—25）。耶户王继位后杀死了他的前任亚哈（Ahab）王的70个儿子（可能包括孙子，《列王记下》10：6—9）。

中国历史上的王位继承危机也是显而易见的，在唐太宗李世民统治前后就发生过。在某种程度上，李世民在中国历史上的重要性可与大卫王相提并论。王位继承危机第一次发生在公元626年。在“玄武门之变”中，李世民亲手杀死了他的哥哥皇太子李建成，他的同党又杀死了他的弟弟李元吉。在这次军事政变之后，李世民逼迫他的父亲唐高宗李渊退位，让自己继任。李世民还下令杀死了两位兄弟的11个孩子，但优待了他哥哥和弟弟的随从们。第二次危机发生在公元643年，李承乾是唐太宗的长子，被立为皇太子，他非常喜欢突厥人及其风俗习惯，但其不良行为不被皇帝的大臣和儒家学者所接受。他的同母弟弟李泰成为皇帝喜欢的儿子，但他比李承乾小了很多，无法成为皇位的继承者。李承乾患有腿疾，有点像约拿单的跛足儿子米非波设，可能在精神上也有点像大卫的长子暗嫩，有点不太正常。[②] 与大卫供养的“跛足的米非波设”一样，李承乾也因患有腿疾并“行甚艰难”，最终被唐太宗剥夺了皇位继承权，与弟弟李泰一起被流放到

---

① *The Literary Mind and the Carving of Dragons*（《文心雕龙》），pp. 240，244.

② C. P. Fitzgerald，*Son of Heaven*，*A Biography of LiShi-Min*，*Founder of the T'ang Dynasty*，Cambridge：Cambridge University Press，1933.

皇城之外。唐太宗死后，他的第三个儿子李恪也被流放，因为他很可能成为继任皇帝唐高宗李治最有力的竞争者。

在人类的历史长河中，经常发生类似的王位继承危机或事件，而扫罗后裔的血光之灾却是为数不多的最残酷的悲剧之一。至少《申命记》记录了这一事件。而且在某些案例记载中，被害者的尸骸沦为或被视为地上鸟雀或夜晚野兽的食物，这种行为毫无人性。如《申命记》28：26："你的尸首必给空中的飞鸟和地上的走兽作食物，并无人哄赶。"不过这种情况在大卫统治期间不再存在。但在另一处提及少年大卫与歌利亚交战时，歌利亚说出了恐吓的话，也许大卫意识到他以后可以用同样的方式威胁扫罗的后裔。不得不说，在近东地区，可能有许多居民遭遇如此不幸的宿命。据《申命记》28记载，公元前672年，在新亚述王的影响下制定了《以撒哈顿的继承条约》(Essarhaddon's Succession Treaty)，该条约中的全部祝福与诅咒都会强加于君主的臣仆与公民身上。《申命记》28：1—6是耶和华对遵从他命令的所有事物的祝福，这些人和事物遍及以色列地区乃至全世界。《申命记》28：7—68中出现了关于"天空中的鸟"和"地上的野兽"的诅咒。在《申命记》28：45中我们读到："这一切诅咒必须随你，赶上你，直到你灭亡，因为你不听从耶和华的话，不遵守他所吩咐的诫命律例。"《以撒哈顿的继承条约》提到亚述众神的名字。这些神令人联想到某些特别的诅咒，比如月亮神"素"(Sin)是麻风病的诅咒，太阳神"沙玛什"(Shamash)是失明的诅咒，战神"维纳斯"(Venus，Dilipat)是被异国或军队强奸、掠夺、抢夺的诅咒。[①]《申命记》中所有的诅咒都与耶和华有关。"忌邪的神"是十诫中的第一个命令："除了我之外，你不可有别的神。"希伯来的神至少直到《申命记》才被汇编完成(公元前7世纪)，它们对邻国诸神一直心怀嫉恨。

陀思妥耶夫斯基的著名小说《罪与罚》塑造了拉斯科尔尼科夫的形象，他因贫困而痛苦不堪，为了继续攻读大学，他决定杀死一个有钱的放高利贷的老太婆，获得她的钱财，其邪恶行为的动机是如果使用这些钱来为"全人类以及公众利益"做好事，那么即使是犯罪，也可能得到赦免。[②] 1929年4月，向培良出版了一本文集《人类的艺术》，他提出并强调陀思妥

① Bernard M. Levinson, "Deuteronomy," in *The Oxford Encyclopedia of the Books of the Bible*, Vol. 1., New York: Oxford University Press, 2011, pp. 196 - 197.

② Feodor M. Dostoyevsky, *Prestuplenie i nakazanie*, Moscow: Nauka, 1970, p. 55.

耶夫斯基的这部小说是世界文学中的一部巨著，小说主人公拉斯科尔尼科夫杀死了三个人，最终受到了相应的惩罚。[①] 相比之下，大卫王在犯罪后受到了批评或责难，他理应为自己的所作所为赎罪，但至少在《圣经》中并非如此。

总之，我们希望在中国现代文学研究中，向培良的这部无人问津的独白剧《母亲利巴的哀歌》可以引起足够的关注。

（作者单位：斯洛伐克科学院；译者单位：北京第二外国语学院文化与传播学院，中华文化研究院；北京第二外国语学院跨文化研究院）

① 向培良：《人类的艺术》，南京：拔提书店，1930年，第134页。

《俄狄浦斯王》

——伦理正义幕后的英雄正义和城邦正义

犹家仲

摘　要：索福克勒斯的《俄狄浦斯王》从诞生以来，广受关注，历来评论如潮。纵观历史上的评论，大多集中在该剧的伦理方面，但是，通过对文本的细读，我们很容易发现，作者是要在伦理正义这一烟幕的背后展示英雄正义与城邦正义的冲突，展示出该剧的悲剧性在于剧中的主角是英雄正义与城邦正义冲突的牺牲品，从而引起观众对他的同情与怜悯，并由此歌颂伯利克里时代的城邦正义。

关键词：俄狄浦斯王；伦理正义；英雄正义；城邦正义

对索福克勒斯的著名剧作《俄狄浦斯王》的研究成果丰硕，笔者在写作本文之前已经对这方面做过搜集概述，在此不重复。本文只针对《俄狄浦斯王》中包含的多重正义观——伦理方面、英雄的以及城邦的正义观做一研究，特别是弗洛伊德学说产生以来，围绕“俄狄浦斯”情结等的研究成果，结合索福克勒斯创作该剧时的时代背景，对该剧进行超越于伦理学的新解释尝试。

一　古希腊文明中的“正义”观念

“正义”，希腊语“δικη”，今天英语“just”，作为一个抽象的词条或术语，在公元前的希腊文化中受到广泛的关注或讨论，特别是在公元前6世纪至公元前4世纪，著名的希腊哲学家们无不讨论正义问题，这些有文字记载的文献把“正义”定义为合适、公正、合理、正确等，被广泛使用在法律实践中，但是，“正义”作为具体的社会实践的体现，绝不是仅仅被写在文字文献或法律实践中，而是广泛地存在于古代希腊社会的一切实践中。下面我们试以《荷马史诗》的流传为例，说明正义的广泛存在和可理解性问题。

今天我们能够读到很多著名的希腊神话，它们是从古希腊流传下来的，根据常识我们便可以推断，在古代希腊社会中，肯定存在过很多神话，为什么有些神话流传下来了，有些却消失了？可能对此最直接的回答是：那些适合、适应希腊社会，能够得到社会广泛认可的神话流传下来了，而那些不适应希腊社会发展的神话消失了。因此，可以说适应、适宜也是正义的重要特征。

适应、适宜，或正义，也必然经历过广泛的空间和漫长的时间，在这个广泛的空间和漫长的时间中正义必然不是一成不变的，而是不断地自我修正，以适合具体的时空。在此以《荷马史诗》为例，按照一般观点，这部史诗在公元前 8 世纪被文字记录下来，此前有很多流传的口头版本，为什么只有荷马吟唱的这个版本流传下来了，而其他版本不能流传？这可以解释为，即使在没有文字记载的口头文学时代，听众也对流传的故事版本有一定的选择，他们只认可，或更多地认可某些故事版本，而不认可另一些版本。这里牵涉很多方面，比如语言的适宜、形式（声音、韵律）的适宜、语言使用的地域广度和人口多寡的适宜，我们可以把这些因素的适宜性都称为“正义的”，那些没有最大限度地适应这些条件的版本便自然而然地被理解为“非正义的”，因此无法流传下来。

即使是同一种正义，在不同的时间、地域和族群中，也应该有不同的含义，因此，只有那些在最大多数人口中使用和在最大幅员中使用的语言才能被人们广泛接受，只有以这类语言为载体的史诗版本才能广泛地流传。在时间维度上亦然。史诗会根据不同的时间做出自我调整，以形成与特定时代风气相适应的版本，因此，我们说，在古代希腊社会中，只有那些不断地进行自我调整以获得其存在正义性的版本才最终流传下来，成为今天我们看到的《荷马史诗》。①

把“正义”理解为普遍的适应性或适宜性的观点，在某种意义上，也是德国哲学中关于“教化”的观点，这一点在当代德国学者伽达默尔的解释学理论中提得尤其明确。什么是“教化”？“教化”这个术语本来指精神方面的某种极其深刻的转变，即某种使我们从个体存在或个别性存在向普

---

① 〔英〕哈夫洛克：《希腊人的正义观》，邹丽等译，北京：华夏出版社，2016 年，第 5—44 页。

遍性、集体性存在的精神转变。把我们从个别性的存在塑造成为普遍的或具有共性的存在，但“教化”这个概念表明的也不是如后世所说的教育或学校培养那样，而是指某种似乎天成的状态。“教化”这个术语具有广泛的适应性，既可以指有文字记载的情况，也可以表示无文字的口语传承的社会状况。或如伽达默尔所说的“指人类发展自己天赋能力的特有方式”。“人类教化的一般本质就是使自身成为一个普遍的精神存在”。[①]“教化作为向普遍性的提升，乃是人类的一项使命。它要求普遍性而舍弃特殊性”。[②]我们在此需要进一步解释的是，在没有文字、仅有口头语的时代社会中教化功能是如何实现的？关于这个问题，让我们援用弗洛伊德或荣格的观点来进行解释，即在那样的社会中，虽然没有文字，教化同样可以在宗教仪式及其他社会实践中以无意识的形式实现[③]，不然一定的社会共同体便无法形成，因为人与人之间没有共同认可的实践标准，即没有对事物或行为的共同的判断标准，也就是“just”。

因此，在前荷马时代，古希腊诗歌即便仅以口头流传，也在不断面临古希腊社会不同时期的筛选，从而形成了相对稳定的形式，而今天人们所说的“教化”（formatio 或 formation）一词本身便有“成型”“形成”的意思，所以，那种最稳定的形式或最大多数人接受的形式便可以被认为是“正义”的。

但是，“正义”在不同的空间与时间中有不同的含义和不同的表现形式。在古希腊社会漫长的发展过程中，在若干不同的时期和地域，也形成了不同的正义观，我们对此不一一加以描述，本文只涉及索福克勒斯所处时代，即伯利克里时代的正义观。伯利克里时代是雅典历史上的骄傲时代，那时在某种意义上，从雅典公民的角度出发，“雅典”便是“正义”，“雅典正义”的最基本的内容包含城邦正义、法律正义，或者可以扩大到传统的英雄正义（但此时的英雄已经不是英雄时代的英雄）。也就是说，在某一时期的同一社会形态中可能有多种正义观同时存在，人们可以分别对它们进行理解，但当把它们放置在一起的时候，人们会发现它们（这些正义观）之间居然是相互矛盾的。索福克勒斯的著名戏剧《俄狄浦斯王》便反映了当时，即伯利克里时代希腊社会中的多种正义观，甚至是相互矛盾的正义

① 伽达默尔：《真理与方法》，洪汉鼎译，上海：上海译文出版社，1999年，第14页。
② 同上，第15页。
③ 荣格：《分析性理学的理论与实践》，成穷等译，北京：三联书店，1991年，第36—74页。

观同时存在的情况。

二 《俄狄浦斯王》中体现的两种正义观

笔者在这里要讲的是，《俄狄浦斯王》这个剧本中包含着两种不同的正义观：其一是英雄时代的正义观，其实这是一种远古的过时了的正义观，可能以某种记方式长时间地残存在希腊人的意识中；其二是剧作者索福克勒斯所在时代，即伯利克里时代的正义观，这是一种当代的正义观，它排斥任何与它不相符合的思想意识。前者是历史上有过的、到了索福克勒斯创作《俄狄浦斯王》的时代依然存在并且能够被理解的正义观，后者可以说正是伯利克里时代的当代正义观。这两种正义观是完全不同的，但作者索福克勒斯在这里找到了一条非常巧妙的线索，即家族血缘这种关系，从而把这两种相距甚远的正义观黏在一起，去体现作者宣扬的伯利克里时代的雅典城邦正义。

为了理解《俄狄浦斯王》这一剧本，我们先理解它包含的两个故事。一个是青年俄狄浦斯在一个三岔路口杀死忒拜国王拉伊俄斯的故事。这个故事反映的是一起杀人案的事实。如果进一步把这个故事放在古代社会的英雄时代背景下，那么，这个故事就是一个英雄时代，或传说的某个时代，新国王杀死老国王，从而获取王位的故事。从英雄时代力量正义的观点看，俄狄浦斯因为王位而致拉伊俄斯被杀致死，并无不当之处，相反从英雄时代的正义观看，这是一种正义——英雄时代的正义：有力量的才是合适的，或正义的。其隐含的意图是：拉伊俄斯太老了，不能领导忒拜国了，忒拜国需要一个强有力的新国王，正在这时，俄狄浦斯出现了，从古代英雄正义观看，可以说俄狄浦斯的出现是正当其时。因此，我们阅读荷马史诗中的《奥德赛》的时候，会发现，当奥德修斯听说自己被看作一个商人“只知贩货追逐微利”时，他认为自己受到了奇耻大辱。[①] 英雄其实是些武士和强盗，他们奉行的不是后世的道德，而是力量正义，说他们会动脑筋赚钱对他们来说是奇耻大辱，说他们强壮有力、能够随处杀人越货才是对他们的恭维。关于这方面，读者也可以进一步阅读北欧英雄史诗《萨迦》或《埃达》，以明确古代英雄形象和英雄正义。俄狄浦斯在某种意义上，就是

---

① 荷马：《奥德赛》，第四章第 83 行。亦见哈蒙德《希腊史》，朱龙华译，北京：商务印书馆，2016 年，第 84 页。

一个古代英雄形象，只不过被索福克勒斯改造了来为表现其戏剧主题服务罢了。英国著名学者弗雷泽的《金枝》中第一个故事就是关于古代国王谋杀的。[①] 显然我在此对《俄狄浦斯王》的观察角度已经超出了古希腊的文化背景，但是基于文化学或结构主义的观点，这个观察结论是成立的。另一个故事是关于俄狄浦斯作为国王犯下严重罪行后的处理问题。从故事表面看，俄狄浦斯犯有两宗罪：其一杀父罪，其二娶母，即乱伦罪或不洁罪。俄狄浦斯的这两宗罪造成了忒拜国的灾难，因此，严重与城邦正义抵触。任何一个观众，如果从理性的角度看，都不会相信这两个故事会同时发生在一个人身上。因为这两个故事本身体现的时代背景正义观是完全不同的。在此我们看到，对前一个故事的理解是历史的、记忆的，对后一个故事的理解则是现实的、当下的。索福克勒斯在此却把两个故事联结起来以表现伯利克里时代的城邦正义或法律正义观，即作为国王在犯下罪行后，由谁来执行对犯罪者的处分，索福克勒斯在这个剧本中显然告知公众的是法律正义或城邦正义大于王权。

对于该剧的前部分，即俄狄浦斯杀父娶母的故事，我们至少可以从以下几个方面去理解。首先，在人类发展的某个时期，妇女被作为财产对待被认为是正义的，《俄狄浦斯王》这个剧本的某些情节反映了这种正义状态的存在。因此，不仅在不知情，即不知道与前国王之间关系的情况下，俄狄浦斯继承前王后这一情节是正义的，而且，在俄狄浦斯明知其继承的女人是其父亲的妻子时也是正义的。对此，我们只要明白历史上存在过一种婚姻形式叫“收继婚”制度就能明白了。如中国历史上出现过的王昭君先嫁给匈奴首领呼韩邪，呼韩邪去世后嫁给呼韩邪单于的长子复株累单于，复株累单于去世后还得嫁给继位者搜谐若鞮单于。再从人类婚姻史的角度，人类在早期，可能还未能认识到婚姻的意义，因此对婚姻没有后世这样的伦理或法制的婚姻观念。[②] 联系到索福克勒斯创作的时代背景，这种婚姻观念早已经成为历史，索福克勒斯使用这一题材，显然另有其创作动机。

《俄狄浦斯王》的另一内容显然是关于法制观念的，而且明显是索福克勒斯时代的法制背景。根据前文的论述，在此我首先要说明的是，若按英

① 詹姆斯·乔·弗雷泽：《金枝》，徐育新等译，北京：中国民间文艺出版社，1987年，第1—3页。

② 路易斯·亨利·摩尔根：《古代社会》，杨东莼等译，北京：商务印书馆，1997年，第47—60页。

雄时代的正义观，俄狄浦斯王是没有犯任何法的，很显然，索福克勒斯根据他所处时代的主题需要，给俄狄浦斯王安装上一个犯法的尾巴，以使这个题材符合表现或歌颂伯利克里时代的正义观的需要。俄狄浦斯作为忒拜国国君，在犯法或犯下严重过错的时候，由谁来执行当时人们认为的正义问题，即正义由谁来伸张的问题，俄狄浦斯能够获得豁免？元老院没有表态，也不知道元老院有无免除俄狄浦斯这一罪行的权力。索福克勒斯也没有去表现这些细节，而是让俄狄浦斯直接以正义者的代言人出现，让俄狄浦斯王自作裁决。俄狄浦斯作为城邦君主，他自身便代表了当时的正义，因此，全剧的结局可想而知：俄狄浦斯必然按照当时的法律正义，走向自我流放或其他解决方式。正义得到了伸张，可是，让俄狄浦斯表现这样一个巨大跨度中的两种正义的冲突，其实是成问题的，对一个细心的观众或读者来说，这是不可信的，可是索福克勒斯利用伯利克里时代的正义观遮蔽了这一问题。

俄狄浦斯王的悲剧在哪里呢？在于他代表或履行了两种正义，这两种正义是不相容的。通过俄狄浦斯表现出来的两种正义都是正义的，但是，这两种正义不是在同一个时空中存在的。索福克勒斯的观众对这两种正义都有理解能力，都能接受，都能欣赏，因此，在观赏过程中不会形成立即的矛盾，只有当这两种正义观同时出现并形成激烈的矛盾冲突的时候，才真正会在观众心中形成了巨大的冲击：俄狄浦斯王没有任何错误，但是他必须为两种正义的冲突付出代价，作为两种正义的冲突的牺牲，从而在观众心中引起恐惧与怜悯，使观众意识到剧中的主角是无辜的——他不是因为自身的错误而违背正义，而是纯粹作为两种正义的冲突而献身。

所以，如果我们根据《俄狄浦斯王》这一剧本来判断该剧的本质，那么，我们可以说，索福克勒斯通过这部剧告诉我们的是：该剧表现的是两种正义的剧烈冲突，这种冲突在观众心中引起了巨大的恐惧和怜悯。

三　索福克勒斯创作《俄狄浦斯王》的可能动机

为了探讨索福克勒斯创作此剧的动机，我们必须从该剧的后半部分着手，并把分析的重点放在后半部分。

俄狄浦斯王分别在几个场合中接近了杀父娶母的真相。这个剧本从全剧最紧张的地方入手，即一开始就在查找杀死老国王拉伊俄斯的凶手。第一个向俄狄浦斯揭露凶手的人是剧中的先知，他至少三次指出俄狄浦斯——当时忒拜国国王就是那位杀死前国王的凶手。他指出“你就是这地方不洁的罪人。”“我说你就是你要寻找的杀人凶手。”① “告诉你吧，你刚才大声威胁、通令要捉拿的、杀害拉伊俄斯的凶手就在这里；表面看来他是个侨民，一转眼就会发现他是个土生的忒拜人，再也不能享受他的好运了。他将从明眼人变成瞎子，从富翁变成乞丐，到外邦去，用手杖探着路前进。他将成为和他同住的儿女父兄，他生母的儿子和丈夫，他的父亲的凶手和共同播种的人。”② 另外，俄狄浦斯对自己身世不确定性的困惑与一次遭遇的回忆，使他向接近真相迈进了一大步：“我父亲是科任托斯人，名叫波吕波斯，我母亲是多里斯人，名叫墨洛珀。我在那里一直被尊为公民中的一个人物，直到后来发生了一件事——那虽是奇怪，倒还值不得放在心上。那是在某一次宴会上，有个人喝醉了，说我是我父亲的冒名儿子。当天我非常烦恼，好容易才忍耐住；第二天我去问父母，他们因为这辱骂对那乱说话的人很生气。我虽然满意了，但是事情总是使我很烦恼，因为诽谤的话到处都在流传。我就瞒着父母，去到皮托，福玻斯没有答复我去求问的事，就把我打发走了；可是他却说了另外一些预言，十分可怕，十分悲惨，他说我命中注定要玷污我母亲的床榻，生出一些使人不忍看的儿女，而且会成为杀死我的生身父亲的凶手。”最终确定俄狄浦斯是凶手的证明来自俄狄浦斯自己、伊俄卡斯特、科任托斯的报信以及与拉伊俄斯的牧人的一场对话。这场对话的第一个严重后果是伊俄卡斯特的上吊自杀，然后是俄狄浦斯自己刺瞎眼睛和最终的自我放逐。伊俄卡斯特的死更多是伦理层面，因为她与俄狄浦斯的婚姻严重违背了当时的伦理正义。

围绕着揭露真相过程不断出现的是如何维护或声张城邦的法律正义或伦理正义的问题。在剧中俄狄浦斯王反复提及城邦，找出杀害拉伊俄斯的凶手，消除城邦面临的灾难，恢复城邦的安宁与繁荣，这些都是该剧中宣扬的最大的城邦正义。对于城邦正义的这些内容的理解，我们必须联系当时，即伯利克里时代的希腊城邦状况和当时的城邦正义，或者说当时流行的普遍教化。

对此我们只需要了解一下伯利克里那篇著名的演讲词——《国殇演

① 索福克勒斯：《俄狄浦斯王》，第350行，亦见《罗念生文集》，上海：上海人民出版社，2016年，第81页。

② 同上，第87页。

讲》，在其中，伯利克里特别为雅典城邦的祖先骄傲，认为一代又一代先祖们的努力造就了当今雅典的繁荣，伯利克里说：“首先我要说到我们的祖先们，回忆他们所做的，以表示对他们的敬意，这是适当的。在我们这块土地上，同一个民族的人世世代代住在这里，直到现在；因为他们的勇敢和美德，他们把这块土地当作一个自由国家传给我们。无疑地，他们是值得我们歌颂的。尤其是我们的父辈，更加值得我们歌颂，因为除了他们所继承的土地之外，他们还扩张成为我们现在的帝国，他们把这个帝国传给我们这一代，不是没有经过流血和辛勤劳动的。今天我们自己在这里集合的人，绝大多数正当盛年，我们已经在各方面扩充了我们帝国的势力，已经组织成了我们的国家，无论在平时或战时，都完全能够照顾自己。”① 伯利克里不仅为雅典的祖先们感到骄傲，更重要的是，他特别提出了雅典制度在当时希腊城邦中的典范性，在这同一个演讲中，他骄傲地说：“我要说，我们的政治制度不是我们从邻人的制度中模仿得来的。我们的制度是别人的模范，而不是我们模仿任何其他人的。我们的制度之所以被称为‘民主政治’，因为政权是在全体公民手中，而不是在少数人手中。解决私人争执的时候，每个人在法律上都是平等的；让一个人负担公职优先于他人的时候，所考虑的不是某一个特殊阶级的成员，而是他们有真正的才能。任何人，只要他能够对国家有所贡献，绝对不会因为贫穷而在政治上湮没无闻。正因为我们的政治生活是自由而公开的，我们彼此之间的日常生活也是这样的。当我们隔壁邻人为所欲为的时候，我们不至于因此而生气；我们也不会因此而给他以难看的颜色，以伤他的情感，尽管这种颜色对他没有实际的损害。在我们私人生活中，我们是自由和宽恕的；但是在公家的事务中，我们遵守法律。这是因为这种法律深使我们心悦诚服。”② 伯利克里本人或者他所属的那个时代的雅典人，都对雅典的法律感到骄傲，因为雅典法律为雅典人提供了人人平等的机会，这意味着法律高于王权，国王也必须服从法律。

我们不妨回头来再看看《俄狄浦斯王》的题材。这个题材在希腊时代被多位剧作家编写过，但只有索福克勒斯编写的这一出剧本才最为著名，该剧的背景在古代忒拜，忒拜在雅典西北，其暗喻雅典的修辞喻义不言而喻。另外，城邦国王俄狄浦斯是个明君，当其查明自己是凶手后，便立即

① 修昔底德：《伯罗奔尼撒战争史》，谢德风译，北京：商务印书馆，2013 年，第 146 页。
② 同上，第 147 页。

对自己这名凶手进行了惩罚，最后，也是最重要的，不仅俄狄浦斯王反复声明城邦正义，俄狄浦斯王的自罚，也完美地歌颂了伯利克里或那个时代所推崇的城邦正义和法律正义。

结 语

从正义的角度对索福克勒斯的《俄狄浦斯王》的解读，使我们理解了亚里士多德提出的关于“悲剧”的定义，特别是其中提到了同情与怜悯的具体内容。也使我们看到了索福克勒斯是如何通过对一个旧题材的改造以使其服务于当前的正义主题，可以说索福克勒斯基本上就是将一个传统的题材改造成了现代的面貌，更简单地说，给传统题材戴上一副现代的面具，使观众既能在传统中理解这一题材，又能在现代语境下理解索福克勒斯对这一题材现代用途的处理，从而有力地表现了索福克勒斯所处时代，即伯利克里时代的“正义”主题。

（作者单位：广西师范大学文学院）

从“女性集会”（Ekklésia of women）解读伊丽莎白·菲奥伦查的女性主义诠释学

单 羽

摘 要：女性主义诠释学，作为基督教研究与女性主义理论、女性主义文学相结合的研究，一直有着自己独特的方式和特点。而伊丽莎白·菲奥伦查（Elisabeth Fiorenza），一直作为女性主义诠释学的领军人物而被大众所熟知，她的研究始终是围绕着女性主义诠释理论和实践等问题进行探求，并且因为其开创性意义而被学术界广泛认可。在菲奥伦查的女性主义诠释学中，除了大众熟知的女性主义诠释方法，在建构女性主体价值层面，她提出的“女性集会”（Ekklésia of women）这一建构性方案也值得关注和探求，甚至它一度被认为是菲奥伦查后期研究的重点。因此，对“女性集会”的梳理和探究不仅可以从另一个角度解析菲奥伦查的女性主义诠释学思想，也对于不同语境下构建女性主义理论和女性主义文学都有着一定的启示性。

关键词：女性主义诠释学；伊丽莎白·菲奥伦查；“女性集会”

女性主义诠释学，又称“西方女性主义《圣经》诠释学”，受女性主义视角的影响，从诞生之日起，就以一种开放的态度期望能够从学术研究中形成一套有用的方法原则，这一研究方向涉及《圣经》研究和文学研究、哲学研究和社会学研究等多重研究方法。而伊丽莎白·菲奥伦查，作为女性主义诠释学中解放派的领军人物，她的研究始终是围绕着女性主义诠释理论和实践等问题进行探求，并且因为其开创性意义而被学术界广泛认可。纵观菲奥伦查的女性主义诠释学研究，除了大众熟知的女性主义诠释方法，还有她后期研究中提到的“女性集会”，都有其探讨性价值和意义。

无论对于女性主义还是女性主义诠释学而言，实现女性之解放的终极目标都需要建构女性主体价值，而在伊丽莎白·菲奥伦查的女性主义诠释学中，对此曾经明确提到过“女性集会”（Ekklésia of women）。而要想理解“女性集会”的概念含义，就必须先了解下菲奥伦查曾专门提出的一个词语“尊主制”（Kyriarchy），因为“女性集会”的重构性意义正是建构在对“尊主制”概念的解构基础之上的。

关于“尊主制”概念，也是菲奥伦查创建的一个词语，用来代替传统“父权制”（patriarchy）概念。简而言之，如果将历史与社会的文化架构比作一棵参天大树，以往的传统女性主义理论对于“父权制”的批判和解读，仅仅是意识到了参天大树的枝叶遮住了女性群体价值主体的光芒，并且仅仅将这样的遮蔽简单地归结为男女性别二元对立，菲奥伦查意识到这样的批判仅仅停留在表面，并没有逃出传统父权制的桎梏，最终的结果并没有触及父权制体系的根本。因此她认为应该揭示出传统父权制中存在的复杂内在结构，并且她明确将这种复杂的内在结构表述为一种像金字塔形的政治结构，按照诸如性别、种族、阶级、宗教及文化分类，以及历史上其他的一些统治形式来进行分层，而结构的分层核心基础就是“统治—服从”的关系，她将这种复杂的“内在结构”命名为“Kyriarchy”。

“尊主制”①，这个词最早是在菲奥伦查的早期代表著作《但是她说》（*But She Said*，1992）中提到的。这个词语的词源，是由两个希腊词语“kyrios”和“archo”合并而成。“kyrios”意为“主人”或者“主宰者”（lord，master），而“archo”意为“领导、统治或掌控”，因此这个词语核心意义是“由主人掌控”（ruled by a lord）。对于这一词语，菲奥伦查在其著作中曾经直接指出了其构建的指向性意义，她曾提到“为了使我对父权制的分析性理解区别于男性主导女性的流行观点，……我创造了一个新词‘Kyriarchy’，用以指称一种基于主人、导师或父亲的力量与统治之上的主从社会政治体系”②。

在基督教中，存在着一直“将上帝视为男性”的传统，并且菲奥伦查也清晰地意识到，基督教的教会中存在着典型的“尊主制”体系，这个体系围绕着唯一至上的“主”，就是上帝，而其他人（无论男女）都必须选择

① 关于这个词语的具体汉语翻译，国内学者还没有相对统一和权威的说法，香港道风书社2016年出版了中文译本《纪念她——基督教起源的女性主义神学重构》（*In Memory of Her*），在这本书中宋旭红教授将其翻译为“尊主制”，本文沿用这一翻译。

② 伊丽莎白·菲奥伦查：《纪念她——基督教起源的女性主义神学重构》，宋旭红译，香港：道风书社，2016年，第96页。

服从和顺应。这样的“主从”关系在西方文化的发展进程中依旧存在，随着现代社会的发展，这一模式依旧发挥着作用，并演变成为一种理性形象，就是“理性人”（man of reason）的概念，这里的“man”依旧特指为“男性”。无论时代的进步还是社会文化的如何发展，西方社会主流价值体系中这种“理性人”的形象依旧是由欧美白人男性占据着优势和统治地位，而白人精英式女性被定义为“他者”，所有次等阶层和其他种族的人民也被视为“他者”的“他者”，菲奥伦查深刻揭示出了这一模式的复杂性和等级性。甚至她很明确地指出，从新约时代直到今天在绝大多数的基督论的理解中，哪怕包含了许多由女性主义者做出的解释，其本质都是在不断强化“尊主制”模式。

因此，菲奥伦查意识到了基督教中“尊主制”的模式需要彻底揭示和解构，目的更在于在此基础上真正能够诠释女性主体含义的价值属性，因此菲奥伦查将研究和关注点更多放在对《圣经》和基督教历史的研究，尤其是关注和重构早期基督教历史中女性的形象和价值，希望能够从基督教早期历史中发掘出有用的资料，从而提出了建构“女性集会”（Ekklésia of women）的价值体系。

一

1. 是“Ekklésia”，而不是“church”

“女性集会”，原文为“Ekklésia of women”。其中，“Ekklésia”源自希腊词语“kyriakē”，出自希腊语的《旧约》，意为“主人”“尊师”“父亲”。这个词语本身同人们熟知的“church”为同一含义，是希腊词语“Ekklésia”从希腊语的《旧约》到英语《新约》中同一词语含义的延伸，只是对于“church”，人们通常更多地将其翻译为“教会”。

菲奥伦查指出，“将‘Ekklésia’集会转换成‘kyriakē’‘church’（教会）的翻译过程，表明历史优先选择了父权制的教会模式”。[①] 因此，伊丽莎白·菲奥伦查在命名“女性集会”时，直接否定了英语“church”，而选用最初希腊用语“Ekklésia”加以命名，有着很明确的意义指向性——希望能够借以恢复“教会”原初的含义，找回女性在教会中的平等地位。从

① 伊丽莎白·菲奥伦查：《纪念她——基督教起源的女性主义神学重构》，宋旭红译，香港：道风书社，2016年，第37页。

“Ekklésia”演变为“church”，其背后不仅仅是希腊语的《旧约》到英语《新约》翻译的转变，更是涉及了西方传统父权制，确切地说是“尊主制”模式在基督教和《圣经》文本中的根深蒂固性，而用“Ekklésia”命名“女性集会”，期望的也正是找回女性在教会和《圣经》文本中真正的价值和影响。

在希腊语的《旧约》中，“Ekklésia”最初的原意为“以色列民族在上帝面前的集会”，因此，“教会”的最初含义更加侧重于“集会”的层面，希望将“上帝的子民”围绕在圆桌旁共同进食，这同时也与“纪念基督受难与复活时的饼与酒”相呼应。可以看出，除了作为“通过彼此经验分享上帝的在场”的灵修体验带有一定的宗教意义，更重要的是通过这样的“集会”来加深对自我（躯体）理解的认知。而在当时各希腊化罗马城市中，这些早期的基督教传教团体中涉及两个关键性概念，一个是基督躯体“sōma”或身体，其二是“Ekklésia”，即“民主集会”（democratic assembly）。在这样的集会中，所有人都有平等机会获得圣灵的礼物，这种平等并不意味着所有人都是一样的——每个成员获得的礼物都不同，每个人发挥的作用都不可取代。因为共同建造基督的“身体”而获得同等的荣誉，所以没有人获得更加高级的权利。同时正因为这样的同等荣誉，“在基督里（加3：28），没有人再去相信犹太人与异教徒之间、希腊人与野蛮人之间、奴隶与自由人之间以及男人与女人之间的社会地位差别有什么意义。基督徒在圣灵里的平等通过其领导地位与伙伴关系的相互交换、通过他们每个人——无论是希腊人、犹太人、野蛮人、奴隶、自由人、富人、穷人、女人或者是男人获得圣灵礼物的同等途径表达出本来的”①。

伊丽莎白·菲奥伦查更想强调的是“Ekklésia”作为“集会”含义的本质是“分享”——不仅是简单地可以一起吃和一起喝，同时还需要能够彼此交谈和相互接纳，成为“最为平等的门徒”。但是，这些“最为平等的门徒”里包含了穷人甚至有被抛弃的人，却没有将女性包含在内。因此伊丽莎白·菲奥伦查指出这种矛盾性质的两种结构和态度起初就存在于教会之中，并且是结合在一起的：“一方面，所有信徒在宗教上是平等的，是弟兄姐妹；另一方面‘相对于普通会众，教士们内部却是等级森严、组织严密，

① 伊丽莎白·菲奥伦查：《纪念她——基督教起源的女性主义神学重构》，宋旭红译，香港：道风书社，2016年，第27页、第96页。

并拥有特权”①。

而后英语“church”在现代社会中发展只是越来越淡化“集会”的含义，从而越加强化“教会”的含义——强调其结构中的等级和特权的作用，这种等级特权和西方“尊主制”社会结构息息相关，也影响着社会和历史结构的布局。在一些早期基督教社会的研究假定中，包括当时在希腊—罗马社会中心城市中，西方“尊主制”的意识形态既作为当时基督教传教运动中不可或缺的一部分，同时也影响着当时古代家庭的架构模式——父亲或者男性作为一家之主，有着至高的权威性，女性成为寄居者，其他工人或者奴隶都需要服从（无论男性还是女性）。并且，这样等级森严的“尊主制”形态，因为教会中“尊主制”的价值形态的影响——“坚持上帝的父亲身份，维护男性的统治”②，从而将“男尊女卑”的观念和“对自然、女人、有色人种的征服式、掠夺式的发展逻辑”合理化，从而影响到了西方历史和文化发展形态中的各个层面。

因此菲奥伦查认为，集会中“掰饼和决定其自身灵性的幸福与责任”这一宗教意义没有得以实现，更重要的是，“最为平等门徒集合的 Ekklésia 就没有实现”。她强调了基督教社群的平等主义特点，女性或者其他人士作为公民都享有自由与平等的权利。因此，菲奥伦查认为有必要构建一种女性主义的基督教灵修学会，也就是“女性集会”，其目的是回归“集会”原初性，找到女性的平等。

2. 对早期“家庭集会”模式的参照

在构建和诠释“女性集会”时，伊丽莎白·菲奥伦查所参照的模式是早期基督教社群中的“家庭集会”的模式。在早期基督教社群中，“家庭集会”因其宗教的传教运动而发挥决定性作用。并且在早期“家庭集会”中，女性通常作为家长或者领袖身份出现，具有一定的主体权威性。

从数量而言，女性参与其中的数量并非个例或者少数，到了公元 3 世纪，罗马的家庭教会组织已经很完备，并且参与其中的女性的数量也很可观。在《罗马书》中的 16 章，仅指名问候的 25 人中，女性的比例就占三

① 伊丽莎白·菲奥伦查：《纪念她——基督教起源的女性主义神学重构》，宋旭红译，香港：道风书社，2016 年，第 38、96 页。

② 天主教女性神学家达莉曾经在其著作《超越父神》中，以宗教的角度分析了父权制在思想和文化层面上的运作，包括教会中的父权制存在，合理化了对其中女性群体的压迫。

分之一[①]。从独立性而言，由于希腊—罗马社会经济的发展，当时的女性已经拥有了一定的财富，并且有些女性在经济上可以拥有一定的独立性，因此她们更加想获得与之匹配的政治权力和影响力。

因此，通过加入这类“家庭集会”的形式，女性获得的不仅仅是政治权力，还包括宗教权力和影响，这也是在当时主流社会模式中不能认可和实现的。但是通过在自己家中建立“集会”，直接获得宗教上的权威影响，从而也可以实现女性主体的个人价值。因为在当时早期的基督教运动中，所提供组织模式的往往是“私人协会”（collegia）或崇拜集会的平等社群结构——这一模式恰好模糊了私人事务与公共事务之间界限，从而规避了主流社会父权制中的家庭关系，赋予了女性和奴隶平等地位。而且，女性在“家庭集会”中通常扮演决定性的角色，负责“集会”建立和维护，甚至为当时的社群提供场所、资金支持，这样“早期的家庭教会不单一地由‘男性家长’（paterfamilias）或‘女性家长’（materfamilias）的‘家庭’组成……并且他们的家庭教会很可能按照一个宗教集会的方式组织起来，这首先就打破了父权制家庭的方式”[②]。

因此，可以看出，女性在其中的价值不是作为丈夫或者父亲的从属，虽然家庭作为私人领域依旧受到当时传统父权制模式影响，但是当其变成“家庭集会”时，私人领域则构成了集会的公共空间，公共空间与家庭私人空间重叠，房子的“女主人”（domina）会对整个社群以及其在家庭教会中的集会负有首要责任。因此，早期“家庭集会”的研究不仅能揭示出该家庭主要成员的社会地位，为女性提供了平等参与教会事务的机会，也为菲奥伦查建构“女性集会”提供了早期史料依据，使其希望能够从早期历史文本语境中找回“集会”的本初含义，来重新诠释女性的主体价值内涵。

二

“女性集会”的建构意义从理论上而言，首先打破了《圣经》文本建构

① Elisabeth Schüssler Fiorenza, “G * d * at Work in Our Midst: From a Politics of Identity to a Politics of Struggle,” p. 90.

② 伊丽莎白·菲奥伦查：《纪念她——基督教起源的女性主义神学重构》，宋旭红译，香港：道风书社，2016年，第56、96页。

传统西方女性固化形象，使得女性在文本上不仅仅作为“妻子”和“母亲”符号化的从属存在。

菲奥伦查也明确意识到，《圣经》作为父权制文本对于女性群体建构具体体现在对两种女性形象的建构，一种代表了“伊甸园—家”的形象，而另一种是“出埃及—世界”的形象，“伊甸园”的形象代表着服侍耶稣的抹大拉的玛利亚，而在罗马天主教中，她成为一位平信徒，在家里服侍耶稣和家庭。从伊甸园的形象中可以看出美国社会所倡导女性作为“家庭天使”形象的原型，让人们认为此时女性的职业就是“持家者”，“她真正的天性实现，她的幸福所系，就是把家创造成异化世界中的一个安宁小岛，就像伊甸园那样，能够让人抽身退出工作世界的种种剥削与诱惑”①。而女性在家中的职责则是制造平和幸福的氛围，而这要“拯救家庭”的代价是以“自我牺牲式的爱和自我泯灭的温柔”。但是，这种女性气质的赞美忽略了穷人和未婚女性的状况，也忽略了父权制在家庭中的掌控和话语权。

罗马天主教中出埃及的形象代表着摩西的姐妹米利暗，她领导着她的人民进入沙漠，成为一位修女，远离家庭世界，在“宗教生活”和父权制框架下的教会组织中服侍耶稣，出埃及的形象要求女性抛开一切：“两情相悦之爱，遮风避雨之所……幸福、孩子和宗教”，因为这些都是造成她们在父权制家庭和教会中备受压迫和剥削的原因，因此“女人必须远离父权制‘肉欲之所’的奴役，在‘一个新的时空下’生活”。而“出埃及”的形象号召女人走出家庭的祭坛，抛开父权制家庭的各种服务，放弃对父权制宗教的确信。然而，这种出埃及式的灵修不仅忽略了“埃及”所代表的父权制压迫无处不在，并且这些形象并不能引导女性进入父权制社会以及教会的核心。这两者都通过一种结构性的生活方式的二分法表达出来，如“童贞—母亲”、“宗教的—世俗的”和“灵性的—生理的”。与男性之间是婚姻关系还是灵性关系，也成为决定女性基督徒身份的构成身份，以及修女带有的“圣洁”标签，菲奥伦查意识到这些标签不会用在男性身上，只会将女性符号化和功能化。

因此，作为新的“集会”模式存在的“女性集会”，某种意义上打破了《圣经》对于女性塑造的固化形象。在此前提下，菲奥伦查通过揭示西方“尊主制”模式，已然表明“女性集会”的建构必须克服这些形象所根

① 伊丽莎白·菲奥伦查：《纪念她——基督教起源的女性主义神学重构》，宋旭红译，香港：道风书社，2016年，第96、508页。

植的父权制二元结构，包括教会与世界、神圣与世俗之间所做的二元区分。这样才能通过团结所有女性，建立起一种超越所有父权制性质差异的普世性姐妹关系，并且这同时也与世俗意义上的女性主义团体是无法分开的，因为它需要团结所有的女性群体，包括贫穷的女性、第三世界的女性等多重群体。

作为公共性的女性主义诠释，“女性集会”对于重构女性群体价值而言也具有很重要的意义。菲奥伦查试图在建构“女性集会”这样的模式中，打破《圣经》文本对女性的固化形象，才能重新诠释《圣经》文本，并且重构基督教的起源。也能够使得人们重新客观地理解《圣经》，不再仅仅诠释和记录父权制男性机构的历史，而应将其理解为男人与女人们的历史，包括为女性争取自由的历史。这同时也将《圣经》中女性的生活和奋斗与父权制压迫分开，还原真正女性主体的价值作用。“女性集会”将女性还原为真实的价值存在，这样才能真正打破和解构西方“尊主制”模式，这并非要在父权制边缘构建女性群体并使其继续沦为“边缘群体”。菲奥伦查将“女性集会”延伸到了女性学术团体性，也意在传播和重构女性的历史，这样的女性群体才真正具有主体价值性。

不同于基督教中传统意义的“女性教会”，菲奥伦查认为这并未充分地面对父权制压迫与强权问题，教会中男性对此的误解，“女性教会”为了教徒身份的聚集，也为了“女性人格的灵性生存而团结在一起”。去除教会中父权制的“男尊女卑”，男性不再处于灵性与宗教上对于教会的控制地位，也不能再以此控制教会中的女性。因此，伊丽莎白·菲奥伦查引用保罗的说法，“真正灵性的人是行走在圣灵中的人，圣灵带来了新的世界、上帝的新家，以对抗父权制解构的所有奴役性、压迫性的力量”。而女性的自主性，需要找回自我的力量（包括菲奥伦查提到的宗教意义上的“灵性力量”），需要去除男性崇拜对于自身的压迫。她也指出，“只有当结构性和个人性的性别歧视之罪得以忏悔、男性崇拜及其邪恶的组织因素全被抛弃……教会才完全成为可能”①。

三

从实践意义而言，“女性集会”的提出也为建构不同文化语境中的女性

① 伊丽莎白·菲奥伦查：《纪念她——基督教起源的女性主义神学重构》，宋旭红译，香港：道风书社，2016年，第57页。

主义理论和女性主义诠释学提供了新的视角，因为其普世性和平等性意义是带有普遍关联性的。

20世纪90年代以后，菲奥伦查越加强调“女性集会”的一般政治学意义，宣称后者“不仅仅意味着一个基督教的宗教空间，更是表述出一种社会—政治意义上的激进民主制场所与景观”[①]，试图将之塑造成一种超出宗教范围的、真正代表女性主义“平等”诉求和“解放”目标的社会—政治秩序。由此看出，“女性集会”这一概念的提出不仅仅是针对西方基督教教会中的女教徒，其背后的辐射也不仅仅停留在女性神学的宗教探讨，而是更加侧重其背后的文化与学术层面的价值探求。而相比对于女性主义而言，解构与重构相辅相成，“女性集会”也是一种理论诠释的补充，使得解构“尊主制”的价值不仅仅停留在了解构的批判层面，更加延伸到了重构女性价值的层面。

首先，从重构群体而言，“女性集会”的重构带有一定的普世性意义，“谈到女性的教会时，我想到的是过去与现在的女性，是那些已经和正在赐生命的神圣智慧—圣灵中行动的女性。这样一种囊括了所有年龄、民族和地域的普世性姐妹关系……”[②]。这里的普世边界不仅仅针对基督教和非基督教之分，而是泛指所有女性。这里女性群体的泛化不仅仅停留在男性与女性的性别之分，而是涉及了各种差异之下的女性类指，包括民族、宗教、阶级和种族等差异。菲奥伦查在其论著中曾经引用《危机中的女性》（*Women of Crisis*）书中的一个故事更加深刻地诠释：一个女仆对她的女主人——一个中产阶级妇女的女性主义意志感到喜忧参半，不过“在某个信仰与怀疑交织的时刻”，这位女仆更愿意看到“她的人”能过上好日子。对此，此书的作者克勒斯夫妇（Jane and Robert Coles）评价道：

> 我们觉得她是“民族”论的，我们觉得她在谈阶级与种族，谈城市与邻里“谈收入水平、教会关系和职业状况”；但是不，当我们问她的时候，她解释说，她的人是“世上所有的女人”[③]。

---

① Elisabeth Schüssler Fiorenza, “G * d * at Work in Our Midst: From a Politics of Identity to a Politics of Struggle,” p. 96.

② 伊丽莎白·菲奥伦查：《纪念她——基督教起源的女性主义神学重构》，宋旭红译，香港：道风书社，2016年，第504页。

③ Elisabeth Schüssler Fiorenza, “G * d * at Work in Our Midst: From a Politics of Identity to a Politics of Struggle,” p. 101.

在以上的故事里，伊丽莎白·菲奥伦查借用女仆对女主人的“喜忧参半”表达出了传统西方女性主义关注的群体仅仅停留在白人女性，并且更多停留在了中产阶级精英阶层，作为当时所谓的“主流”女性主义关注和研究的群体也带有一定的局限性，并没有关注到更多女性的差异，所受到的压迫也不尽相同。这里的“喜”更多指向对于传统父权制的批判，以往的女性主义已经意识到了女性作为性别受到的压迫，这对于女性群体是“喜”；而“忧”则是从更加长远的角度，意识到了其他“非主流”女性群体，包括女仆、女性工人、黑人女性、亚裔女性等，她们的“他者”地位并没有随着主流女性主义的关注而得到改善，甚至因为其差异而成为“他者的他者”。

菲奥伦查意识到了正因为“尊主制”的体系中，女性群体的压迫差异不同，重构女性群体才需要更加平等对待。虽然其中借以宗教原初性来诠释女性群体，菲奥伦查却希望能够从“女性集会”中找到更加利于诠释女性价值的方式和模式。毕竟，“女人是上帝的子民，是我的人民”，她想借以这样的“灵见”(vision)总结了属于女性主义(灵性)的自我经验，以及女性群体间姐妹们的经验，并且在这样的联合关系中重新印证彼此的身份，不仅仅作为教会中的平等门徒，更是要将这样的形象和自我理解去构建一种女性主义的运动，其范围不仅从教会的边缘到对教会的核心呈现，而是希望能延伸到对整个西方社会模式的推广。

其次，对“女性集会”平等主义意义有着一定的广泛性和指向性，这里的“性别平等”意味着男性和女性都可以参与。伊丽莎白·菲奥伦查期望能够尊重性别差异，并没有将男性作为女性的对立面分离出去，这也延续了她以往的“开放性”态度。“女性集会”的凝聚并不是针对人们传统意义上理解的那种狭隘的女性团体，只是希望以一种平等的原则和更加开放的态度来重新诠释女性的主体价值，这也需要男性群体的平等参与。可以看出，平等主义的原则意味着权力和机会的平等。相对于“女性集会”，始终带有“集会”的性质，也就意味着团体中需要一定的领导来维护相应的运行机制。这种平等性原则体现在女性群体内部，期望构建一种普世性的姐妹关系。“依据并通过女性蒙召获得平等的门徒身份并结成能够决定其自身灵性福祉的自由人的集会之经验，界定女性与上帝的关系”①。“女性集会”

① 伊丽莎白·菲奥伦查：《纪念她——基督教起源的女性主义神学重构》，宋旭红译，香港：道风书社，2016年，第510页。

的方式，更多作为一种集会，并且带有“自我决定的上帝之子民”性质来强调女性的自主性。因为“只有当克服了这些圣经形象所依赖的父权制二元结构，这种融合与替代才可能发生”[①]。她提出有必要团结所有的女性，建立起一种普世性的姐妹关系，这种普世性同时可以超越所有父权制性质教会的，并且必须延伸至女性主义的终极使命——为了达到女性真正的解放。

在当下新时期多元发展阶段，伊丽莎白·菲奥伦查也意识到女性主义诠释研究开始进一步深化到女性、性别、两性关系与《圣经》的研究领域，除了性别属性之外，也深受种族、阶级、性取向等其他因素的影响。在2014年5月由伊丽莎白·菲奥伦查最新编辑、多位学者撰写出版的《二十世纪女性主义圣经研究》一书中，也在相当程度上体现出了新世纪女性主义《圣经》研究应该跨洲、跨文化的发展趋势，应该突破传统的欧美中心论，将视域从北美、欧洲拓展到亚洲、非洲等地。可以看出，虽然在某种意义上，菲奥伦查提出的建构“女性集会”带有一定意义的理想色彩，但是其价值和意义也有一定的参照性。其普遍性和平等性已然超越了宗教学意义，并为不同文化语境下女性的团结和交流提供了参照。当然在考量作为“女性”共同身份里，在尊重差异的前提下，在当今依然以父权制占主导的社会意识形态下，重构女性的主体价值依然很有必要。正如朱迪·芝加哥（Judy Chicago）指出，“通过剥夺我们的历史和遗产，我们文化中的所有机制都在试图让我们相信，我们是无关紧要的，但是，我们的遗产是我们的力量”[②]。

（作者单位：北京第二外国语学院、社科文献出版社联合培养博士后）

---

① 同上。

② Elisabeth Schüssler Fiorenza, “G * d * at Work in Our Midst: From a Politics of Identity to a Politics of Struggle,” p. 88.

同舟共济，美美与共

——中华美学学会2019年会暨“视界融合：美学、文艺学与艺术学的理论建构”学术研讨会综述

张　媛

摘　要：文艺学、美学、艺术学这些学科被引进到中国与中国学科对接时，呈现出了基本语汇的多样性和术语间的困惑和交缠，这就造成了艺术学、文艺学、美学（艺术哲学）学科之间的交叉和相互融合。因此，在这样的学术背景下，值此五四运动100周年和新中国成立70周年之际，2019年由东北大学和中华美学学会联合主办的“中华美学学会2019年会暨‘视界融合：美学、文艺学与艺术学的理论建构’学术研讨会”在中国沈阳隆重举行。北京第二外国语学院的胡继华教授携两名研究生参会，与众多学者就古今中外各类美学、艺术学、文艺学的话题进行了深入的探讨。本次会议全面回顾与总结了百年来中国美学的现代性建构历程，在交叉融合视域中，反思美学与文艺学、艺术学、文化研究等学科的互动融通；在中西方对话交流中，创建具有中国特质的美学话语；在历史文化语境中，理解中华美学精神的现代转换与当代价值；在当代学科知识谱系中，探寻当代美学理论建构，以展望中国美学建设的未来走向。

关键词：中华美学学会；美学；文艺学；艺术学；视域融合

2019年8月17日至18日，中华美学学会与东北大学联合主办的“中华美学学会2019年会暨‘视界融合：美学、文艺学与艺术学的理论建构’学术研讨会”在中国沈阳召开，本次会议以文会友，吸引了全国各高校各行业众多的专家学者300多人来参加这场盛会。会议围绕“视界融合”主题对当代美学或艺术哲学基本理论问题、多学科视域融合中的当代美学问题、中西方视域融合中的美学理论建构、中国现当代美学的知识谱系与学

科建设、中华美学精神的经典阐释与现代转换五个分议题进行了广泛而深入的讨论。

在当今世界，文化与经济、政治相互交融、相互渗透，“融合”成为世界大主题。中国也极力倡导在各个方面构建人类命运共同体，因为只有合作才能更好地发展。同样，在文化方面的建设，也在践行这一方针主题，所以各个学科之间的界限在逐渐消融。本次会议也响应这个主题，不仅展现了哲学、艺术学、美学的融合，还展现了古典和现代、西方和中国之间的融合。高建平研究员在会上指出，美学研究要与文艺学和艺术学结合，而艺术研究要让美学渗透在其中。美学不仅是研究美的学问，也是关乎自然、社会和艺术感性层面的哲学思考。美学既要研究“美”，也要研究“丑”。1956 年毛主席提出了“百花齐放，百家争鸣”的方针，“百花齐放”指文学艺术上的不同形式和风格可以自由发展；“百家争鸣”指科学研究上的不同学派可以自由争论，在今天的中国依然在秉承这一方针原则。在本次会议上，副会长徐碧辉就这一方针进行了发展，她说 70 年来中国美学发展从无到有、从弱到强，由单一形态到百花齐放到百家言说。这里她没有用“百家争鸣”也是说明了中国美学还是没有形成自己的理论，只是对外国研究成果的阐释和展示，中国美学还处于成长阶段，还有很大的进步空间，还有很多方面需要探索，理论上要更加深入，也要创造出属于中国自己的理论体系。本次会议也是这样各家自由言说的轻松氛围，是一种对话式的讨论。这里有不同思想之间的对话、传统和现代的对话、西方与中国的对话，还有美学、艺术学、哲学之间的对话。

一　百家言说

——20 世纪 70 年代以来美学、艺术哲学基本问题大讨论

2019 年是新中国成立 70 周年，也是五四运动 100 周年，各项成果收获颇丰，我国在文化建设方面也取得了很大成就，尤其在美学、哲学、文艺学方面也有了很大的进展。这些年来，美学、哲学、文艺学这几门学科经历了从无到有、从弱到强的过程。这类人文社会学科的发展不仅承担了对中国人民的启蒙使命，而且担负着丰富和深化中国新理论的责任。不过作为从西方引进的新兴学科，它们在与中国传统文化融合的过程当中也存在着一些问题，这些理论在中国大地上行走，不能只是对西方的理论照抄照

搬，我们不能只承认西方理论，而忽视中国自己本土生长的理论。所以，关注这些年来中国所产生的新的理论转向，使西方的科学的哲学、美学、艺术学理论在根植于中国传统文化的基础上进行探索，并且要不断创新和发展成了这次会议主要讨论的视野。

在数字化的信息时代，中国美学、哲学、艺术学的研究转向人，与西方对客体的研究有所不同，更加注重以人为中心和研究人的心理，徐碧辉研究员在会上提出“美是超越的，人在活着的同时应该放慢脚步，要关注人本身，做到以人为本”。同时，要解决中国各类理论的自身发展问题，不能只局限于自己的学科，应该开阔视野，做到多领域融合。在开幕式上高建平教授对现在的美学现状发表了意见，认为“要文艺学、哲学，不要美学这种说法是不正确的”。因此，基于这样的时代背景和学术反思，本次会议对20世纪70年代以来中国的美学、艺术哲学基本问题进行了深入的讨论。

首先，从学科发展动向上看，中国美学正在不断突破，参会者为学科的发展指出了问题和确定了方向。高建平教授以时间为轴，为我们纵向展示了从20世纪70年代到21世纪当代中国美学的“三次突围”。第一次“突围”是对美学理论的创新。中国20世纪70年代末至80年代初年的“美学热”是以恢复50年代的“美学大讨论”的姿态开始的。这时，美学处于一个新的创造时期。当一些美学家改变视角、放下既有知识的种种包袱、直接面对问题时，他们的思维有了被激活的可能。这些当时的参与者围绕着美的本质问题，进行了热烈的讨论，形成了一些原创理论。这些美学理论不是僵化教条地讨论美学问题，中国美学没有像文艺学理论那样，依据翻译过来的书籍，直接套用，而是对其进行了创新和发展。比如蔡仪的《新美学》与波斯比洛夫的《论美和艺术》有一些对应之处。这种对应，更多的是对经典原著的解读和受19世纪至20世纪早期的一些左翼美学家的观点的启发而形成的，与同一时期的苏联教材中的成熟体系和框架的移用有着很大的区别。所以中国美学做到了“古为今用”和“洋为中用”。第二次“突围”表现为对“知识固化”的突破，他在讲话中举例，“在地铁上，有一位小姑娘坐在我旁边的空座上，手执一笔记本，念念有词：朱光潜说，美是主客观的统一；李泽厚说，美是客观性社会性的统一；蔡仪说，美是客观性和典型性的统一……简单的几句话，她在一遍又一遍地重复，想背熟又怕背得不熟”。知识系统化却导致了其本身的僵化。这种讨论很快就随着思想解放运动的进一步开展而被突破。第三次“突围”是中国美学从中国“走出去”，在迎来了全球化时代以后，中国美学就在一个不同的语境中生长。随着中国在世界上影响力的日增，国外学者对中国美学的兴趣也在日益增加。中国美学家也正在积极参与国际美学活动。从新世纪开始，在中国召开了一系列重要美学会议。这包括 2002 年在北京召开的“美学与文化：东方与西方”国际学术研讨会，2006 年在成都召开的“美学的多样性”国际美学研讨会暨国际美学协会执委会会议，2010 年在北京召开的第 18 届世界美学大会。这几次会议，打开了中国美学的大门。

其次，与会者从学科分支或分科的发展来说，也正是在这 70 年，中国美学逐渐建立并完善了各分支学科门类，如西方古典美学、西方现当代美学、中国古典美学、中国现代美学、文艺美学、绘画美学、音乐美学、设计美学、影视美学等。徐碧辉老师认为中国美学理论成就表现在建立了以中国实践美学为代表的美学基础理论体系。同时，徐碧辉老师按时期梳理了实践美学的萌芽、形成和发展、在争论中继续发展，还有在 21 世纪实践美学发展的概况。以李泽厚为代表的“社会实践美学”在 20 世纪 50 年代末和 60 年代初开始兴起，到了 80 年代由于各个美学家的观点开始趋同，实践美学得到了发展，学者们大多认同以人类社会实践作为思考美学问题的起点和基础，自由与主体性是美学的核心问题，美的本质在于自然的人化或人的本质力量的对象化。20 世纪 90 年代，实践美学在得到高度认同的同时，又一直饱受质疑和批判，可谓在争论中发展。进入 21 世纪之后，文化变得多元，与实践美学并生，出现许多后实践美学，有些是“反实践美学”的，有些则是在继承“实践美学”的基础上发展出来的。这些后实践美学与实践美学呈现了一种“百家言说”的局面。

再次，文化的多元化导致了多种美学理论的出现。潘知常教授对徐碧辉教授的观点提出了质疑。他在会议上指出，改革开放四十年，当代中国美学经历了从“去实践化”到“去本质化”再到“去美学化”的过程。在此过程中，相对于实践美学乃至新实践美学、实践存在论美学，后实践美学的脱胎换骨最为成功。潘知常教授认为徐碧辉研究员一贯坚持的实践美学发展的时间短，也就十几年，在这十几年间就备受争议和挑战，实践美学在独创性上也不能成为美学理论之最。并且以徐碧辉研究员为代表的学者，也承认肯定“情本体”的实践美学的。这样实践美学就不是“纯粹的实践美学”，这样这些研究员、学者也就对实践美学进行了修正，自身向“后实践美学”的方向转化了。潘知常教授对“后实践美学怎样发展”提出了应该“去本质化”的建议，因为就后实践美学与实践美学的对话而言，倘若只关注到程度不同的“去实践化”，无疑还是远远不够的。因为“去实践化”仅仅是后实践美学所面对的特定对象——实践美学所导致的产物。潘知常教授十分重视对美学学科理论“独创性”和“首创性”的发展，他认为美学理论是西方的理论，我们本民族要发展自己的理论，要实现“去美学化”。从徐碧辉老师和潘知常老师的思想交锋中，我们可以看出此次会议的重要性，学术不是关起门来做学问，而是需要吸收各家之长，了解当代的各种学术思想，与时俱进地发展自己的理论。此次美学会议就搭建了这样一个平台让大家交流思想，共同进步。

最后，现代美学最新发展趋势。在开幕式上来自中国艺术研究院《文艺研究》杂志社的张颖老师《杜博的情感主义艺术理论及其启蒙意识》的发言让我十分感兴趣。她的发言聚焦于法国启蒙时代哲学家、美学家杜博（Abbé Jean-Baptiste du Bos）的情感主义，强调“人工激情”理论及其现代性意蕴。在她看来，“人工激情”，这种激情有其真实性，但相对于真实激情，它更加衰弱、浅表，而且是可控的。因此，艺术品带给人的愉悦是一种纯粹的愉悦，这是艺术的高贵性之所在。该理论暗中扭转了模仿论的方向，使欣赏主体的心理感受得到了前所未有强调和重视。其次，让我感兴趣的是来自南开大学的周志强教授的讲演《“孤独美学”与“沉浸一代”的精神症候》。他提到了“孤独美学”与“孤独经济”的关系、“剩余”和“盈余”的联系。他说：“孤独经济崛起，年轻一代日益自我困在单个个体中。对于肉身体验的迷恋、精致自我的执着，造就隔绝性个体的出现。一个人的生活创生了孤独美学。孤独美学的核心意义凸显了出来——我成为一种附着性的盈余物，有效逃离价值与虚无构造的二元焦虑。”

二 与古人对话

——中华美学精神的经典阐释与现代转换

中国古典美学主要散布在中国古代的文学作品当中。中国文化博大精深，古人为我们留下丰富且有价值的文学著作，所以我们发展中国的美学思想也是在中国古代典籍中去挖掘瑰宝。儒家的哲学美学的重要代表是孔子，孔子各类思想都是建立在他“仁”的思想上的，由“仁”生发出了“礼”“智”“信”，所以美学思想也是建立在“仁”的思想上的。孔子的思想深刻地解释了美与善的关系、审美与艺术的社会公用问题。道家的哲学美学创始人则是老子，道家的哲学美学思想是建立在“道”的理论基础上，在“道”统摄的宇宙观下，充分肯定了美与善、善与真、有与无的统一，同时也强调了“丑”对表现“美”的积极作用。《易经》中“天人合一”的思想，是中国传统思维方式的基本原则，哲学美学思想也在这种“在之中”的思想下不断发展的。所以梳理中国古代美学思想主要是基于对孔子、《老子》、《周易》的思想讨论。

杨平教授从词源学和语义的独特角度来探讨了老子的自然精神。通过对比中西方语境下“自然”的释义，杨平老师发现虽然存在着差异，但是中西方对于“自然”的解释都是指向了与生命相关的内容。杨平老师对《道德经》中关于“自然”的解释，也是建立在西方自然和中国自然共同的生命指向上的。其运用图表的方式对《道德经》中出现的五处关于“自然”的句子进行了阐释，老子的“自然”具有不同的分殊与意义：“自然”的浅层含义为“自己如此”，比如“我自然”；自然的中层含义为“本性如此”，这与自然事物的物性相关；自然的形而上学含义为“本然如此”，即“道法自然”。“自然”的前两种含义与人的经验相关，“自己如此”与“本性如此”只存在程度上的差别。“自然”的最后一种含义是超验的，最具有哲学的意味。对“自然”的探索，杨平老师不是仅仅流于表面，而是对其进行了深层次的探索，在老子哲学中，“自然”的观念不是确定的，也不是自明的，需要深入诠释。如果我们要揭开老子自然精神的面纱，“自然”的语义分析是不充分的，需要借助与自然相关的其他事物，以及与自然相关的各种关系来探讨自然的精神。最后，杨平老师探索了老子这种自然观对现代人类面对环境问题时的积极意义。老子认识自然，敬畏自然；老子主张顺应自然；老子一视同仁地对待自然界这些对象。老子的这些自然观念对处理好人类与自然环境的关系有非常积极的意义。

彭笑远教授讨论了孔子的美育思想，将孔子“兴于诗，立于礼，成于乐”与《论语·泰伯篇第八》、《论语·季氏篇第十六》中孔子对其子孔鲤的庭训“不学诗，无以言；不学礼，无以立”相参照，体现了“诗”“礼”“乐”的教育作用。他主要是基于孔子美善合一的思想，将两个方面联系起来。第一方面的联系是，兴于诗，可以言，孔子认为“学诗”应与政治活动结合起来，做到学以致用。如果不能做到学以致用，即便非常熟练地背诵了全部的内容，又能有什么用处呢？事实上，孔子强调的是从实用技能中升华到道和美，即从“技”的不断实践中体验“道”进而上升到“美”，即“游于艺”，因此，作为技艺之一的“诗”，就要通过“学诗”而达到“能言”，并能实现“兴观群怨”的现实价值，做到“诵诗三百，授之以政，达；使于四方，能专对”，同时，在此基础上能够感受到美的教育。联系的第二方面是，在“崇仁”的基础上，尊礼以立。孔子的“立于礼”即强调“礼”的现实规范与规矩之价值，但其“礼”的底色是“仁”，彭老师认为在现代的少儿美育教育中，应加入“礼”的元素，用以规范和引导少儿的言行符合“礼”，当然，这种“礼”一定是建立在“仁”的基础上，决不能违背“仁道”。联系的第三方面是，“乐”作为“诗”的附属品，也与“德”有着深厚的关系。艺术之陶冶，对于道德境界的提升有巨大功效，此自孔子开始便为儒家所重视。与之同理的是古罗马理论家贺拉斯在《诗艺》中提到的“寓教于乐”。

刁生虎教授言说了传统古代典籍《周易》“天人合一”思想对中国传统美学的影响。“天人合一”是中国传统思维方式的基本原则。《周易》虽然没有明确提出这一命题，其思想却贯穿于整个易学体系之中。它（指《周易》）的全部做法都建立在一个根本的前提下：天与人是相通的、一致的，自然本身的运动变化所表现出来的规律也就是人类在他的活动中所应当遵循的规律。《易经》哲学是语言与思维相结合的最完整的系统，《易经》是中国人经验最原初的模型，是中国哲学的原点。中华文化的一切文化符号，无论是语言文字，还是器物制度，无论是“诗”“书”“礼”“乐”“春秋”，还是汉赋、唐诗、宋词、元曲，若要入室操戈地窥探其内在的隐密，无一不应最终追溯到《周易》。舍此我们就不能理解为什么中华文化的一切文化符号，虽然其表现形式不同，却无一不与西方那种科学化的符号迥异，无一不连着生命的隐喻，无一不实含着情感，无一不假道于触类旁通的类推和类比。而由《周易》所奠定的天人合一、阴阳和谐、隐喻象征、直觉体悟等思维方式更是开启了中国美学的东方传统，成为中国传统美学历史生成的源头活水。

三 多学科的互动

——多学科视域融合中的美学理论建构

人类社会进步、科技的发展使人实现了自我意识的进一步觉醒，人的思维方式也更加开放，学科与学科之间也不再囿于自己的方圆之中，而是逐渐打破了界限，互相借鉴，生发出新的理论，为自己的学科服务。这种社会文化形态之间的慢慢弥合，导致了跨文化、跨领域等跨界行为层出不穷，表现在艺术领域就是艺术内部之间的界限也逐渐被抹平，最值得一提的是生活和艺术之间界限的模糊。本次美学盛会也体现了这种学科之间界限的消解，在这儿既看到了哲学、艺术学、美学的学科融合，也看到学科的交叉促进了相互的发展。比如陈琳老师的论文《表演异托邦：城市多元空间—历史人文空间感的建构》，以波特拉特剧团 1991 年迄今的特定场域表演实践“看不见的城市”（Città Invisibili）为例，兼述第三种戏剧的可能样态，让我们看到了美学在艺术学中的运用。评论员也认为本会场谈论的话题很多元，没有在单一话题上聚焦，现在的时代还是一个过渡的时代，《数字人文下的古典主义》既古典又时尚。说明现在问题还在打开，还有很多的可能性，知识观念的更新可以为美学、艺术哲学提供很多可能。人工智能，只是一种变化，只是一种过客，但是对学科建设和学科话语建设则产生了多种可能，也为未来的学科指向提供了可能。

首先，是胡继华将数字技术与美学理论相结合来讨论。20 世纪 90 年代到 21 世纪初期，人类迎来了数字人文时代，走进了第四维度，人类也成为思维生物，人类引发了思考。第四维度是什么概念？生活在思维空间有什么感觉？数字技术如何影响了我们的思想节奏、生活风格和意识倾向？置身这样的数字技术网络背景下，人的焦虑和悲观情绪越来越强烈。胡老师把这种情绪（从生活到文化）联系到了古典人文主义，按照亚里士多德的古典区分，人类迄今所经历的知识发展，实质上是科学知识为实践智慧所取代，再为“工艺技术”所超越的过程。人们在这样的数字技术发展的时代背景下，现代人离不开这样的先进技术，胡老师把它浪漫地比喻成人类的器官，人类当然离不开自己的“器官”，但是又陷入了一种恐慌——怕自己的思考能力被数字技术所替代，害怕失去自己的思考能力。人文也面临着同样的危机，技术在消灭距离的同时，数字人文重构了距离。技术解构了人文神话，却自身建构了另一个神话。数字技术导致了人文学科的“计算转向”。数字技术招来了人文的梦魇。福柯的末世论宣言，便是这种梦魇的预兆：历史潮汐涌动，人成为沙滩上渐渐消失的面孔。鲍德里亚也用新媒介的语言描述了交流迷狂的异托邦景象：在数字人文时代，我们已经成为摹本的摹本，但蓝本永远失落。为了解决人类这种精神危机，人类应该回到柏拉图的世界关爱灵魂，以免灵魂堕落。胡老师运用古典人文主义的精神来烛照人类，在科学技术势不可当的发展趋势下，人类自身思考能力遭遇了退化的危机，拯救人类应回到柏拉图的世界，关爱灵魂，从而缓解科技发展给人类带来的这种焦虑。

其次，是陈琳老师将艺术学和美学相结合讨论剧场表演独特的艺术美。她以1991年Pino Di Buduo执导的意大利波特拉特剧团的特定场域表演实践“看不见的城市”为例，论述述第三种戏剧的可能样态，通过梳理表演性美学理论、人本主义地理学“城市空间感”理论和福柯“异托邦”概念的理论联结，奉献了一批“看不见的城市”“表演异托邦”等美学新词。最让人感到妙趣横生的是，我们可以从“言语行为理论”（speech act theory）角度来对表演艺术进行美学分析。第一，剧场实践介入城市空间并创造出新的城市空间，或将其称为一个“看不见的城市”；第二，该表演实践与城市既有的历史人文遗产相结合，在创造出新的物理空间的当下，也建构出新的可持续感知的历史人文空间感，同时也为城市居民创造出各个城市专属的“表演异托邦”；第三，异托邦具有表演性特质，与表演艺术的表演性美学特质相通，“表演异托邦”的发生意味着城市多元空间（感）的打开和拓展，或可在一定程度上消解当今中国弥漫的消费主义和结构性的阶层排他性。这样既拓展了剧场表演上的物理空间，也提高了观赏者的参与度，这样，表演和生存空间、表演者和观赏者的界限不再明显，从而呈现了一种新的表演样态，具有独特的艺术学美学价值。

最后，既然是多学科互动，当然不能少了对于“文艺美学”的探讨。李伟老师认为文艺美学歧路丛生，令人困惑。他认为，作为学科出现的“文艺美学”，虽然至今已有近40年的成长史，但如今仍有“妾身未明”之嫌：就学科关涉而言，它需要与既定的美学、文艺学和艺术学进行有效区分；就理论品格而言，它得表明自己与形而下的艺术经验及形而上的哲学原理之间的归属关系；就研究生态而言，从事文艺美学的研究者，清一色出自文学系，甚少有哲学出身的学者深入此一境域；就学术诉求而言，个人对学术创新的追求与国人对民族理论的厘定之间，存有不可调和的矛盾。针对这一现象，他提出了几点建议，作为学科的“文艺美学”，第一，不能固守美学的哲学性，否则在中国讨论文艺美学就只有“死路一条”；第二，文艺美学未来的开拓和建设，必须以中国传统文艺理论为中心和基础，因此须与中国文学批评史学科联起手来，充分吸取西方美学和文艺理论之传统，并兼顾

20 世纪中国文艺美学研究的既有成果，尤其是朱光潜、宗白华等人的著述；第三，对文艺美学的讨论，必须与文艺学和艺术学联合起来，共同寻找出路，因为文艺学的泛化与艺术学的挣扎同文艺美学的突围，有着根本性的关联。

四　对经典的现代化阐释

——当代美学或艺术哲学基本理论问题

经典哲学研究上帝是否存在，上帝是否有自由意志，灵魂是否不朽，这是对于事物本源问题的探究和对自身认识的重要过程，在此基础上生发出了许多理论和思想。通过对这些哲学问题的思考，我们更加了解世界，更加了解自己。人类不仅对物质、自然现象好奇，也更加重视对自身精神、意识的讨论，所以西方哲学总是伴随着美学而生，西方哲学史也是西方美学史。随着人的主体地位提升，对哲学、美学的研究到了近代也更多转向了人。本次美学年会对哲学、美学经典的阐释更加现代化，转向人类的感受。现代主义对于柏拉图的理式世界、黑格尔“美是理念的感性显现”、康德的批判力批判等著名理论发起了挑战，从而颠覆了传统的语言观。后现代主义作为现代主义的延续、发展、变异，进一步对哲学、美学观念“去本质化”“去本源化”。这次美学年会，众多专家学者也对哲学、美学经典问题的现代化、后现代化转向进行了讨论。

邹军博士对现代主义是过时还是未境进行了再思考，她首先对现代主义的概念进行了介绍，发现其实现代主义所囊括的各个主义不是和平共生，也是存在着相互对立和排斥的关系，这也正是推动现代主义进步的一个原因，因为这种主义本身的特点就是叛逆的、前卫的、实验的。所以，接着邹军博士也为我们展示了在现代主义当中比较有代表性的几个流派，例如比较激进的未来主义、“狂怒的风”的达达主义、与达达主义密切联系的超现实主义。这些思想作为新兴思想传入了还处于美学理论蒙昧状态的中国，对当时中国的文艺学美学也产生了一定的影响，并且这些思想在中国内部由于其叛逆、前卫的特点也发生了几次革新。紧接着作者又讨论了作为现代主义承接的后现代主义。后现代主义与现代主义是断裂的，还是对其的进一步发展，还是既共存又断裂？西方学界比较鲜明地持有“断裂说”的学者是杰姆逊，与杰姆逊不同的是利奥塔，他提议“不应在时间分期的意义上来理解后现代”，而建议将现代主义和后现代主义理解成两种不同的状态，对于这两种不同的状态，利奥塔的描述是现代主义遵循一种元叙事，即宏大叙事或形而上学话语形式，一种具有合法化功能的叙事，它导致总体性的普遍原则的确立，从根本上看，现代性仍然是一种本质主义。关于现代与后现代问题，鲍曼的观点同样也没有走向极端。在他看来，现代主义与后现代主义之间的关系既是共存的也是断裂的。比较明显地将后现代主义视为现代主义延续的是哈贝马斯。哈贝马斯并不认为现代性或现代主义已经走向终结，而是将现代性或现代主义中所暴露出的诸多问题视为一种“现代病理学”。综上可见，现代主义诞生伊始便是以先锋和前卫的姿态出现的，其所颠覆的是西方文化中根深蒂固的理性传统，在文学艺术领域所具体针对的主要是现代主义。现代主义强调自律性、内向性、抽象性、观念性，这些都有悖于此前的文艺传统。因此，它所掀起的是一场跨越性巨大的文艺革命，现代主义者也成为革新者甚至异端的代名词。并且，在现代主义全球化的过程中，这种先锋性和前卫性也未曾改变，在其入驻的地域，现代主义同样成为突围传统的精神资源。然而，在现代主义的发展和延伸中，其所建立或遵循的原则逐渐地固化成一种权威，渐次失去了流动性与革新性。后现代主义正是建立在对固化的现代主义的反思之上，前者延续了后者的先锋性，或者说前者内蕴着后者，后者在前者中复活。因为这样一层复杂关系，诸多学者在提出“后现代主义”概念之后，又期望重写现代主义。因此，如同文艺思想史上诸多概念一样，现代主义与后现代主义同样包含了巨大的内在张力，在这种情况下，简单地区分现代主义与后现代主义，并将现代主义视为一种不合时宜的存在，都将是粗暴和武断的。

邹军博士提到了后现代主义，杜立博士则基于利奥塔“崇高美学”视角，对后现代视域下的“崇高美学”研究进行了讨论。杜立博士认为，在西方美学中，自朗吉努斯对“崇高美学”关注开始，至近代博克、康德等思想家的理论中，“崇高”的概念得到了全面论述并成为一个完善的美学范畴。但是，在现代与后现代的洪流中，“崇高”的内涵发生了位移，逐渐实现它的现代转向，利奥塔的“崇高美学”就是后现代转向下崇高美学的代表。而随着现代性与后现代性的发展，利奥塔崇高美学的弊端逐步显露，所以，基于现代性与后现代性的紧密关系，当代崇高美学范畴的建构成为当下美学研究不可或缺的组成部分。当代崇高美学发展必须先解决之前现代性与后现代性二者关系遗留的问题，即要在后现代性对现代性的重构之后的基础之上发展。基于此，崇高美学的当代发展应该始终植根于当下文明发展的大背景，社会文明的推进是整体性的必然表现，这不仅是人类社会整体发展而且是人类内部自身发展。同时，我们必须注意到，文明的演进过程中的整体性僵化造成了人类发展的僵化，这就需要人自身保持内在的创造定力，始终遵循崇高的传统内涵，即在遭遇外界与内部双重异化时奋起抵抗。由此，后现代性对现代性的解构是摒弃社会发展的弊端，而对其再次重构无非是对人性本身的重构，对人性本身的重新思考也正是崇高美学当代发展的关键。

一定的社会背景会影响文化的发展，自然也会影响人们的思维方式和审美方式，人们对于美学的思考也会与现代性生活和生产方式相结合。在这样一个人工智能、算法、大数据的时代，在这样一个 5G 马上要到来的时代，人类对自己的命运开始恐慌和焦虑，到底人工智能会不会占领思想的高地，最终统治人类？人类的一切智力成果相对于机器而言，好像都变成了人类未来危机的走向。人类对科技的启蒙意识开始转向虚无，美学作为与人类的感受最接近的一门学科最直接地揭示了人类这种对数字人文的心理状态。所以张红军副教授对美学启蒙现代性做出了自己的思考，他通过启蒙现代性的审美虚无主义本质、审美现代性的审美虚无主义本质、西方现代性危机的审美虚无主义根源三个方面，证明了如果启蒙现代性和审美现代性的本质都是审美虚无主义，西方现代性危机的根源在于审美虚无主义，那么克服危机的关键，就不是用审美现代性对抗启蒙现代性，而是要走出审美虚无主义的思想逻辑。审美虚无主义对一切传统法则和标准的摧毁，固然使西方现代个体获得了一种消极的自由，但也总使他们徘徊于深渊边上，很容易堕入虚无；审美虚无主义基于个人意愿对外在世界的创造性重构，固然使西方现代个体获得了一种积极的自由，但也会使他们陷入与他人、自然和自身的严重对立，最终陷入无家可归的虚无主义心绪。所以，西方现代性要想走出危机，必须首先改变西方现代个体对传统法则和标准的彻底虚无态度，让他们明白传统虽然会束缚生命的自由，但也是生命意义的来源；还要改变个体改造外在世界的唯意志论和工具理性态度，让他们明白外在世界不仅仅是满足人类欲望的对象，还是给予我们心灵慰藉的家园。

五　与西方思想交谈

——中西方视域融合中的美学理论建构

美学在中国是西学东渐的产物，又是中西文化和学术交融、碰撞的结果。美学的概念是德国哲学家鲍姆加登在1750年首次提出来的，他认为需要在哲学体系中给艺术一个恰当的位置，于是他建立了一门学科来研究感性的认识，并称其为“Aesthetic”（感性学）。从古到今，从西方到东方，对“美”的解释是复杂的，在古代的西方如古希腊，柏拉图认为美是理念；亚里士多德探讨模仿与现实艺术的关系；中世纪的奥古斯丁说：“美是上帝无上的荣耀与光辉”；还有康德对美的分析。中国古代的道家则认为“天地有大美而无言”。而到现代，美学则开始与人工智能、经济、生态环境、语言学相结合。但是无论美学与什么文化现象相结合，始终都绕不开哲学、美学的基本问题，都要在哲学的基本问题内进行讨论。

韩振江教授就针对黑格尔的“美是理念的感性显现”的问题进行了再阐释。黑格尔所有的美学思想都是围绕这个命题展开的，这句话无论对美学还是对黑格尔都有不可估量的价值。所以韩振江教授对这句话进行了重点分析，得出来一个公式：理念 = 绝对心灵 = 美的对象 = 主体。这样否定了实体即主体，即绝对精神通过人的心灵获得主体性，从而完成了实体即主体的否定过程。通过这个公式他首先对绝对心灵进行了分析，他认为“绝对心灵”有如下几个特征：

1. 无限性。

2. 绝对心灵不是静止不变的，而是不断否定和活动的，即“绝对心灵应该作为绝对活动来理解，因此，也可以作为它的绝对的自我分化来理解。

3. 自由性。

其次他对“绝对心灵”如何否定自身进行了阐述。第一，人心灵与自然的对立及其否定。第二，人心灵与社会的对立与否定。第三，心灵观照心灵自身，以绝对心灵为对象。通过韩教授的论证展示，我们清晰地看到了黑格尔认为的“绝对心灵就是绝对真理和真理的实现”。接着韩教授又谈了理念作为概念和客观实体是怎么达到统一并来表现美的。他分析道，在美学中，“概念”不是“概念”与“实在”（现实对象及其属性）的相互消解，而是“概念”在现实对象中予以实现，变为真实的存在。“概念”在其与“实在”的统一体中，处于统治地位，“实在”也是“概念”的自我生发和自我发展，“概念”在“实在”中实现了自己。所以“理念就是概念与客观存在的统一”。最后，韩教授认为既然美是理念的感性显现，那么最完美的理念以最完美的感性形式的实现就是美的理想。艺术理想就是要求外在感性形式符合灵魂。

“生产力”这一熟悉的词语，在政治经济学、社会学当中经常被提到。这一词语不仅在经济学中被使用，在艺术学、哲学、美学理论中也被提及，因为艺术也有自己的生产力。朱春燕教授就“艺术生产力”这一问题对马尔库塞艺术生产力理论的价值诉求及其实现进行了讨论。她首先对马尔库塞“艺术生产力”概念的内涵进行了详细的解读，通过对马尔库塞专著的研究分析，将马尔库塞对“艺术生产力”定义为：艺术生产力是艺术本身所具有的改善人的审美能力、感受力、思维能力，培养人的新感性，进而使得具有新感性的人建立自由社会的能力。接着，朱教授证明了马尔库塞“艺术生产力”思想的学术渊源和理论依据，马尔库塞的思想多见于马克思的思想，同时18世纪的德国古典美学的主要代表人物康德、席勒等人也直接影响了马尔库塞的“艺术”概念的形成。在这些大思想家的影响下，马尔库塞的“艺术生产力”理论生成了。了解了“艺术生产理论”是什么，那艺术生产力的价值诉求及实现途径是什么呢？朱教授进一步作答，马尔库塞的艺术生产力对世界合理改造的价值诉求是个体的自由与幸福，是完整的人的回归。这一诉求是通过培养人的“新感性”，恢复感性的人的本能特征，进而让人的潜能和欲望得到真正表达，使得这些潜能和欲望成为现实的一部分。

六　知识交流与互鉴

——中国现当代美学知识谱系与学科建设

美学学科建设，一直面临着中国—西方、古代—现代相融合的问题。之前高建平教授提出了中国美学学科建设和学科发展的三次“突围”。首先，中国的学科体系固化，应当突围；其次，中国新兴学科接受外来文化，需要实现古为今用、洋为中用的突围；最后，针对中国文论和中国理论的萃取，中国的文章在外国期刊上发表，不能总是展现奇奇怪怪的东西或者是展现外国文化在中国的发展历程，这需要突围。他认为，中国的美学不应该只局限于中国古代美学，应该肯定在五四运动以后的美学，因为中国美学和西方美学没有上升到思想层面，也没有达成新的美学思想建设。同时高建平研究员认为不应该把美学划分为中国美学和西方美学，应该跨越国别和文化上升到新的高度。这为当代美学知识谱系和学科建设都提出了非常有价值的意见，其他参会人员也对当代美学学科的现状进行了分析并且提出了相应的发展建议。

王德伟教授也对中国美学学科建设所遇到的问题进行了讨论，提出了相似的问题。他认为一直以来存在的两个问题，即一方面是如何在“中国—西方”这一关系结构体的显在文化冲突与潜在观念的纠葛中，进行理论范式与知识建构具体抉择；另一方面是同“中国—西方”关系结伴而行的，现代中国美学理论建构无法摆脱“如何弥合传统与现代分裂的关系问题”。从上述两个方面来看，可以发现，从20世纪初期的梁启超、王国维、蔡元培，到20世纪二三十年代的吕澂、范寿康等人，借重“西方”并以西方学术概念、命题和学说来说明美学问题的根由，不仅在文化转换的现实层面确立了中国美学“现代”建构的前提，也在知识构造层面为美学理论奠定了“现代中国”叙事方式的基本依据。也因此，在吕澂、陈望道、范寿康等人的美学撰述中，美、美感、美感经验、美的形式与分类等取自西方近代以来的知识性话题，便一再进入他们各自的体系性理论视野。不过，由于“中国—西方”“传统—现代”作为一个关系结构体的复杂性，对于中国和传统的再发现与再审视却不会随着西方的出现、现代的闯入而自我取消。如何能够从对西方的文化被动、现代的知识性体验中获得中国传统之现代意义重构的理论自觉？如何在借重西方知识话语的同时而又发现并有效开掘中国思想现代性转换方向及其价值，将其与现代中国的美学理论建构意图进行具体对接？这些不仅是20世纪早期中国美学家所面临的重大挑战，对整个20世纪中国美学的建构努力来说也是一个十分沉重的理论话题。王德伟教授认为宗白华一直在中和这两个问题，努力让中国美学不出现崇西弱中、崇今弱古的现象。所以，宗白华美学立足于“长保中国文化的美丽精神”，将美学理论建构现实地引向生活改造的具体方向。西方的存在，为其从美学上有效激活中国资源提供了现代视角；对传统的重新发现和再阐释，完成了其对现代美学理论的中国建构。在此过程中，宗白华美学对中国文化精神、中国美学传统的现代创造性转换价值进行了深刻的展示，为我们提供了独特而深刻的方法论启示。

宗白华和朱光潜两位先生都是中国现代美学的奠基者，宗白华为现代中国美学理论建构的路径选择提供了一种启示。李圣传教授为我们提供了认识朱光潜的独特角度和方式，他对朱光潜美学思想中的英国经验主义成分展开了讨论。20世纪西方美学对审美心理经验的重视，尤其是近代心理学美学，其精神源头之一便可上溯到英国经验主义哲学美学传统中。作为主攻心理学博士学位的留英学生，朱光潜正是在这些思想的引导下走上美学道路的，并由此建构起以“直觉说”为核心、融“移情说”“距离说”“内模仿说”为一体的美学话语体系。由此，研讨朱光潜美学，英国经验主义的美学视野不可忽视，更不可或缺。通过深入细读与理论比较发现，朱光潜“物甲物乙说”“移情说”“距离说”与洛克、休谟、博克等经验主义美学家思想的参照对读，并非要推倒前人观点证实朱光潜直接攫取了经验主义美学家的思想，而意在阐明研究朱光潜美学时切不可忽视英国经验主义美学的重要理论背景。

20 世纪的中国美学，可从宏观层面分为现代和当代两个阶段，又可细分为四个阶段。而李泽厚又有“三代”说。他说的“代”，既有“时代”之义，更有“代表”之义。第一代以蔡元培、王国维为代表，包括梁启超和鲁迅。蔡、王与梁、鲁，又分别开启并影响了贯穿 20 世纪的“审美主义”与“功利主义”两条美学理路。第二代以朱光潜、宗白华为代表，他们代表了 20 世纪中国美学的第一个高潮期，即 20 年代到 40 年代。这一时期的美学家，以朱、宗两位为坐标环视前后左右，在前尚有吕澂、范寿康和陈望道等，同时期则有邓以蛰、丰子恺、闻一多等，稍后有周扬、蔡仪和吕荧等。“审美主义”和“功利主义”的美学理路，分别通过朱光潜、宗白华与周扬、蔡仪等人得到延续和发展。第三代以李泽厚为代表，在前尚有以艺术的美学分析自成一家的王朝闻、阐发中国艺术精神理论的徐复观、以中西古今融通对文艺进行美学分析的钱锺书；与李泽厚同时的高尔泰、蒋孔阳、周来祥等，大多秀出于 50 年代而成于 80 年代，自成一格。

李帅老师讨论了第二代美学家蔡仪，蔡仪先生从 20 世纪 30 年代起就开始研究中国美学。几十年来，他的美学观点自成一派。中国的美学一直以来争论的问题是“美的本质是什么”“美是主观的还是客观的”，这也是蔡仪美学的核心问题。但从新世纪新时代回顾 20 世纪中国美学的发展可知，关于蔡仪美学的讨论实质是一种意识形态之争，是关于美本质问题所陷入的唯名论与唯实论的美学圈套，反映的是唯物主义美学与唯心主义美学的根本分歧，而这也是中国马克思主义美学与西方马克思主义美学的岔路口。李帅老师对蔡仪关于美的本质的讨论，是从美学学科名称的来源开始的，以往的“美学”都翻译成“aesthetics”，也就是感性学，但是蔡仪则选择了“callistics”来作为关于美、美感和艺术基本原理的学科名称，“callisitics”系英文，德文为“kallistik”，源于希腊文“kallos”，即“美”。从这一词源角度。就可以看出蔡仪对于“美学”的态度，他认为美不是感性的，不是一种感觉，是对感性的理性认识。蔡仪不仅从美学的名称改变了“美学”的通常译法，而且对先前的美学三大派进行了批判。同时，蔡仪做出“美根源于客观事物”的论断，主要包含三个方面：第一，美根源于客观事物；第二，主体认识客观事物借助于意识，但客观存在为第一性，意识为第二性；第三，美的本质是典型，“美的就是典型的，典型就是美”。

七 结语

综上所述，本次会议的议题紧紧与时代特征相结合，与会者们展示了扎实的学科基础，具有问题意识的敏锐性，对各个学说能够有深入的洞察力，能够对自己关注的问题进行深入反思；并且在研究内容上展现出了主题的丰富性以及领域的广泛性、时代性；在研究方法上体现了研究视角的多元化、研究方法的多样性。这预示着中国美学、哲学、艺术学已经进入了新的历史时期，也说明了会议的重要性，促进了各学科的交流借鉴和中西方文化交融。在历史与现代结合的时代背景下，学术界也不能故步自封，也应当走出自己的世界。同时，会上的成果展示，让我们看到了我国的哲学、美学、艺术学蓬勃发展，专家学者做出的努力不仅是对前人的继承和发展，还为后人的研究开拓了一定的道路。哲学、艺术学、美学不会停下脚步，而会砥砺前行，同舟共济，攻克在学科发展和学科建设上面的障碍，创造美学的更多辉煌。

（作者单位：北京第二外国语学院文化与传播学院）

柏拉图的药（一）

雅克·德里达（Jacques Derrida）/文
胡继华/译

摘　要：通过细读柏拉图的对话录《斐德若》，德里达展开了对爱欲、修辞、书写、哲学关系的讨论。在这篇著名论文中，德里达更新和加深了对传统柏拉图观念论的物质主义批评。传统的柏拉图主义认为，真理之存在不依赖于且超越于语言指称行为；而作为语言指称行为的典范，书写乃是纯粹的派生物和补充物，同持驻在心灵和展现在言语之中的真理相比，它只有次要的意义。在《斐德若》中，柏拉图借着苏格拉底之口，将“逻各斯”描述为“父亲”“帝王”，享有对书写的威权。书写既是补药又是毒药，它必须服从逻各斯的统治，而不该将探索真理的心灵引入迷途。于是，柏拉图及其老师苏格拉底与智术师势不两立，后者教导青年人运用书写，滥用修辞，激发爱欲，引人偏离爱智之道。唯有观念活着在场，真理方可存在。若无观念，作为再现技巧的书写，像辅助记忆的技术之类，只不过是在重复，而无助于探索真理，倒会变成谬误的载体。选取一个古希腊语“pharmakon”作为隐喻，德里达强调书写具有善恶、补损二重性。书写提供一种无须包容真理的幻象，从而危及真理。但是，作为对真理的补充，书写也有助于真理的传播。

关键词：柏拉图；《斐德若》；言语；书写；药物

耳光（*kolaphos*）：打脸，敲打，掌掴……敲打（*kolapto*）1. 进入，渗透进去，特指鸟儿用喙啄开……所以，也可以说是“撬开”……类比的用法，特指马用其蹄敲击地面。2. 引申用法，是刻画，留痕，镌刻：“铭文赋形（在杨木上刻画出痕迹）。”（参见 Anth. 9，341）或者，

在树皮上打孔，留下抓痕。（参见 Call. 断片，又作 *Klaph* 或 *Gluph*）①

一个文本，唯其规避了第一个来者，规避了第一道瞥视，规避了其创制之法则和游戏之规约，它才成其为一个文本。不独如此，一个文本仍然无从诉诸感觉，永远无法被察知。然而，文本之法则与游戏之规约，却不会隐匿于一个不可领悟的秘密之中；显而易见，它们绝对不能立刻被镌刻入任何一种可以严格地称为“感觉”的东西之中。

因而，它们永远而且本质上有绝对丧失之虞。究竟有谁知道，还有这么一种烟消云散？

无论怎样，藏匿编织的纹理可能要花上几百年去解开它的网织之物。一张网包孕着一张网，解开这张网需花几百年。将它作为一个活体而再度织就它，亦复如此。同时，它还会恍恍惚惚地更新其断线残痕之后独一无二的纹理，更新每一次阅读所做出的决断。任何一种批评（断文识字、考据考证、辞章解析、义理阐释——译者注）或许都以为，它已经在游戏中占据主动，即时掌控了一切头绪，但这同时也是自欺欺人，一心想窥透文本却未曾触摸文本，未曾染指“（解读）对象”，未曾贸然添加某些新的头绪——这度冒险，乃是唯一通过插手游戏而进入游戏过程的机缘。而为了解剖一切批评，为了对一切批评展开生理学分析，总是注定会大惊失色。在此，添加，无非就是提请解读而已。我们必须努力反思，彻底明了：关键并不是在一个文本之上刺绣，否则我们就会以为，为了知悉刺绣之道，仍然必须有追寻既有头绪的能力。如果我说得不错，此乃隐藏的头绪。如果像当今人们轻易地认为的那样，读与写乃是一体两面，如果阅读就是书写，那么，这种一体性就既不是指未加区分的融和（混合，undifferentiated confusion），也不是指完美静态之中的同一（身份，identity at perfect rest）。这个让阅读与书写成双成对、永结同心的“是”（is）却必须分崩离析。

故此，我们必须以一个简单然而双重的姿态，同时阅读和书写。这么一个对游戏可能一无所知的人，一瞬间豁然（du coup）开朗，觉得仅仅是为了“增补”（supplément）——也就是说，为了在旧事之上踵事增华，而被赋予了权威。他什么也没有增补：并非严丝合缝。相反，如果他借着

① 这里作为引导这篇关于柏拉图的文本之题记中的希腊语词语“Kolaphos”，乃是法语辞书Littre 中法语词“coup”之冗长释义的最后一个词条。德里达在《散播》一书的第一篇论文《书之外》（hors-livre）就游而戏之地对这个词语进行了充分的讨论。——译者注

“方法论的缜密”“客观性的规范”“认识的稳妥性”而可能免于任何承诺，拒绝任何担当，那么他将完全不会阅读。同样的愚拙，同样的贫乏，皆寓于“不严肃”之中，像寓于“严肃”之中一样。但是，一场博弈游戏的种种必然性，一种嬉戏的逻辑，以及一切文本权力系统必须被赋予且必须与之协调的符号，必然以严格的方式先行决定了阅读或书写的增补。

一

在相当程度上，我们已经有言在先，说出了想说的一切。无论如何，我们的词汇不会取之不尽、用之不竭。除这样那样的增补之外，我们的任务无非是去命名文本的纹理，阅读与书写，控制与游戏，增补性的种种悖论，以及活体和死物的图画性关系：在文本性之内，在织体性之内，在编织学之内。我们将持驻在纹理的界限之内——持驻在“竖立”（histos）的隐喻与隐喻的“竖立”（histos）问题之间。①

我们已经有言在先，说出了想说的一切。所以，假如我们一会儿继续唠叨，如果我们凭着游戏力量自我伸张，如果我们就柏拉图写点什么，则敬请读者海涵。在《斐德若》对话中，柏拉图早就说过：书写只能重复（它自己），“其所指（sémainei）永远同一”，它就是一场“游戏”（paidia）。

（一）灵泉（法玛凯亚）

我们从头说起吧。藏匿编织的纹理可能要花上几百年去解开它的网织之物。为了证明这一点，我不以《治邦者》（*Statesman*）为例。由于我们在讨论柏拉图，《治邦者》会第一个让我们留心，无疑这是因为它提供了“织工”的范型，尤其是因为它提供了范型的范型、范例的范例。而这就是直接位居它之前的“书写”。② 唯有经过一段漫长的迂回之后，我们还要回到

---

① 辞书释义：“histos：竖立之物，因此有如下具体用法：1. 桅杆；2. 纺车的竖梁，垂直而不是我们的纺车上的水平梁木（龚布林人和印度人的纺织方法不是这样），纺纱线附于其上。还有如下用法：1. 纺车；2. 纺车上固定的纱线，以及纬纱；3. 织就的衣物，帆布片；4. 比喻意义上指蜘蛛网和蜂房；5. 杆，杖，棍；6. 比喻意义上指腔骨和腿。”

② “异乡人：余之挚友耶，斗胆相问，舍却用例，欲明事物之本真实价，可谓难矣。吾人观物，宛如梦中，以为知之甚确，然一觉醒来，则觉一无所知。青年苏格拉底：汝之所言，所道何物？异邦人：心系求知之道，而探究吾人奇异人生之困境；择此机缘，在下乃自讨没趣，愚拙毕现已。青年苏格拉底：君言何谓？异邦人：余之挚友耶！得一个（转下页注）

这里。

我们的讨论将从《斐德若》对话开始。[①]正在被谈论的对象《斐德若》长期以来被认为是一部构思紊乱、章法全无之戏剧对话。在抛弃这么一种想法之前，《斐德若》必须等待近两千五百年的时间。最初人们会说，那时柏拉图太年轻，难以做好这件事，难以创构出一件做工精美的作品。第欧根尼·拉尔修斯记载了这么一种“众人之说”（logos, esti legetai）：《斐德若》是柏拉图的发轫之作，因而其“稚嫩之气”（meirakiōdē ti）毫厘毕现。施莱尔马赫认为，这一奇闻轶事却被一种荒唐可笑的论证逻辑坐实了：一位年尊辈高的作家绝不会像《斐德若》之中的柏拉图那样谴责书写。[②]这个论断不仅本身值得怀疑，它还基于一种道听途说的轶事——听信了拉尔修斯所记的轶事。唯有一种蒙昧盲目或者极其麻木的阅读方式才会传播这种谣言：柏拉图只是在谴责作家的活计。在此，毫无一丝迹象，《斐德若》也以其独特的写法佯称，拯救书写乃是高贵至极的游戏之最高境界——而这也

（接上页注②）例，必得范例。青年苏格拉底：何也？愿闻其详，切莫因吾迟疑。异邦人：遵命，遵命，难为君之如此渴求。稚童蒙学，仅知字母，其时……”（《治邦者》，277d-e）接下来对于书写编织活动的描述则势必求助于语法经验的范型，然后逐步过渡到使用其“高贵形式”的程式，获得编织的范例或范型。

① 英译者关于柏拉图著作的英文版相关说明：英文柏拉图对话基础读本见《柏拉图对话选集》（*The Collected Dialogues of Plato*, ed. Edith Hamilron and Huntington Cairns）, Bollingen Series LXXI, Princeton, N. J.: Princeton University Press, 1961。各卷对话的译者如下：Hugh Tredennick (*Apology*, *Crito*, *Phaedo*); Benjamin Jowett (*Charmides*, *Laches*, *Menexenus*, *Lesser Hippias*, *Cratylus*, *Timaeus*, *Great Hippias*); J. Wright (*Lysis*); Lane Cooper (*Euthyphro*, *Ion*); W. D. Woodhead (*Gorgias*); W. K. C. Guthrie (*Protagoras*, *Meno*); W. H. D. Rouse (*Euthydemus*); R. Hackforth (*Phaedrus*, *Philebus*); Michael Joyce (*Symposium*); Paul Shorley (*Republic*); F. M. Comford (*Theaetetus*, Parmenides, *Sophist*); J. B. Skemp (*Statesman*); A. E. Taylor (*Critias*, *Laws*, *Epinomis*); L. A. Post (*Letters*)。

同时英译者还参考和部分采纳了如下译本：*Phaedrus*, trans. W. C. Helmbold and W. G. Rabinowitz, Indianapolis: Bobbs-Merrill Educational Publishing, The Library of Liberal Arts, 1956; *Gorgias*, trans. W. Hamilton, Baltimore: Penguin Books, 1960; *Apology*, *Crito*, *Phaedo*, *Symposium*, *Republic*, trans. Benjamin Jowett, in *Dialogue of Plato*, New York: Washington Square Press, 1951; *Republic*, trans. F. M. Cornford, New York & London: Oxford University Press, 1941; *The Laws*, trans. Trevor J. Saunders, New York: Penguin Books, 1970。

此外，英译者还对柏拉图译本之中的遣词造句略有调整，以便与论述语境和括号之中插入的希腊语一致。如果有必要更接近于德里达写作时所用的法文译本，引文也会有所微调。引文后括号里的数字是指柏拉图著作 Stephanos 版本，此为传统标注法。——译者注

② 关于《斐德若》的谋篇布局问题及其阐释，L. Robin 的《柏拉图的爱欲论》（*La Theorie platonicienne de l'amour*, Paris: Presses Universitaires de France）一书之中有丰富详细的解释，且参见该书作者给 Budé 版《斐德若》译本所撰导言。

意味着它终归沧海遗珠，湮没无闻。借着柏拉图用以夫子自道的那种慧黠的手法，随后我们将可以追踪其中的事变及其结果。

1905 年，第欧根尼·拉尔修斯的传统被颠覆了。颠覆这一传统，不是为了承认《斐德若》的佳思妙构，而这一次是为了将缺点归咎为其作者的年迈无能：“《斐德若》构思紊乱，章法全无。可恰恰就在这篇对话之中，苏格拉底将艺术作品定义为一个活体存在，于是其缺陷更加触目惊心。然而，一个人年迈衰老之证据，恰恰就在于他没有能力去完成这么一种构想精妙、完美无缺的创构之作。”①

我们再也不会停留在那一点上。自然而然，更为有效的方式，是假设存在着一种严密、稳靠而又灵巧的形式。这样势必发现一种新的基调、一种新型和谐。在一种结构更为隐秘的主题、名称和词语的体系之内，它以一种构型细微的对位手法产生令人惊讶的效果。它解开了耐心地将这些论证逻辑网织在一起的整个织体。这一论证之威权，同时既自我肯定又自我抹杀，充满了增补、反讽以及慎思明辨。

《斐德若》对话的整个结尾部分（274b 以下），尤其如此。众所周知，这一部分都在探讨书写的起源、历史与价值，而这就是我们增补的头绪。有朝一日，这场审判书写的整个听证会将不复是一场舶来的神话幻想，不再是活力机体毫不费力地抛弃而毫无损失的一个赘瘤。事实上，对书写的严肃拷问贯穿于《斐德若》对话的始终。

永远充满着反讽。但是，在这里，关于反讽，我们能说点什么呢？其主要标志何在？对话包含着唯一“严格意义上本源的柏拉图神话，即《斐德若》中的蝉喻，以及特乌特的故事”。② 饶有兴味的是，在对话之开场，苏格拉底的第一个论断就警示，“不要自寻烦恼去关心这些神奇古怪的东西”（229d－230a）。这不是为了断然拒绝这些神奇古怪的东西。相反，不要烦扰这些神奇古怪的东西，一方面是任其自然，为它们留下空间，进而将它们从阴沉严肃、板着面孔的科学理性主义者的天真见解之中解放出来，另一方面是不要为它们操心，进而自我解脱，以便确立吾我关系，以便追

---

① H. Raeder，《柏拉图哲学的发展》（*Platons philosophische Entwickelung*，Leipzig，1903）。对于这种观点的批判，参见 E. Bourguet 发表在《形而上学与道德评论》（*Revue de Métaphysique et Morale*）之上的论文《论斐德若的构思章法》（Sur la composition du Phédre），1919 年，第 335 页。

② P. Frutiger，*Les Mythes de Platon*，Paris：Alcan，1930.

求自我认识。

请告别神话：一种致意，一段假期，一场废黜。寻欢作乐，同时意味着一切。寻欢作乐的爽朗决心，两度被打断，为的是接纳“严格意义上本源的”“两则柏拉图神话”。不仅如此，这两则神话都出现在关于书写地位问题之讨论的开始处。毫无疑问，在蝉的故事之中，这种意味有些朦胧——是否每个人都参悟其中的奥义？但这同样也无法确定。两则神话追随同一个问题，只有一个狭小的空间、一段足够走弯路的时间将它们分开。第一则神话当然没有回答问题，反而使之悬而不决，标明了一段静修的时间，让我们期待重复。而重复则将我们引向第二则神话。

让我们更详细地阅读这段对话。“讲辞书写”（logography）问题正好就出现在《斐德若》对话的中心，真是精心安排、匠心独具。读者不妨数数行数。斐德若提醒苏格拉底说，社会权势最大且最有尊严的公民，也就是那些最为自由的人，都会为“讲辞书写”感到“羞耻”（aiskhunontai），为竟然留下这些差劲的“文字”（sungrammata）而汗颜。他们害怕后代的评判，害怕在将来可能有人称他们为“智术师”。严格说来，讲辞书写者乃是一名鬼魅作家，他为法庭诉讼写讲辞，他自己不念讲辞，也不亲自出场，而是在缺席的情况下发挥影响。写其所未说，写其所绝不愿说，甚至写其所压根儿也不认为如此的东西，书面讲辞之作者就已经铁定是装腔作势的智术师了。不在场之人，不真诚之人，不真实之人。因此，文字已经是场面之外观而已。书面文字与真理形同冰炭。这种不相容的关系得以昭显之时，苏格拉底正在着手重述人们贪图快乐而迷失自己，自我缺席，自我遗忘，丧生于恐怖之歌声（259c）。

可是，探索进程搁浅了。苏格拉底仍然持一种不偏不倚的立场：书写本身，并不是一桩不为人齿、丧失颜面和“见不得人”（aiskhron）的事情。仅当以不为人齿的方式书写之时，一个人才真正不为人齿。但何谓“以不为人齿的方式书写”？而且，斐德若也急于知道，何谓“优美地”（kalos）书写？这个问题伸张叶脉，以巨大的褶皱将对话分开。问题在此，而最后一节的回答词斟句酌：“然则，中正合道之文与离经叛道之文，二者之差异问题依然如故。换言之，让书写得体合道或者让书写斯文扫地之条件，仍然如此。然否?”（274b）一问一答之间，线索牢固，甚至头绪朗然，一直贯穿着蝉喻，统帅着灵魂教养学、修辞学和辩证法等诸种主题。

因此，苏格拉底的发言以告别神话开始。在提出书写问题之前两度停顿，创编出两则神话：我们将会看到，这些神话并不都是胡编乱造，却比柏拉图作品的其他地方所讲述的故事更加自由灵活，更加顺乎自然。现在，《斐德若》对话开场所展示的“快乐”乃是以真理之名而发生。我们将反思这么一个事实：神话度假之后，此时此刻，以真理之名，再度归来。

快乐以真理之名而发生。也就是说，以真知之名，更准确地说，以自我认知的真理之名而发生。这就是苏格拉底的看法（230a）。但是，自我认识这条律令，并不是哪一个通明透亮而不假中介的自我在场所感觉到或所指令的。它未被感知，而仅仅是被阐释、被解读和被判读。阐释学指派了直观。一则铭文，即德尔菲铭文，无非是一道神谕，通过沉默的符码先行昭告了一切。铭文有所指称，正如有人下达命令，指称一种秩序——“自体幻视”（autoscopy）与“自动灵知”（autognosis）。苏格拉底所思忖的这一特殊活计可能悖逆于神话阐释学的冒险。他把这种冒险留给了智术师们。

而且，快乐以真理的名义发生。这个对话之话题绝非大而化之。严格说来，主题，话题，俗见常识（或寻常之所），总是被严密地镌刻入和笼罩在一个氤氲化蕴的场所。它们演示出戏剧景观，栩栩如生。而且，在这戏剧场所地形景观中，场所之整一性对应于一种屡试不爽的筹划，对应于一种绝对稳靠的必然性。酷暑炎天，让整场对话显得凝重深沉，驱赶两个朋友移步城外，置身乡间，沿着伊利索斯河信步悠游。若非如此，蝉鸣绿荫的景象就不会出现，人种蜕变为蝉的寓言也就不会被重述，也就没有任何诱因刺激苏格拉底去讲述蝉喻。“天清气爽，惬意甘甜，悠悠夏日，万树鸣蝉，合唱之歌，呢喃和鸣，岂不快哉？”（230c）苏格拉底仰天长叹，随之详述了蝉种生成的谱系。这却不是对话空间所要求的唯一对位效果。神话出现在两个朋友信步漫游之始，以及他们目遇伊利索斯河景色之际。神话构成了寻欢作乐的潜文本，构成了寂照忘求与“返身自视”（autoscopy）的托词。按照传说，这不就是北风之神掠走俄瑞提亚的地方吗？芳草离离的河岸，清澈晶莹的河水，一定召唤过少女们，甚至像魔咒一样让她们神魂颠倒，诱惑她们来此地嬉戏。苏格拉底戏谑地以一种充满理性主义、自然论的“智术风格”（sophoi）提出了一种博学的解释：正当俄瑞提亚与法玛凯亚嬉戏之时，“北风”（pneuma Boreas）裹走了她，将她吹进深渊：“由此山崖被刮下去”，“据说北风之神波若阿斯掠走伊人，于是香消玉殒……斐德若君，窃以为此类说法无疑魅力横生，杜撰此等说法之人聪慧勤勉，却全然不得报以惊羡”。（229d）

《斐德若》开篇关于法玛凯亚（Pharmacia）的提及，点到为止。这是偶然的吗？一句题外话？一桩书外事？罗邦先生注："伊利索斯河近源，一道灵泉，据说或有包医百病的神效，被献给了法玛凯亚。"让我们记住这一点：这是一个微小的斑点，一道细密的针脚、一个几乎可以忽略不计的网结，被编织进画布的背面，为整个戏剧对话铺展了隐秘场景，与法玛凯亚嬉戏的少女被抛入深渊，惊吓而死。法玛凯亚还是一个通名，指管理药物的机构（Pharmakon），即药店。药店中的药物，既是毒药又是补药，毒药和补药。"荼毒"根本不是"法玛凯亚灵泉"的常见意义。安提丰流传了一纸诉讼文牍，"控告荼毒加害岳母"（Pharmakeias kata tēs mētryias）。法玛凯亚通过嬉戏，将一位纯情少女和一份无解的奥秘拖向了死亡。

紧接着苏格拉底就把斐德若藏藏掖掖的书面讲辞形容为"药物"（Pharmakon）。这服药，这服治病的药，这份唤起欲望的迷药，既有毒药之效，又有补益之用。这服药就已经饱含歧异而主动介入话语的躯体之内。这种令人着迷之物，这种魔咒之功，这种唤起迷狂和激发幻觉之力，可能交替地或者同时地发生作用，增益而又为害，取得善效和导致恶果。我们最终认识不到，药物本身就是反实体，也就是说，它抗拒任何一种哲学元素，作为非同一性非本质之物、非实体之物而无限肆心，僭越界限，根据这种特殊的事实而赐予哲学以无穷的困境：哲学之奠基，永不枯竭的悖逆；哲学之创建，永无穷尽的缺场。果不其然，药物可能就是这么一种实体：同时具有"实体"一词所能指称的一切含义，即那种拥有灵异效果、隐秘深度的一切，它们拒绝通过分析来消除其歧异性，而这已为炼金术开辟了道路。

通过实施诱惑，药物让人迷失，偏离普遍、自然、习俗之道及礼法规范。在此，它［斐德若携带的书面讲辞（药物）］也让苏格拉底舍正道而不由，脱离了他习惯的轨道。他的生活习惯让他总是乐于留在城里。文字之书页，活像药物，怂恿或者诱惑一个从来就不想出城的人出城漫游，甚至最后还让他拒绝饮鸩赴死。斐德若和文字（药物）让苏格拉底偏离本性，驱使他走上了一条真正漫游的"不归路"（exodus）：

> 斐："君所道也，洵非虚言，异邦之客，由此地人引领，岂若原乡人！君足不出户，幽闭城池，绝未跨越地界。吾观之，君从未步出四周城垣。"

苏："贵友恕我，吾乃嗜学之士，爱在求知。田园与树木，不愿且无所有教于我，城内居民则好为人师。余觉君已备药物[①]，诱我解禁出城。动物无奈饥馑，为他人鲜果嫩叶所诱，君携书册所载言辞，诱惑于我，别无二致。诱饵在眼前，吾欲蠢动，情不自已，为人所制，兜圈阿提卡。何所之止，尽随汝愿。然既达此处，不如卧下。取何姿态，授我言辞，悉听尊便，惬意为上。"（230d - e）

苏格拉底终于在草地上躺下，斐德若采取最舒服的姿势念诵文本，如果你喜欢，不妨说在调剂药物。就在这么一个时刻，讨论事实上正式开启。无论其作者是吕西阿斯还是斐德若本人，一篇被讲过的讲辞，一篇当着苏格拉底在场而即时诵读的讲辞，或许可能产生不了同样的效果。唯有"书面言辞"（logoi en bibliois），唯有被延宕、被藏匿、被密封和被卷起的言辞，即那些迫使人等待它们以坚固物体形式出现且在其保护下的言辞，这样的言辞让两位挚爱文章的朋友在散步期间对它们充满了爱欲，唯有这些隐迹的文字才让苏格拉底心旌摇荡。如果一篇讲辞可以纯然被呈现在场，被揭开面纱，被剥成赤裸，由活生生的个人展示其真理，而无须以其外在的能指为中介，没有迂回地显现；如果在这条界线上可能存在一种没有被延宕的言辞，那么它将魅力全无，对任何人都不构成诱惑。它也不会宛若在一服药物的疗效之下迷惑苏格拉底偏离正道、蔽于本性。让我们超前说话。我们已经有言在先：书写，药物，误入迷津，引人误入歧途。

在讨论这个文本时，我们使用的是纪翘姆·比代（Guillaume Budé）出版的权威柏拉图法语译本。至于《斐德若》，我们用勒昂·罗邦（Léon Robin）的译文。我们会继续使用这个版本，只要合适，契合我们的论点，就用括号插入希腊语，比如，药物（Pharmakon）。我们希望，以这种办法，用最令人注目的方式展现合乎规律与秩序的多重含义。尽管有所歪曲，充满着未决性，或者负载着多重规定，但是没有误译，这些复杂的含义允许用"补药""处方""毒药""药物""迷药"等多个词语来翻译同一个词语——"Pharmakon"。我们也将看到，在何等程度上，这一概念能屈能伸的整体性，或者将它同能指相连的规则和奇特的逻辑，不仅由于译者的粗心鲁莽或译者所奉行的经验主义，而且首先是由于翻译之中令人敬畏而不

① 英译者注释：Hackforth 将"pharmakon"翻译为"处方"（recipe）；Helmbold 和 Rabinowitz 将之翻译为"补药"（remedy）。

可克服的困难，而被散播开来，被遮蔽起来，被涂抹殆尽，以及被转换得不可理解。这是一种蕴含在其根本的困难，与其说它存在于从一种语言向另一种语言的过渡之中，从一种哲学语言到另一种哲学语言的过渡之中，不如说它存在于希腊语与希腊语之间的流传之中：存在于从一种非哲学元素到一种哲学元素的转换之中的严峻困难。解决翻译难题的同时，我们将要设法解决的，也只不过就是向哲学生成转换的难题。

“书卷”（biblia），迷惑苏格拉底走出幽居之所，走出他虔心问学、教书育人、开堂讲演、对话交流的空间，走出层层保护的城墙。这书卷负载着“同辈绝世之才”（deinostatos ōn tōn nun graphein）所书写的讲辞。这位作者，大名吕西阿斯。斐德若将吕西阿斯的书面讲辞（如果你愿意，不妨管它叫“药物”）藏于腋下。他还没有将它背得烂熟于心，所以无法脱稿。书写的难题与“烂熟于心”的难题唇齿相依，所以这一点尤为重要。苏格拉底躺下之前，他要求斐德若摆出最舒服的姿势，斐德若也自觉自愿地不假文本之助，试图重构吕西阿斯讲辞的推理、论辩、布局谋篇，也就是说重构它的“思想”（dianoia）。苏格拉底突然喝住了斐德若：“善哉善哉！吾之良友。不妨示我，汝左手腋下，藏何物件？余贸然猜之，莫非真是讲辞（ton logon auto）？”（228d）苏格拉底发出邀请，诵读随之开始，“药物”流动在斐德若的衣装与肉体之间。在这几个情节之间，对话提到了法玛凯亚，告别了几则神话。

甚至在埃及特乌特神话中间，尚未将书写呈现为药物之时，书卷与药物的关联也应该以一种怨毒或者疑虑的风格被提到了。这是事出偶然，还是因缘和合？同基于科学的真正医疗实践相对立，我们确实发现有一些以简单至极的姿态记录的经验实践——基于烂熟于心的处方来执行的治疗，纯粹照本宣科的知识，以及盲目地使用药物。苏格拉底教训我们说，所有这一切，都源自迷狂：“吾人料想彼等欲言，此人迷狂矣！拾人牙慧，道听途说，于书中偶然得来‘处方’（ek biliou），或碰巧得到一二‘通用药物’（pharmakiois），竟自以为可以悬壶济世，开门纳诊，实乃对医术毫无真知。”（286c）

书写与药物的关联仍然明显是外在的，而且还不妨断定，这种关联乃是人为造作，纯属巧合。可是，其意图和语调的同一性却一望便知。同一种疑虑一揽子将书本与药物封存起来——一方面是书写，另一方面是以灵异而模糊的方式起作用的一切。后者不仅导致了经验主义和偶然，而且还为魔法所统治，且同必然法则毫不相关。书籍及其被封存在书卷之中的僵死知识、史事堆积、分类系统、烂熟于心的处方和公式，所有这一切都外在于活的知识与辩证法，正如药物外在于医学，神话外在于真知。柏拉图偶尔也知道，如何把握神话及其考古学或古董学的容量。而当我们在理解柏拉图时，或许会看到上述最后一个对立（神话对立于真知）的巨大与艰难。艰难的程度被划定了——在几百个例子之中，这个例子总是令我们难以忘怀，因为书写作为药物这条真理、这条源始的真理将首先被托付给了一则神话——特乌特神话。我们现在就来分析这则神话。

对话进行到这个环节上，我们可以说，药物与文字相去甚远，却暗通款曲，间接互动，一来一往，就好像事出偶然，且没有任何确定的理由，与一种丝毫没有关联且全然无意的效用，在同一条线上出现而又消逝，藕断丝连，难解难分。但是，为了消除这种疑虑，必须同时假定，“自愿”与“非自愿”这两个范畴在阅读当中仍然具有绝对的适切性（我们暂时并不认为如此，至少在我们所展开的文本层面上并不认为如此），那就让我们继续解读对话的最后一部分，聚焦于特乌特登场亮相的时刻。

这一次，书写被提议、被呈示、被断定为一种药物，直截了当，没有隐秘的中介，没有秘密的论证程序（274e）。

我们或许在某种意义上能够理解，这一部分对话本来可能是一则附录，一个添加于主体部分的增补物，分裂而游离于对话之外。尽管前此各个环节上的一切都在召唤这个增补，但柏拉图确实有些故意地将之当作一段消遣，一场书外游戏，或者干脆说，是主食之外的一碟点心。增补、书写抑或药物被论及之时，对话的全部主题（论题与说话者）显然都已经被讨论穷尽：“故而，吾人或可察知，至于言说之技艺，以及‘技艺之匮乏’（to men teckhnēs te kai atekhnias logēn），所论足矣。”（274b）[①] 然而，一切穷尽之际，恰是书写问题开启之时。[②] 在对话的早些时候，“羞耻”

① 一涉及逻各斯问题，Robin 就将“tekhne”翻译为“art”（“之道”）。在对话后半部对书写的责难之中，同样一个词语，就将转译为“技艺知识”（connaissance tekhnique），不过这一次同“书写”相属。

② 在《普通语言学教程》中，索绪尔以一种漫谈的方式或者书边杂语的形式，对书写问题进行了准备性探讨，抑或先行排除和解决了书写问题，而卢梭《论语言的起源》之中论述书写的章节也同时得到了论述，虽然这一部分实际上非常重要，但仍旧被当作一种看似偶然的增补，一条补充标准，“另一种比较语言研究和判定其相对古老性的手段”。在《哲学百科全书》（*Encyclopedia*）中，黑格尔也展开了同样的逻辑运作，参见拙文《地狱与金字塔》（*Le Puits et la Pyramide*）（I－1968），载《黑格尔与现代思想》（*Hegel et Pensée moderne*），巴黎：法兰西大学出版社，1970 年，附录：《埃庇米修斯》（*Epiméthée*）。

（aiskhron，或者其副词形式“aiskhros”）这个用词就预示着，书写问题便展开为一个道德问题。无论是在善与恶、好与坏对立的意义上，还是在礼法习俗、公共道德和交往君子协定的意义上，真正的症结就在于道德性。问题的实质在于，要知道是非，辨别哪些可为、哪些不可为。这种道德的焦虑无论如何都不可同真理、记忆和论辩术诸种问题区分开来。后一类问题立即会被当作特殊的书写问题来处理，却同道德主题唇齿相依，甚至是依据本质的亲近而非外在的叠合发展了道德主题。可是，在一场因城邦的政治进程、文字的传播、智者的嚣张、文士的活跃而变得现实的争论之中，优先强调的重点自然而然地落在政治上中正合道和社交上优雅得体之上。这类由苏格拉底提出的仲裁便行使在表面价值与非表面价值的对立之中：“然则，书写之优雅得体与书写之不合中道，依然为患事之根；质言之，合道与否，此为根据。然否？”（274b）

书写为表面？书写者伤及一个可钦可敬的形象？书写是否得体？书写完成了么？

回答当然是否定的。但是，答案不会如此简单。苏格拉底也不会立即自为负责地用理性的话语或逻各斯做出这么一个简单的回答。他将这个问题托付给一段妇孺皆知的传说，让一种道听途说来做证，诉之于一则口耳相传的神话故事，从而任其流传，说者好像无意，唯愿听者留心：“于此，列祖列宗尚留遗训，容予且道于君；然其所蕴真知，唯借口传得知。然则，况若吾人且能自为见其真意，可否应然关乎人之幻觉迷思？”（274c）

书写之真理，抑或我们所知之书写“非真理”，无法为我们自在自为地发现。而且，它不是一门科学的对象，而只属于一段被引述的历史，只属于一则被反复讲述的神话。书写对立于知识，尤其是对立于吾人反身而诚寂照忘求的内在知识，则书写与神话的更清晰关联于此出现。与之同时，恰恰是通过书写或者通过神话，谱系学之断裂及其同起源之疏离便昭然无蔽。我们应当特别地留意，往后书写即将遭受的指控，这种一再重复却一无所知的指控，在此限定了为书写定位和陈词的方式。所以，我们开始于一再重复却一无所知。通过一则神话，重复却不知书写的定义。书写的定义，将一再重复却一无所知。书写与神话，有别于逻各斯与论辩术。但二者之亲缘关系却必须到对话的终局才一清二楚。书写即一再重复却一无所知。仅仅是一再重复却一无所知，苏格拉底持续将其谴责的展示、逻各斯的展示置于那则妇孺皆知的“传说”（akoē）之基础上，置于那些借着一脉神奇书写谱系便可解读的结构之基础上。只要神话先发制人，苏格拉底的逻各斯就将给被告以毁灭性的打击。

（二）逻各斯之父

故事的开始是这样的：

> 苏格拉底："妙极妙极也。余曾闻言，古之埃及，有地名瑙克拉提斯。是邦古神甚众，活者有一，御使神鸟，其名白鹭。斯神也，名号'特乌特'。是神者，百艺首创者也：数字与运筹，几何与天文，遑论跳棋与骰子。是神所创百艺之中，首推'文字'（grammata）。是时，神王塔姆斯统领埃及众国，为万王之王；其所居之地，位于上域之煌煌城邦，古希腊人称'埃及之特拜'。人称神之真身为'阿蒙'。特乌特朝觐神王，献上百艺，声称诸术可授埃及众人。神王塔姆斯问询诸艺之用之效，特乌特历数诸艺之优之长，神王或责其之恶，或赞其所善。而据传塔姆斯于诸般技艺所言甚多，褒贬兼有（一一重述言辞累赘）。及至书写，特乌特明言：'神王明鉴，此术（to mathēma）将增益埃及人之智慧，增进人之记忆（sophōterous kai mnēmonikōterous）。在下之创制者，乃为记忆与智慧之灵丹妙药（pharmakon）也。'然神王则道：……"（274c－e）

在此，让我们中断神王的言辞。他面对"灵丹妙药"。而他的回答将咄咄逼人、无比犀利。

我们让这一戏景凝固，让其中的人物静止，仔细看个究竟。文字（如果你愿意，也不妨称之为"药物"）被敬献给了神王。敬献：像诸侯一名，为了向他的帝王致敬，而献上的一份礼物（特乌特乃是一尊半神，对诸神之王说话），但这份礼物首先是一件完成了的作品，被奉给帝王以期获得嘉奖。而且这件作品本身乃是一门技艺、一种创作作品的能力，以及一种有待行使的权力。这件人工之作乃是一门技艺。但这份礼物的价值仍然不确定。书写的价值，或者说药物的价值当然必须对神王讲个明明白白，但只能由神王来定夺它的价值。在接受行为之中，他究竟为建构何物或确立何种制序？这种建构或制序究竟有何价值，只能由神王说了算。塔姆斯乃为阿蒙（Ammon）之代理[①]，阿蒙为诸神之王、万王之王、诸神之神，特乌特对他说：“哦，‘至尊之王’（ō Basileu）!”神王或王神，因此就是价值之源的别号。若非得到神王之褒奖，文字的价值就不甚了了，甚至可以说完全没有价值。可是，神王仍然将“药物”当作一件产品或一件“作品”（ergon）来体验，绝非己属，不仅来自外部而且来自下层，必须等待他居高临下的评判，以便将其存在与价值神化。神王不解书写之道，然而正是这种无知无能证实了他遗世独立而至高无上，享有最高主权。他没有书写的必要。他发言，他发话，他发号施令，他有言辞就够了，无待其他。来自其秘书团队的文士是否通过抄录而提供增补？这种现抄现卖的增补在本质上永远是次要的。

神王从这个立场出发，虽没拒绝这份敬意，但对技艺极尽贬低之能事，谴责其无用，而且还极其危险，万分诡诈。此乃拒不接受书写之献礼的另一种方式。在拒绝这种技艺的时候，颐指气使的神王宛如一位父亲。药物被当作礼物敬献给父亲，可是父亲不但拒不受礼，而且极尽贬低，责难备至，弃之如敝屣。对于文字，父亲疑神疑鬼，万分警觉。

即便我们不想用这篇短文将王、神和父亲三者统一起来，但只要系统地关注一下柏拉图体系的恒久常量就够了。这种关注与我们的知识没有关系。一套柏拉图体系总是将言语（准确说来，是逻各斯）的本源与权力归之于父权（父系）的立场。这并不是说，这种情形只发生在柏拉图那里，独一无二。无人不知，也不难想象。可是，事实在于，“柏拉图主义”以其概念性为西方形而上学奠基。这个事实应当对这种结构性约束的普遍性负责，甚至它还以无与伦比的灵气与力度证明了这种普遍性，凸显其意味深长。

同样，这也不是说逻各斯之存在，等于父亲之存在。但是，逻各斯的本源就是逻各斯之父。我们不妨误置年代，指认“说话的主体”就是其话语之父。而且，我们立马会认识到，这种说法不是一个隐喻；至少，在修辞学的任何一种人所共知和约定俗成的意义上，它不是一个隐喻。逻各斯

---

① 在柏拉图看来，塔姆斯无疑就是阿蒙的别名，也就是太阳王与诸神之父的别名；为此稍后我们将勾勒这个神祇的形象。关于这个神祇的问题，及其所引发的争论，参见 Frutiger, *Mythes*, p. 233, No. 2。特别参见 Eisler，“Platon und das ägyptische Alphabet,” *Archiv für Geschichte der Philosophie*, 1922；Pauly-Wissowa, *Real-Encyclopaedie der classischen Altertumwissenschaft*（Art, Ammon）; Roscher, *Lekixon der griechischen und römischen Mythologie*（Art, Thamus）。

之存在，乃是一个儿子之存在；因而，这么一个儿子，如果他的父亲不是即时在场，那么在其独特的在场中，他就被摧毁了。他的父亲对他作答。他的父亲为他说话，对他负有责任。没有父亲，他事实上只不过是文字而已。至少，这就是一个说话者之所道：也就是说，这就是父亲的谋划。文字之特殊性将同父亲之缺席休戚相关。当然，这么一种缺席的存在状态可能五花八门，清楚抑或模糊，前后相继或者同时并立：通过自然死亡或者死于非命，通过偶然的暴力或者无辜的弑父，他都会惨遭丧父之苦；然后，恳求父系亲属在场提供可能或者不可能的帮助与呵护，直截了当地恳求，或者宣称即便没有也会活得很好，如此等等。读者将会注意到，苏格拉底坚持认为，一种对文字有所祈求的话语（逻各斯）充满了悲苦——无论这种悲苦是可怜得让人同情，还是自大得令人怨恨："……渠恒求父之庇护，缘其无能自保，或无能自取所需。"（275e）

悲苦境况充满了含糊歧义：当然，这是孤儿的危难，他不独急需一位呵护者在场，而且急需一种能满足这种急需的在场。对孤儿满怀怜悯的同时，人们也会向控告文字一样地数落他，因为他宣称要废黜父亲，自诩自足，洋洋得意，满以为得到了解放而不受约束。从执掌王权的立场居高临下，俯而视之，对书写之欲望就被指认和命名为一种对孤苦伶仃的状态和杀父弑祖的颠覆之欲望，并因此而遭到严厉指责。这服药物是不是一件犯罪证据或一件荼毒的礼物？

孤儿，谁也不能呵护他和襄助他，谁也无法担保他的生活开支。孤儿的状态巧合于一种"文（字）"的状态：当它落墨成文、镌刻成字之时，谁都不会认其为子，几乎压根儿就不是一个儿子，再也辨认不出它的祖源，在法律上如此，在道德上亦然。与文字正相反对，活的逻各斯生香活色，灵性盎然，因为它有一位活着的父亲（而孤儿已经是半死不活），一位即时在场、临近而立、藏迹于后、隐神于内的父亲，以其清风正气支持着它，以父亲之名且亲自呵护着它。所以，活的逻各斯承认它的亏欠，借着这种承认而焕发活力，禁止自己杀父，也认为它能够禁止弑亲犯祖。但是，禁令与弑父，就像言语与文字的关系，结构之怪异令人惊讶，以至我们随后必须更为细致地研读柏拉图的文本，在被禁止的弑父与赞扬的弑父之间做出明确区分。这是一场被延宕的谋杀，其对象是父亲和教士。

《斐德若》可能已经充分证明，那些见证（呵护）逻各斯的人，那些与一位父亲之在场即时在场的人，必须担负起对逻各斯的责任，必须对其意义与后果负责。然而，我们必须不倦地质疑这么一些“隐喻”。苏格拉底在场见证，对爱欲之神祷告：“斐德若君，或敝人在下，厄洛斯神，若吾等前述言辞冒犯尊上，祈请责难吕西阿斯，立言论道之祖（ton tou logon patera）。”（275b）出题设论，即“逻各斯”或“话语”，在此或指论证，或指理路，或指赋予口头争辩以活力的引导线索。罗邦先生将“logos”译为“subject”，还不只是关公战秦琼，年代误置。更为严重的是，整个意图和指称的有机整体被败坏了。因为，唯有“活的”话语，唯有一种口头言辞（而非言语的论题、对象或主题）才可能有一位父亲。从现在开始，就有一种必然性以不败的方式更清楚地向我们显现：话语必然是子嗣。这些子嗣之活力足以偶尔发动抗议，且让自己经受质疑；而且，与书面文字相对立，当其父亲在场之时他们有能力回应。他们之存在，乃是父亲的责任之在场。

例如，其中源自斐德若的某些话语，就是这样。可是，他本人有时又被呼召过来支持它们。让我们再一次参考罗邦的译文，这一次他没有将“logos”译为“主题”（subject），而是译为“论断”（argument），在十几行的篇幅之内，中断了“言说技艺”（tekhnē tō logōn）的游戏。这里谈到的，是智术师和演说家们已经或者声称已经掌握的“技艺”，它既是一种艺术，又是一种工具、一服灵丹妙药、一篇神秘深奥但可以流布世间的“论文”，如此等等。苏格拉底用“劝勉”（peithō）与“真理”（alētheia）的对立来寻思解决这个在当时堪称经典的难题（260e）。

> 苏格拉底：“论断（logoi）前来，争辩煌煌说辞，必得示之以据，证成某一技艺（tekhnē）。适此则然，违此则非。然此时此刻，状若寻常，余闻些许论断，朗然为据，证之纯属诳语，绝非一门技艺，实则一道枯涩套式。一如斯巴达人言：‘拙乎执握真理，未可存纯言技艺（tou de legein），当下尚无，将来阙如。’”
>
> 斐德若：“尊师苏公在上！吾人确需此等论断（Toutōn dei tōn logōn）。请示证于斯，容吾人省察：持论所持之意，及其持意之方（ti kai pōs legousin）。”
>
> 苏格拉底：“尊贵同侪（gennaia），恭请前来，劝服雅美子嗣之父斐德若（kallipaida te Phaidron），令其信此为真：措意爱智之道不足者，不配养成出类雄辩家，无能就此题而设论。请了，斐君，恭请作答。”（260e－261a）

必须首先开口说话的，仍然还是斐德若。不过，这一回乃是《会饮》中的斐德若，因为他既是“桌上首席”，又是“吾人出题设论之父”（patēr tou logou，177d）。

临时地为了方便起见，我们还是继续将这一切称为“隐喻”。然而，隐喻无论如何都属于一个完整的体系。如果逻各斯确有其父，如果仅当其父呵护之时它才成其为逻各斯，那么原因正在于：它永远是一个“存在物”（on），甚至是一种存在物（参见《智术师》，260a），更准确地说，是一个活的存在物。逻各斯是一个活的动物（zōon）。一个动物，有出生，有发育，道法自然（phusis）。语言学、逻辑学、辩证法，以及动物学，属于同一脉谱系。

将“逻各斯”形容为“动物”，柏拉图对他之前的某些演说家和智术师亦步亦趋，紧随不舍：对立于僵死苍白、刻板冷酷的文字，他们标举活生生的口语，准确无误地顺从当下情境的种种需求，准确无误地服从在场对话者的期待与要求，在确乎必须自生自造之处，寻觅蛛丝马迹，假装言听计从和虚己待物，可事实上同时实现了最大程度的说服和操控。①

逻各斯，一个灵气盎然的存在，同时也是一个已经制序的有机体。一个有机体拥有其独特的躯体以示区分，它有心脏，有肢体、躯干，头足诸全。为了成其为“独特”，书写成文的话语（逻各斯）就应该像活体话语一样遵从生命的法则。言辞书写之必要性（anangkē logographikē）类似于生物学或动物学的必要性。不然的话，就显然头尾皆无、残缺不堪。无论是结构还是构成，在此都有让逻各斯在书写过程之中丧失其头尾的危险：

> 苏格拉底：“敢问其余？言辞杂而无束，喧宾夺主，异动纷呈，果如意否？奚有力劝之道，采信乎起承转合，相续适宜？言辞所余，莫不概然？恕予愚昧无知，窃以为拙劣文士，心无城府，秉笔直录偶有心思意念。汝今可否详述所道之言必循谋篇之策，何许妙制之理允其合道制序，所谓言辞书写之必然？”

---

① “逻各斯—动物”之联想出现在伊索克拉底《反智术师》讲辞和阿尔克比达马斯《论智术师》讲辞中。参见 W. Suss 论文，他将这两篇讲辞逐字逐句地同《斐德若》对话进行比较（*Ethos*：*Studien zur älteren griechischen Rhetorik*，Leipzig，1910，pp. 34 ff.）；同时参见 A. Diès，“Philosophie et rhetorique，” in *Autour de Platon*，Paris：Garbriel Beauchesne，1927，p. I，p. 103。

> 斐德若："尊师仁慈，量吾享此眼力，悟透其书写之道。"
>
> 苏格拉底："君许默识，举凡言辞，皆为'活物'(ōsper zōon)，理当制序井然，自拥躯体，头足诸全，躯干四肢，布局错落，各得其所，浑然天成。"(264b - c)

制序的机体必然出身"高贵血统"；我们记得，所谓"高贵血统"(gennaia)，就是苏格拉底所谓的"言辞"，即那些"高贵的存在"。而这就意味着，已经被创制而有序的有机体必须有一个起点和一个终点。在此，苏格拉底的标准精确而且坚实：言辞必须有始有终，在该开始的地方开始，在该结束的地方结束。吕西阿斯之流则不然：

> 苏格拉底："吕西阿斯乎？吾人似已洞观，此君距吾人圭臬，何以道里计？头尾颠倒，背负言辞之流仰泳，由终点返游至起点。开始即道爱欲之人当对所爱之主所道终末之辞！"(264a)

苏格拉底之逻各斯圭臬含义深邃，影响巨大。显然，对我们而言，只要不必过分纠缠于此，就足够了。我们可以进一步推论：口说言辞看起来就仿佛是见证源始场景并且亲自出场的人。Logos："Sermo tanquam persona ipse loquens."[①] 正如一本《柏拉图辞书》所说：像人一样，逻各斯—动物必有其父。

但这是怎样的一位父亲啊？

我们是否必须认为这个众所周知之人（以及这个耳熟能详之词）足以在仓促分类为隐喻的范畴之内区分了其他范畴呢？然后，我们可能会说，逻各斯的本源或得以存在的原因，类似于我们所熟知的一个儿子得以活命的原因，即他的父亲。我们可能理解或想象逻各斯以一个外在领域为据点诞生和成长，生命的转换或世代的更替。但这位父亲在任何一种先于和外于一切语言关系的意义上都不是生产者和孕育者。于是，我们要问，在何种意义上，如果不是以逻各斯为例，这种父子关系可能同纯粹的因果关系或生产者—被生产者的关系？唯享有言语权力量者才配成为一位父亲。对于说话（活着）的存在，父亲永远是父亲。换言之，不是别的，正是逻各

---

① Fr. Ast, *Lexique olatonicien*, Cf. Also B. Parain, *Essai sur le logos platonicien*, Paris: Gallimard, 1942, p. 211; Louis, *Les Metaphores de Platon*, Paris: Les Belles Lettres, 1945, pp. 43 - 44.

斯让我们觉察和探寻诸如父性之类的精神。如果说，在“逻各斯之父”这个词组中存在着一个简单的隐喻，那么，貌似更为熟悉的第一个词（“父亲”）从第二个词语（“逻各斯”）所获得的意义，与它所传输给第二个词语的意义相比，仍然要多得多。第一种熟悉性永远沉潜在一种同逻各斯共存的关系中。生命一存在，父亲与儿子，都是在逻各斯家庭之中向我们公开呈示，且彼此相关。无论如何，我们都难逃此劫：为“隐喻”所转运到一方异域，在陌生的土地上和父亲不期而遇，儿子们、活物们以及一切活的存在，都总归会用比喻的方式，向每一个不认识的人说明，逻各斯这个陌生之物究竟所道何意。即便家室乃是一切隐喻性的核心，“逻各斯之父”也仍然不是一个简单的隐喻。为了理解简单的隐喻性，我们必须秉持这么一个论断：某些缺乏语言能力的存在物（假如仍然每一个人都坚信有这么一种存在物的话）也有一位父亲。因此，我们必须进一步实施彻底的颠覆，转换一切隐喻的方向，再也不去追问“逻各斯是否能有其父”，而是去试图理解：父亲所宣称成为何人的父亲，绝对不可能没有逻各斯的可能性。

亏欠一位父亲的一席言辞（logos）。所说何意？至少，在当下我们所阅读的柏拉图文本之底层，它当作如何解读？

当然，父亲形象也是“善好”（agathon）形象。逻各斯代表受益与受惠之物：这位父亲是首脑、首都和首善（之物）。或者，他就是这个首脑、这个首都、这个首善（之物）。古希腊语“patēr”泛指这一切。柏拉图的译者和注者显然一概没有考虑到这些词语指称的游戏。我们必须承认，在翻译之中尊重这种语言游戏极其困难，这个事实至少可以解释为从来就没有人提出过这样的问题。因此，《王制》之中的苏格拉底免于谈论善好本身，却立即建议谈论善好的儿子、善好的“后裔”（ekgonos）：

> 苏格拉底：“善好之本如何，姑且暂时搁置，盖呈吾之紊乱思绪，鲜有成色，且转瞬皆非。依予邈见，善好之‘子嗣’（ekgonos）相类乎善好，成色为最，吾人乐于言之。汝若喜闻，吾便乐道，若不欲闻，吾自休也。”
>
> 格劳孔：“善哉，愿闻其详，适时请言子嗣之事，转日再言双亲之事。”
>
> 苏格拉底：“吾唯愿言其父也言其子，汝赎本也赚息（tokous）。然则不论何故，汝自赚息，请闻善好子嗣之事（tokon te kai ekgonon autou

tou agathon）。”（VI，506e）

“利息”（tokos）与“子嗣”（ekgonos）相连，意指生产与产品、出生和婴儿，如此等等。这个词语同农业、亲属关系和信托业务相关的领域具有同样的意指功能。我们马上就知道，这些领域没有一个处在逻各斯的投资量与可能性之外。

作为产物，利息非他，即为子嗣，即为人或者动物的幼崽，即为播撒在田野里的种子所结果实，一份资本投资所获之利润：这就是回报或者偿还。随之所有这些意思都会分布在柏拉图的文本之中。“父亲”（patēr）的意义有时甚至因为金融资本独占鳌头的意义而被扭曲了。这样的扭曲就发生在《王制》之中，距离刚才的引文不远的段落里。民主制的弊端之一，乃是它允许金钱在其中搅浑水：“专侍钱财一心牟利之人，利欲熏心，卑躬屈膝，却对穷愁之人视而不见，以钱财之毒蜇伤及无辜，荼毒无力抗御之人，于受害者身上牟取利润，一如父母生育子女（tou patros ekgonous tokous pollaplasious），致邦国之域，懒汉及乞丐横行。”（555e）

于是，关于这位父亲、这笔财富、这件物品、价值之源、现身之物，我们就不能简单地说或者直接地说。第一位的原因在于，就像我们不能盯着看太阳一样，也不能当面直视他们。关于直视太阳而致眼目伤残这个主题，在此笔者强烈推荐重读《王制》第七卷（515c ff）。

在《王制》第六卷里，苏格拉底仅仅提到可见的太阳，它类似于父亲，而父亲乃是理智太阳的“类像”（analogon）：“予言所及，至善子嗣之谓（ton tou agathou ekgonon），乃是太阳；子嗣也，至善自依其本所造类像也（hon tagathon egkennēsen analogon），其于感官所触世界与视觉及其可见物之关系，相当于至善自身于理智世界与理智及理智物之关系。”（508c）

在父与子之间、理智物和可见物之间，逻各斯如何调停？起到何种作用？

至善，可见而又不可见的父亲形象，太阳，资本。它们构成了一切存在物之本源，而对一切存在物之出现及其进入逻各斯（话语）负责。而逻各斯（话语）让它们奎聚在一起，又让它们彼此区分：“吾人常道，善美之物型相诸多，美善之物各显其型，然吾人述谓其‘在’，总以众数名之（einai phamen te kai diorizomen tōi logōi）。”（507b）

美善（父亲、太阳、资本）是隐而不显的逻各斯之源，它光照万象又眩惑目盲。而且，我们不能言及“让我们能言之物”（遭禁而不言及者或禁止面面相觑而对谈者），所以也只能言及“言谈之物”，只能言及“鲜有例外吾人所惯常言谈之物”。我们无法说明或理解哪种逻各斯（说明，理解，ratio）是可以理解的，或计量与琢磨有何亏欠，而且无法计量资本，无法看清至尊王者的面目，所以极有必要利用一种辨异区分的手段去计量多元的利润、利息、回报、产品和子嗣：“渠所道言（lege），请予详述，汝另择时日酬还父辈之逸事；答曰：予心存意想，唯愿予可偿付，汝能所得，连本带利。然则，彼时彼刻，请纳善好之利息与子嗣。然敬请悉心，以免吾事出无心，虚算（ton logon）利息（tou hokou），行欺诈之事（kibdēlon apodidous）。”（507a）

从上述引文中，我们也应该理解到：计量（logos）增补之物（对父亲—善好—资本—本源……的增补），以独特的运动之中超越和逾越“太一之道”（“太一之道”在这个过程之中自我缺席和隐迹无形）从而要求为之定位，苏格拉底在计量、增补、逾越和超越之同时，展示延异与辨异之道，苏格拉底引进或者发现了一种广阔的可能性，即“行欺诈之事”的可能性。所谓“行欺诈之事”，是指虚凤假凰、指鹿为马、以次充好、外美内杂、瞒天过海、模棱两可。“行欺诈之事”，古希腊人称之为“Kebdēleuma”，意思是虚假而不实在的交易。与这个词语对应的动词是“Kebdēleuü”，它的意思是“用金钱贿赂，玷污交易，在引申意义上是指自欺欺人”。

直观父亲之脸，直观至善，直观资本，直观存在本身的本源，直观最高形式之型相，会刺瞎眼睛。出于对这种后果的恐惧，苏格拉底求助于逻各斯。在可感之物和可见之物的“比喻”（analogus）秩序之中，苏格拉底在别处提出：求助逻各斯，为的是让我们免于为太阳所伤，将我们保护在太阳之下，保护我们免遭太阳之光的伤害。我们将大段引用苏格拉底的说法。除了其内在价值之外，钦定的罗邦译本当中，文本呈现出一系列意味深长的飘忽性。[①] 我们即将细读的文本，是《斐多》中对“自然哲人”（physicalists）的评判：

> 苏格拉底继续陈词：“窃以为，吾人疏于静观存在之本（ta onta），当谨慎为之，灵魂之眼切勿盲目；日蚀之时，直视太阳，必伤人之肉眼，故而当注视水中太阳影像（eikona），或借相类之媒介观太阳之光，

① Francine Markovites 让我注意到文本之中的这种飘忽性，对他的友情和敏锐，我必须深表感谢。当然，我们即将细读的文本应该与《王制》第六、第七卷的相关文本对照阅读。

以便自保。予之所在，心有戚戚焉：欲以肉眼观物，借感官而执握万物，吾人灵魂亦同坠冥暗，不见端倪。窃以为，吾当上达型相之界（en logois），追寻万物之真……故此，借一切机缘，吾人当立足于型相，此当被判为至大至刚者也。”（99d－100a）

因此，逻各斯就是万象之本，众水之源。我们必须转向它。不仅在太阳之源此时此刻存在之时，甚至即便在直视而有伤眼睛之时。而且，当太阳在日蚀之时明显消逝，我们还必须避开它，以便回到逻各斯。死亡，淡灭，隐迹无形，然而星体之威胁前所未有。

我们让太阳和儿子的纱线再纺一会儿，编织更多的故事。迄今为止，我们仅仅是一直在循着这些线索，从逻各斯转向父亲，将言辞关联于王者、主人、导师。在《王制》中，柏拉图给“至善—太阳—资本—父亲”取了另一个名字（508a）。稍后我们将在同样织体、同样文本之内，循着另外一些家族谱系线索，再次拉动同样的线纹，去见证其他图案的编织与拆解的过程。

（三）血脉近亲的铭文（Theuth，Hermes，Thoth，Nabû，Nebo）

普遍历史画卷持续展开，克色诺芬尼所严厉指责的神过分人性化，但他已经降尊纡贵，被贬为诗学虚构的人物，或者说，成为一些邪灵。但是，据说这些神之中尚有一位神衹，名号“三倍伟大的赫尔墨斯”，口授大量圣书，至于数目究竟多少，说法不一：据亚历山大里亚的克莱门说是四十二部，据杨布里科说是两万部，据忒乌特祭司说是三万六千五百二十五部（而忒乌特本人据说就是赫尔墨斯）。在这些书页之上，书写着宇宙万物。公元三世纪伊始，人们编纂或捏造了这一整座虚幻的图书馆，赋得其形曰“赫尔墨斯秘教文集”。

——博尔赫斯《巴斯卡尔的可怕球体》

一种对于未知之物的恐惧掠过他疲惫不堪的心灵：惧怕象征与预兆；惧怕鹰形人面之怪物，仗着柳条编织的羽翼，翱翔在天，匆匆逃离囚禁之地；惧怕忒乌特这位书写之神，用芦苇在墓石上镌写，他方寸大小的额头上栖息着神圣的朱鹭，映衬着一弯蛾眉月。

——乔伊斯《青年艺术家肖像》

另一个学派宣称，一切时间都已经蒸发枯干，我们的生命仅仅是对于一去不返之过程的记忆或映像，半明半暗，恍兮惚兮，毫无疑问已成幻象，而且残缺不全。又有另一个学派宣称，我们的生命及其最模糊的细节都包容在这部宇宙历史之中，而这部历史就是一位等而次之的神为了同一位邪灵做交易而创作的经书。还有一个学派宣称，宇宙本身类似于那些密码体系，而并非所有的象征在其中都有效。

——博尔赫斯《特龙，乌克巴尔，奥尔比斯·特尔提乌斯》

在此，我们的意图迄今为止还只是撒播这么一种思想：柏拉图重述埃及书写神话之时所表现的随意、自由与幻想事实上受到了严酷必然性的监督和限制。神话的布局谋篇服从于强力的制约。这些制约在一个系统之中起协调作用，形成了某些规则，让它们的存在广为人知，有时它们在经验上与我们有所区隔的“希腊语言”“希腊文化”之中存在，有时它们存在于由外部输入的“异邦神话体系”之中。柏拉图从异邦神话体系之中所借用的，不只是或者说根本就不是一个简单要素：一个人物的身份，即书写之神忒乌特。事实上，我们不能说（甚至根本就不知道“借用”这个词在这里到底是什么意思）一种借用行为；我们不能说，对于文本而言，“借用”是一种偶然而又外在的补充。柏拉图必须让这个神话故事服从于结构性律法。这是一些最为普遍的律法，其包罗万象，举世而无剩余，统治而且表述了诸种对立范畴：言语—书写，生命—死亡，父亲—儿子，主人—奴隶，首先—其次，合法子嗣—孤儿杂种，灵魂—肉体，内在—外在，善良—邪恶，严肃—嬉戏，白日—黑夜，太阳—月亮，如此等等，不一而足。主宰和表述这些对立范畴的最普遍律法当然也遵从同样的型构，主宰和表述埃及、巴比伦以及亚述神话体系。毫无疑问，它也主宰和表述其他一些神话体系，不过在此我们既无意也无法详述这些神话体系。柏拉图不只是借用一个简单的要素。我们聚焦于这个事实，因而悬置文化与神话体系的事实谱系以及它们之间的经验效用交流的难题。[①] 在此，我们想做的，仅仅是指出这种内在的结构必然性。唯其如此，神话要素的传播，以及神话要素之

① 在此，我们只是提醒读者关注关于希腊与东方或中东文化交流的现有研究。这类研究可谓汗牛充栋。关于柏拉图、他与埃及的关系、他游历太阳城的假说、斯特拉堡和第欧根尼的证据，我们可以参考 Fesugière，*Révélation d'Hermès Trismégiste*，Paris：J. Gabalda，1944 – 1954，vol. 1；R. Godel，*Platon a Heliopolis d'Egypte*，Paris：Les Belles Littres，1956；and S. Sauneron，*Les Prêtres de l'ancienne Egypte*，Paris：Le Seuil，1957。

间的一切终极涵濡才有可能。

柏拉图当然没有把特乌特当作一个人物来描绘。无论是在《斐德若》里，还是在《斐勒布斯》简短的引述之中，特乌特都没有被赋予一种单纯和具体的特性。此乃事件发生、事情出现的最低限度之要求。可是，只要仔细研究一下，我们就可以辨认出特乌特所处的情境，他的言论之内容，他的行动之意义，他所介入其中的主题、概念和能指的关系，以及构成这个位居强势且个性分明的人物之特征的一切。将这些特征与其他书写之神，尤其是与埃及书写之神忒乌特联系在一起的结构类似性，可能就既不是局部借用整体挪用的效果，也不是偶然的效果，更不是柏拉图幻想的产物。柏拉图对话将这些特征（笔触、线索）同时镶嵌在柏拉图哲学诸要素的布局系统之中，如此天衣无缝，如此锱铢齿合。这种编织神话与哲学之网的方法，便指向了某些深藏不露的必然。

忒乌特神无疑具有多重面相，属于不同世代，生活在几个家园。[①] 不容忽视，他身陷神话叙述之网络中，纠结无序。然而，如果以稳定的笔法勾勒出粗线条轮廓，仍有某些常量完全可以区别出来。也许我们会情不自禁地认为，假若他的作用恰恰不是始于确立神学威权的身份，而终于导致普遍身份的颠覆错位，那么这些常量就构成了这一神祇在万神庙之中的永恒的身份同一性。

对于那些努力重构柏拉图与其他人关于书写起源的神话人物之结构性类似性的人而言，这些持久不变的特征究竟是什么呢？显示这些特征应该不只是在上述罗列的那些对立主题的游戏之中去决定其中每一个范畴的指称意味，不论它是出现在柏拉图的话语中，还是出现在一般神话体系的型构中。于是，显示这些特征就必须开启位于西方“逻各斯”本源处的神话元素与哲学元素之关系的普遍问题意识。也就是说，开启一种历史——大写历史——的普遍问题意识：它在整体上形成于“秘索斯”和“逻各斯”的哲学辨异之中，而盲目地沉沦在这种作为其独特要素之自然显现的差异当中。

在《斐德若》中，书写之神乃是一个低贱人物，一个等而次之的形象，一个没有决策权力的技术专家，一名工程师，一个聪明人，一个天才奴隶，众神之王赐予其观众的身份，十分仁慈地恩准他列席朝议。特乌特敬献一份技艺或一服药物给帝王、父亲和以漫溢阳光的语音颐指气使的最高神祇。

① Cf. Jacques Vandier, *La Religion égyptienne*, Paris: Presses Universitaires de France, 1949, pp. 64 – 65.

神王宣布他的判决，让他的话语自上而下降临，同时强行规定必须停止服用这服药。此时此刻，特乌特无言以对。在场的各派势力都希望他不要轻举妄动。

他在埃及神话体系中也占有同样地位么？在埃及神话体系中，忒乌特也是一个被造的神祇。他自称“神王之子”，太阳王阿蒙－拉的子嗣：“在下忒乌特，太阳王之长子是也。”[①]“拉”就是太阳，是为创造之神，他借着言辞来创造。[②] 他别名“阿蒙”，事实上《斐德若》之中就是用“阿蒙”来指代他。这个专名所固有的意义就是“道隐无名”。[③] 在此，我们遇到一轮隐蔽的太阳，一名隐身的万物之父。他以言辞代表自己出场。

言辞力量，存在与生命的创造，太阳（我们知道，太阳也是眼睛），自我隐藏。这些指称的结构性整体同所谓“蛋之历史”和“历史之蛋”隐秘关联。世界诞生于蛋。更精确地说，世界生命之活的创造者乃是来源于蛋：因而太阳首先是被包容于蛋壳之中。这就解释了阿蒙－拉的许多特征：他也是一只鸟、一只鹰（“吾乃巨鹰枭鸮，孵育于他之卵”）。但是，他有作为万物之源的权能，因此阿蒙－拉也是蛋的本源。他有时叫作诞生于源始蛋的“鸟太阳”，有时叫作怀藏源始蛋的“始祖鸟”。在这种情况下，言辞力量与创世力量合而为一，某些文本也说“伟大唠叨者之蛋”。因此，同时叩问“蛋与鸡孰先”这个平庸的哲学问题，叩问因与果之逻辑、年代和本体优先性，可能一点意义也没有。一些石棺上的铭文已经出色地回答了这个

① Cf. S. Morenz, *La Religion égyptienne*, Paris: Payot, 1962, p. 58. 在该书作者看来，这个表述使用了第一人称，尤其值得注意。“对我们而言，这种奇特的表征特别值得注意，因为在用希腊语写成而包括了埃及伊西斯女神的颂诗之中，这么一种第一人称固定表达式也是共同的（‘吾乃伊西斯是也’）；而且我们也会有充分理由怀疑，这种表达式是否指明了这些颂诗具有外在于埃及的起源。”

② Cf. S. Sauneron, p. 123. “最初之神仅仅是为了创造而必须开口说话；被唤醒的生命与事物都诞生于他的声音。”

③ Cf. Morenz, p. 46, Sauneron 在他的著作中提供了这么一种解释：“至于他的名字之准确涵义，我们并不知道。但是，其发音与另一个词语相同，意思是‘隐藏’‘自我隐蔽’，文士们便利用谐音做文字游戏，把阿蒙说成在他的子孙面前遮蔽着自己真实面目的伟大神明……还有一些人走得更远：阿卜德拉·赫卡塔乌斯（Hectaeus of Abdera）记载了一脉祭司传统，据此‘阿蒙’这个名字可能是埃及人用来呼唤某个人的固定表达式……不仅如此，而且毫无疑问，‘amoini’的意思是‘过来’‘到我这儿来’；而且，某些颂诗总是以‘Amoini Amoun’开篇，这是一个不争的事实——意思是‘来吧！阿蒙’。仅仅是这两个词语之间的相似性就让祭司们怀疑，在两个词语之间可能还有某些更内在的联系——在其中领悟到一种对神名的解释：在祈求……一位隐迹无形的源始神祇之时，他们吁请和劝服他，呼他为‘阿蒙’，祈求他对他们现身，展露出他的本来面目。”（第 127 页）

问题："噫嘻吁！太阳王，藏于汝卵之中。"如果补充说，这只蛋也是一只"隐形蛋"，[①] 我们就将不仅建构而且开启了这些指称的系统。

忒乌特的随从，朱鹭，乃是始祖鸟的长子，在几个方面别具一格，引人注目：比如说，在孟菲斯教义之中，忒乌特借着语言执行霍鲁斯王（Horus）的创世计划。[②] 他负载着伟大太阳神的标记，他把太阳神解释为一个发言人、一位旗手。像他的希腊对应神祇赫尔墨斯（此外，柏拉图从来就没有提到过他）一样，忒乌特也扮演着信使的角色，扮演着一个聪颖的中介角色，他别出心裁而且八面玲珑，不仅善于偷窃，而且常常得手就溜之大吉。所以，他是能指之神。他必须借着言辞宣告或通告的一切，早已就是霍鲁斯王的心思意念了。他收藏和掌控着语言。所以语言只是为了传播信息才代表一种已经成形的神圣思想，代表一套恒定的谋略。[③] 信息本身并不是绝对的创造性要素，而只能代表这种绝对的创造性要素。所以信息是第二性和等而次之的言辞。忒乌特关心的是口语而极少关心书面言辞，所以他既不是绝对的作者，也不是语言的缔造者。反之，他将差异引入语言之中，而且认为语言具有多重起源。[④]（稍后我们将追问，回到柏拉图，回到《斐勒布斯》，这种辨异是否真正是第二步，而这种"第二性"是不是作为逻各斯之本源与可能性的文字元素出现？在《斐勒布斯》之中，特乌特确实被称为差异的始作俑者：在语言之内辨异，而非强调语言之多元。但是我们相信，在根源处，这两个难题唇齿相依，难解难分。）

既作为第二性语言之神，又作为语言学差异之神，忒乌特唯有通过换

---

① Cf. Morenz, pp. 232 – 233. 这段行将终结的文字也表明，柏拉图的这盘药店也将巴塔耶的文本化入其中（entraîne），将被诅咒之份额（la part maudite）镌刻在蛋的故事中；很快就变得十分清楚的是，整个这篇论文自身就显得不过是在阅读乔伊斯的《芬尼根守灵人》。

② Cf. Vandier, p. 36："据说霍鲁斯和忒乌特这两个神在创造活动中是同盟者，霍鲁斯代表孕育思想，而忒乌特代表执行思想的言辞。"（p. 64）Cf. Erman, La religion des Egyptiens, Paris: Payot, p. 118.

③ Cf. Morenz, pp. 46 – 47; Festugière, pp. 70 – 73. 作为信使，忒乌特结果也就是一名传译者（Hermes）。他与赫尔墨斯在许多方面都有共同之处，其中一个就是作为传译者。在其著作的第四章，Festugière 着重分析了这个形象。

④ J. Černy 引用了一首献给忒乌特神的颂诗，其开篇是这样的："月神忒乌特万寿无疆！万邦之言因汝而别！"Černy 还认为，这种记录独一无二，但他马上发现，Boylan 在其《忒乌特：埃及的赫尔墨斯》（伦敦，1922）引用了另一本类似的羊皮纸书中的两段话："汝区分万邦之言"（第184页），"汝让每个异邦言语有别"（第197页）。参见Černy, "Thoth as Creator of Language," *Journal of Egyptian Archeology*, 34 (1948), pp. 121ff; S. Saunerson, *La Différenciation des languages d'après la tradition égyptienne*, *Bulletin de l'Institut français d'Archéologie orientale du Caire*, Cairo, 1960。

喻的替代、历史的置换和暴力的颠覆才能成为创化言辞之神。

这种替代便将忒乌特置于太阳神——拉的位置上，正如月亮取代了太阳。书写之神对太阳神构成了补位，在其缺位和本质上消逝的情况下补充—替换了他。月亮补充太阳，夜光补充日光，其源正是如此。而且，书写就是对口语的增补。

> 一日，太阳神行于中天，口传王令："带忒乌特觐朕。"忒乌特接旨当即面圣。神王之口谕，赫赫威仪，忒乌特听令："代朕行权中天，寡人将光耀幽域，赐福博地凡夫……汝当居朕之位，替天行道，世人皆谓汝'忒乌特'。"忒乌特何意？"代王行令之人"是也。太阳神出言为戏，万物涌流于言。王命忒乌特："朕命汝含美流光，涵泳两重天，月亮于此生焉。"斯神斯言矣，喻指忒乌特为神王替身，位居其次："朕命汝差遣百倍伟大于汝者，朱鹭神鸟降而生焉，伴忒乌特左右。"①

替代过程作为纯粹的踪迹——增补游戏，或者说，活动在纯粹能指秩序之中，任何实在、任何绝对外在指称对象、任何超验所指都无法限制、约束和操控这个过程。这么一个替代过程无限地行进在替代的语言学变换之中，替换之替换当中，而可能被判为"迷狂之举"。这种连续不断的链条从来就不缺暴力。如果认为这是一场纯粹虚拟的战争、一场无害的词语游戏之和平环境，而对立于某些发生在"现实"中的"狂暴争论"（polemos），那么，我们将完全不能理解"语言学""内在性"。忒乌特也常常参与密谋、策划背信弃义的诡计、图谋夺取王权，这一切都不是发生在任何一种外在于语词游戏的"现实"之中。他襄助儿子颠覆父亲，鼓动兄弟相残，问鼎王位。奴特为太阳神所诅咒之后，就再也无法安排一天的时光，在日历上也得不到一天的时间让她得以分娩。太阳神禁止她享用悠悠时光，而一切时日和一切时段都必须用来把孩子生育到世界上。忒乌特还拥有制订年历时序制度的权力，由他补充了五个太阳日。补充了时间之后，奴特就生育了五个孩子：哈罗埃利斯、赛特、伊西斯、奈芙蒂斯，以及俄赛里斯。俄赛里斯后来取代了他的父亲盖布而为王。在俄赛里斯（太阳王）的统治下，他的兄弟忒乌特②，"向众人秘传技艺与字母"，"创造象形文字，让众

① Erman, pp. 90 – 91.

② Erman, p. 91.

人能够永恒记录所思所想”[①]。可是后来，忒乌特参与了俄赛里斯怨毒的兄弟赛特之密谋。俄赛里斯之死的故事人尽皆知：他被诓骗而进入一株树干，整个身子挤在狭小空间，然后被肢解，大卸十四块，被抛撒在风中。他的妻子伊西斯久经周折终于找到和复原了他的躯体，唯有生殖器被尖吻鲟吞掉了。[②] 可是，这并不妨碍忒乌特最精明而最不引人注意的机会主义方式行动。伊西斯化身兀鹰，附着在俄赛里斯的尸体上，这样她就生育了霍鲁斯，这位“把手指含在嘴里的儿子”，后来将为父复仇。后来，霍鲁斯撕下赛特的睾丸，而赛特抠出霍鲁斯的眼珠。霍鲁斯夺回眼珠，将它交给他的父亲，这眼珠也就是月亮。如果你喜欢，就可以说，忒乌特和眼珠让俄赛里斯重获新生，再得元气。

在打斗过程中，忒乌特分开了斗士们，扮演着神明—医生—药师—巫师的角色，缝合他们的伤口，修复他们的残肢。后来，当眼珠和睾丸重归其位，一场审判就开始了，曾经是赛特之同谋的忒乌特却反戈一击，确信俄赛里斯言辞之真而不妄。[③]

忒乌特堪称替身，有能力成为帝王、父亲、太阳，以及言辞的副本。他仅靠代表、重演和乔装打扮而引人注目，风姿独特，因而他自然也有能力完全取代他们，占有他们的全部品质。作为被增补之物的本质属性而被增补，他作为增补之物又几乎无法同被增补之物区别开来。他不同于言语，不同于神圣之光，正如启示者不同于被启示者。如此而已，岂有他哉！[④]

---

① Vandier, p. 51.

② Vandier, p. 52.

③ Erman, p. 101.

④ 因此，正是因为这一点，书写之神也就成为创造性言语之神。这么一种结构可能性源自其替补地位和补充逻辑。同样也可以理解，这样的替代也反复出现在神话学史的进化中。Festugière 特别指出，“忒乌特无论如何都不满足于这个老二的地位。当埃及祭司编造着种种宇宙起源论，每个地域的地方神职人员将最重要的角色给予地方所敬拜的神明，信使城邦（Hermopolis）的神学家们与尼罗河三角洲和太阳城的祭司们竞争，也建构出一种宇宙起源论，而将最重要的地位授予了忒乌特。忒乌特是一名巫师，知道声音一旦在合适的时间和地点发出就会产生效果，他知道声音具有这样的力量，所以据说正是忒乌特利用声音、言语、魔咒创造了世界。因而，忒乌特的声音携带着创造力量：赋形而且创新；声音凝聚为物质而得以实体化，声音就成为存在物。忒乌特与他自己的气息本为一体；只要他呼气，万物就得以诞生。或许，信使城邦的神学家之思辨可能显示了他们同希腊人的逻各斯（同时还有言语、理性、造物神）以及亚历山大里亚犹太人的智慧具有某些类似之处；或许，在基督教时代到来之前，忒乌特祭司经受了希腊思想的影响，但这种影响却没有得到实在的证实。”（p. 68）

但是在没有被合法地取代和正当地篡位之前，忒乌特一直是书写之神，太阳神——拉王以及九位神明的录士，象形文字语法之创始人和防止记忆衰退的书写技术之发明者。[①] 而今，如我们所见，恰恰是通过表明，文字药物于“回忆”（hypomnēsis，再度记忆、回想往事、交付行为）有利，而对“记忆”（mnēmē，活生生的认知记忆）有害，《斐德若》中的塔姆斯王才谴责文字，认为它价值低微。

在后来俄赛里斯循环再生的插曲中，忒乌特又成为俄赛里斯的录士与簿记。不该被忘却的是，他被当作俄赛里斯的兄弟。忒乌特被描绘为录士的范本相与守护神，因而对于法老朝中的廷臣是不可缺少的：“太阳神君临寰宇，忒乌特即为朝中至尊，极品官宦，拥趸其舟，近立王侧，递呈文书。”[②] 他作为“万书之主”，通过分发书籍、记录书籍、为书籍造册、看守书籍仓库，而成为“神言之宗”[③]。他的女性对应人物也凭文字传世，其名曰“赛莎特”，其义必为“她—书—写”。作为“经馆女史”，她记录了帝王的伟业丰功。第一位女神精于雕龙刻凤之技，而把列王圣名镌刻在太阳城神庙的一棵大树上，而忒乌特将年月记录在凹型柱子上。在许多神庙的浅色浮雕上也再现了皇家命名仪式的著名场景：帝王端坐在鳄梨树下，忒乌特和赛莎特将生命镌刻在一棵神树的树叶上。[④] 同时，也有再现于其上的最后审判场景：在冥府，忒乌特与俄赛里斯分属对立两侧，而忒乌特记录着亡人心—灵的重量。[⑤]

但这并不是说，书写之神就是死亡之神。我们当牢记，在《斐德若》中，另一件增补药物之发明者，乃是以无气息的符号来代替活生生的声音，而宣称与逻各斯这位活的父亲以及给予生命的父亲毫无关系，再也不能对它自己负责，而只是一具雕像或者一幅图画，如此等等。在埃及神话学的全部轮回之中，忒乌特操控着死亡制度。这位书写、数目和计算之王不仅记下了亡灵的重量。首先，他计算生者的时日，罗列历史。他的算术技艺覆盖了神明平传的行迹。他是“一个测量诸神和众人寿命长度的神”[⑥]。他一举一动，就像是葬仪之主，还特别地穿上了亡人的衣装。

---

① Ibid.; Also Vandier, Passim, and Erman, Passim.

② Erman, p. 81.

③ Ibid.

④ Vandier, p. 182.

⑤ Vandier, pp. 136 – 137; Morenz, p. 173; Festugière, p. 68.

⑥ Morenz, pp. 47 – 48.

有时，亡灵也取代了录士的地位。在这么一种场景的空间之内，亡灵的位置（la place du mort，即“在桥上的行尸走肉”）也变成了忒乌特的位置。我们在金字塔上读到了这么样一种灵魂在天上的经历：“庞然公牛晃动牛角，威胁问曰：‘君归何处?’”（我们顺便注意到，“众星阵列之中公牛”，乃是忒乌特的别名，而忒乌特乃是太阳神在夜间的代理。）“彼吸纳天地元气上行天宇，朝觐父王，虔心朝拜太阳神。”于是，那可怕的怪物给他放行。（《亡灵书》放在临近尸体的棺木之中，以特别的方式包含着种种方案，让他得以“豁出去，进到日光中”，看到真正的太阳。亡灵必须看到太阳：死亡乃是照面相遇的条件，甚至是照面相遇的体验。我们想到了《斐多》。）父神慷慨接纳他进入自己的毛皮之中，“甚至还遣散天堂录士，以亡灵取代自己，以便他对那较其本人更伟大的人实施审判，执行裁决，以及发号施令。”① 亡灵可能完全等同于忒乌特：“他完全被称作神明；他就是忒乌特，诸神之中最强权者。”②

儿子与父亲，臣民与帝王，死亡与生命，文字与言语如此等等的等级对立，顺乎自然地用黑夜与白天、西方与东方、月亮与太阳的等级对立而功德圆满，自成体系。忒乌特，“太阳神在夜间的代理，众星阵列之中公牛”③，便转身向着西方。他是月亮之神，等同于月亮，且保护着月亮。④

这些独特形象所构成的系统激活了一种源始的逻辑，让它发生作用：忒乌特对立于他者（父亲，太阳，生命，言语，起源或者东方），但同时也补充和置换了他者。重复或者置换，忒乌特或者延伸，或者对立。从其所抵抗和替换的特定事物之中，忒乌特成形和赋得其形。但也正因为如此，它自我对立，转换为他者，而这位信使之神正是对立面过渡的唯一中介之神。如果说有什么身份的话（可是实际上他恰恰是一尊没有身份的神），那么他可能就是那个“对立统一”（coincidentia oppositorum）——我们接下来马上再来阐述这一点。一方面将自己同对手区分开来，另一方面他也仿效对手，变成对手的符号和代表，顺从和顺服于对手，在必要时诉诸暴力将对手

---

① Erman, p. 249.

② Ibid. p. 250.

③ Ibid. p. 41.

④ Boylan, pp. 62－75; Vandier, p. 65; Morenz, p. 54; Festugière, p. 67.

取而代之。所以，他既是父亲的他者，又是父亲本人，还是取父亲而代之的颠覆运动。书写之神同时是他的父亲、他的儿子和他自己。在差异游戏中，我们不可能给他指派一个固定的场所。慧黠，圆滑，不以真面示人，一个阴谋家和一张扑克牌，像赫尔墨斯一样，既不是王牌也不是丁勾，而是一类丑角牌、一个漂浮的能指、一张百搭牌、一个（张）把游戏玩起来的人（牌）。

复活之神兴致所在，不是生死，而是重演了生的死和预演了死的生，是唤醒生命和重启死亡。这就是“数”的含义所在，而他就是数的发明者和守护神。增补附加之中，忒乌特重复一切：补充太阳，作为太阳的重影，他不只是太阳，却又与太阳同一；不只是善，却又与善同一；如此等等。永远占据一个非他所属的位置，一个所谓“亡人”的位置，一个行尸走肉的位置，他既没有合适的位置，也没有独特的专名。他的得体在于不得体，他的合乎时宜在于不合时宜，在于漂浮的不确定性，允许替代和游戏。柏拉图本人提醒我们，他也是游戏的发明者。我们将掷骰游戏和“跳棋”（patteia）之发明归在他的名下（274d）。对于辩证法而言，如果他不借助戏仿，同时通过这种反讽的二重化，模糊地防止抵达最后的完满或者末世学的再度占有。忒乌特绝对不出场。他从不亲自出现在任何地方。任何“此在”都不可能真正是他的此在。

这种不稳定的歧义性构成了其每一行为的标志。计算之神、算术之神、理性科学之神，[①] 也支配着灵异学、占星术和炼金术。他是巫术方士之神，能平息海啸；他是秘籍之神；隐秘文本之神：赫尔墨斯的原型，密码书写之神，同样也是一切其他书写形式之神。

科学与巫术，生死之间的过渡，对邪恶的增补，对匮乏的补足：最后，忒乌特最擅长的领域是医学。他的全部权力汇聚于医学，在医学中派上用场。知道如何终止生命的书写之神，也能治愈顽疾。甚至能治活死人。[②] 霍鲁斯在鳄鱼背上的碑文显示，众神之王如何遣送忒乌特去治疗在其母亲不

① Morenz，p. 95. 忒乌特的另一个伙伴是玛阿特（Maat），真理女神。她也是“太阳神之女，天空之情人，她统治着双重疆土，无与伦比，且是太阳神的眼睛”。在一页叙述玛阿特的文字之中，Erman 写道：“天知道为什么，她的徽章之一是一根秃鹰的羽毛。”（p. 82）

② Vandier，pp. 71ff. Cf especially Festugière，pp. 78 ff. 这些作品中，集结了大量的文本，将忒乌特描写为巫术的发明者。特别令我们感兴趣的文本之一，在其开篇写道：“必须面对太阳吟诵一个套话：‘吾乃忒乌特，迷药和文字之发明者是也，云云。’”（p. 292）

在时为毒蛇咬伤的哈尔西爱西斯（Harsiesis）。[①]

书写之神也是医学之神。至于医学，它既是一门科学，又是一服灵丹妙药，既是补药，又是毒药。书写之神也是药物之神。在《斐德若》对话篇中，怀着一种不安的谦卑与勇气，忒乌特正是把作为药物的书写献给了众神之王。

---

① Vandier, p. 230. 密码学、医学巫术、毒蛇形象，在 G. Maspéro 在其《古代埃及的通俗故事集》（*Les Contes populaires de l'Egypte ancienne*, Paris: E. Guilmoro, 1991）中所转述的一则生动民间传说中互相纠缠在一起。故事讲述了主人公王子萨特尼-卡摩伊思（Satni-Khamois）和木乃伊的冒险经历。王子为了读到神秘文字写成的天书和《生命的双重家园》，而终日在孟菲斯都城到处乱跑。一天，一名高人现身而取笑他。“你为什么取笑我？”高人答曰：“我没取笑你；只不过当你整日里去判读那些生气全无的文字，我能不笑么？如果你真想读有益的文字，就请跟我来；我要送你到一个地方，你就能找到一本忒乌特本人亲手写的书，这样你就可以直接在神的庇护之下。书中写了两个方子，如果你背下第一个方子，你就能迷住天空、大地、夜晚、群山和河流；你就能理解天上的鸟和地上的蜥蜴的语言，变得和它们一样；你还会看到鱼，因为神力让它们浮出水面。如果你读出第二个方子，那么即便你死了睡在坟墓里，你也会重新获得你在人间的形式；你甚至还会看到太阳升上天空，周行不殆，看到初现的上弦月。”萨特尼吼道：“我的个天哦！让我知道你究竟要干什么，我会将它搞到手且献给你；可是，首先你得让我到你说的那个地方，去找到那本圣书！”高人答复他说：“那书并不在我这里。它在大坟场中央，在米尼布普塔的儿子尼诺弗克普塔的坟墓之中……千万不要把这本书从他身边拿开，因为他会勒令你归还回去，他手里握着刀叉和棍棒，头上顶着燃烧的火盆……在墓穴深处，从圣书散发出耀眼的光芒。帝王的替身们和他的家庭成员长眠其侧，‘通体贯注着忒乌特圣书的力量’。……所有这一切都在不断地重现。尼诺弗克普塔本人的寿命已经比萨特尼的故事更长。祭司告诉他说：‘那本书在科普托斯海里，装在一个铁篮子里面，铁篮子又装在铜篮子里面，铜篮子又装在肉桂木篮子里面，肉桂木篮子又装在象牙和檀木篮子里面，象牙和檀木篮子又装在银篮子里面，银篮子又装在金篮子里面。这本书就在最里层。’”（录士的错误？我参考的第一个版本是托名的，或者说是复制的；Maspéro 的晚近版本则用一条注释指出：“在罗列各种篮子时，录士出现了一个失误。他应该写‘在铁篮子内部是……如此等等。’”篮子的名目留作包含逻辑的证据）也有一些舍纳长度的毒蛇（在托勒密时代一舍纳大约等于0.52标准库比特）、各种各样的蝎子和蜥蜴环绕着装有圣书的篮子，还有一条不死的蛇盘踞着装有圣书的篮子。经过三度抗争，这个厚颜无耻的主人公杀了毒蛇，喝下了化为酒水的圣书，然后获得了无限的知识。忒乌特到太阳神那里告黑状，激怒太阳神，令他降下了最严厉的惩罚。

在讲完埃及忒乌特形象之前，最后让我们注意，除了希腊的赫尔墨斯之外，忒乌特在纳布神话中也有对应形象，那就是马尔杜克的儿子。在巴比伦和亚述神话体系之中，“纳布本质上就是儿神，正如马尔杜克遮蔽了他的父亲伊奥，我们也看到纳布篡夺了马尔杜克的王位。”（E. Dhorme, Les Religions de Babylonie et d'Assyrie, Paris: Presses Universitaires de France, pp. 150ff.）纳布的父亲马尔杜克是太阳神。纳布则是“芦苇主人”“文字的创造人”“诸神命运榜的负载者”，有时也超越他的父亲，但他从父亲那里借来象征工具“marru”。膜拜的对象由铜铸而成，在苏沙出土，画着一条蛇，口中叼着棺罩，配以铭文：“纳布神之墨鲁”（Dhorme, p. 155）。参见 M. David, Les Dieux et le Destin en Babylonie, Paris: P. U. F., 1949, pp. 86ff。我们还可以逐一列出忒乌特神和圣经纳布神之间的类似点。

（四）药物

> 这是存在于他们所有人身上的顽疾，律法必须为之找到疗治的药物。可是，有一句妇孺皆知的古老格言说："当人四面受敌，便难以抗衡。"即便这些敌人来自截然对立的阵容，亦复如此。于是，在医学还有其他学问之中，我们可以理解这种真理。（柏拉图《法礼》）

如果我们已经离开柏拉图的文本实在太久，那么，现在就回到它吧。"药物"一词被镶嵌在一道指称的链条之中。发生在这道指称链条之中的系列游戏，乃是自成体系的。可是，这里的体系不只是由一个假柏拉图之名而立言的作者之意图所构成的体系。这个体系本来就不属于某人之"意欲—言说"（un vouloir-dire）。这个词语的不同功用及其内在蕴含的不同文化层面或不同区域之间，通过语言游戏而建立了循规中矩、调节有度的交流网络。有时，柏拉图本人也明示或区分了这些交流网络或意义传输的通道，但他"自愿地"利用它们做游戏。我们把"自愿地"这个副词加上引号，因为这个词语的意涵仅仅是一种"服从"一种特定"语言"之必然性的方式（在此，我们仅仅满足于停留在这些对立面的封闭状态之中）。这些概念之中没有一个概念能够传译我们在此刻意描述的关系。而且在其他情况下，柏拉图还一而再，再而三地看不出这些关联，将这些关联留在阴影地带，或者干脆斩断这些关联。然而，这些关联持续地运作，不以人的主观意志为转移？无视柏拉图本人？由于柏拉图本人？在他的文本之中？在他的文本之外？或者在其他什么地方？在他的文本和语言之间？为何种读者？在什么时刻？回答这么一些根本而且普遍的问题，显然是不可能的；而这就势必令我们疑惑，在这个问题之中，在其每一个概念及其所归属的对立关系之中，是否存在着某种畸形样式？我们可能总是愿意相信，如果柏拉图没有将这些过渡的可能性变为现实，甚至终断了这些过渡，这是因为他感知到了它们的存在，却又不可能将它们变成现实。只要我们完全无视意识与无意识、自愿与非自愿的区分，拒绝使用一种非常粗糙的工具来处理语言之中的关系和同语言的关系，我们就可以对上述情形做出陈述。如果这种言语或文字和语言之间的对立一如寻常，令人想起上述范畴，那么这种对立亦复如此。

仅凭这条理由就足以阻止我们去重构"药物"的整个指称链条。我们没有被赋予任何绝对的特权绝对地操控其文本体系。在某种程度上，这种限制不仅可能而且应该被取消和取代。这种取消或取代的可能性及其权力在本质上乃是多样的。在此，无须一一列其名目，还是让我们一路前行，继续穿越柏拉图书写的不确定性，同时努力产生某些效果。[①]

我们上面简略描述了埃及神话体系中忒乌特形象与从所谓“柏拉图文本”中挑选出来的概念、哲学元素、隐喻元素和神话元素的某些结构之间的对应关系。在我们看来一目了然的是，“药物”一词最为适合用来将这种对应关系的千头万绪扭结在一起。我们不妨用罗邦的翻译文字，来重读《斐德若》的这么一个句子：“噫嘻！圣王。此乃一门学问也，让我埃及人智慧倍增，记忆更佳。故此，此天才妙制，乃增记力与智力之药物也。”

在英语和法语中，“pharmakon”通译为“remedy”和“reméde”，意为“补药”“有益药物”。这样的译法当然不够准确。“药物”实际上不仅可能是指补益之药，因而在其效用之表面还可能抹杀了其意义的含糊性。而且，在此也一望便知，忒乌特明确的意图恰恰在于强调其发明的价值，他以那根陌生而隐性的轴心为中心，颠倒了它的二极性。从一个简单的角度来呈现它，他试图确保其绝对稳靠。这服药是有益的；它修复和生产，积聚和修补，增加知识而减少遗忘。用“补药”译之，一旦出离在希腊语之外，它仍然抹杀了蕴含在“药物”一词之中的另一个极端。它废黜了含糊性之源，让人难以理解，甚至根本就不可能理解它置于其中的话语脉络。与“药物”“医药”相对立，“补药”显示出科学、技术和治疗学因果律的合理性，同时从文本当中排除了一切对于难以控制其后果的神秘力量之功效的喜好；而这是一种动力机制，总是令那些试图作为主人和主体去操控它的人惊异不已。

现在我们看到，一方面，柏拉图决心将文字描述为一种灵异，因而怀疑蕴含在其中的强力。文字一如绘画，柏拉图后来将文字与之相提并论。文字又像光学的幻觉，以及一般的摹仿技艺。他对占卜者和巫术师、魔术师和念咒者的不信任，一望便知，毋庸置疑。[②] 特别是在《法礼》中，他将

---

① 为了给读者一个准备性的指引方向，笔者冒昧地让他们参考《论文字学》（斯碧瓦克英译本，1976年）中的《方法问题》。有了这么一些先行告白，我们就不妨认为，在阅读柏拉图的时候，“药物”的作用类似于阅读卢梭时“增补”的作用。

② 特别参见《王制》II，pp. 364ff；《第七封信》，pp. 333e。对于这个问题最为丰富和有用的论述，参见 E. Moutsopoulos，*La Musique dans l'aeuvre de Ploton*，Paris：Presses Universitaires de France，1959，pp. 13ff。

最严厉的惩罚留给了文字。按照我们必须牢记的一项规则，他主张这些灵异人或者巫师必须被排除（被驱逐、被剥夺）在社交舞台之外。甚至人们还可能通过将他们禁锢在监，而将这种放逐和歧视臻于功德圆满之境；与此同时，除了那些给他们送饭的奴隶之外，任何自由人都不再拜访他们，然后他们还被剥夺了安葬权从而死无葬身之地："当其殁也，渠将抛尸荒野，弃身域外，死无葬身之地；设若有自由民插手安葬灵异人者，亦难免被告上法庭，因虔诚欠缺而获罪。"（X，909b－c）

另一方面，帝王的回答假设，药物的效用可能颠倒：它可能让疾病恶化而非治愈。或者不如干脆说，帝王的回答暗示，忒乌特善用计谋或出乎天真，已经暴露了文字真实的反面效果。为了夸耀其发明的价值，忒乌特可能已经改变了药物的自然本性，说到了药物能引发的"反面效果"（tounantion）。他已经误将毒药当补药。于是，将"pharmakon"译为"remedy"，人们所看重的，就不是忒乌特的意图，也不是柏拉图的意图，而是帝王认为忒乌特所表达的意图，这样就成功地迷惑了帝王和忒乌特本人。如果柏拉图的文本继续将帝王的告谕当作忒乌特发明的真相，将帝王之言辞当作文字的真相，那么，从太阳王的视角看，"补药"这个译法就把忒乌特变成了一个白痴或一个浮夸的艺术家。从这个视角看，忒乌特无疑在玩语词游戏，出乎一己之私心而中断了两种对立价值之间的交流。但是，帝王恢复了这种交流，可是翻译却置之不顾。无论有何作为，无论是否愿意，这两个对话者始终都处在同一个能指的整体之中。他们的谈话都在这个整体之中运动，而翻译之中却不是这样。"补药"之作用远远大于"医疗""药品"的作用。于是，这个译法抹杀了对于希腊语同一个单词其他用法的真实和动态的指称。最为重要的是，这么一种译法的结果是摧毁了柏拉图的谜语文字；完成这种摧毁的途径，乃是中断同一词语在不同场合的不同功效之间的网状关系，这种关系事实上和必然上乃是"引用"。如果一个词语自我显示为同一个词的另一种意义的引用，如果"药物"一词在文本之中的核心舞台上即便意味着"补药"，也仍然是在另一个场合和舞台的不同层面上引用、枚举以及显示同一词语的指称含义，那么，"毒药"（比方说，因为这并不是"药物"一词唯一的别义）作为译者在诸种译文之中所做出的唯一选择，其首要的效果就是中立化了引用游戏、"字谜游戏"以及最后中立化了翻译文本的文本性。毫无疑问可以揭示，而且只要时间一到我们也会致力揭示，对立价值之间的转换障碍本身就已经是"柏拉图主义"的一个后果，某种已经在翻译文本之中起作用、在“柏拉图”和他的“语言”之关系中起作用的东西所引发的结果。在这个命题和前一个命题之间，根本就没有什么矛盾。文本性是由差异和差异之差异构成的，所以它在本质上乃是绝对异质的，永远是在构成之中，伴随着意欲灭绝它的种种力量。

因此，我们必须接纳、顺应和分析这两种力量、这两种姿态的布局。在某种意义上，这种布局甚至就构成了笔者这篇短论的唯一主题。一方面，柏拉图的决断支持这么一种逻辑，不容许在同一个词语的对立意义之间发生这么一种过渡；如果这种过渡可能表现得十分不同于对立面的简单混淆、交互选择和辩证运转，这种过渡尤其不可能。另一方面，如果我们的理解有理有据，“药物”也构成了这种决断的源始媒介；这种源始媒介乃是这么一种要素，它先于这种决断，涵盖这种决断，超越这种决断，不可能还原为这种决断，没有借着一个单词（一种指称机制）而与这种决断分离，同时还在希腊语文本和柏拉图的文本之中发生作用。利用那些作为西方形而上学之后裔和宝库的语言所展开的全部翻译，都在“药物”之上产生了一种离析效果，以暴力摧毁了西方形而上学，通过以相当吊诡的方式按照它本身创造的外在发展可能性来展开解释，而将西方形而上学还原为这些简单的要素之一。所以，这种解释的翻译既残暴而又无能：它毁掉了药物，又自我禁锢不让接近药物，将药物置于原封不动的状态。

因此，人们既不能接受也不能简单地拒绝“补药”这个译语。即使我们据此而意欲保留“合理”的支点、赞美的意向、正确使用科学或医药艺术的理念，我们也仍然有被语言欺骗的危险。柏拉图说，文字并不比言语更有价值，正如补药并不比毒药更有益。甚至在塔姆斯无意说出其轻蔑言辞之前，补药也是自为迷乱。我们确实必须认识到，即使是将药物专用于治疗，即使是人们怀着善良意愿用药，即使这些药物本身确实有效，柏拉图也对一般的“药物”充满疑虑。没有无害的补药。药物也绝不只是补益之物。

之所以如此，是因为有两个不同的理由，以及两种不同的深度。首先是因为药物的补益本质或优势并不能组织它造成伤害。在《普罗泰戈拉》对话中，“药物”被分到既“不好”（agatha）也“不坏”（aniara）的事物之列（354a）。在《菲勒布斯》对话，柏拉图提到“混合物”（summeikton），而“药物”就永远夹杂其间，典型的混合物乃是“肆心”。所谓“肆心”，便是指那种以暴力的方式无止境地追逐快乐，而导致快乐过度，让那个放浪形骸的浪子像疯子一样大喊大叫（45e），然而“饮鸩止渴，权宜补药疗治之”（ouk allēs deomena pharmaxeōs）。这种痛苦的快乐既联系于疾病又相关于治疗，它本身就是一服药。这服药物之药性既分享了健康又分享了疾病，既让人趋之若骛又让人退避三舍。或者我们干脆说，恰恰就是在其质料之中，这些对立属性才能自我展示出来。

然而，在更深的层次上，甚至超越了痛苦问题，制药术的补药本质上有害，因为它完全是人为的。在这一点上，柏拉图继承了希腊传统，更精确地说，他追随着古希腊科斯名医的足迹。药物戕害自然生命：不仅戕害了为一切疾病所困扰的生命，而且戕害了有病的生命，或者说戕害了疾病的生命。因为柏拉图相信疾病也有其自然生命及其合乎规则的发展。在《蒂迈欧》对话中，自然疾病就像《斐德若》中的“言辞”（逻各斯）一样，柏拉图将之与一种自然机体相提并论，认为都必须让它们按照其规则和形式、其独特的节奏和关联来顺其自然地发展。只要搅乱了疾病发展的规律和自然进程，药物就成为一般生命的天敌，不论这种生命是健康的还是病态的。柏拉图提议，将文字视为药物；这时，我们必须牢记这一点，而且柏拉图也劝勉我们牢记这一点。药物与生命对反，如果你愿意，也可以说文字与生命对反，它只能是以另一种疾病置换这一种疾病，甚至还让病情恶化。对话之中的帝王对于文字的反对，就是遵循这么一种逻辑要义：佯称增补记忆，文字让人更加健忘；文字没有增进反而减弱了知识。文字没有满足记忆的需要，其目的却是产生副作用，没有“强化记忆”（mnēmē），而是导致“记忆衰减”（hypomnēsis）。进一步论说：当我们将《斐德若》和《蒂迈欧》这两个文本并置解读之时，如果发现其论辩的形式结构相同，如果在这两个语境下催生肯定性和清除否定性的主张本身都只不过是以一种否定性置换另一种否定性，同时让否定性成倍数增加，还导致了促使否定性大规模地扩散的匮乏，那么，这么一种必然性就被秘写在“符号—药物”之中，而译者罗邦将之分解，在这里写成“补药”，在另一处写成“药品”。让我们明确地指出，这就是“符号—药物”，从而特别留意地标明：在此所讨论的问题难解难分，既是能指，又是所指概念。

1.《蒂迈欧》对话从其开场白起就展开在埃及与希腊中间的空间，也一样展开在文字和言语之间的空间：“汝等希腊人，永为稚子，长者阙如”，“埃及非也，吾之列祖列宗将诸般镌刻为文（panta gegrammena）”（22b，23a）。在这篇对话中，柏拉图向我们证明，一切躯体运动当中，自然运动乃为极品，“顺势而动，自生独运，无言随化”：

与夫一切动者之极佳者，乃顺势而动，自生独运，无言随化者也。缘何如此？盖因自然之动最近乎灵思暨广宇之动也。然因他物而动者，不若此善。极恶之动者，乃驱动之物也。静寂之时，局部之动唯受制于异己之动因。职此之故，举凡一切净化暨重整躯体之运动样式当中，体操最佳；次为涌波逐浪，譬如行船，或如坚挺不倦之其余运送样式；复次为诸般动者，许于极限必然之用，然其余样式不为事理通达之士致用也。予意所谓者，乃医师之宣泄疗法（tēs pharmakeutikēs katharseōs）是也。盖病源者，若非危及宿体，勿用药物激活（ouk Erethisteon pharmakeiais）。究竟何也？举凡病源之形式，且以某样式亲连生命体（tēs tōn zōōn phusei）也。其机制繁复（sustasis），亦同生命有隐秘之约。不独整个族类，且对每一属员，阻绝难避偶然，降临此世，享有恒定天年……论及致病机理，亦复当然；若夫无视天赐时限，假药物而延年（pharmakeiais），斯人所为无非推疾至顽，弥散病源也。噫嘻吁！吾人当循养生之道，善自珍摄，以控病情，悠闲度日，切忌服用“药物”（pharmakeuonta），激怒可恶宿孽。（89a－d）

研读这段说辞，读者将会了悟如下诸端：

（1）说辞的整体文脉显然赋予了以“补药”而非“毒药”来翻译希腊语“药物”（pharmakon）之权威。可是，恰恰就在整个时刻，“药物”（pharmakon）之毒性显示出来。

（2）生命体之自然疾病在本质上被定义为一种过敏反应，即对一种自外而内地侵入的异己要素的反应。因此，最普遍的疾病概念就势必应该被理解为过敏反应，从此躯体的自然生命就应该唯内生运动之法则是从。

（3）健康的生命自律且自动，顺乎自然，而“正常的”疾病也通过新陈代谢的反应来对抗药物的入侵，转移病灶，最后导致抗体攻击点的强化和增殖，从而如法炮制地证明它的自主性。“正常的”疾病自我防御。因此，为了避开补充的约束，躲开药物叠加的病原体，疾病也持续地走完其独有的过程。

（4）这一模式之隐含意义在于，生命体及其病态同样是有限的。因此，在其过敏反应之中，它可能同他者建立了关系，其活命时间有限，死亡早就被镌刻和预定在其结构之中，铭刻和预定在其“结构三角形”中。“三角于吾人深心，本源之框范为强力，借以绵延时间，超此时限，无有延寿之可能。”（同上）一个生命体的不朽和完美就在于它完全自律而与外界无涉。而这就是神的境况，参见《王制》第二卷（381b－c）。神永远没有过敏反应。健康与美德（hugieia kai arete）在论说身体和类比意义上论说灵魂之时总是彼此关联，而且它们也总是源于内表。药物总归是由外部灌注之物，本身就像外部因素那样发生效用，因而它绝对没有任何独立的确定美德。如何靠维持界限，让我们说，如何靠维持三角关系，才能排除这种补充的寄生存在物？

2.《斐德若》中，大王塔姆斯压制和贬低文字这服药物，于是这四元构成的系统就得以重构。而且我们不应该太仓促地将药物视为隐喻，除非“隐喻”一词的隐喻可能性可以获得其全部谜语一般的魔力。也许，我们现在可以理解大王对特乌特的回答：

> 特乌特，才艺超绝之人欤（Ō tekhnikōtate Theuth）！有涵养百艺之能，一端也。有研判驭百艺者命运之能，辨明盈虚利弊，又一端也。目下焉，汝为文之始祖（patēr on grammatōn），心怀善念，言及文之利弊，却颠善恶之序也（tounantion）。文疏记忆之力，毕竟伤及习文者之灵魂，令记忆日见衰损（lēthēn men en psuchais parexei mnēmēs ameletēsiai）。况且仰赖书文，习文之人仿拟身外之物事（dia pistin graphēs exōthen hup'allotriōn tupōn），而拒绝反求诸己，寂照内心，忆念属己之物（ouk endothen autous huph' hautōn anamimnēskomenous）。职是之故，汝创发此药，不为回忆，反助记忆（oukoun mnēmēs，alla hupomnēseōs，pharmakon hēures）。汝令习文之人拾得智慧之类像（doxan），而疏于真知（alethēian）。汝今创发书文，令习文识字者舍至真教诲而倚赖视听，旁骛杂取，私以为多识多闻，殊不知自己对于所涉之物事一无所知。斯人焉，难以洽处，待人接物无方，因其曲喻智者（doxosophoi），实则并无真智（anti sophōn）。（274e－275b）

故此，这位王者即言语之父便已经断言其对于书写之父的权威。他在断言这种权威之时，声色俱厉，不容置疑，对处在儿子地位上的那一位毫不留情，不曾表示一点点慈父的善意；但是，特乌特对其子女即“文字”正好相反。塔姆斯王强行灌输他的成见和疑虑，使之孳乳蔓生，显然不想让特乌特存有任何希望。

如其所论，文字要产生与其期待“相反”的效果，药物在被使用之中要表现得有害，它的效用，它的力道，它的动力（或潜能）当然就必须歧异两可。关于药物，《普罗泰戈拉》、《菲勒布斯》和《蒂迈欧》中都有这样的说法。柏拉图托言大王之口，在“善—恶”“内—外”“真—伪”“本—末”这些简单纯粹、泾渭分明的对立项之间插入其确定法则，恰恰就是在努力控制和主导这么一种歧异两可。如果重温这段至尊话语，我们就会发现其中有一系列这样的对立。如此定位，以至药物或文字就只能周而复始，循环运转：文字唯有对于记忆具有明显的补益，显然只能是通过其自身的运动从内部帮助它去认识真理；然而，事实上，文字本质上有害于记忆，外在于记忆，所创造的不是学问而是信仰，不是真理而是真理的外观。药物导致了一场外观的游戏，使外观有可能冒充真理等。

但是且慢：一方面，在《菲勒布斯》和《普罗泰戈拉》中，药物令人痛苦而显得有害，但在《斐德若》与《蒂迈欧》中又显得有益；另一方面，它又被充作有用的补药，但事实上有害。可恶的歧义两可对立于可嘉的歧义两可，一种欺骗的意图对立于一种纯粹的外观。文字之案，也真是负疾沉疴。

仅仅指出文字之孕育出乎这样那样的系列对立，是远远不够的。基于这样的对立，柏拉图思考文字，试图涵盖文字，进而主导文字。“善—恶”“内—外”“真—伪”“本—末”等，这么一些相反的价值要真正形成对立关系的话，两项之中每一项就必须互为外在，而这就意味着这些对立关系之中必有一种对立（比如“内外”对立）已经被认为是一些可能对立的母体。而且，系统或系列的构成要素之中必有一种要素凸显出来，作为一般系统性或系列性的独特可能性。如果我们进一步思考，像药物或者文字这样的东西远远没有为这么一些对立关系所统治，反而敞开了它们独特的可能性，而没有让它们为这些对立关系所涵盖；如果我们进一步认为，内外之间这种奇怪的区分只能出自像文字或药物这样的东西；如果我们据此进一步认为，不能简简单单地在其所在的境遇之中为作为药物的文字安排一个位置，不能将它归在那些由它划定轮廓的概念之下，仅仅把它的幽灵交付给一种仅能以出乎其自身而仅仅想统治的逻辑——那么，我们就必须将那种不可能简单概括为“逻辑”或“话语”的东西“弄弯”（plier），强行折叠到那些奇形怪状的轮廓之中。如果我们还是有欠明智，仅仅称之为“一个幽灵”，它却不复可能依据同一种确定性区别于现实、区别于活体之类，那么困境将有增无减。在此，我们不得不听天由命：在某种意义上说，为了一劳永逸地甩开幽灵，我们将会竹篮打水一场空。

这场微型练习无疑足以警示读者：像对话文本所勾勒的那样，尝试以柏拉图去理解柏拉图，就已经滑离了熟知的注疏模式，滑离了以谱系学和结构方法去重构一套体系的努力。至于这种重构究竟是努力去证实还是证伪，是确认还是“颠覆”，抑或标示“向柏拉图回归”或以严格的柏拉图式“告别”（khairein）方式去“告别”柏拉图，这一切都无关紧要。这里所持续之事迥然不同。当然，前此发生的事不仅不一样，而且全然异趣。如果读者心生疑虑，那么不妨请他们重读前面那段对话。在那段对话当中，在某些环节上，精确说来，恰恰就是在这种阅读执着于系列之内部的环节上，一切古典阅读模式都被逾越且被视为多余了。但必须理解为这种逾越不只是简单地出离系列，因为它仍然明显地落在这个系列的某一范畴之下。这种逾越仅仅是对系列进行某种置换而已。但是，如果真是这样，我们还能称之为“逾越”吗？也就是说，在系列内的对立项之间，甚至在其“辩证运动”之内，存在着一种“折转”（repli），往后我们将称之为“重—示”。我们没有办法在一个简单的概念之下而不直接偏离目标地限定、命名和涵盖这种逾越。这么一种关切差异（以及“幻象”）而非任何所指概念同一性的功能置换，乃是一种真实而必然的挑战。它自我书写。因此，我们必须从阅读开始。

如果按照大王之言，将文字曝光在太阳之下，从中产生与期望相反的效果，如果药物蕴含着凶险，那么这是因为：就像《蒂迈欧》中那种文字一样，它也绝非来自周围，而是位于玄远之境。它来自玄远之境，外在而又陌生。对于内在的当下存在，对于它宣称要帮助或缓解的活体逻各斯而言，它外在而又陌生。这一次，不像《泰阿泰德》中所假设的那样，文字之“印痕”（tupoi）没有将它自身“可感可触”（in tanglio）地镌刻在灵魂的蜡版上，而对应于灵魂生命的自然自主运动。掌握了书写技艺的人知道，他可能总是将思想放逐在外，或者用一种外在的代理来核查它们，以那些被平铺在碑铭上的物质空间之表面记号来确证它们；然而他又不得不借重于书写的技艺。他将知道，他自己甚至也会在痕迹消逝之前就无声消逝，他还没有尽职尽责就忘却关于文字的一切。即便他遗忘了文字，它们也仍然再现了他。即便他命赴黄泉，唯有一服药物可能炫耀这么一种控制死亡以及同死亡沆瀣一气的权力。所以，药物与文字永远同生死问题深深纠结，难解难分。

那么，我们能不能就此断言，文字“印痕”（tupoi）乃是缺席的灵魂之代表，物质上的代理，而没有概念上的年代误置，没有严重的解释错误呢？我们最好是断言，书面痕迹不再活着而不复从属于“自然秩序”（phusis）。它们不生长；苏格拉底立即会说，种下“芦苇”（kalamos），收获不了谷物。记忆之肌理道法自然，独立自在，其中“自然”（phusis）与“心灵”（psuchē）没有对立，但文字对它们横加干预。如果文字并不属于自然秩序，它也就一定无关乎自然的契机，无关乎必然的运动么？而赫拉克利特有言，真理及其呈现的产物总是喜欢在隐秘之所藏身。“密码”将一个冗长的命题凝缩为一个简单的词语。

如果这就是大王所言之含义，那么文字药物之效，乃是催眠记忆的生命：把记忆送进墓穴，让它在纪念碑里安眠，从而使之迷失，使之游魂己外。由于盲信其痕迹（类型）的永固与独立，记忆将进入长眠状态，不再保持其活跃性，不复维持其自身的敏感，不复坚持在场，尽其可能地接近存在之真理。让它被自己的记号、自己的卫士以及那些维持知识和监督知识的痕迹所固化而变成“石头”（médusée），记忆将沉没于遗忘之河（忘川，“lēthē”），败于无知与遗忘。[①] 但是，记忆与真理密不可分。祛除遮蔽（出离忘川，“alētheia”）的运动乃是彻头彻尾的记忆之调度——一种对于活记忆的调度，而记忆又是作为自我对自我呈现的灵魂之生命。遗忘的力量同时又扩大了死亡的领地，非真理的领地，以及无知愚昧的范围。这就是为什么文字至少在其将“遗忘植入灵魂”之时，就把我们变得死气沉沉和无知无识的缘故。但是，我们也不能说，文字在本质上就简单地而且直接地混淆于死亡或非真理。因为文字本身并没有本质和价值，正面和负面的本质、价值都没有。它在幻象中嬉戏。在其类似痕迹之中，它戏谑地摹仿记忆、知识和真理，如此等等。这就是为什么文士在上帝眼前并不是“智者”（sophoi），而事实上却是伪装的或自诩的智者（doxosophoi）。

此乃柏拉图对智术师的定性描述。因为，这种对文字的丑诋首先是锋芒直指智术之奇技淫巧。柏拉图以哲学之名发起对智术师的审判。而这种

---

① 维尔南带着非常不同的意图论述了这些问题，我们建议读者特别留意其内容极为丰富的文本：“Aspects mythiques de la mémoire et du temps,” in *Mythe et Pensée chez les Grecs*, Paris: Maspéro, 1965；关于“phusis”（自然），及其同“perigraghe”（痕迹）和“paradeigma”（范型）的联系，参见 A. von Blumenthal, *Tupos und Paradeigma*, quoted by P. M. Schuhl, in Platon et l'art de son temps, Paris: Presses Universitaires de France, 1952, p. 18, n. 4。

对文字的丑诋便铭刻在这场无休无止的审判之中。仰赖文字和吹嘘文字所担保的知识与权力的人，还有塔姆斯王所揭露的摹仿者，具有智术师的全部特征：“假装博学，实为效颦者也”（mimētēs tou sophou，268c），一如《智术师》所言。被我们称为“文字权威”之人，恰如作为兄弟的智术师希庇阿斯。像我们在《小希庇阿斯》中所看到的希庇阿斯一样，他吹嘘自己全知全能，而且主要是吹嘘自己比别人更好地了解记忆术和记忆技术。然而，苏格拉底在两篇不同的对话中两次口带嘲讽，佯装忘记将这种能力包括在技艺清单之中。而这的确是他引以为傲和引以为乐的权力。

苏格拉底：“于焉可判，占星拟像为征之人，同可为真亦可为伪？”

希庇阿斯：“然也。”

苏格拉底：“知乎，希庇阿斯，此理博然广哉，关乎所有学问。请君慎思，同条圭臬可否论衡一切？吾知也，于集市之所，财货交易桌上，君高谈阔论，兜售智术之高，人咸称美，是故众数技艺之中，堪称智者上品也……不独才智超群，君且令吾等见识，君携带诗篇各类，史诗、悲剧、颂告酒神之作，应有尽有，兼创编风格各异之散文。君已有言在先：于吾方才历数之技艺，暨操控节奏、和声、正字之真正法则，无不超绝尘俗，出尔不凡。如吾记忆无瑕，君亦有其他许多卓越之成就。然吾忘提尊下之记忆术，而君视之最特有荣耀。吾确乎挂一漏万，遗事多多，然吾之所言也，当是于众数技艺之中，仅重君之独特技艺，毋庸赘言细枝末节是也。请教，君与吾所重之记忆者，可否为技艺分门别类，为智慧模型状物，及于所用名称，以便让真伪一望便知，泾渭分明？如可，请君明示于吾。但君不可。”

希庇阿斯：“善思考量，苏格拉底。”

苏格拉底：“窃以为，即便善思考量，亦无济于事。且寻思一番，如吾所言非虚，敢问果效如何？”

希庇阿斯：“苏格拉底，在下不明就里。”

苏格拉底：“在下以为，君闲置记忆术而无所用……”（368a－d）

智术师兜售学问的符号，炫耀学问标识，仅仅是一些目录、档案、引文、副本、账目、传说、清单、编年史、谱系图、参考书等。这都是衰退的“记忆形式”（hypomnēmata），而非“记忆本身”（mnēmē）。不是记忆，而是回忆的记忆。于是，他满足了这些富有的年轻人的要求，而这就是他温馨的赞誉之所在。智术师先是承认，他年轻的崇拜者不愿坚持听他宣讲其更伟大的智慧（《大希庇阿斯》，285c－d），于是就必须对苏格拉底和盘托出：

> 苏格拉底："彼等仰慕之士乐问其详且倾心赞美者，皆为何等话头与？祈君开示，吾属愚拙。"
>
> 希庇阿斯："英雄谱系，凡人家谱，古时建城之奇闻逸事，彼等乐此不疲，趋之若鹜。要言之，举凡古旧传流学识，彼等爱不易手，于是乎在下无可奈何，唯有纡尊降贵，习得此类学问之五花八门，以求了然于心，控之在手。"
>
> 苏格拉底："诸神保佑！君之幸也，确乎无疑：先贤梭伦尔后，拉凯戴孟人从不爱听执政官钦定之吟诵篇什；君欲习之，亦恐不易也。"
>
> 希庇阿斯："何也？朝闻一名，吾可重述半百，可乎？"
>
> 苏格拉底："憾矣憾矣！吾竟忘君之高妙记忆术也……"（285d－e）

所以真正说来，智术师仅仅是号称无所不知：他的"博学多才"（《智术师》，232a）绝对是一种故作姿态。文字施以援手，拯救衰退记忆，而无助于活的记忆；在这个程度上，它也无关于真知，无关于真正心灵活动之中的记忆，无助于记忆所呈现的真理，且外在于辩证法。文字仅仅是摹仿它们。

[完全可以揭示——但我们在此懒得去费力——这么一段发展过程：当今在这个特别的场合将文字同真理问题（对真理的质疑）、同（真理问题所造就的）思想和语言问题联系起来的难题，无论如何都有必要发掘（却绝对不止于发掘）概念的历史遗迹，古战场（champ de bataille）的残存痕迹，划清智术与哲学战线的标志，以及更一般的柏拉图主义所建立的全部壁垒。在许多方面，从一种覆盖不了整个论域的视角看，我们今天仍然处在柏拉图主义的前夕。这当然也可以看作是黑格尔主义之后的早晨。在这个特定环节上，爱智或真知仍然没有以诸如"文字"之名而"被颠倒""被拒绝""被驾驭"……事情恰恰相反。但是，按照哲学称之为"幻象"的关系，按照一种对真理的更慧黠的逾越，它们被纳入和转换到一个完全不同的领域，在那里我们仍然（用巴塔耶的话说）"戏仿绝对知识"（而这就是一切）。仅提其名，就足以让我们摒弃一个整体的参照网络。]

在柏拉图主义及其（以智术形式存在）最亲近的异见者之间强行铭刻

的分界线，远远不具有统一性与连续性，好像是一条伸展在两个同质的区域之间那样。其设计是如此微妙，以至经过系统的不确定性，各派和派别阵线常常交换各自的立场，仿效对手的形式和借用对手的路线。因此，变换确实是可能的。如果它们被迫将自己铭刻在某些共同的区域，那么，纷争无疑出于内部，将智术主义和柏拉图主义的某些全然异在者以及某些与整个变换没有公分母的抵抗要素投射到绝对的阴影之中。

与我们早些时候指出的正好相反，也有足够的理由认为：对文字的丑诋首先并不针对智术师。恰恰相反，这些丑诋之词有时还是出自智术师之口。智术师傲慢专横，提出了一些经典的建议，说我们应该操练我们的记忆，而不要将生命的踪迹交付给一个外在的代理，这是不是一种求全责备的苛刻要求？于是，柏拉图一如寻常所为，再次挪用了智术师们的论辩逻辑之一，而且再一次以其人之道还治其人之身。稍后，苏格拉底做出了权威评判；然后，我们一针一线地拆解了苏格拉底的整个话语；最后，我们又从源自智者之道的逻辑架构和概念之中，重新将它编织出来。

所以，我们必须明确承认边界的跨越，而且我们必须充分意识到，这种对柏拉图的解读之动力，无论如何都不是“回到智术师”的那些标语口号。

因而，在两种情况下，在两个侧面，文字都极为可疑，被认为是预成的记忆之灵敏演练。此故，柏拉图对智术之道的攻击，不单是求助于记忆，而且以这种求助为策略，以回忆的技艺取代活的记忆，以代具代替器官；代具就是反常的误用，以物件代替肢体，在这里是以被动的机械的“默念”代替主动激活的真知，代替对真知的现场复制。（内—外、生—死）之界限不仅将言语和文字区分开来，而且将作为一种解蔽—（再度）创造在场的记忆，同那种纯粹重复遗迹的再度回忆区分开来，将作为澄明的真理同它的符号区分开来，将作为澄明的存在同它的痕迹（类型）区分开来。而今我们称之为“心物相遇之点”，绝非“外在”之开端。外在开端于这么一个处所——记忆（不是在其生命之中作为真理的运动而被动自我呈现）为档案所补充，为共存的回忆之再度回忆的符号所驱逐。文字的空间，空间即文字，被开启在这种代理权能的暴力运动之中，被开启在记忆与记忆衰退形式的差异之中。外在性已经存在于记忆活动之内。恶魔悄悄潜入记忆同自身的关系之中，存在于记忆活动的一般结构之中。记忆在本质上乃是有限的。柏拉图认识到这一点，从而赋予它生命。我们看到，就像在一切活的有机体之中那样，他给它以界限。一种无限的记忆无论如何都不是记忆，而是无限的自我在场。因此，记忆总是已经需要符号，以便借着符号来重新唤起必定与之相关的不在场者。辩证法的运动见证了这种情形。故此，记忆就被它的第一个替代物——记忆衰退形式——玷污了。但柏拉图梦寐以求的是一种不假符号的记忆，即没有增补的记忆。一种没有记忆衰退形式、没有药物的记忆。在这个时刻，出乎这一理由，他把数学的可理解领域之中假设性与反假设性的混淆称之为“做梦”（参见《王制》533b）。

为何这种代理或增补就是危险呢？但是，可谓危险者，决不在代理或者增补本身，不在它可能自在显现为物、显现为此在之物的那个方面。因为在那个方面，它可能安全稳妥，毋庸置疑。但是，在目前这种情况下，增补者什么都不是，决非一“存在”（on）。可它仍然也不是一种单纯的“非存在”（mē on）。它悄无声息地滑动，滑脱了简单的在场（缺席）之选择项。这就是危险。而且这就赋予这种类型的东西永远取代原型的能力。只要敞开了增补的外在世界，其结构就隐隐表示，增补之物自身可以“定型化”，可以为其“副本”所取代，因而这种对增补的增补，一种对代理的代理，不仅可能而且必要。说它必要，因为这种运动不是一种可感的“经验的”偶然事件，而是同“原型”（eidos）作为同一重演的可能性紧密生死相依，因而它就是“原型”的一种最高境界。故而，对柏拉图（及其后的以这种方式建构的全部哲学）而言，书写就是一再复制且让我们命定被运载（规训）过程：对一种增补的增补，一种能指，对一个代表的代表。［在这个系列中，前项或前结构还不必被摧毁（faire sauter），其不可还原性还不必变得透明，不过我们随后就要做这件事了。］将书写规定为对一个符号的复制，规定为一个符号的符号，规定为一个语音能指的能指，当然有赖语音书写的结构和历史在这个过程中所扮演的决定性角色。语音能指灵动而又亲近，活在生生不息的“记忆”（mnēmē）或“心灵”（psuchē）之中，但作为对它的复制和摹仿，文字书写远离生命，落在生命之外，将生命运载到生命之外，让生命沉睡在这种类型的生命仿制品之中。由此可见，药物有两桩恶行：第一，让记忆枯干；第二，尽管它对其他事物有辅助之用，但对于“记忆”（mnēmē）就百无一用，仅仅是“衰退记忆形式”（hypomnēsis）的辅助而已。书写作为药物，不是增强源始生命，加快“个体”行为，相反充其量只不过是保存记录而已。它是一服令记忆日益虚弱的毒药，但它对于记忆的外在符号、记忆的征兆，对这个希腊语词语所能指称的一切，都是灵丹妙药，补益无穷：一种经验的、偶然的、表面的事件，大而化之地说，一种没落，一种坍塌，像一个来源于其指向一切的指引，它自我张扬。太阳王有言在先，你发明的文字药物治标不治本，从他那里我们获得了如此一种训诫：在征候之本质和所指的本质之间，存在着不可化约的差异。文字属于征候界，因此永远外在。

进一步说，即便文字外在于（内在）记忆，即便记忆的衰退形式本身不是记忆，但它自内而外地影响了记忆，让记忆麻木。此乃药物之效。如果全然外在，文字就会让心灵记忆的私密性与整体性保持纯净无染。可是，卢梭和索绪尔对同一种必然性的反应表明，如果在私密与外在之间没有发现其他的关系，那么柏拉图就一直秉持双重主张：书写属于外在，但又具有渗透一切的魔力，能够影响，甚至改变最深刻的内在性。药物就是那种危险的增补之物，① 它渗透于可能想废黜它的事物之中，但自己同时甘被背叛、甘被摧毁、甘被终结、甘被取代以及甘被完成——这就是踪迹，此时此刻的存在物，在其烟消云散之际，也在自我伸张。

如果说，不是在沉思让这种增补成为可能的结构，并且首先不是在沉思“柏拉图—卢梭—索绪尔”以怪异的“推理”对增补予以控制和进行还原的徒劳努力，一种满足于指明“逻辑矛盾”的推理，那么我们就一定会在这里看到一种“水壶逻辑”的范例。在《释梦》当中，弗洛伊德为阐发“梦境逻辑”而求助于“水壶逻辑”。为了按照自己的喜好安排一切，被告人摆出了一堆自相矛盾的论断：1. 我奉还给你的水壶是新牌子的；2. 你借给我的时候，壶上就有孔洞；3. 所以你从未借我一把水壶。以类比方法将这些自相矛盾的论断运用于书写，我们可以如法炮制：1. 书面文字严格地外在于且低劣于活的记忆和言语，后者不为前者所毁弃；2. 书面文字有害于活的记忆和言语，因为它令记忆和言语沉睡，而且减弱了记忆和言语无论如何都不可玷污的生命力；3. 无论如何，如果已经诉诸记忆衰退形式和文字，那就不是因为它们具有内在价值，而是因为活的记忆有限，而且早在书写留下踪迹之前，其中就已经孔洞密布了。文字对记忆毫无影响。

---

① 英译者注：“那种危险的增补之物”，典出卢梭《忏悔录》，书中他用这个表达式描述“手淫”。德里达《论文字学》一章，就以此提名。不过，德里达沿着“增补”（supplement）在法语中的两层含义——“增加”和“补充”所引出的结果，将卢梭关于性爱、教化和书写的论述逻辑复杂化了。书写、教育、手淫和药物所共同具有的属性在于，同言语、自然、性交、活的记忆相比，它们一方面是派生的、外在的和补充的，但另一方面它们都具有替换、侵扰和毁灭作用。——译者注

“记忆”（mnēmē）和“记忆衰退形式”（hypomnēsis）之间的对立将垄断书写的意义。在我们看来，这种对立关系将形成一个具有全部柏拉图主义之巨大结构对立的体系。在这两种概念之临界上所展示的，最终就像是哲学的主要决断——凭靠这种决断，哲学自我建构，自我维持，以及将深刻的危害包容于己之内。

因此，在记忆和记忆衰退形式之间，在记忆及其增补之间，界限不仅飘忽不定，而且几乎不可觉察。在这条界限的两边，则有一个重复的问题。活的记忆重复了原型理念之在场，真理也是通过回想而重复的可能性。真理揭示了“原型理念”（eidos），或“存在物之存在”（ontōs on），换言之，真理揭示了可以摹仿、可以复制、可以重复以至于臻于同一之物。可是，真理在记忆之中运动，被重复者必须在重复之中如实自我呈现，如其存在地自我呈现。真者被重复；它就是重复之中的被重复者，被再现在再现物之中的被再现者和在场者。它不是重复行动的重复主体，也不是指称活动之中的能指。真者，乃是所指的原型理念之在场。

智术，调集衰退记忆形式。还有诡辩术，调集回忆形式。二者均假设了重复的可能性。但这一回，智术维系于另一侧，一如既往地维系于重复的另一面，维系于指称的另一侧和另一面。被重复的乃是重复动作的主体，这恰恰就是物自体缺场之中的摹仿者、能指、代表——它们显然重新编辑了物自身，而没有心灵或记忆的活力，没有辩证对话的生动张力。书写确乎就是能指的能力，它机械地自己重复自己，没有一种活的灵魂将它维系在其重复过程之中，在重复过程中见证它，也就是说，在任何地方都没有真理的“自我呈现”。智术，记忆之衰退形式，以及书写都将以能指与所指之间的树叶无形到几乎不存在的厚度，而同智慧之爱、辩证对话、回忆和活生生的言语分离开来。“树叶”：我们应该注意到，这是一个意味深长的隐喻，或者不如干脆说，一个取自万物的能指面的隐喻，因为叶片有正面与反面，它首先仿佛就是文字的表面和承负。可是，根据同样的道理，这片树叶之整体，能指与所指差异系统之整体，是否也指明了智术与诡辩术的密不可分？毫无疑问，能指与所指的差异主导者柏拉图主义自我建构和决定其对立智术立场的模式。哲学与辩证法如此开端，便以这种方式被决定于其决定其对手他者的行为中。

决裂之中又深刻地合谋，便导致第一个重大后果：《斐德若》对话反对书写的论证结构可能借用了伊索克拉底（Isocrates）或阿尔喀达马（Alcidamas）的全部策略，但同时调转了枪口，“明修栈道，暗度陈仓”，[①] 这些策略被用来对付智术师。为了复活他们所摹仿的对象之真理，即复活真理本身，柏拉图摹仿了摹仿者。而且千真万确的是，唯有作为“存在物”（on）之“在场”（ousia），真理才是可以辨异的。其辨异的权力，它控制或者如你所愿，被能指与所指之差异所控制的权力，在任何情况下，在系统的意义上，同那种差异都密不可分。这种辨异本身是如此空灵缥缈，以至最终只不过是将同一之物与其自身、与其完美得几乎不可区分的副本区分开来。这是一种完全发生在“药物”的歧义与可逆结构之内的自创自生运动。

辩证术士如何模拟被他当作模拟者、当作拟像人而废黜的人呢？一方面智术师像柏拉图那样建议，演练记忆力。但是我们又看到，演练记忆力是为了让他们自己能够言说而不知，背诵而不评判，对真理毫无敬意，也就是说，这么做只是为了给予符号。或者干脆说，只是为了贩卖符号。通过这种符号的经济，智术师毫无争议地成为文字人，但他们在抗争之际，却绝非文字人。但是，通过对称的颠转效果，柏拉图不也是这么一个文字人么？不仅因为他事实上是位写手（我们稍后分析这么一个平庸论断），不论是在事实上还是在法律上，他都无法解释哪些辩证术士拒绝求助书写；不仅因为，根据他的判断，同一之重复对于回忆必不可少；而且因为，他断言这种类型的文字乃是不可或缺的。[值得注意的是，类型（tupos）运用于文字印迹和作为蓝本的原型理念，也一样贴切，参见《王制》，402d。]这种必要性属于法俗风水，在《法礼》之中被正式提出。在这种情况下，文字静止与僵硬的同一性之于所指法律或成文规范，不像一种哑默而愚笨的拟像，只是一种简单的添加。它以卫士的警觉，确保法律的永恒与同一。作为另一种法律卫士，文字确保有办法在必要时如同寻常那样，随意地回到所谓“法律”的理想事物。我们可以绎解文字、质疑文字、咨询文字，使之开口言说，而不必改变它的同一性。即便是用“同一个词语”（boētheia）来表述，所有这一切甚至都构成了《斐德若》中苏格拉底讲词的另一面，精确地说，构成了苏格拉底讲词的对立面：

克里尼亚斯：“依君高论，此等论断对‘理性之法’（*nomotheisia*）

---

① 在此，我们运用了蒂耶（Dies）的术语，请参考他的《柏拉图主义者的暗度陈仓》（*La transposition Platonienne*），特别参见其第一章《转换修辞术》（la Transposition de la rhétorique），见《柏拉图研究》（*Autour de Platon*），第400页。

之功，可谓至高无上矣。因‘礼俗仪轨’（*prostagmata*）一待‘落墨成文’（*en grammasi tethenta*），当恒久镌录在册，好似以备将来验之证之也。故此，初以听证，晦涩难知，吾人无须惊异，即便悟低学子亦可从头绎读，力解再三。权依拙见，成文之法条款冗长，却含纳善用，博地凡夫既无理性，亦无信仰依恃，贸然拒绝以虔诚之心虚纳此等话语（*to mē ou boēthein toutois tois logois*）。”（《法礼》，X，891a，笔者引用权威译本，甚至古希腊语也保留原状，让读者用心体会译本的寻常效果。[①] 关于成文法和未成文法之间的关系，特别参见《法礼》VII，793，5b－c。）

这些斜体的希腊文有力地证明：“礼俗仪轨”（*prostagmata*），唯有“落墨成文”（*en grammasi tethenta*）才可能成为法律。“理智之法”（*nomotheisia*）乃“成文之法”（en grammsi）。立法者即文士也。法官即读者。让我们跳至《法礼》第十二卷，其中写道：“自视自为公正平等之判官者，必呈诸事于目前也；当下论断者，必‘撰之于文’（grammata），且悉心研读也。盖大全门类之知也，唯良法之知含弘至上权能，变庸碌之辈为卓越之士；不若也，虽有神圣至尊之法，‘法’（nomos）虽有类乎‘心灵’（nous）之名，则虚空无道也。”（957c）

反过来，在对称的意义上，修辞之士也不会磨磨蹭蹭，等待柏拉图将文字转换为审判。在伊索克拉底和阿尔喀达马看来[②]，“话语”（logos）也

① 英译者注：德里达引文采自蒂耶；而英译者引文取自泰勒（A. E. Tailor）。妙趣横生的是，这些“翻译效果”的另外一种效果，恰恰就是在翻译一篇讨论翻译效果的文字过程中所遇到的困难。

② 如若我们像罗邦那样，认为《斐德若》虽然表面上确定，内里却是“一份反对伊索克拉底修辞术的控词”（参见“《斐德若》引论”，Budé 版，clxxiii），而不论伊索克拉底说什么，这种修辞术都无关“知识”（epistēmē），只关“意见”（doxa），那么，伊索克拉底的话语题为“反对智术师”，就一点也不令人感到奇怪了。同样，我们也毫不奇怪地发现有一段话，其论证结构同苏格拉底的类似性十分令人困惑：“该当谴责者，不独智术师，且有声称‘传授政治言论’（tous politikous logous）之人。后一类，于真知了无兴致，若是略取小费便能招揽大量门徒，汝等便以技艺之师自居……（吾人须知，伊索克拉底收费不薄，反更高昂，当其舌灿莲花，更是深知真理之价）……而汝等天生愚拙，却认定他人愚不可及，以至虽汝等所构言辞较之门外汉即兴之作更为拙劣，却仍旧想望让其门徒成为绝顶聪明之游说术士，不至于放过一个话题所能承受的任何可能性。除此而外，汝等也从不将话语力量归因于实际演练或门徒之天资，而是如同教授字母表之文字那般，尽其可能简化和传输言说之道（tēn tōn logōn epistēmē）……敝人惊奇发现，这类人正襟危坐，对年轻人指手画脚，而不自知乃是将呆板僵滞之法则及类似技艺用于创造过程。除这类技（转下页注）

是一个“活物”（zoon），其活力、丰盈、机敏和弹性却受到了书面符号的僵化严密性的限制与约束。这种类型（痕迹）并不适应当下情境之中变动无常的所予之物，不适应每次都具有的独一无二性、不可替代性以及全部必不可少的灵敏。在场是“存在之物”的普遍形式，而“现在”总是千差万别。可是，不断自我重复而永远在这种类型（痕迹）之中维持同一的书面文字，在一切意义上都无能屈伸，无法与现在时刻的全部差异一起流变，无法适应灵魂转向的必然性，这种转向变易无常，流动不息，诡异难知。相比之下，言语主体却不为先行确立的模型所控制；它能更好地掌控符号；它能依据瞬间闪现的要求，欲望对象的本性，以及对于听众的把握，而适时凸显、曲折、羁押符号，释放它们的生命力。留意于运动之中的符号，凭语音手段而表演的人更自由地渗透到学生们的灵魂，永远在创造独一无二的效果，就像是寄寓在学生们的心中那样，引领他们通达理想的境界。所以，它不是智术师借以拒斥书写的有害暴力和萎靡无灵。与这种危险而又愚笨的盲目奴性行为相对立，以高尔吉亚、伊索克拉底和阿尔喀达马为代表的阿提卡学派赞美活言语的力量，称之为“强大的主宰”，认为它具有巨大的权力。“言语是强大的主宰”（logos dunastēs megas estin），高尔吉亚在《海伦颂》中说道。言语的主宰可能也像书写的主宰一样，皆为有害暴力，但其浸润至深，渗透至强，形态各异，更是无可怀疑。只有那些和路人一样说不好话的人，才能在书写之中寻找避难所。在其议论“讲辞写手”和论述“智术师”的文章中，阿尔喀达马反复强调了这一点。所以，对于患病的言语，书写就被视为一种安慰，一种补偿，一服补药。

但这些都是表面上的类似，《斐德若》对话中苏格拉底和智术演讲家对书写的谴责毕竟不可同日而语。如果书面语词被谴责，那不像是败坏记忆与真理的药物。而是因为，言语是一服效用更佳的药物。高尔吉亚就是这么

（接上页注②）师之外，谁人不知，运用文字之书仍是如此因循守旧，缺少变通，以至吾人一以贯之将同样文字用于同样意图，而其反面恰是话语技艺之真谛？盖一人所言者，绝非同等适用于其后之人；反之，渠以更适话题之策言之，人谓之精于此道，且善取他人同不明智之话题论之。两种技艺判然分野之最大证据在于，仅当演说场合合适，风格得体，言含新意，方可称善，而文字无须满足此类要求。”结论是：为了书写，我们该支付费用。但文人却不该收取费用。最好的想法是，我们应该勒紧腰包，谨之慎之。须言语之助，汝等必付费。“故此，用‘类像技艺’（parageigmasin，文字）者，该公正支付，而非收费，因为汝等大大需要教授之时，却倾力教授他人。”（Kata tōn sophistōn XIII，9，10，12，13，George Norlin 英译本，洛布古典丛书，纽约，1929，II，169－171）

说的。言语（逻各斯）为药物，既善又恶；一开始，它并不由善或真独一无二地掌控。而仅仅是在“逻各斯”的这种矛盾性和神秘不确定之内，以及在认识了其矛盾性和不确定之后，高尔吉亚才做决断，将真理视为一个世界、一种结构或秩序——逻各斯的对立物（宇宙）。如此一来，他无疑预示着柏拉图的立场。但是，在做出这种决断之前，我们将一直置身在药物的矛盾不确定空间：隐含于逻各斯之中的，仍然是潜势与潜能，尚不是透明的知识语言。如果我们有理由努力以紧随和依存已经开启历史的范畴（恰恰是那些在决断的余波之中涌现的范畴）来把握这服药物，那么就必须说，活的言语具有“非理性”，具有降神附魅、麻醉催梦以及炼金转型的魔咒力量，使得“逻各斯”如同巫术和魔法。“巫师魔法”（goēteia），灵魂转向术，这些都是言语的“事实与行动”，恐怖至极的药物。在《海伦颂》中，高尔吉亚调遣这些词语来况貌言语的力量：

> 出言吟唱，“神咒如歌”（hai gar entheoi dia logōn epoidai），承载快感而消灾免难，因其与灵魂之知冥合，魔咒常有“诱惑之力”（ethelxe），以“巫术”（goēteiai）令其勉服，且强力易之。吾人业已发现，巫术魔法自有两类：一类在灵魂迷误，一类在知识欺瞒……肇因在焉，吾人不可中断曰：海伦一如博地凡夫，违心逆意为言辞俘获，一如遭受强力蹂躏？……因为言辞约束灵魂，劝勉被劝勉者托信所言之物，应允所为之事。劝勉者如约束者，行其错事，被劝勉者如被约束者，于言辞中为言辞诱惑。①

雄辩劝勉之效（peithō）仰赖入侵、掠夺、内在诱惑和无形强暴之力。本质上说，这是诡异神秘之力。高尔吉亚描述海伦屈从言辞暴力（她也会屈服于一个字么?），开脱受害者的罪责，同时也控告“逻各斯”能够说谎。他希望，“援理（logismon）入言（tot logōi），免被告之罪，责诽谤者为推诿者，证之成真，以期海伦免于渠等蒙昧”。

可是，在尚未被真理的宇宙、真理的秩序所羁勒和驯服之前，“逻各斯”

---

① George Kennedy 英译见《老一代智术师》（*The Older Sophists*, ed., R. K. Sprague, Columbia, S. C.: University of South Carolina Press, 1972, pp. 50-54）。关于《海伦颂》的这一段话，关于诱惑与劝勉（Thelgo and Peitho）的关系，关于诱惑与劝勉在荷马、埃斯库罗斯和柏拉图著作中的运用，参见 Dies 的专著，第116—117页。

还是一匹野马，具有一种神秘暧昧的动物性。其神奇的药力源自这种神秘暧昧，正是它解释了这种力量和言辞所示的不可思议事物之间的不对称关系：

> 然则，如若言辞劝服海伦，俘获其芳心，则即便如此，亦难辞其咎，祛除其耻。言辞乃君王，权力至上，以至美且不可目遇之体流布至圣言语：诚可终止畏惧，祛除悲情，滋生快意，养成慈悲。

通过言辞而浸润灵魂而产生的说服力量，确实不愧为一服药，高尔吉亚所道之意，尽在其中：

> 施于灵魂情境（pro tōn tēs psuchēs taxin），言辞之效（tou logou dunamis），同施之于自然躯体（tēn tōn somatōn phusin）之药物之力（tōn pharmakōn taxis），二者异曲同工（ton auton de logon）。药性各异，体内分泌不一，药性驱散淤积，或根除疾病，或终止生机。言辞之效亦然，或生压抑，或催舒适，或致恐惧，或增闻者胆魄，或以邪恶之劝勉蛊惑灵魂（tēn psuchēn epharmakeusan kai exegoēteusan）。

读者必须停一下，略作思忖：逻各斯—灵魂与药物—躯体，这两种关系的关系（或类似关系）本身就是“逻各斯”一词的蕴含之意。这种关系的名称本身就是其概念之一的名称。药物包容在逻各斯结构中。这种包容既是统治行为，又是决断行为。

（五）魔法师

> 夫无多伤及吾人，吾人概无襄助之需。汝当明乎此道，仅因邪恶之故，吾人方重善端，方感善意。吾人视善端为救治邪恶之药，盖因邪恶本为恶疾。然恶疾无存，吾人当知，即无需药物（ouden dei pharmakou）。故此不证自明，此乃善性之本也。然也，此当昭昭无疑。（《吕西斯》，220c－d）

可是，果真如此的话，逻各斯果真已经成为一种无处不在的增补，那么，“不立文字”的苏格拉底是否也是一位药学大师？而且，这是否表明，他也像智术师一样，成为一个为人唾弃的人物？一名魔法师（pharmakeus）？

一名法术师？一名魔术师？甚至是一名荼毒者？甚至，甚至，还是高尔吉亚所谩骂的那些骗子中的一员？这些互相缠绕的复杂线索，几乎就没有可能解开。

在柏拉图的对话中，苏格拉底常常戴着一名魔法师的面相。魔法师，乃是曼提亚女先知狄奥提玛给厄洛斯神所取的名字。在厄洛斯肖像后面，我们不难认出苏格拉底的轮廓，就好像在注视苏格拉底之时，狄奥提玛就正在将苏格拉底的肖像呈送给苏格拉底（《会饮》，203c，d，e）。厄洛斯不富不美不雅致，毕生致力于哲思（philosophōn dia pantos tou），因而他是一名让人畏惧的“魔术师”（deinos goēs），“法术师”（pharmakeus），以及“智术师”（sophistēs）。一个任何“逻辑”都不能将其禁锢在非矛盾规定之中的存在物，一个精灵种属的个体，非神非人，既不永生也非有殁，不是活体也非死物，他便充当了“预言术、神圣献祭仪式、入会仪式、降神仪式、占卜仪式和‘驱魔仪式’（thusias-teletas-epōda-manteian）的中介物”。

在同一篇对话中，阿伽通谴责苏格拉底蛊惑他，向他施加魔咒（pharmattein boulei me，ō Sokratēs，194 a）。狄奥提玛描画的厄洛斯肖像也被置于阿伽通的谴责和阿尔喀比亚德对苏格拉底的描摹之间。还有人提醒我们，苏格拉底式的魔法乃是通过言辞来起效用，无需任何器具之助，通过声音效果来起作用，无需辅助物，无需人羊神马尔斯亚斯吹奏笛子伴奏：

> 汝亦笛师乎？吾以为然，且魅超萨提尔马尔斯亚斯，艺高百倍。萨提尔仅以唇吹笛韵，乐曲飞声，迷惑人类……其曲调仍赋魔力，以其别具一格之神性，拣选吾人之恰当子民，施以圣礼。苏子也，君与马尔斯亚斯仅有之别，乃在君无待乐器之助（aneu organōn），纯用简洁言辞（psilois logois）[①]，即令人顿然附魅……（215 c－d）

遭遇这种纯粹至极而无血肉的声音，我们不可能像奥德修斯那样，靠堵住耳朵抗拒塞壬的歌声那样，堵住耳朵来逃避它的迷惑（216a）。

苏格拉底的药就像毒液，像毒蛇的蜇噬（217－218）。但苏格拉底之蜇比毒蛇更毒，因为蜇噬之伤痕侵入了灵魂。但无论如何，苏格拉底的言辞与蛇蝎的毒汁所共有的，乃是渗透灵魂活肉体，盗取最内在的秘密。这种

① “纯粹不假装饰的声音……”（英译为“Bare，ungarnished voice”），希腊文原文为“psilos logos”，也有“抽象论断或简单论断逻辑，而不用证据”的意思（参见《泰阿泰德》，165 e）。

奇能法术的鬼魅言辞驱使公众进入酒神的迷狂和爱智的偏狂（218 b）。如果说，这些言辞不像毒蛇喷射毒液，苏格拉底的药物迷惑就令人想起“麻醉药”（narcosis），让人感官麻木，使人精神沉睡，而陷入绝境，就像“貂鱼”（narke）的死亡之吻：

> 美诺：“苏格拉底，谋面之前，人常言：‘君真乃迷津之人也，不独自己迷惑，亦让他人沉迷。’此时此刻，敝人感觉你正施行法术和魔力于我身，毋庸置疑以魔咒控我，直至我孤苦无助，全身木然，濒临绝境（goēteuis me kai pharmatteis kai atekhnōs katepaideis，hōste meston aporias gegonenai）。不嫌轻率，窃以为不独外貌，更兼多方，汝活像海中‘大貂鱼’（narkē）。一触之下，人皆麻木，知觉全无，恰如你现时对我所为也。吾心与吾口，无一想念，无一言辞，束手无策，任你摆布……吾欲敬君一言：勿弃雅典而亡域外。你若客居异邦而行此道，则有被控‘神巫’（goēs）而陷深牢大狱之虞。”（《美诺》，80 a – b）

苏格拉底像神巫，陷入深牢大狱——这种剧情还需等待。

这个比喻不断地把苏格拉底的药物与智术师的药物相提并论，互相比照，让我们不确定地往返在二者之间。关于这个比喻，我们能说什么呢？如何可能将它们区分开来，泾渭分明呢？

反讽并不在于通过分析与质疑驱散智术之魅，或消解灵异之物。反讽也不在于站在透明理性或淳朴言辞的坚定立场上，利用其优势去解构一个魔法师的江湖骗术。苏格拉底的反讽在于，通过将药物互相接触而离析出一种药物。或者说，它翻转了药力，反转药物的明显效用①——药物之效正在于某种反复无常，在于某种不合时宜，在于总是能让药物自我敌对的非自我同一性；这个事实决定了药物的效用、药物的记录、药物的日期，这一切都将寓于为药物分门别类的行为之中。

药力的乾坤倒转之中，成问题的同样还有学识与死亡。这将被交付给

---

① 这里有一种“既（又）”的二重选择逻辑，表明苏格拉底的药既能石化又能活化，既麻醉又敏感，既产生舒适又导致痛苦。苏格拉底不仅是一条令人失去知觉的貂鱼，而且也是一只招人注意的动物：我们记得《斐多》的蜜蜂（91c）；稍后，我们将阅读《申辩》之中苏格拉底自比牛虻的段落。整个苏格拉底风格的布局谋篇构成了一册动物寓言集。精灵将自己铭刻在动物故事集中，这还有什么奇怪的？正是以动物药物的神秘暧昧性和另一种苏格拉底比喻为基础，“人”（anthrōpos）的格局于此生成。

唯一类型的药物结构，交付给那必须等待的份额之唯一名分。甚至可以说，就苏格拉底而言，这唯一名分值得等待。

二

苏格拉底使用药物，并不以保护魔法师的法力为目标。渗透、迷惑和麻醉的技术甚至最后还会反治于用药者，但我们必须永远以尼采式的征候学方式谨慎地诊断，在绝对禁欲的符号或无关功利献祭的祈求背后，究竟还隐藏着哪些经济、投资和延展的利益。

在苏格拉底公然否定其利益——知识即权力，激情与快乐——的条件下，一言以蔽之，在苏格拉底慷慨赴死的条件下，这种自白纯粹的声音（psilos logos），即这服毫无掩饰的药物，在对话中却具有某种主导权威。苏格拉底慷慨赴死，至少是其肉身之死：此乃必须为同为权力的真理和知识所付出的代价。

对死亡的恐惧让所有的巫术魔法和灵丹妙药有了用武之地。魔法师却寄望于这种恐惧。所以，苏格拉底的药一方面有效地使我们免于死亡恐惧，另一方面又以一种从神的位置和视点来想象和行动的形式，对应于一种驱傩仪式。《法礼》中的雅典人先是询问，神是否赐人以药催生恐惧（phobou pharmakon），随后立即抛弃了这个观念：

> 建言立法者，吾往复再三：使所见略同，或无所谓孳乳恐惧之药（pharmakon），无论神赐抑或人为（江湖医生不在其列，尔等别有畛域）。然可否有可饮者，饮而无所畏惧（aphobias），激荡超凡自信，于错误时刻行错误之事？于此，汝有何高见？（《法礼》649 a）

深感恐惧的，只是我们心中的孩子。当“我们心中的小孩”不再像害怕专为恐吓孩子的稻草人和“极地恶灵”（mormolukeion）那样害怕死亡，江湖医生就会绝迹人间。降神念咒在日常生活中必须双倍增加，以便将孩子从恐怖幻象之中解放出来：

> 克贝斯：“或许吾人心内，有稚童隐焉。稚童之惧者，自是稚气也。汝不妨勉力劝服心内幼童，毋惧死亡如惧极地恶灵。”

> 苏格拉底：“君挡不住念咒，日日不辍，直至幼童之恐惧烟消云散。”
>
> 西姆弥亚斯：“苏格拉底乎！君将揖别吾人，然于何方求得熟语魔咒之法师（epōdon）欤？”（《斐多》，77e）

在《克力同》中，苏格拉底同样拒绝这么一些人：“（彼等）装神扮鬼，又呼来极地恶灵，恐吓吾人童稚之心，迫吾人束手就擒，任由虐杀，财物散尽，一无所有。”（46c）

这种以魔法反魔法之法术，这种驱逐鬼魅之仪式，这种以毒攻毒之道，乃是辩证法本身。在回应克贝斯之时，苏格拉底主张，不仅要寻觅法术师，而且最为确定的降神术，乃在于修炼辩论技艺：“万邦之中寻觅，天涯水涯，既不省心，又不省钱；因花钱无妙道。故而，汝当返求诸己，亦于自心索之；唯诸己，而非他，能担此任也。”（《斐多》，78a－b）

借着彼此辩难、自我审察而“返求诸己”，假道他人的语言曲折地认识自我，这是苏格拉底的使命。而阿尔喀比亚德，站在他敌对的立场上，仿佛就是他的“解药”（alexipharmakon）。苏格拉底提醒阿尔喀比亚德，记住德尔菲铭文（tou Delphikou grammatos）：认识你自己。早些时候，我们引用了《法礼》，在一段被打断的引文中，文字的必要性得以确然认定，文字（grammata）被规定为“解药”，被内化内投到了判官的灵魂深处——那是文字最安全的住所。现在，让我们重拾坠绪：

> 一名判官欲显正直清廉，则必置诸多事体于眼前，必有章可循，有法可依，必挂怀于事，悉心研判。设若法礼乃是应然，则实然无所研判，因为法礼蕴藏强力，足将习法之人培壅成善好之士——否则，吾人赞曰法礼典章唤起敬畏与惊奇，所负之名亦与理性（nomos/nous）同源，均全然虚位，意蕴空无。况且，请斟酌所有其他话语，诗兼赞讽，无韵散文言表繁复，寓于文学抑或日用伦常平易交谈，多有歧义纷争，且常常空作允诺。万般言辞，圭臬唯一，此乃立法者之书文也（ta tou nomothetou grammata）。**好判官镌刻立法者之文于灵府（ha dei kektēmenon en hautōi），以解别宗言辞之毒性（alexipharmaka）**，故而好判官治国而兼治心，捍卫城邦又自我保护。善治之下，渠将确然持存更增进正义；劣势之中，如若诸种危险过犯之人尚可救治，渠则尽其所能，促其迷途知返，勒马悬崖，令愚者聪颖，浪者节制，懦者神

勇，质言之，矫正一切错犯。至于死命抱守残缺，无可救药之人，如若判官及其鉴察官明鉴善断，处以死刑，以疗治其已死之灵魂，则如吾人前此多番昌言，渠等正直行为当受城邦赞誉。（Ⅻ，957c－958a，黑体句子为引者所加）

作为对原型理念之重复，记忆的辩证术却同自我认知与自我节制难解难分。如果能被用来对抗遭受死亡威胁和极地恶灵欺骗的儿童之恐惧，那些就是最佳的驱傩形式。哲学，必须为儿童提供安全感。如果你乐意的话，我们不妨说，这就是让儿童走出童年，摆脱天真，忘记自己是儿童；或者，反过来说也一样，第一重要者，乃是为我们心中的儿童辩解，消除他的恐惧，移置他的欲望，从而教会他说话，引导他进入对话之中。

我们不妨在《治邦者》对话所编织的网络之中对名曰“辩证术”且被理解为“解毒剂”（280 a ff）的种种防护物进行分门别类。在种种可称为“人造物”“制造物”以及“收获物”的东西之中，异邦人分列出两类：一类具有行事功能（poiein，或趋向于“制作”的功能），另一类即所谓“防御物”，具有免受伤害的功能（tou me ka）。在后一类即“防御物”里面，我们还可细分为：（1）“解药”（alexipharmaka），既可能具有人性也可能具有神性（辩证术亦可做如是观，在区分可能的人性与神性之前，它就是广义的“解药之解药”，而辩证术恰恰就是人性与神性之间的过渡状态）；（2）“难题”（problemata），即那些突兀在我们面前的障碍、遮护、盔甲、盾牌、掩体。异邦人将解药存而不论，而致力于区分各种“难题”（problemata），它们可能当作“武器”和“护栏”来使用。护栏就是抵御寒热的屏障和防护；这些防护可以是房屋和覆盖物，而覆盖物可以像地毯一样铺在下面或者包卷起来，如此等等。分门别类的过程通过不同的编织衣物的技艺而继续，直到织成衣物，表现编织技术：这是难题重重的防御空间。因此，如若亦步亦趋地继续分门别类，那么这种技艺最终就绝不依靠解药，因而也绝不依靠各种各样的解毒剂，以及辩证术所提炼的反制药物。文本驱逐辩证术。但是，如果我们牢记辩证术也是编织术和“织物学”（sumplokē），仍有必要稍后对两类织物进行区分。

药物或危险增补之辩证反制让死亡既可以接受又彻底虚无。死亡被灭绝，所以能被接受。让我们接受死亡之时，灵魂不朽也像抗体那样起作用，消散了死亡的骇人幻觉。反制药物粉碎了一切妖孽，它仍然就是知识的本源，向作为重复之可能性的真理敞开，而且让“生之贪欲”（epithumein zēn，《克力同》，53e）服从法律（善，父亲，帝王，首脑，首府，太阳，举凡一切不可见之物，皆为法律）。在《克力同》中，恰恰是法律本身敦促我们“万毋如此贪生，而以枉法乱纪为价”。

当克贝斯和西姆弥亚斯索求合格的法术师，苏格拉底究竟如何作答呢？他敦促他们演练哲学对话，追寻哲学的至善目标：自我同一、永远如一，因而简单、“完整”（asuntheton）、不可解构以及永恒不变的原型理念之真理（78，c，e）。原型理念就是那种可以永远如一地重复之物。理念之理想与无形，构成了它被重复的权力。现在不言而喻，法律永远是重复的法律，而重复永远是服从法律。在《克力同》中，大写的法律被人格化，苏格拉底则必然同时接受死亡和法律。他被迫承认自己乃是法律的后裔、子孙、“代理”（ekgonos），甚至是法律的“奴隶”（doulos）。而法律让他的父母随缘耦合，让他的出生成为可能。暴力冒犯母（国），甚至比伤及父母更为渎神（51c）。这就是为何大写的法律要求苏格拉底伏法，在城邦的禁锢之中死而无怨。而苏格拉底本来可以逃走，可他几乎总是拒绝逃出雅典：

> 噫嘻欤，苏格拉底！汝如此明哲，竟然忘怀，较之双亲及列祖列宗，母国父邦则高贵有加，尊严有加，神圣有加，且于诸神之间及明哲之人中间荣耀有加？……邪恶暴行即为犯邦叛国之罪……苏格拉底乎！吾人已有铁证，汝惠泽世人，更惠及城邦。若非君之执念父国之情世间稀见，岂会如此罕见执着，拒绝僭越国之疆界？汝从未出城加入庆典或另有他谋，除却行军作战，戎马生涯。不若俗人那般漫游境外，汝从无熟知他国及其政制之念想。汝眷注同胞，挚爱城邦。汝选中吾人，忠贞不贰，以良民行事而看护同胞。（《克力同》，51a，c－51b，c）

苏格拉底风格的言辞没有漫游，而是留在家里，且被密切关注：在原乡之中，在城邦之中，在法律之中，且在其母语的监控之下。而当书面文字被描述为出轨行为，沉默地暴露给一切侵犯，逆来顺受。于是，书写无处可栖。（未完待续）

（作者：德里达，1930—2004，法国哲学家，解构论的创始人；译者：北京第二外国语学院文化与传播学院）

探索数字人文

崔凤娇 等

摘　要：数字人文的出现，意味着人类在建构知识体系的方式上已悄然发生变化。本辑书评选取数字人文领域中的部分代表性论著，将数字技术放置在哲学、文学、考古学、社会学、教育学等传统人文学科语境下进行批判性反思。这些数字人文学者以跨学科视野、冷静客观的视角直面数字技术带来的重大影响，揭示传统人文学科在数字时代下所面临的机遇与困境，探讨传统人文学科的数字化技术缺陷及解决措施，寻求数字与人文之间的发展方向，重估数字技术对人文精神的影响，希望在互联网巨大的信息浪潮中，能够为人类更加纯粹地探索世界、追求智慧提供一些参考。

关键词：数字人文；现代技术；文学；审美；阅读

罗斯·阿比奈特：《伯纳德·斯蒂格勒的思想——资本、科技与精神政治》

(*The Thought of Bernard Stiegler—Capitalism, Technology and the Politics of Spirit*, Edited by Ross Abbinnett, London, New York: Routledge Press, 2018)

作为“技术哲学”的代表人物，德里达的学生和朋友，以及“解构”思想的主要实践者、推进者，凭借《技术与时间》一书，罗斯·阿比奈特确立了技术在哲学领域的地位。他将技术哲学、人类学与现象学融合在一起，建构起了富有浓郁解构色彩的“药物学”（pharmacology），并对当代技术渗透下的数字化资本主义社会展开了批判。

本书的作者罗斯·阿比奈特是英国著名哲学家、社会学家，现任英国伯明翰大学高级讲师，在法国社会理论、伦理学、技术哲学、后现代哲学等方面均有所建树。正如他所说，他写作这本书的目的并非为斯蒂格勒及其思想张本立说，而是试图阐明斯蒂格勒思想与他所推崇的德里达、西蒙顿、马克思等前人思想之间的联系，重新归纳梳理其技术哲学和解构论融合的思想脉络。

总体而言，斯蒂格勒的作品是对当今日益兴盛的自动化社会—技术系统的人文主义回应，其核心思想在于其对原始技术起源、药物学、虚拟美学等重要概念的解读。在对超工业社会的批判过程中，他将人类的记忆、欲望与模仿进行图式化分析，对当今社会个体性丧失以及被技术控制的记忆等现象进行反思。本书分为六章，各章又有独立小节，分别对斯蒂格勒的原始技术、生命资本化、虚拟美学等方面进行了深度探讨与评析。

“问渠那得清如许，为有源头活水来”，追根溯源是梳理斯蒂格勒思想的重中之重。因而，在第一章中，作者追溯了技术的起源，探讨技术在关于伦理、政治的传统哲学讨论中被边缘化的境遇。斯蒂格勒认为，人类作为独特物种的出现可追溯至合作组织的出现，甚至可以追溯至工具使用之前。他与德里达都认为西方哲学源于对“存在”（being）的探讨，“存在”规定了人与自然、神圣与世俗之间的辩证关系。德里达探讨了言语与文字中的技术性，他认为“语法”是准先验结构，文字则具有很强的艺术性，是一种超越性结构。换言之，写作是德里达所认为的“符号系统”内部的差异性结构，斯蒂格勒称之为“准先验技术性”。斯蒂格勒将德里达的解构思路贯彻到对记忆、补充装置和广义的符号系统的思考中，他认为现代社会人类存在的关怀是由不断发展的技术化趋势所构成的。在《技术与时间》的第一卷中，他将普罗米修斯馈赠给人类的火种看作灾难的源头，是技术引发冲突的隐喻。“火”（火种，或取火）是普罗米修斯为了补偿人类物质的匮乏而发明的一项技艺，也被现代社会看作满足人类欲望的技术义肢。现代社会中，艺术与技巧是“存在”的直接表现形式，是技术义肢的体现，因此，科技对世界产生的危机就是“存在”的危机，它是资本化、数字化的产物。其实，斯蒂格勒解读普罗米修斯神话的过程就是追溯技术本我的过程，就是在考量人类与技术环境之间的关系。尽管西蒙顿是第一个提出人类社会技术化倾向命题的人，但他未能对个性化心理、记忆、社会层面进行理论挖掘。斯蒂格勒则做到了，他认为资本主义是一种以商品货币为表达形式的制度，并与技术科学紧密相关。就个体化心理而言，人类精神史与科技发展密不可分，人类所获得的精神生活只不过是一种集体记忆行为，其产品只是技术化的人类遗产。

“从19世纪开始，技术不再是简单工艺，而是工艺产品与机器，开启了视听时代。20世纪，可计算化的科技逐渐依赖于数字信息与通信技术融合背景下的全球化与机械分工。”第二章以《象征的贫困》为开篇，首次提出了“数字化、可计算化、技术再生产与人类认知操纵”这一命题。作者还是以斯蒂格勒与德里达之间的关系为切入点，从德里达的“原初写作”(Arche-writing) 概念讲起。原初写作先于正式语言、言语和文字，这是一个最能体现德里达解构叙事策略的基本概念。在这一章中，作者解释了“超工业社会”的构成及其形成过程。随着科技的发展，人类在公共领域失去了内在的联系，不再依赖于记忆与感觉的传递。集体意识的退化催生了依托政治、经济与科技系统的超工业社会。作者探讨了斯蒂格勒对马克思、海德格尔、阿多诺等人的批判和继承。在这里，他不再关心技术的缘起，而是将视角转移到科技手段的发展。启蒙运动确立了人生的功利性与客观性，工业革命实现了科技知识对世界的资本化，资本经济成为社会命脉。

在第三章中，作者从生物科学与信息工程的视角出发，探讨了影响人类生命的技术化与资本化因素。他认为，人类知识的进化与工具的发展几乎是同步的。通过科技工具，知识可以被复制甚至可以创造“真实”。而资本主义则是依赖官僚主义与技术劳动力组织的层层分化来发展的。那么，到底哪些因素对当代技术科学产生了重要影响？斯蒂格勒回答：基因科学与信息科学关系的演变，以及主导全球经济的资本主义体制。自20世纪90年代以来，生物科学迅猛发展，标志着一种新的社会组织形式的出现，生物技术的创新为未来带来无限可能。这时，我们便不得不提起这一领域的重要学者、理论家——库兹韦尔。他认为，在未来社会中，支配科学研究与社会经济再生产的是三种革命：基因遗传革命、纳米技术革命与机器人革命。生物科学的发展加剧了因经济剥削导致的伦理与政治问题。其实，斯蒂格勒对生物科学项目的理解之关键在于理清“恶的无限”与“活在当下”这两者之间的关系。“恶的无限”是黑格尔哲学中的重要概念，他在《逻辑学》一书中，将功利主义的起源归因于存在主义。他的论点转向分析有限与无限、永恒与必死之间的关系。机器是一种精巧设置，强化了欲望的无限性。正如医学的出现，一方面，它让人相信医学干预措施是完美的；

另一方面，它又让人们丧失了对他人生命与痛苦的关怀。斯蒂格勒对生物技术对伦理与政治的影响这一命题的理解，是基于对本杰明理论的反思。人类通过科学技术增加了其联系与交流的能力，而这恰恰是资本运行的主要模式。但是，随之而来的记忆、认识与欲望的危机又引起了斯蒂格勒深深的忧虑。

第四章《穿越网络——纳米与机器人的革命》主要探讨的是超工业社会中实现内部联通的演变过程。“N”与“G”的革命依赖与资本主义同步的生物技术系统网络，又在信息社会网络中不断扩展。从斯蒂格勒的一般器官学理论来看，生物技术革命必然会引起有关伦理、道德问题的讨论，这又不得不让我们重新思考海德格尔的“此在”内涵。斯蒂格勒认为，“此在”的内涵其实指的是当代社会科技发展所带来的真实存在的丧失。生物技术的发展依赖于三种知识模式的结合：生物科学、控制论与人工智能。这些科学理论与科学工具是为了达到特定目的而存在的，而这些技术又会形成一个复杂的网络。人类记忆随着科技发展悄然改变，记忆成了一种机制。我们现在的历史是以虚拟、纳米生物技术的融合为特征的，它有能力改变不同物种的基因，允许生命形式无限增殖。这恰好也是福柯生命权力论的核心。文化产业向复杂的编程网络演变导致人的原始欲望枯竭。我们被困在过度工业化的程序化系统中，并被技术环境所控制，每个人以特定目的而被固定于程序化的交流系统。“技术”将欲望引到功利主义的再生产中，将为自由主义社会盛行的享乐主义与幻想铺路。他批评马尔库塞的“奇点理论”，呼吁减缓技术革新的脚步。

虚拟美学与超工业社会的关系如何？作为有知觉、性欲的灵魂，人类应该如何融入媒体技术资本主义体系？人类欲望如何作用于文化产业？斯蒂格勒认为，虚拟美学是从文学、几何学与诗歌的技艺中结合发展而来的一个数字网络。这种数字系统渗透到人类存在的各个领域。在第五章中，作者论述了由西方哲学发展起来的审美情感、审美体验与依托体验、回忆与传播的技术媒介之间的关系。在古希腊，美与真密切相关，而艺术作为一种表征技术，使美远离了真相。这个说法与德里达的观点不谋而合，他也认为“写作”作为一种文字技艺应该与非文字的“纯思想”划清界限，这种关系就像真正的美与以编程拟像为基础的虚拟美学之间的天壤之别。正如前文所说，斯蒂格勒原始技术理论的指导思想是：人类社会的出现是建立在会使用工具的人类物种与自然无机物的矛盾冲突之上的。随着社会的发展，现代资本主义国家产生了“语法”转变，也就是审美技巧、宗教信仰与社会生活秩序的转变。这一变化必然涉及当今一个热门行业——文化产业。斯蒂格勒对文化产业的论述在《技术与时间》第二卷可见一斑。他反对法兰克福学派对大众文化的批判，认为文化产业其实是对两个基本哲学问题的转化，即自由与欲望之间的关系以及真理与表象之间的关系。在斯蒂格勒看来，文化产业作为一种旨在规范人类生活与主体性的技术审美，归根结底不过是商品形式的另类重构。

在第六章中，作者论述了斯蒂格勒对当今全球化进程及其影响的看法。首先，斯蒂格勒认为国际经济演变主要有三个推动因素，即非物质形式的商品化、虚拟审美表征新体系以及全球科技生产扩张。它们开启了新的精神生态，也就是齐格蒙特·鲍曼所说的一种“流动现代性”。文化生产一直是国家的重要组成部分，是对道德与审美标准的公开表达，与鼓动人“欲望”的科技手段有着密不可分的关系。因此，全球化的过程就是一种文化与技术不断商品化输出的过程，是文化活动的内在表现形式。举个例子，当今西方工业国家将民主当作一种文化，本质上这是文化、经济、政治多种因素共同作用的结果。工业化催生了资本主义制度，产生了精英阶层与精英企业。无论政党意识形态倾向如何，它都应考虑巨头企业的要求与资本回报。企业对国家自治权的侵占导致了道德与政治文化的退化，使得利己主义盛行。这便是欧洲工业化国家的轮廓，是政治、经济、文化相互影响的结果。其次，斯蒂格勒对精神政治有自己的见解，他认为政治其实是人类灵魂对某种消极神学的表达，权威的自由与个人权利之间保持着一定的一致性。如果要有一种新的世界秩序，那它必须从国家权力出发，且能促进个体灵魂进步。这时，技术的出现一方面产生了令人渴望的新的象征性秩序，另一方面，又使得人类生命资本化，产生了现代性精神危机，出现了对政治与社会的挑战。全球化不再仅仅是技术与政治、经济之间的关系，还成为资本主义与技术创新的产物。最后，斯蒂格勒探讨了宗教对精神政治的回应问题。在前文中，我们讲到了消费主义对当代政治、经济的影响，在这里，我们要探讨的则是宗教信仰的缺失。斯蒂格勒认为引导人类灵魂的《圣经》信仰是国家生活的重要组成部分。暴力革命与宗教改革运动摧毁了教会所依赖的宗教信仰，推动了资产阶级的野心。换句话说，西方现代性是通过世俗化、资本化、语法化的过程演变而来的，为个人化、功利化提供了肥沃土壤。

罗斯·阿比奈特的《伯纳德·斯蒂格勒的思想——资本、科技与精神政治》以斯蒂格勒的《技术与时间》为主要依据，试图探讨斯蒂格勒的主要思想及其理论根源。该书探讨了斯蒂格勒对德里达、福柯、康德等先哲思想的批判和继承。所谓“草蛇灰线，伏脉千里”，本书在写作手法上也别具特色，文章注重首尾呼应与各小节之间的联系。各小节语言浅显易懂；结构上，既具有紧密联系，又可独立成章，极具哲学性与艺术性。

（编译者：崔凤娇，北京第二外国语学院 2018 级比较文学与世界文学研究生）

加布里·埃尔博德、西蒙·马奥尼：《数字化在古典学研究中的应用》

（*Digital Research in the Study of Classical Antiquity*，Edited by Gabriel Bodard and Simon Mahony，Burlington：Ashgate Publishing Company，2010）

21 世纪，互联网正以排山倒海之势席卷全球，改变着我们人类的生存方式及精神风貌。陈平原先生曾说过，市场经济时代“唯有人文学者可有可无，备受冷落”，这种现实不仅使中国学者倍感失落，全球范围内亦是如此。但注重反省自身、谋求独立的社会姿态及文化品格的学者则会直面潮流、不卑不亢、潇洒前行，将数码与人文巧妙结合，为古典人文研究注入新鲜的血液，同时也为新型数码技术的产生添加催化剂，二者相辅相成，携手并进。由加布里·埃尔博德（Gabriel Bodard）和西蒙·马奥尼（Simon Mahony）主编的《数字化在古典学研究中的应用》（*Digital Research in the Study of Classical Antiquity*）堪称数字人文研究的典范之作。

埃尔博德，古典文学博士，专攻希腊宗教、文学、碑铭学和纸草学，就职于伦敦国王学院人文计算中心（Centre for Computing in the Humanities，King's College London），同时担任英国碑铭学会指导委员会（British Epigraphy Society）和文字编码倡议技术委员会（Text Encoding Initiative）委员；自 2001 年以来一直从事数字人文项目研究，包括阿芙洛迪西亚碑文（Inscriptions of Aphrodisias，合著者之一)；目前，正在研究罗马·昔兰尼加（Roman Cyrenaica）的碑文，并为安德鲁·W. 梅伦（Andrew W. Mellon）资助的集成数字纸草学项目（Integrating Digital Papyrology Project）提供咨询。马奥尼，涉猎拉丁文学的古典主义学者，目前担任伦敦大学数字人文中心（UCL Centre for Digital Humanities，University College London）的教学研究员。二人主编的《数字化在古典学研究中的应用》分为三卷十章，是数字人文艺术研究（Digital Research in the Arts and Humanities）系列的第七部。

这部合集中的论文大部分来源于2007年在伦敦古典研究所（Institute of Classical Studies）召开的数字古典主义系列研讨会（Digital Classicist Seminar Series and Panels）以及在伯明翰举办的古典协会年会（Classical Association Annual Conference）上发表的论文；除此之外，还有几篇论文是专门为合集所撰写。不过本书于2010年出版，距离大部分论文首次发表已三载有余，数字信息时代发展的迅猛使得有些论文在技术指导方面失去了时效性。但我认为，从两个角度来讨论本部合集是富有成效的：第一，就其学术贡献而言，它开拓了文化研究的空间；第二，就著作的框架及其作者而言，它详细地向我们呈现了数字人文领域某个特定历史时刻的具体样貌。正如埃尔博德和马奥尼在前言中写道，“每一篇论文在发表时都是对当前研究现状的重要陈述，是数字艺术与人文学术领域的权威声音”。

该书的引言部分非常详细地介绍了于2004年成立的“数字古典主义者”（Digital Classicist）社区，作为一个互联网社区，其用户为从事跨学科和数字工具研究以及出版的专家学者。本部合集的主编埃尔博德和马奥尼是此互联网社区的管理员，同时每篇论文中都有作者是此社区的成员，这就意味着书中的内容大多与此互联网社区相关，抑或是代表了该社区旨在促进的研究类型。

在正文部分，埃尔博德和马奥尼将研究成果归为三类：“考古学和地理学”（archaeology and geography）、“文本和语言”（text and language）以及“基础设施和学科问题”（infrastructure and disciplinary issue）。只有“文本和语言”部分的论文在主题上是相同的。另外两个部分主题中的论文则不尽相同，但是为了保持一致，编辑们特别委托了2007年数字古典主义系列研讨会和古典协会年会上缺席的投稿者撰写论文。这也使合集产生了明显的优缺点，优点在于各卷涵盖了非常广泛的问题，缺点在于作为一部合集，主题的繁多使它失去了明确的读者定位，从而迷失自我。具体来说，读者的数字人文素养程度与编辑和投稿者的希冀之间存在着一种矛盾，后者更希望合集能够吸引和教育那些不太懂数字化技术的古典主义者。合集的第一卷分为三个章节，主要从考古学和地理学角度探讨了数字化技术在古典人文学研究中的应用。阿曼达·克拉克（Amanda Clarke）、迈克尔·G. 富尔福德（Michael G. Fulford）、艾玛·J. 奥里奥丹（Emma J. O'Riordan）、迈克尔·雷恩斯（Michael Rains）在《切斯特罗马城：开发虚拟研究的实践》（Silchester Roman Town：Developing Virtual Research Practice）中，通过回顾切斯特罗马城古遗迹的挖掘历程，对综合考古数据库（Integrated Archaeological Database）在古遗迹挖掘中的应用进行了介绍，这些学者认为这项数字化尖端技术改变了传统古遗迹的挖掘方式，使挖掘研究团队跨越地理界限，通过互联网保持联系、分享数据，保证古遗迹挖掘过程中各项信息的有效记录，并将记录保存在数字化系统中，从而有力地促成了挖掘项目。综合考古数据库于2001年注册了单独的域名，以供专家学者检索相关的考古资料；同时综合考古数据库和切斯特罗马城古遗迹挖掘项目也为考古学家探索新的技术和支撑古遗迹挖掘开发做了有效的说明指导，并联合信息系统委员会（Joint Information Systems Committee，JISC）以二者为模型，资助研发了虚拟环境研究系统（Virtual Research Environment，VRE），此系统能进一步整合专家学者的工作，实现信息共享，推进合作进程，更重要的是此系统允许同时处理多个数据库的信息并能保证数据安全。虽然本章内容讨论的一些技术在出版时已经失去时效性，但是它展现了数据库的发展历程，后来的考古学家也可从中获益。塞巴斯蒂安·希思（Sebastian Heath）在《古地中海物质文化数字资源的多样性与再利用》（Diversity and Reuse of Digital Resources for Ancient Mediterranean Material Culture）中没有把重点放在一个项目的结果上，而是关注如何获取数据信息和保证数据信息的质量。文章对商业信息和学术信息在古典研究材料方面对公众的开放度进行了对比，塞巴斯蒂安以古董商和学术网站对古钱币和古陶瓷的信息开放为例，指出商业实体对数据的开放程度远远超过了学术网站和博物馆。在复制权方面，商业实体相对宽松，允许个人及其他网站引用。此外，本章还对谷歌和维基百科等搜索引擎在学术研究中的作用进行了说明，塞巴斯蒂安指出，经调查，45%的学生从此类搜索引擎上进行学术资料的搜索，意识到此类现象后，JSTOR向谷歌和维基百科开放了搜索权；接下来，塞巴斯蒂安重点探讨了JSTOR的搜索模式，虽可通过搜索关键字获得它的学术资料，但

JSTOR在一定程度上对其内容进行收费，因此大多数用户无法直接获得学术资料，这是它的弊端；最后，塞巴斯蒂安指出，随着搜索引擎以及互联网的发展，我们将迎来一个商业信息与学术信息并存的时代，无论是学者还是普通人都要充分利用这些资源，二者无所谓好坏，关键在于筛选辨别；同时他也呼吁，数据信息库要对公众更加开放，保证其数据更易获得。斯图尔特·邓恩（Stuart Dunn）在《空间作为人工制品：从数字人文角度看“新地理”》（Space as an Artefact：A Perspective on “Neogeography” from the Digital Humanities）中展示了过去几年“Web 2.0”技术在地理空间信息的可视化和分析中的应用，这项技术为我们重新思考“空间”概念提供了机会，也为考古活动提供了技术支撑；邓恩还在本章重点介绍了“基于主体建模”（Agent-based Modelling，ABM）这一服务于社会科学领域的计算方法，同时结合伯明翰大学考古项目对这个计算方法进行了说明；本章的最后将新兴技术的使用以及其改变出版和研究的方式、数字人文方法在考古学和地理学学科中的基础研究、理解数字技术和学科问题对学术进步的重要性三个问题联系在一起，对本卷的三个重点予以联系说明。

合集的第二卷重点研究数字化技术在古代文本和文学、语言学研究等学术方面的应用。夏洛特·图普曼（Charlotte Tupman）在《碑铭和可扩展标记语言：数字出版及其在碑刻研究中的应用》（Contextual Epigraphy and XML：Digital Publication and Its Application to the Study of Inscribed Funerary Monument）中指出，电子出版媒介可以将墓碑铭文与其他文物以及文物所处的原始环境有机地统一起来。她描述了出版有铭文的殡葬材料的传统方法，探索了其优点和局限性，然后转向数字出版方法，并考虑这些方法如何有助于学术研究。基于此，她提出数字出版物要保证三条原则：第一，数字出版物比纸质出版物要求更高，要确保数字出版物能提供纸质出版物所可以提供的一切信息；第二，数字出版物可与纸质出版物同时发行；第三，要制定具体的数字出版细则，提出出版标准。图普曼对可扩展标记语言（extensible mark language）进行了说明，作为一种数字化标记语言，它可以自动将数据转换成合理模式并存入数据库中，同时允许与其他数据相联系。图普曼还把从最近正在进行的几个项目中学到的经验应用到她即将进行的工作中，以自身研究经历证明数字研究（实际上所有的科学研究）需要合作和积累经验。艾伦·K. 鲍曼（Alan K. Bowman）、查尔斯五世·克劳瑟（Charles V. Crowther）、鲁思·柯克汉姆（Ruth Kirkham）和约翰·皮布斯

（John Pybus）在《文献与手稿研究的虚拟研究环境》（A Virtual Research Environment for the Study of Documents and Manuscripts）中，重点提示我们要开发满足用户需求的技术和方法，对在古代文献领域中获得的数据加以重视，与学科专家以及技术和基础设施开发人员进行持续对话。此外，本章还从案例分析、设计目标以及技术角度重点介绍了 VRE 项目，VRE 采用了开源工具来支持注释和复杂的文档查看，能够促进学者之间的沟通和协作。但文章也指出了 VRE 项目遇到的挑战，为了应对挑战，VRE 要加强合作，在已建立的学术基础上开发新的方法、制定合理的标准以支持学术研究，特别是能够供人文学科应用。诺蒂斯·图菲克斯（Notis Toufexis）在《一个时代的胡言乱语，另一个时代的规范：历时性的希腊语和计算机研究》（One Era's Nonsense，Another's Norm：Diachronic Study of Greek and the Computer）中，重点探讨了数字化的文本能够促进希腊语的历时研究的原因：在电子语料库的帮助下，我们能够最大限度地模仿中世纪手稿，减少人为影响。诺蒂斯在本章重点介绍了希腊语库（Thesaurus Linguae Graecae，TLG）项目，它是一个保存古希腊文本的数字图书馆，可供语言学家或者对古典语言学感兴趣的学者搜索学术资料，广泛应用于日常教学和工作；但因为研究古典希腊语的专家学者较少，所以该数据库不可避免地会出现错误引用文献的情况，这是 TLG 技术的弊端。但总的来说，TLG 为我们研究古典人文做出了不可忽视的贡献，许多学者认为 TLG 是人文学科因接受技术而实现更好发展的典范。

合集的第三卷重点关注了数字化的基础设施和学科问题，包括“数字资源引用和参考文献”（digital citation and reference）、在数字媒介中保存文本比莎草纸和羊皮纸更脆弱的问题、为强大的教学环境提供数字化资源软件包的可能性以及数字化研究和资源如何影响我们对学科的理解和定义。奈尔·史密斯（Neel Smith）通过“数字基础设施和荷马多文本项目”（Digital Infrastructure and the Homer Multitext Project）为我们介绍了一种新的在线资源。荷马多文本项目（Homer Multitext Project，HMP）并不认同《伊利亚特》的不同版本是重建“原始”文本的来源，而认为《伊利亚特》乃是从口头诞生发展至传统文本的证据，它显示出了文本发展的流动性。HMP 已经收录了《伊利亚特》六部手稿的电子版，并已开始对《学术评论》的电子版进行研究。史密斯在这本书中汇集了许多重要的主题。在本章中，发布开放访问的标准不仅被视为改善交互性和支持进一步研究的理想手段，而且被视为项目的基础。希腊历史学家修昔底德（Thucydides）声称，他的作品被设计为“永久拥有”（possession for all time），而他的成功将如何为我们今天的数字存档提供借鉴模式？这是休·A. 卡利斯（Hugh A. Cayless）在《Ktê es aiei：从古老的角度看数字化的永恒》（Ktê es aiei：Digital Permanence from an Ancient Perspective）这一章的出发点。本章指出，我们无法预测未来几代人将如何看待或使用我们所关心的作品，由于文化价值观可能在人类发展过程中发生根本性的变化，因此不能保证作品的内在价值在百年或千年后也会以同样的方式得到评估。卡利斯以萨福和维吉尔的作品保存效果为例，强调在保护档案中的数字资源时我们必须给予其应有的重视，但要确保它们的长期保存，最好的办法是避免对副本的过度控制，使文本能够自我维护。正如我们在本书中所指出的，制定数据开放标准将大大增加我们的出版物被复制、重新使用、分发和保存的可能性。在本章中，卡利斯提供的是反思，而非实际的数字化工具。基于研究和数据收集，来自英国历史、经典和考古学学科中心的埃利诺·奥克尔（Eleanor Okell）、德扬·卢布杰维奇（Dejan Ljubojevic）、卡里·麦克马洪（Cary Macmahon）在《创建生成学习对象：在一个“结构不良”的环境中工作，让学生思考》［Creating a Generative Learning Object（GLO）：Working in an “Ill-Structured” Environment and Getting Students to Think］中提出问题：我们如何从重点关注学科问题和学生的批判性思维技能出发，对教学过程进行建模，从而创建可重用的学习对象？研究小组以帕伽摩的宙斯祭坛为例，建议将学科教学过程形象化，并将其电子化。作者在这里提出了一个可定制的多媒体教学软件包，创建“生成学习对象”（Generative Learning Objects，GLOs）。GLOs 允许从不同的角度评估数据，强调解释的过程，并对学生的输入提供反馈，从而鼓励批判性思维技能的发展。这套软件旨在鼓励学生用户的“查询精神”，而不是为某个特定问题寻找“正确”答案。由于该软件包和本章中讨论的示例均可下载，因此本章可以作为实践所描述的教学工具的起点。与此同时，作者证明了创新的学习技术不需要强加于学科，而应该根据这些学科自身的教学需求来构建，并允许实践者保持对其教学材料的控制。在这部分，我们再次看到跨学科合作对实现数字研究的至关重要性。最后，梅丽莎·泰拉斯（Melissa Terras）在第十章《数字古典主义：学科焦点和跨学科视野》中总结了本书的许多主题，对“数字人文”的含义进行了详细分析。她概述了跨学科的严谨性和跨学科研究的益处，指出古典主义学者总是站在创新和合作思维的最前沿，同时她也指出一些潜在的问题，包括学科特性和出版期望，这些问题需要在项目开始时进行协商研讨。梅丽莎再次发问："利用计算技术对古典古代进行研究有什么好处？"重要的案例研究（包括第一章和第五章中描述的项目）被再次简单梳理，以证明原本相互竞争的学科之间有效沟通和协作的必要性。文章的最后，梅丽莎通过了解跨学科性（由于经常使用不同的学科和方法，跨学科性一直是经典研究的一部分）呼吁，数字人文者要传播福音，他们对数字经典价值的提升最终将使其本身被承认为"一门学术学科"。在这里，梅丽莎更为重视的是确定的数字古典主义者，而不是潜在的皈依者。

本书的缺陷主要体现在时间和空间领域过窄。历史与地理紧密相连，合集中的学者大多来自英国，没有来自非英语母语国家的学者。因此，这部合集只反映了特定地区数字人文的历史状况。许多在其他地域进行的数字人文技术探索在本部合集中未被提及，如成像技术和三维重建，这两项技术对欧洲其他国家进行数字人文研究的学者具有重要意义。在时间上，自2007年以来，"机器学习方法"（machine-learning approaches）促进了"空间转向"（spatial turn），这种方法允许研究人员从数字文本语料库中自动提取各种信息，但本部合集对此方法没有提及。这些例子无不说明，有关数码记述的书籍一出版即过时。与此同时，我们也应注意到数码技术的开发与推出之间的滞后性，在主编进行最后修订时，合集中的几个项目似乎接近于公开发行，但截至其指定的发行时间2011年5月，鲍曼的项目仍未发行。数字人文项目往往在漫长的孕育期和相关技术的快速变化之间陷入两难境地。本书的缺点似乎正是此类著作的通病。

此书作为在特定时刻数字人文演变的见证者，具有极高的价值。本部合集主要介绍了数字化技术在古典人文中的应用，目的是反思古典人文研究中的数字化技术缺陷及其面临的挑战，并提出可行性建议。另外，此合集涵盖了广泛的研究内容，每一卷都集中在一个特定的领域，重点研究技术如何影响特定学科，不失为数字人文专家的批判性读物。尤为关键的是，《数字化在古典学研究中的应用》对跨学科合作予以重点关注，为从事人文和艺术研究的学者提供了更为广阔的研究视野。

（编译者：丁莉，北京第二外国语学院2018级文艺学研究生）

威利·范·皮尔等:《文学教育和数字学习:人文研究的方法和技术》

(*Literary Education and Digital Learning*: *Methods and Technologies for Humanities Studies*, Edited by Willie van Peer etc, New York: Information Science Reference, 2010)

随着现代数字技术的发展,人们不仅可以在舒适的扶手椅上进行阅读,还可以在各种各样的电子产品上进行阅读。不论是普通读者还是研究学者,他们都在文学活动中有意或无意地使用着现代数字技术。现代数字技术的创新应用在文学研究和文学教育领域蕴含着巨大的潜力,可以帮助文学创作与文学阅读以新的形式呈现出来。这就要求我们重新思考文学教育与数字学习之间的关系,尤其是数字技术进入文学研究和文学教育领域的可能性。为了解决上述问题,威利·范·皮尔(Willie van Peer)、索尼娅·琴吉尔(Sonia Zyngier)和范德·维亚纳(Vander Viana)主编了《文学教育和数字学习:人文研究的方法和技术》一书。

威利·范·皮尔,兰卡斯特大学博士,慕尼黑大学文学研究和跨文化阐释学教授,国际文学实证研究学会(IGEL)和诗学语言学协会(PALA)前主席。他曾在斯坦福大学、普林斯顿大学比较文学系和孟菲斯大学认知心理学系做过访问学者,是剑桥大学卡莱尔学堂的研究员。他出版的关于诗学和文学研究方面的书籍有《文体学和心理学:前景研究》(*Stylistics and Psychology*: *Investigations of Foregrounding*)、《文本的驯化:语言、文学和文化的探索》(*The Taming of the Text*: *Explorations in Language*, *Literature and Culture*)、《叙事视角的新视角》(*New Perspectives on Narrative Perspective*)、《跨学科研究》(*Interdisciplinary Studies*)等。

索尼娅·琴吉尔,巴西里约热内卢联邦大学英语语言文学副教授。她曾是诗学语言学协会秘书,现任国际文学实证研究学会秘书。她主要研究文体学和文学教学,在文学话语语料库分析等方面出版过大量著作,并在文学实证科学领域大有建树。她与格雷格·沃森(Greg Watson)共同编辑出版了《语言学习者的文学与文体学》(*Literature and Stylistics for Language Learners*)。她与威利·范·皮尔和杰迈勒·哈科莫尔德(Jemeljan Hakemulder)

合著了《缪斯与措施：人文学科的实证研究方法》（*Muses and Measures: Empirical Research Methods for the Humanities*）。

范德·维亚纳，贝尔法斯特女王大学博士。自2008年以来，他一直是国际文学实证研究学会的学生代表，并且是7家国际期刊编辑委员会成员。主要研究方向为语料库语言学、英语语言文学、应用语言学、远程学习和教师发展。他与索尼娅·琴吉尔和安娜·切斯诺科娃（Anna Chesnokova）合作编辑了《表演与连接：语言与文学的文化途径》（*Acting and Connecting: Cultural Approaches to Language and Literature*）。

《文学教育和数字学习：人文研究的方法和技术》深入探索了文学与数字之间的关系，主要分为两个部分：文学研究和文学教育。这本书填补了文学研究与文学教育的空白，不仅提出了许多新颖的观点，还补充了相关的学科文献。虽然这本书的内容不易理解，但书中的论点确实值得多加思考。

前四章为第一部分，主要关注文学研究，论述现代数字技术如何应用于文学研究。换句话说，计算机如何以新颖的方式帮助学者和学生研究文学作品，从而为该领域带来新的视角。第一章《作者署名与数字人文课程》。美国杜肯大学的帕特里克·尤拉（Patrick Juola）在这一章中讨论了如何辨别作者的创作特性。传统的辨别方法只能通过读者的仔细阅读来完成，而随着现代数字技术的发展，数据分析可以更加快捷准确地辨别作者的创作特性。不仅如此，帕特里克·尤拉在文末还设想了这一技术在文学研究领域不断发展的可能。第二章《小说立场的多元分析》。芬兰奥卢大学的丽莎·莉娜（Lisa Lena Opas-Hanninen）也同样意识到作者在文学研究中的重要性。她以塞缪尔·贝克特的散文为例，从统计学的角度分析了文学作品在立场上的可比性。通过多元统计方法，她用二维和三维的方式直观呈现了文本之间的相似性和差异性，从而使读者能够更好地理解文学作品的立场。第三章《文学拟声学与语言技术》。瑞典哥德堡大学的拉尔斯·博林（Lars Borin）和迪米特里奥（Dimitrios Kokkinakis）论述了语言技术应用于文学研究领域的可能性。他们以瑞典古典文学作品为例开发了一个新的系统，这一系统不仅允许用户查阅文学作品中所涉及的背景资料，也允许用户以智能化的方式访问数字文化遗产。第四章《搭配作为意义的工具》。津巴布韦大学的比尔·卢（Bill Louw）通过分析单词的模式（例如英国诗人菲利普·拉金诗歌中的“day”），将文学研究视角转向了词汇与语义，用“搭配”来提高对文学的理解能力，并以此来强调“搭配”作为一门科学的重要性。

后三章为第二部分，主要关注文学教育，将现代数字技术与文学教育相结合，论述现代数字技术如何应用于文学教育，即读者的教育。第五章《如何解释电子学习领域人文学科方法论上的特殊性》。瑞士苏黎世大学的斯特凡·霍弗（Stefan Hofer）、雷内·鲍尔（Rene Bauer）、艾默·霍夫曼（Imer Hofmann）介绍了一套适合文学领域特殊性的文本机器（text machine）技术。这套技术是对课堂实践的虚拟模拟，它允许学生通过合作来论述和分析文本，从而帮助学生提升相应的理论能力和实践能力。第六章《与他人合作》。加拿大阿卡迪亚大学的乔恩（Jon Saklofske）论述了开发多人数字游戏空间对文学教育的价值，以及在电子互动游戏中“与他人合作”的必要性。虽然在文学教育过程中开发多人数字游戏空间存在极大的障碍和挑战，但作者通过构建一个新型的数据库巧妙地绕过了这些困难。基于这一情况，作者认为，将电子游戏与文学教学相结合有利于提升学生的文学素养。第七章《通过戏剧活动、戏剧制作和技术在小学讲莎士比亚作品》。本章将文学教学延伸到普通的学校。美国的威廉·L. 海勒（William L. Heller）以戏剧教学为例，借鉴维果茨基的“近端发展区”和加德纳的“多元智能理区”理论，对小学生学习莎士比亚作品的真实经历进行了分析和评估，由此提出了莎士比亚文本教学的设想，以便帮助更多受众了解莎士比亚的作品。

从文学研究到文学教育，数字技术已经渗透到文学活动的各个领域。随着现代数字技术的发展，研究者可以快速辨别作者的创作特性、分析小说立场的可比性、以智能化的方式访问数字文化遗产、借鉴语言学的方法研究文学。读者可以使用课堂实践的虚拟技术、多人数字游戏空间、新形式的戏剧教学方法来提升自身的文学素养。除此之外，对于研究者来说，过去，要想找到合适的文献可能需要数周甚至数月；但在现代数字技术的帮助下，如今文献搜索和交叉引用变得十分方便准确。不仅如此，研究者还可以通过计算机语音识别系统，方便快捷地记录下自己对某一部作品的独特想法，并能实时添加新的观点。现代数字技术为研究者提供了大量的资源，给研究带来了极大的便利。对于读者来说，他们不仅可以随时随地阅读电子书，而且可以自由选择文学作品的呈现方式。文学作品可以以纸质版、电子版、视听版等方式来呈现。视听版文学作品的话语节奏由表演者所控制，读者不需要创造叙事声音，因此视听版不仅具有更少的视觉污染（如纸质版注释、页边距、印刷等问题会导致读者注意力分散），而且对读者要求较低，有利于文学活动的大众化。

现代数字技术的普及不仅使研究者和读者获得新的机遇，同时也面临巨大的挑战。随着现代数字技术的高度发展，研究者和读者需在一定程度上抑制对文学数字化的热情。人们在夸大现代数字技术的同时并没有真正理解文学的意义。其一，随着文学数字化时代的到来，虽然主体的访问速度得到飞速提升，但主体的阅读速度和理解速度并没有得到相应的提高。读者在这种环境下容易养成散漫阅读的习惯，这一习惯不利于读者的深度阅读，不能使读者更好地沉浸在文本之中。其二，数字阅读可以快速为读者提供相关的作品背景、上下文、注释等内容，以加深读者对原文的理解。但是，阅读大量的注释会使读者在无形中吸收他人的观点，影响其对原文的最初理解，这并不是文学阅读最理想的状态。其三，随着现代数字技术的发展，文本语言分析对计算机来说只是扫描多种重复或者不重复的图形。计算机不能像人一样对文本进行思考、理解、感觉、解释、歪曲等。计算机只是一种功能极其有限的机械装置，它不能像人类一样创造东西，并且它对人类具有极强的依赖性。

为了打破这种局限性，编者通过案例研究，在后记中构想了一个仍在发展中的高科技工具——阅读机（reading machine），以便重新思考计算机在文学研究和文学教育中的作用与价值。但在介绍阅读机之前，编者澄清了阅读机所不具有的功能。正如上述所言，计算机对文本语言的分析还有很长的路要走，更不必提计算机没有对文本的审美享受功能。众所周知，文学阅读是人类最复杂的活动之一。文学阅读不仅依赖于主体的认知功能，而且依赖于主体的视觉、感觉、动觉和身体其他部位的反应。如果要让计算机像人一样阅读，就必须把人的主体性移植到计算机上，但这种设想几乎是不可能实现的。到目前为止，计算机作为文学的媒介有三种方式。第一种方式，作为表达媒介，计算机可以呈现虚拟世界中的超文本叙事，帮助读者构造想象中的文本世界。第二种方式，作为传递媒介，计算机在一定程度上成为纸质书籍的替代品，电子版书籍允许读者在线阅读或离线下载。但计算机在此仅提供了原始文本，并未提供文本所涉及的相关知识。第三种方式，文本分析技术。文本分析技术不仅可以显示原始文本，还可以通过计算机系统提供相关知识，以便增强读者与自身的对话，丰富读者的阅读体验，促进读者的思考，塑造读者的身份。但仅靠文本分析技术是不够的，这一技术的局限性在于，它不能对读者的阅读状态进行反应。文学活动应进行系统性分析——我们不仅需要追溯到原始文本，更应注重读者的心理过程，甚至文化影响。如果要对文本进行客观有效的评价，应将文本分析与读者反应相结合。而编者所构想的阅读机，正好克服了这一局限。阅读机作为一个理想的媒介，它允许个体可变性的存在，能更好地模拟普通读者在阅读时的体验，以便在文本分析的基础上记录不同读者的反应。因此，编者所构想的阅读机是指一个知识库或一个阅读系统。为了能详细说明阅读机的功能与作用，编者在后记中以柯勒律治的诗歌《水手》为例介绍了阅读机的设计步骤。第一步，将一首诗歌的标题与文本进行编码，以便让读者在诗歌中明确自己所处的位置。第二步，分析整首诗歌的基调和叙事特点，如诗歌的转折点，以及最模糊的部分、最引人注目的特征等。第三步，读者反应。既然诗歌的特征可以被计算机编入程序，那么读者的反应也可以在计算机中进行编码、分类和排序。读者在系统中不仅可以随时查阅与文学作品相关的内容，还可以检索自己和他人的阅读感受。通过这种方式，读者可以扩充自己对这首诗歌的理解，以便进行更深刻的反思。

综上所述，现代数字技术是一种新的规则，是新形式对话的基础，是重新组合的源泉。如果要实现阅读机在文学研究和文学教育中的价值，那么构建阅读机的首要任务就是将文本分析和读者反应相结合，在文本分析的基础上开发具有个体性的读者反应系统，以便更好地分析文本与读者之间的交互作用。阅读机不仅能搜集读者对文本的评价，而且能将众多读者的观点联系起来，使读者与计算机之间的对话成为可能。阅读机在未来很有可能成为我们进行文学活动的首选媒介。

《文学教育和数字学习：人文研究的方法和技术》思考了数字技术进入文学研究和文学教育领域的可能性，不仅启发了人文学者和教育家的许多思考，而且指出了数字技术对文学活动的利弊。现阶段，因为我们仍然无法让技术与文学完美融合，所以该书从本质上来说是不完善的。但本书的最终目的是引发读者对数字化文学的思考，帮助读者在数字化文学时代准确定位自身。随着现代数字技术的发展，虽然文学研究和文学教育领域会发生不可避免的变化，但是一张舒适的扶手椅和一本经典名著会永远伴随我们。

（编译者：康雨辰，北京第二外国语学院2018级文艺学研究生）

大卫·库珀等:《数字时代的人文测绘》

(*Literary Mapping in the Digital Age*, Edited by David Cooper etc, London, New York: Routledge Press, 2016)

21 世纪，科技迅猛发展，人文学科却停滞不前。数字技术与人文学科的结合顺应了时代发展。值得深思的是，这种结合是否真的能使人文学科摆脱困境?

《数字时代的人文测绘》作者大卫·库珀、克里斯托弗·唐纳德森（Christopher Donaldson）和帕特丽夏·默里塔·弗洛雷斯（Patricia Murrieta-Flores）尝试解决这一问题。大卫·库珀是英国曼彻斯特都市大学英语文学高级讲师，克里斯托弗·唐纳德森是英国伯明翰大学浪漫主义讲师，帕特丽夏·默里塔·弗洛雷斯是英国切斯特大学数字人文研究中心主任。

凯瑟琳·海尔斯认为,“数字人文作为一种颠覆性力量，不应被视为人文学科的灵丹妙药，因为它会给自身带来挑战和局限。在我看来，问题的关键不是更好或更糟，而是差异，这些差异可以利用传统假设，使它们变得可见，从而可以重新思考和重新认识”。

首先考虑数字地图和地图工具在整个社会中的存在，其次考虑它们对文学制图学作为一个研究领域发展的影响。回想一下米歇尔·德·塞托的“日常生活实践”概念是很有用的，绘图技术构成了一种创新的手段，个人可以通过它来确定自己的方向，并在这个过程中重新协商与其之间的关系。

这一著作探讨的内容涉及数字地图技术。文学文本与作者、读者和物质世界成为数字时代的研究对象。数字技术改变了艺术的存在方式，数据采集、调查、分析、建模和传播等方式拓展了研究的视野。

论著的第一部分是关于测绘方法：系统、方法和创新，调查当前趋势，重点是基础文学的测绘工作。在“爱丁堡文学地名的数字诗学”中，米兰达·安德森和詹姆斯·洛斯利认为，文学爱丁堡，一个数字文学地图资源，在以爱丁堡为中心的文学作品的地理定位中，呈现了波普晚期对爱丁堡城市景观的故事和传统的敏感度。第一，语法地名被解释为话语的实体；第二，结构地名在故事结构中扮演着一个角色；第三，地名也可以作为一种达到审美甚至元审美效果的手段。19 世纪作家克里斯托弗·诺斯和批评家约翰·威尔逊笔下的文学人物可能让人联想到爱丁堡，游客们可以在其中找到自己。在某种程度上，北卡罗来纳州的邀请也得到了回应，这是一个数字文学测绘项目，北卡罗来纳州试图在更大范围内模拟爱丁堡的文学城市景观，包括“未完成的故事”和“最低微的欢乐和最模糊的悲伤”，旨在为空间、地点和文学的相互作用的地理临界探索做出贡献。

空间作为概念矩阵中的一个关键元素，表明了空间与小说之间存在的结构性的亲缘关系，地理批判的作品可能会试图捕捉到这种联系。旅行或行程，让我们能够掌握空间居住的实践，而对其他地方的描述则会掩盖这种实践。对于尼古拉斯·恩特里金来说，空间也是“叙事形式的广阔领域”，这允许思想家弥合其“存在主义和自然主义的概念”，换句话说，这给我们一种既在一个地方又在另一个地方的感觉——既处于一个有中心的世界，又处于一个无中心的世界。

从模式识别过程、相似性和对比的意义上来说，地图的创建将无法进行。在利用文本挖掘技术和地理参考技术来处理超大规模的数字化文本集合时，为了避免文本变形，重写项目试图证明确实存在可行和有效的方法，并且可以得到丰富的结论。这就是如卡瑟琳·海尔斯、弗朗哥·莫雷蒂和斯蒂芬·拉姆齐等批评家们一直主张采用的数字文本分析模式。我们在爱丁堡的多元宇宙文学地图将不仅仅是复制一个单一的、已经熟悉的轮廓——这将不会是一个简单的、平坦的表面，我们的所有数据都可以在上面一次排列，整个数据都可以在一个单一的、单眼的视觉中被理解。允许理解地名使用的许多模式，在一个前所未有的规范和非规范来源范围内，我们的可视化关键可能性不会在任何一次查询中或任何一个图像中耗尽。一方面，这将使我们的数据集和接口成为一种资源，供那些希望将其作为一种索引来进行预先资料整理的批评者使用。然而，另一方面，该项目还试图探索这样一种可能，即这种空间化的、可映射的城市景观，这种可移动的、可追溯的、可生成的表面，可能构成一种对某个地方具有重要忠诚度的、非封闭的多元存在形式。

论著的第二部分是关于测绘实践：地点、作家和读者，论述特定文学作品的空间性以及其创作内在和核心的地理位置。

弗朗哥·莫雷蒂试图转向文学的数字化探索和地图绘制，他认为不能将地图的作用停留在对文学的说明或装饰上，而是应该将其作为分析工具，以一种不寻常的方式来剖析文本，揭示文本中原本隐藏的关系。

如何理解“文学场所”或“空间”，它对数字媒体中文学文本的映射或空间化又会产生什么影响？测绘文学空间地图是展示空间和地理图形信息的最有效、最直观的方式，它为我们提供了一种超越自我的空间，使我们能够完整地理解一种超越即时视觉感知的环境。如果没有它，或者如果我们迷路了，那我们对地方的体验将完全不同。“映射”涉及一种内在的认知过程，该过程可能适用于地图的使用，也可能与生活的其他领域相关，在这些领域中，位置感或情境感可能都很重要。文学地图中包含的辅助内容——从多个角度观察世界、物体在空间中的相对位置、自我的定位和“映射事物”的感觉，可能与地图中的有形物体一样重要。空间文本涉及地图绘制，但远远超出了这一点，地图绘制的可能性不仅是在地点（地理、物理）和空间（投影、梦境、想象、对地点的内部反应）之间的移动，还包含了通过语言探索位置的重要性的方法，即文学地图的终极意义。

论著的第三部分聚焦映射未来，关键在于如何促进新地理空间技术、实践和方法的发展。从地理学家的角度来看，地理和文学的联系并不少。

非结构化文学地名的地理信息可以被深度分析，包括地理可视化、深入体验分析，以及对文学作品地理的扩大分析。文字与地理的联系中介是情感与联想。为此，在洞穴沉浸式虚拟环境中，我们可以将文学作品的体验、情感以及符号元素与灵感所激发的细微东西联系为一个整体。作者和他们的作品通过一致性对文学作品进行分割，将空间文本分析与原始文本有力的、令人回味的内容分离开来。超越空间的简单编目，捕捉作者对某个地区或地域的欣赏，长期以来都是地理学家艺术的象征。地理信息的各个方面成为文学地理学将事件、地点和背景转化为经验的关键。基于地理信息系统的文学作品映射的补充方法，通过虚拟沉浸地理添加反射和多感官地理视觉映射，我们可以更好地探索文本的还原空间映射、文学的情感、符号特征。通过对地图和地图实践过程的理解，我们将越来越多地了解到，概念性框架可以应用于经营地图的想象潜力，同时我们必须承认所有的地理可视化都是局部的和临时的。对于许多有创意的实践者和数字人类主义者来说，数字时代的文学测绘可以被理解为一种顽皮的焦虑行为。

我们试图超越传统的文本地图的元载体，提出文学作品嵌入空间和位置的方法。文学文本的空间阅读，再现过去文化的景观和结构，景观的物理属性可能会因此发生巨大变化，一般来说，文本可能会因描述了文化、经济和社会发展而发生变化。然而，历史作品中居住景观的现实性、积累的经验和象征性在情节、叙事与人物的互动中得以保留。

这项关于虚拟文学地理的研究表明，虚拟无限技术是将文学作品转化为创新的、多维度的数字环境的一种手段。运用沉浸式地图来绘制空间和地点，不仅为提取与文学作品相关的空间创造了新的机会，而且为理解这些空间和地点的细微差别创造了新的机会。我们甚至可以利用音响和嗅觉为文学地理学提供更多的机会，以建立一个感性的地理信息系统。

彼得·图奇在《想象地图》中说，我们组织地图上的信息，以便以新的方式了解我们的知识。因此，地图提供了解释。虽然解释让我们安心，但它鼓励我们提出更多的问题，考虑其他可能性。

数字工具和数字资源使人文学者能够探索传统方法无法解决的难题，而数字艺术家正在重新定义受众、形式和流派等主要概念。数字人文学科是这些活动的总称。数字人文学科涵盖了全方位的艺术和人文工作，从事数字人文研究的学者致力于跨学科协作。因此，数字人文学科不可避免地同艺术和人文学科在重大的社会变化中产生的新情境相关联，从而为艺术与人文学科的拓展和提升准备了条件。数字技术一边在精神上重塑了知识社会学的基础，一边促使人文学者和艺术家重新解决我们所知道的基本认识问题。

人文学科与数字的结合使整个人类知识体系面临巨大的挑战，数字技术对整个人类知识世界有着重要的意义。数字人文能否让人文摆脱困境？这就要求我们回到传统的人文体系，思考数字人文的审美救赎以及数字与人文进一步融合发展的可能。

（编译者：刘宇婷，北京第二外国语学院2018级美学研究生）

大卫·M. 贝瑞：《理解数字人文》

（*Understanding Digital Humanities*, Edited by David M. Berry, New York: Palgrave Macmillan Press, 2012）

在“数字人文”真正被视为一个较为完备的学科之前，它被称作“人文计算”，即以计算技术作为人文学科研究中的有效辅助与服务手段，以提升研究者对语料库的处理效率。这一时期内，数字计算作为研究工具并不介入人文学科思想批判的层面，尽管如此，“验证型知识”（verifiable knowledge）的大规模闯入仍对以追求“解释性”（interpretive）知识为目的的传统人文学科造成了冲击。“计算转向”席卷而至，不可避免，“人文计算”正以一种新颖且有效的方式触发新知识的诞生。按照凯瑟琳·海尔斯的观点，大约从1990年开始，数字计算便以工具的身份，从底层悄然进入人文学科研究的视野中，开始为研究者提供新的假设、模型和方法，在实践中逐步从对象单元分析、数据算法和运行可视化程序等方面建立起以数码计算为基础的理论和判断体系。在与传统人文学科思想维度的交汇下，“人文计算”作为工具方法逐渐过渡为信息技术与人文学科间跨学科的交融产物，成为凝聚多元领域且具有独立专业实践、研究标准和理论探索价值的新的学科范式，“数字人文”应运而生。

《理解数字人文》一书立足于“数字人文”，在当下新兴综合性学科的语境中，将数字计算作为书中重点探讨的对象。作为数字人文学科中的核心技术手段及重要思想支持，计算与传统人文学科之间呈现出何种关系，在处理语料库过程中依托其建构了怎样的研究方法，在计算转向的引导下数字人文学科又进行了怎样的具体研究实践——这三个问题成为本书探索的要点，由此，16篇论文立足于“计算”，既有宏观理论探讨，也涉及具体项目的操作与汇报，从而对数字人文学科概念和研究领域进行了界定与解读，进一步探索了数字人文学科的方法论建设，分析了人文学科领域在数码时代的算法技术引导下所面临的挑战与前景以及社会文化在“软件化”之后的未来走向。

本书的主编大卫·M. 贝瑞教授是英国萨塞克斯大学数字人文及社会、政治思想研究领域学者，近几年著有《复制、撕毁、烧毁：版权主义和开放源码》（*Copy, Rip, Burn: The Politics of Copyleft and Open Source*）、《软件哲学：数字时代的代码与中介》（*The Philosophy of Software: Code and Mediation in the Digital Age*）、《自由文化：自由文化的沉思》（与吉尔斯莫斯合编，*Libre Culture: Meditations on Free Culture*）、《媒体与冲突》（*Media and Conflict*）、《重组大学：数字化时代的大学理念》（*Reassembling the University: The Idea of a University in a Digital Age*）等，在先前研究的基础上，贝瑞教授秉跨学科之精神，在此集结20多位学者的思想成果，希望能够为数字技术

如何更好地融入艺术、文学、社科等传统人文学科领域等问题找到答案。

一

按照斯科特·德克斯特对图兰计算理念的梳理，传统的机械计算建立在人类能力的极限上，通过模仿并简化人类行为完成信息的快速准确存储，并进行大量记忆的隐藏和调度来实现对人类能力的补充与超越。费德里卡·弗雷贝蒂将计算与软件结合起来阐释，认为计算可将自然语言文本（需求语言）转换为二进制文本（可执行语言），而软件则是计算程序之上的集合成果。

随着计算领域技术成熟、体系完备，传统人文学科在数字时代下因受其影响而改变了原有的面貌。贝瑞教授的论文作为全书开篇，结合数字人文学科的诞生过程，认为正是数字排版改变了印刷报业，电子书和电子科技也促进了我们在生产、消费，甚至人文学科的批评里不断大量增加对算法技术和计算思维的使用，这些软件对新阅读和新写作方式的支持，改变了整体的文化知识和氛围，在软件和代码的推动下，传统人文学科所关注的静态知识对象成为实时数据流，而其丰富的过程性和快速变化的形式，创造出一个以计算为主题的“本体论”新时代。当数据作为知识中心、数字作为媒介载体，“代码”思维下的知识生产过程成为人类需要重视的新元素，传统的人文学术面貌随时都在面临信息技术的挑战。

当然，并非所有学者都如贝瑞教授一样，将数字时代视为对传统人文知识的革新。莉顿·埃文斯和希恩·里斯在文章中表明，数字的影响范围是世界性的，而人文学科恰恰是在探索世界，正如打字机改变了尼采的阐述风格，传统人文学科研究者也难逃从实践者向搜索者身份的转变，当下抑或未来，传统人文学科的研究形式、内容和成果都会因技术因素而发生变化。但是，我们也应当同样认识到计算转向的局限性，正如尼采的工作习惯和风格的改变并不能撼动他的怀疑论等哲学体系基础，计算的影响仅仅针对的是人文学科中研究实践和生产成果的方式。而通过计算，我们也可由此将数字人文学科的研究范围划定为两类，一类依靠计算作为定量研究方法，一类依靠计算提供新的理论知识，进而推动人的思考。

而海尔斯则从另一角度思考计算与传统人文学科的关系，认为计算对人文学科的重要影响是一种“补救”，正是由于计算技术的客观特征补救了传统人文里不定的主观情绪，数字人文学科才成为与计算技术相关但超越计算、人文两者的全新实践。由此，我们可以更加确切地了解到数字人文学科的涉及领域，包括文本编码和分析，印刷作品的数字版本，以虚拟现实形式（如罗马复兴和庞贝剧院）重建古典建筑的历史研究、档案和地理空间网站等，从而可以依靠各类电子文学和数字艺术填补传统文学的研究空白。

二

抛开计算技术在传统人文学科的影响程度、波及范围，书中所有学者基本都清晰地认识到算法技术对传统人文学科面貌的改变。具体来看，这种改变是数字人文通过计算建立起的全新研究媒介，由此呈现出全新的研究模式。而在《理解数字人文》当中，对计算引导的研究方法进行反思，为研究者找寻未来的研究出路，也正是其所探讨的另一大重要问题。

贝瑞教授从数字人文与大学科研工作之间的关系角度出发，认为如果以软件和代码的计算技术覆盖大学多种学科的知识学习，那么视觉化的媒介将在科研学习中不断凸显，而转变后的获取方式会进一步改变研究者的思维模式，继而对人文知识的处理提出新的要求。在此影响下，阅读、背诵这些着重于思考过程的学习方法将不再独立存在，而颇受数字计算支持的“推理”（reasoning）方法，则会更凸显其概念性、交流性的特征，由此可将不同学科视角的分析手段结合起来，这是数字人文研究的重要转向。与此同时，计算的介入也宛如为我们与研究对象之间再设一道屏障，使我们不再直接通过眼睛和手来思考，转而将眼睛和屏幕视为探索的途径。海尔斯认为，正是因为人类直觉和机器逻辑的不断结合、代码的不断涌现才改变了人文研究者的研究模式。而学者编写可执行代码的过程，也意味着学者必须将每个命令都适当地以另一种形式来明确说明，因此，研究者必须非常清楚自己想要机器做什么，这就意味着所有的研究步骤都需要有清晰的目的作为支撑。可见，计算不仅宏观影响了传统人文学科的面貌，还对数字人文研究者在处理研究对象的过程中提出了更多的要求。

当然，这些新的研究方式必定会迎来巨大的挑战。里德和罗勒发现，随着计算从原有的辅助工具身份转变成催发认知的启发手段，在其地位愈加重要的同时，自然也会与传统人文学术界既有的制度和认识论产生矛盾。

具体来说，作为传统机械技术的当代数码形态，数字计算不可避免地会产生大量的视觉输出成果，例如网络拓扑、时间轴或多样化的制图。根据海因茨的观点，这些成果在数字推理和视觉推理的作用下，更容易被大家视为所谓的“证据”，而传统人文的文本修辞则与之相对，几乎都保持在“论证”一端。证据确凿难以推翻，但论证领域众说纷纭，因此，计算就预先被人类视作更客观的科学见证，逐渐在研究过程中“担以大任”。但由于计算本身在算法形式、算法程序过程和呈现结果的方式上并不透明，因此我们得出的所有决策和推断，如果完全深陷于工具的结果中，唯所谓“眼见为实”的证据力量是从，是十分危险的。

事实上，掌握计算力量的程序员并不是学者，而只是机器的服务员，在人文领域里，他们虽然是合格的数码操作人选，却极易将任何研究项目都降低到机械化水平，忽略其间潜在的复杂性。卡洛琳·巴塞特同样认可这一点，代码形态与人类自然语言之间有着不可避免的巨大鸿沟，而能够在语言间搭建桥梁的人，几乎都来自艺术家、作家以及各类人文学者。计算方法与重视解释的人文学科之间难相融、不平衡，数字人文的学科发展弊端暴露无遗。因此里德等认为，寻前行之路，消解研究思维与研究模式的对立是一项极其重要的方法论任务，数字人文在未来建设当中，应当寻求一种跨学科维度的“普遍主义”(universalism)，调和计算建模及后期阐释，即数字和非数字这两种不同研究方法。

三

在计算转向的引导下，数字人文学科又进行了怎样的具体研究实践呢?这一问题概括了《理解数字人文》中第三板块的内容。在此，部分学者将数字技术结合自身学科进行探讨，以更加具体的视角发掘机器的力量与人文学科精神的碰撞。

乔西·帕里卡主要探讨的是计算转向下“文化历史”的面貌，通过对历史留存媒介“考古式”的反向追溯来对数字人文学科进行更好的界定。他认为，对媒介进行“考古”的核心是时间理念，而时间作为人文和文化理论的中心范畴，对时间本体论的研究以及对文化的历时性理解也是部分艺术和人文学科的基础，但在艺术文化之外，帕里卡发现时间同时受到技术媒体发展的影响。当下，无论是历史文化档案的保存还是对现有档案材料的利用，数字软件技术都能通过修复、克服传统文化产业的弊端使人文档案变得更加个性化、日常化和实用化，改变了我们对“历史”概念的看法。事实上，我们所在的文化环境超越了所谓的“人类中心”，因此，以时间为轴，以技术为前提，我们应当积极寻求文化领域中从旧媒体走向新媒体的知识基础，由此观照文化的记忆，这是数字人文学科不应忽视的方向。

米雷尔·希尔德布兰特则重点探讨法律文本在数字时代的现状。他认为，数据调度技术的实现，可以维持或重塑法律的规范性偏差。计算在其间作为精准的存储与识别工具，为法律文本数据库的建立奠定了重要基础，他相信，机器工具下的识别功能并不会取代法律从业人员对法律条文的解读，但依靠数据进行调度的方案在一定程度上是对法律条文的一种极强的保护，对法律建设具有重要意义，因此，律师在当下也应当更多地掌握计算及其他非直接阅读技术。

而梅丽莎·特拉斯则对伦敦大学、伦敦国王学院的“抄录杰里米·边沁”（Transcribe Bentham）项目进行了分析。这一项目清晰地展示了历史手稿在数字人文学科下的发展过程。早在20世纪90年代中期，手稿的存储、印刷与输出便已经依托网络，并于20世纪早期建立起了线上数据库，而今天，该项目已具备现代化、大规模、数字化等性质，项目载体也从简单的Web页面过渡至交互式Web 2.0，从MS Word过渡至编码书写的XML文本，从相对内向的学术科研过渡到面向外部的、构建社区环境的学术实践。在建设过程中，特拉斯发现，计算技术不仅影响到了数字人文学科中的开放性、随机性，同时在科研实践中还暴露了当下人文学科资金获得困难、人员保障困难等问题。数字人文学科的到来，使传统人文研究转而面向大众审视的目光，经济利益、商业价值的因素也愈发不容忽视，因此，更多学者应当鼓起勇气来面对学术界即将到来的一切。

数字人文学科的形成，不仅是计算转向时代的爆发，同时也是传统人文学科发展的实际需要，但无论面对哪个方向，探索哪类问题，学者们都难免会看到这一学科中来自计算与人文之间的矛盾。所以通览《理解数字人文》一书，其中不少文章都在以积极的姿态来尽力搭建计算与人文之间的桥梁。乔里斯·范祖德特基于阿尔法拉布（Alfalab）项目，以形式作为突破点，期待信息的开发工作可以与研究人员的需求有效结合，通过建立一个研究人员社交网络来促进学者在数字人文实践过程的规范化。而塔拉·L. 安德鲁斯则通过阐释当下社科研究者所进行的一系列电子文本开发项目的现状来为跨学科研究在数字人文领域里的实现寻找出路。总体而言，《理解数字人文》里的学者，大多对数字人文学科的未来充满信心，而他们斗志昂扬、直面矛盾的努力，也值得我们警醒。事实上，数字时代的浪潮越迅猛，计算与传统人文之间的斗争就越激烈，特别是随着计算过程越来越走向一种智能、独立的非透明状态，计算手段已经将作品、文本、文化、文明，无不逐一地吞噬在数据洪流之中。我们难以评判追赶时代潮流的好坏，但我们应当看到这些公式化的建模的确让人文学科本该鲜活而自在的思考暗淡下来，我们的研究团队越壮大、越多元，那些“于我心有戚戚焉”的快乐就显得越珍贵，蒂莫西·莱诺尔对“忘记意义”“遵循数据流”的提倡，也成为数据力量与人类思考力量在负人类纪里直面对撞的某种折射——也许对于数字人文来说，我们所要探讨的不仅是算法技术的何去何从，更是发掘人文学科应当如何重启那些即将被忘记的“意义”。

（编译者：王悦心，北京第二外国语学院2018级比较文学与世界文学研究生）

伯纳德·斯蒂格勒：《自动化社会》

（*Automatic Society*, Bernard Stiegler, Translated by Daniel Ross, Cambridge: This English Edition© Polity Press, 2016）

丹尼尔·罗斯（Daniel Ross），澳大利亚著名哲学家、电影制片人，主要受伯纳德·斯蒂格勒（Bernard Stiegler）的影响，是其众多作品的译者或合作译者。2015年，伯纳德·斯蒂格勒用法文写成的 *La société automatique. 1. L'Avenir du travail* 出版，随后，该书于2016年由丹尼尔·罗斯用英文翻译出版，题为《自动化社会》（*Automatic Society*）。伯纳德·斯蒂格勒生于1952年4月1日，是法国著名哲学家。他的人生颇具传奇色彩，曾在图卢兹因持械抢劫银行而入狱，在监狱的5年时间里，他开始反省，向内追溯叩问灵魂，后来在德里达的指导下完成了博士论文，最终成为一名哲学家。现任法国蓬皮杜艺术中心文化部负责人、创新与研究学院负责人。他的学术思想直接受益于马丁·海德格尔，主要关注技术问题，围绕时间以及时间与技术等问题展开，著有《技术与时间》（三卷）、《技术与温度》等。

《自动化社会》这本书主要探讨了在大数据时代背景下，作者对未来的工作、自动化发展、喧嚣的消费主义等的忧虑。人类选择对此类现象视而不见，真相却是异常残酷，技术背后欲望的无节制无疑指向了人类发展的末日深渊。面对技术对于文明的冲击，忧虑随之而来：我们将如何生活、如何做事以及如何思考呢？近年来，斯蒂格勒全身心投入数字技术的研究中，认为新技术层出不穷是人类所面临的新的技术危机。“技术”既是好的也是坏的，既是良药也是补药，这看似一个悖论，却揭示了技术的双重特性，斯蒂格勒对技术的看法可以说与柏拉图、德里达一脉相承。要在这样的时代实现技术救赎，一方面需要用良药来抑制、治疗毒药，另一方面斯蒂格勒也尝试构建一套“精神药物学”（pharmacology of a spirit），在人类纪登峰造极的时代寻求生命的新出路。

该书由多篇论文组成，主要从以下几方面探讨了自动化社会中出现的问题、人类纪时代技术的局限性，以及面对错综复杂的技术环境时人类将如何选择。

（1）2008 年 6 月 23 日至 10 月 23 日，到底发生了什么？

2008 年 6 月 23 日，克里斯·安德森（Chris Anderson）在著名杂志《连线》（*Wired*）上发表了一篇分析谷歌商业模式的文章，题为《理论的终结：数据洪流超越科学方法》（The End of Theory：The Data Deluge Makes the Scientific Method Obsolctc）。他认为该公司提供的服务主要是基于弗雷德里克·卡普兰（Frédéric Kaplan）所谓的“语言学资本主义”（linguistic capitalism），而这种商业模式是在没有参考任何理论的情况下来运作语言的。同时，安德森认为今天所谓的“大数据”，是由千兆字节的数据组成，它可以通过高性能实时分析计算，从而不再需要任何理论或者理论学家。如果将数据视为“科学家”，那么应用数学的专家就可以通过使用大型算法数据库来取代真正意义上科学家制定的原则。这篇文章可以说对传统的知识形态进行了判决，是当代数字化革命的有力宣言。

4 个月后，也就是 2008 年 10 月 23 日，艾伦·格林斯潘（Alan Greenspan）在国会听证会之前，解释了 2008 年金融危机爆发的原因。金融危机是继 2007 年 8 月次贷危机爆发后的又一个巨大金融灾难，他提出论据来为自己开脱，认为大范围的金融危机是由于金融数学的滥用和不恰当地利用自动化计算系统来评估风险，以及从次级到高频交易建立的各种形式的数字交易。他讲道，“没有对这些风险资产进行适当定价促成了这场危机。几十年来，一个巨大的风险管理和定价系统蓬勃发展，这个系统综合了数学家和金融专家的真知灼见，计算机技术和通信技术的重大进步也促成了这一事实”。格林斯潘也强调了诺贝尔生态学奖已将这些方法合法化。他试图断言，如果追究金融危机的责任，它不应该只落在美联储主席身上，“计算机程式化”（computerized formalization）和由金融机器人操纵的自动化决策的整个装置，以及使其具有合法性的经济“理论”都应负有相应的责任。

次贷危机发生之前，计算机程式化和自动化决策这个范例就已经成功运作了几十年，然而，知识大厦在那个夏天崩塌了，因为依靠数据建立的风险管理模型一般只能涵盖过去二十年和一段经济“兴奋期”（euphoria）。斯蒂格勒补充了格林斯潘的声明，他认为，无疑这些“理性风险管理”的理论家并未意识到数据分析的局限性。他们认为“历史时期的压力”（historic period of stress）太大仅仅是因为这些时期不存在这些“金融工具”（financial instruments），或者因为竞争尚“不完美和公平”（imperfect and undistorted）。

（2）巴黎面临的危机，以及未来十年，法国到底将会怎样?

随着数字化时代的到来，全面和广义的自动化成为人类所面临的巨大挑战，这也正是这本书的关注点。算法自动化导致了就业率的下降，进而冲击了保持宏观经济体系偿付能力的凯恩斯主义。凯恩斯在1929年到1933年爆发的经济大危机中，对现实做了分析，提出：在政策上，应该抛弃自由放任原则，国家应对经济生活进行干预和调节。但就目前而言，由于自动化的冲击，凯恩斯主义似乎已失效。

我们将看到，随着当代资本主义变得日益接近纯粹的数字计算，并在所谓的“数据经济”中具体化，这种矛盾加剧，并且通过这种方式它相当于完成了尼采所说的虚无主义，在虚无中看不到未来。其中安德森肆无忌惮的断言和格林斯潘的解释都是症候。

安德森的思想背后隐藏着这样一个事实，根据大量的研究、预测以及“经济评估”（economic assessments），未来十年将会被自动化主导。随着全面的自动化到来，比2008年金融危机更糟糕的是，全面的破产也正在爆发。

随着2014年3月13日比尔·盖茨在华盛顿宣布，逻辑和算法机器人逐渐控制了物理机器人。城市的发展越来越智能化，收银员和货物处理员之类的岗位在逐渐消失。欧洲报纸报道了大量类似的情况，首先是2014年7

月比利时的《晚报》（*Le Soir*）报道，一二十年间，当地丧失了一半的工作机会；2014 年 10 月法国报纸《周报》（*Journal du dimanche*）基于一篇研究性文章，十分警觉地预测，2025 年之际 300 万个工作岗位将消失，进而影响到中产阶级、管理层、自由职业和人工交易等。失去 300 万个工作岗位意味着失业人数将增加大约 11%，而失业率将上升到 24%。十年后，法国失业率会在 24% 到 30% 之间，这些研究都预测着福特－凯恩斯主义模型的最终消亡。

因此，这预示着巨大的转变。2014 年夏天，法国国家战略和预测总署署长让・皮萨尼・费里（Jean Pisan Ferry）向法国总统提交了一份报告，但是，该报告作为“政府研讨会”商讨内容的一部分却对这毁灭性的前景只字未提，相关部门选择忽视宏观经济学的动荡。

费里的法国战略报告《法国未来十年》（France Ten Years from Now）确实讨论了就业问题，却是以一种喋喋不休的语调，更类似于禁令，他谈道，“不夸张地说，在就业方面，我们的目标就是在同等发展水平国家中挤进前三”。这些不温不火的条款长达 200 页，却从未提到就业岗位减少、就业形势严峻的前景，相反他断言：

> 法国的目标必须是实现充分就业。就我们今天所见，这是经济正常运作的方式。任何社会状况的异常后果都涉及技术和不可挽回的浪费。鉴于我们经历了很长一段时间的大规模失业状况，同时，我们的邻国境况也类似，法国没有理由放弃实现充分就业的目标。

依据费里的看法，应该重申实现充分就业的目标，但要以“可信”的方式。他论点背后的推理被证明非常脆弱：

> 今天为 2025 年做出的目标不会被认为是可信的，法国公众已经遭受了数十年的大规模失业。但是一个目标的提出，不管是正确的还是错误的，抑或是操之过急，都可以产生镇静作用。可能用中国的俗语“摸着石头过河”更能表达这个意思。此外，设定这个目标暂时没有考虑欧洲和全球经济的形势。这样一来这个具有相对性的推理便避免了失败。本着这种精神，我们希望在就业方面，可以重新跻身欧洲国家前三。

费里对法国未来十年的宣言与欧洲顶级智库“布鲁盖尔”（Bruegel）的观点相矛盾，该智库成立于2005年，是一家专注经济学研究的欧洲独立智库。在2013年5月他被任命为法国国家战略和预测总署署长之前，这个总部位于布鲁塞尔的政策研究所一直由费里亲自领导。2014年6月，费里提交了他的报告，他不可能没有意识到他在2005年帮助建立的研究所提供的这些预测。那他是如何掩饰的呢？现实情况是，像格林斯潘一样，他内化了一个灾难性的情况，他将低失业率继续误解为有缺陷的分析系统，从而阻止法国去评估一个非常危险的情况：“到2025年，阿根廷人、保姆、观察者，甚至教师三分之一的工作可以由机器人或拥有人工智能能力的软件来代替。”到2025年，20%的工作将完全实现自动化，将有300多万名工人发现自己的工作可以被机器所取代。这场大变革涉及的部门包括：农业、服务业、管理业等。费里隐瞒这样一个可怕的前景犯了非常严重的错误，正如法国蒙田研究所高级研究员哈基姆·埃尔·卡拉维（Hakim El Karoui）所说，民众对精英的不信任将会造成严重的政治后果。

(3)“人类纪”(anthropocene)中的“熵”(entropy)和“负熵”(negentropy)。

设想一种完全不同的方式，即“重新分配数字运算所产生的财富”，运用卡拉维的术语去进行预测、描述、提醒，同时给出建议是本书的目标。在全球数字网络引领的全面和广义自动化的过程中，人类纪作为新的起点，会是一个充满可能性的未来吗？

人类纪在18世纪末确立了广义无产阶级化的条件，我们必须从这一时期逃离，逃离人类纪，趋向“负人类纪”(neganthropocene)。逃离人类纪构成了本书中论文的全球视野。这些论文的第一个原则强调，自动化所需的时间必须在新的能力中实现，即“非自动化”(dis-automatization)、“负熵的生产”(production of negentropy)。

几十年来，分析人士如美国的诺伯特·维纳（Norbert Wiener）和法国的乔治·弗里德曼（Georges Friedmann）一直在预测劳动力终结的时代，在约翰·梅纳德·凯恩斯（John Maynard Keynes）预告劳动力即将消失之后，马克思（Marx）也在《政治经济学批判大纲》(*Grundrisse*)中，对“自动化”这一假设进行了深入探讨，这一论断被称为“机器碎片”(fragments on machines)。

这种可能性将在未来十年得到证实。在接下来的十年中，我们应该做些什么才能充分应对这种改变？比尔·盖茨提出了应对就业率下降问题的对策，他建议在降低工人工资的同时取消各种相关的税费。但是，再次降低那些仍然有工作的人的工资只会增加资本主义制度全球破产的可能性。人类面临的真正的挑战是，工作结束后的自由时间也必须服务于自动化的文化，尽管一个人确实能够在工作之余产生新的价值并重新开始工作。

自泰勒主义实施以来，自动化在整个世界范围内已经产生了巨大的熵。人类从根本上怀疑未来，这在年轻人身上表现得尤为突出。人类对未来的怀疑，以及与前所未有的青年失业水平的对抗，正是在工业化和“意识到自己”（concious of itself）的人类纪时期开始出现。

> “全新世”（Holocene）以来，11500 年的时间内，以罕见的气候稳定为特征……这是一段农业、城市和文明繁荣的时期，人类纪的缓缓到来代表着地球的新时代到来。正如保罗·克鲁岑（Paul Crutzen）和威尔·史蒂芬（Will Steffen）所强调的那样，在人类行动的影响下，“目前，地球正处在一个缺乏生物多样性的状态”。

人类已经或多或少地意识到我们进入了人类纪时代，从某种意义上说，他们觉得 20 世纪 70 年代显而易见的变化促成了这种认识。在第二次世界大战之后，人类纪进程不断加速，不断增长的“共同意识”（common consciousncss）成为一个地质因素，伴随着人类的大幅度进化，人类事业也人规模发展，同时也加速“熵化”。甚至在 2000 年人类纪概念制定之前，1979 年，法国科学研究中心的历史学家博纳伊（Bonneuil）和弗雷索（Fressoz）就提到，吉米·卡特（Jimmy Carter）发表演讲时曾强调这样一个事实，“人的身份不再由人做了什么来定义，而是由一个人拥有什么来定义。但是我们发现拥有消费商品并不能满足我们对意义的渴望。我们已经认识到，物欲的充斥不能填补一个没有目的和信心的空虚生命”。美国总统讲述的美国生活方式令人震惊。

30 多年来，尤其是自 2008 年以来，人类纪的这种“自我意识”在一般意义上呈现出当代器官学的“系统性和全面毒化”（systemically and massively toxic），其中包括经济、社会、技术、心理、财政、法律、教育等。在作者看来，这些系统都受到技术环节的制约，经过资本主义工业的大规模吞并和盘剥，退化为一个更虚无的、以利润积累为唯一目标的生产和消费过程。

现在人们普遍认识到这种药理的毒性，人类纪的历史与资本主义的历史相吻合，它呈现出一个从有机工业化开始的过程，其中包括那些被称为“反资本主义”的国家，即工业革命必须被理解为一场器官革命。

(4) 虚无主义的终结，驶向负人类纪。

人类纪时代是工业资本主义时代，是一个网络优先于其他所有决策标准的时代，伴随着算法自动化和机器全自动化的出现，网络社会成为一个自动化和远程控制的社会，由此，虚无主义便出现了。

我们处在一个混乱的时代，因为“人类纪自我意识”(conscious of the anthropocene) 的提升，我们称之为“反身”(reflexive) 时代。处于这样的时代是历史的结果，因为过去的历史对现在可以确定的新因果因素和准因果因素尚未进行分析。这就是为什么博纳伊和弗雷索谴责那些“专制”(geocratic) 的方法，这些急躁的历史政治分析方法，从他们称之为人类纪“事件”(event) 之时就出现了。

我们必须对博纳伊和弗雷索的历史和政治观点补充一点，由于这一事件的发生，哲学家几十年来以结构主义方式拒斥的事实现在已变得明晰，即人工制品是人格化的主要动力，人工制品是人格化的境况和宿命。任何人都不能忽视这个现实：瓦雷里 (Valéry)、胡塞尔和弗洛伊德认为两次世界大战是人类的新时代，随着“精神世界”的“药理学意识”(pharmacological consciousness) 和“无意识”(unconsciousness) 的萌发，这个时代充斥着意识和无意识的挣扎与斗争，这是当代人类纪的“病征”(*mal-être*)。

因此，我们迫切需要重新定义知识。通过整合安·勒儒瓦-高汉 (André Leroi-Gourhan) 和乔治·冈圭朗 (Georges Canguilhem) 的观点 (他们提出生命的人工化是人格化起点的假设)，我们重新定义每一个知识领域，包括我们如何去生活、如何去行事，目前人类面临着一种极端重要且紧急的政治、经济和生态局面，这导致了“实用器官学”(practical organology) 问题的产生，换句话说，导致了“创造性产品”(inventive productions) 问题的产生。

我们认为这个问题和这些产品必然涉及万维网的发明，自 1993 年以来，人类纪随着网络的出现进入了一个“新的时代”(new epoch)，今天，网络对我们而言，就像铁路对人类纪初期一样意义重大。

我们必须和尼采一起思考人类纪，这是一个所有价值都在贬值的地质学时代：在人类纪中，作为人类纪的核心问题，所有“智性知识”(noetic knowledge）都将被重估。伴随着虚无主义的完成，“智性灵魂”（noetic soul）遭遇了器官学的“自我设问”（putting-itself-in-question），在这个已经具体化为“全球资本主义”（planetarizing capitalism）的人类纪，这相当于对我们这个时代的严峻考验。

追随着尼采，在人类纪事件之后，我们必须思考负人类纪到来的问题，而这必须被理解为对走向未来的价值进行重估。这又意味着必须用马克思的观点来重新阅读尼采，马克思在1857年出版的《政治经济学批判大纲》论机器的段落中，思考了知识在资本主义中的地位以及工作的未来。同时，在那里他还讨论了“一般智力”（general intellect）的问题。

将马克思和尼采放在一起阅读是为了进行一种新的政治经济学批判。在宇宙维度中，经济已经作为一种“局部比例”（local scale）的“宇宙性元素”（cosmic factor），成为一种生态学。这种阅读必将带来一个重估的过程，“经济价值”（economic values）和那些因消费主义而出现的虚无主义所导致的“道德贬值”（moral devaluations），都通过一种新价值而得到“重估”，也就是说通过“负面的熵”（negative entropy）和“反熵”（anti-entropy）得到“重估”。

这一理论源自“热力学”（thermodynamics），而热力学是在工业技术和“器官学革命”（organological revolution）开始后大约三十年才出现的，其中器官学革命来自人类纪的起源。工业技术和器官学革命都与最初的工业自动化所带来的“动作语法化”（grammatization）以及蒸汽机的发明相关。如果“熵/负熵”（entropy/negentropy）的关系是真的，那么熵理论便重新定义了价值问题。我们必须基于这一视角对我们所谓的“熵类纪”（entropocene）和“负人类学”（neganthropology）进行思考，而且是以器官学和药理学的方式思考。

综上，斯蒂格勒认为人类进入了“系统性的愚拙”（functional stupidity）阶段。人被技术与网络所吞噬，自动化取代了人工，人与自然的和谐关系被打破，精神危机随之产生，作者认为这种危机就是由技术的发展所导致的。

人类纪时期知识的清算，导致了一段时间内熵的大规模生产。因此，事实上人类纪是一个封闭的熵的系统，但知识是一个开放的系统：它总是包含产生负熵的非自动化能力。正如作者所说，必须实施新的标准，以便在反人类纪的经济中组织再分配。这必然涉及阿马蒂亚·森（Amartya Sen）

所称的“能力的复活”，他把这种能力置于人类发展的基础之上，即人类的个性化。

人类纪是不可持续的：它是一个大规模、高速的毁灭过程，在全球范围内进行，目前的方向必须被逆转。因此，人类纪的问题和挑战是“负人类纪”，也就是说，要找到一条能让我们摆脱宇宙维度僵局的途径，人类需要追随怀特海（Whitehead），尝试建立一种新的思维性宇宙学。

（编译者：朱凤娟，北京第二外国语学院2018级文艺学研究生）

翻译与比较文学

李盼盼 等

摘　要：翻译以其独特的沟通功能在比较文学研究中起着至关重要的作用。随着国际政治的风云变幻、数码科技的更新换代、新文学模式的风起云涌，翻译研究产生了众多研究方向与可阐释的空间。本辑书评选取了当代翻译与比较文学研究领域的代表性著作，力图把握当今翻译研究领域的新动态，搭建一个全球化、全景化、全学科视野下的翻译平台。在学者们看来，如今翻译与比较文学的研究呈现多角度化趋势，这些角度主要有：后殖民视域、翻译与解释过程中对人性的进一步探索、由非洲大西洋文学发展状态反思翻译理论发展路径、后现代戏剧批评理论与翻译、翻译研究的文化转向、多媒体时代的比较文学等。

关键词：翻译研究；文化研究；阐释循环；后殖民主义；文学理论与翻译研究

苏珊·巴斯奈特等：《后殖民翻译：理论与实践》

（*Post-colonial Translation*：*Theory and Practice*，Edited by Susan Bassnett etc，London，New York：Routledge Press，2002）

苏珊·巴斯奈特（Susan Bassnett）是国际翻译界极负盛名的翻译理论家，同时也是文化研究专家和比较文学教授。曾担任英国华威大学（Warwick University）副校长、翻译与比较文化研究中心（The Center for Translation and Comparative Cultural Studies）教授、英国国家委员会英国研究顾问委员会主席、国际翻译协会理事会理事、英国比较文学联合会理事、欧洲英语研究会理事等职务。巴斯奈特有着丰富的求学经历和教学经历。她早年在丹麦、葡萄牙和意大利求学，获得意大利语和英语文学学士学位和法语哲学博士学位，并先后在比利时、巴西、加拿大、中国、意大利、新加坡、美国等国家的著名学府任教。她学识渊博、精通多国语言，早年的求学经历及任教经历更为她开阔学术视野奠定了坚实的基础。巴斯奈特的著作颇丰，其专著与编著作品多达 40 部。其中最为著名的是 1990 年与列费维尔（A. Lefevere）合著的《翻译、历史和文化》（*Translation*，*History and Culture*），以及于 1980 年问世的专著《翻译研究》（*Translation Studies*），该本著作于 1991 年再版，并成为英语国家翻译教学的入门级教材。

《后殖民翻译：理论与实践》（*Post-colonial Translation*：*Theory and Practice*）是巴斯奈特与印度新德里大学的英语教授特里维德（Harish Trivedi）合编的论文集，于 1999 年出版。这本论文集收录了铁木志科（Mafia Tymoczko）、维埃拉（E. R. P Vieira）等著名后殖民翻译研究学者的 9 篇论文，探讨了与后殖民社会相关的翻译新观点，包含后殖民写作与文学翻译、巴西同类相食的文学转移理论等，为后殖民翻译研究注入了新鲜血液。

随着全球化时代的到来，越来越多的人掌握了多门语言，成为多语种人才，翻译也成为重要的交际活动。传统观念认为，翻译只是原作的一个不良副本，而今天的翻译则被视为一种发明行为，是用另一种语言对原作进行创作。通过翻译理解文本传递的复杂性在当下看来特别重要。欧洲语言曾被视为殖民主人的语言，因而一度被认为具有不可比拟的优越性，现在却与之前被边缘化或被忽视的数百种语言相互作用。翻译一直以来都被当作殖民冲突的核心，它以各种方式来建立和延续某些文化对另一些文化的优越性。但是现在，随着人们越来越意识到跨文化的文本转移所涉及的不平等权利关系，我们可以重新开启对翻译史及其在当代实践的思考。

该论文集的撰稿人在后殖民语境下以不同的方式关注翻译的理论与实践。铁木志科在《后殖民写作与文学翻译》一文中认为这两种文本作品之间存在众多相似之处。两者都关注一种文化到另一种文化之间的元素传递交流过程，并且两者都受到重新阐释这个过程的影响，因此很多后殖民作家选择使用“翻译”这个术语来比喻他们的写作。铁木志科十分关注非洲作家，如提安哥（Ngãugãi WaThiong'o）有意识地将非洲语言引入他的写作之中，这样就使标准语言产生了变化，并且突出了文本混合性。铁木志科指出，在翻译研究中，我们需要明确一件事，即我们是要将观众带入文本还是要将文本呈现给观众，她认为这同样适用于后殖民写作。通过对语言的陌生化处理，后殖民作家可以使读者直面并且真实地感受到差异，从而质疑标准语言的至高无上性。

普拉萨德（G. J. V. Prasad）在《写作翻译：印度英语小说的奇特现象》一文中也以类似的方式考察了印度英语小说的情况，从小说家拉奥（Raja Rao）的观点——写作是为了提供空间，以实现印度文本、语境和英语语言之间的转换的一种创作方式——入手。他指出，印度英语作家并不是将印度的语言文本翻译成英语，而是使用不同的策略使他们的作品听起来像是译本。这种有意识的“加厚”或对英语的陌生化处理手法使阅读变得更加困难，但他们宣称印度作家有权为实现自己的目的去翻译一种语言。而这种翻译结果所编织的复杂网络，却开辟了一个新的空间，在那个空间里，双语已成为常态。

在《碰撞地带的翻译行为和语际创作：魁北克的边境写作》一文中，西蒙（Sherry Simon）认为双语制导致了原作与翻译之间二元对立的解体。继普拉特（Mary Louise Pratt）之后，她也采用了“碰撞地带”这一概念。所谓“碰撞地带”指的是原来彼此背离的文化又重新相遇的地方。传统意义上，“碰撞地带”是指不同文化在不平等的境遇下相遇，而现在则是指在一个多元、交流、协商和断裂的环境中相遇。西蒙以魁北克作家布拉特（Jacques Brault）、布罗萨德（Nicole Brossard）和加农（Daniel Gagnon）的文学作品为例，展示了这些作家如何以极具创新性的手法来玩语言关系游戏。西蒙认为他们的文学作品是一种有意的挑衅行为，其作品不仅故意模糊了文化身份的界限，而且与文化传统背道而驰。用她的话来说，这种行为是对“译作的极大质疑”。西蒙还指出，越来越多的作家，例如乔伊斯（James Joyce）和贝克特（Samuel Backett），声称他们从不在任何一种语言中“安家”。当今世界，没有任何一种文化和任何一种语言能为他们提供统一力量，使他们得以共享一个指涉空间。在西蒙看来，当代将翻译作为现实和理想两方面来认识的做法，已促使翻译更多地与断裂、碰撞、多元等问题紧密相连。

勒菲弗尔（André Lefevere）在他的章节中提出了“概念网格”与“文本网格”的概念，这些网格支撑着所有形式的写作。他认为这些网格错综复杂地交织在一起，彼此之间有着千丝万缕的联系，而且它们源于特定时代的文化和文学习俗。例如，“史诗”这一欧洲文化的伟大文学形式如今已不复存在，并且对当代读者而言已变得遥远和陌生。因此，任何试图翻译史诗的译者都需要处理好这样一个问题，即尽管读者可能已经意识到史诗的重大历史意义，但这种文学形式对他们而言仍然陌生。相比之下，对于像阿拉伯地区的伊斯兰教诗歌这种在西方文学中没有先例的文学形式，读者的抵抗情绪可能会直接导致翻译夭折。勒菲弗尔认为，译者需要在源系统和目标系统中牢记双重概念和文本网格，同时他也指出，西方文化意图染指非西方文化，试图将其转化为西方文化范畴，并为达到这一目的不计后果地强化他们的网格。为了证明他的论点，他列举了三个写于1740年至1820年之间的荷兰文本，这些文本专门为荷兰读者构建“荷兰－印度”（现称印度尼西亚）概念，并且是在殖民地背景下创作的，用于家庭阅读。勒菲弗尔向我们展示了这三位作家如何使用不同的文学形式来强化荷兰进行殖民冒险的态度。

在维埃拉关于描述巴西翻译家坎普斯（Haroldo de Campos）的章节中，她将我们的视线从殖民主义史诗引向20世纪同类相食理论。她提请我们注意坎普斯丰富的隐喻，即用来定义他所理解的一种新形式的后殖民翻译——“创造性翻译”“移植魔鬼”“传输光明”“跨越文本”，甚至“诗意的重新编排”和意义深远的“重新构想”。坎普斯的翻译实践同他的理论一样激进，这根源于他意图定义后殖民翻译诗学。坎普斯说，翻译是一种弑父的行为，故意拒绝重复原作已呈现的内容。维埃拉看到了20世纪巴西同类相食喻象的重要性，展示了坎普斯如何描述同类相食理论与单一（殖民）真理的决裂，并将其上升为一种滋养形式。维埃拉认为，翻译会扰乱线性流动和权力层级，并且会动摇原作的逻各斯中心主义。

达瓦德克（Vinay Dharwadker）专门论述了拉马努金（A. K. Ramanujan）的翻译理论与实践。他审视并研究了这位伟大印度译者的作品，展示了拉马努金是如何看待翻译的任务的，即翻译的任务是将外国读者内化为本土读者。作者认为拉马努金的作品通过提供另一种印度翻译诗学，有效地证明了本杰明和德里达翻译理论的欧洲中心主义。在他的章节的第二部分，他为拉马努金辩护，反对批评者将拉马努金视为殖民主义的译者。

反对欧洲主流模式也是阿罗霍（Rosemary Arrojo）的章节主题，该章节主要研究了西苏（Hélène Cixous）翻译的利斯特（Clarice Lispector）的作品。虽然已熟知西苏真正热爱利斯特的写作，但阿罗霍认为西苏是借用利斯特的作品来实现自己的目的。正如她所指出的那样，西苏对利斯特的发现，被认为是对传统殖民主义的逆转，是与父权制遭遇，是一位欧洲作家仰慕来自殖民地的女性作品。但阿罗霍表示，这种关系不过是对殖民地模式的一种强化，其中西苏居于支配地位，她故意无视甚至摧毁了利斯特原本的想法。阿罗霍认为，最终西苏只会重复她声称要反对的、具有压迫性的男性父权制模式。

维斯瓦纳特（Vanamala Viswanatha）和西蒙从一个与众不同的角度入手进行写作，两人合写了一篇名为《转移交换的理由》的文章。他们指出，在印度和加拿大，他们的家乡，翻译都被视为文化紧张的一个特别敏感的指标。他们认为，翻译实践总是建立在一系列关于语言形式如何承载文化意义的假设之上——简言之，这是一种隐含的文化理论。后殖民主义的视角预示着文化之间的不对称关系，且这种不对称在文本翻译中得到了证明。

德夫（Ganesh Devy）在《翻译与文学史——印度观》一文中，从印度的思想观念出发，重新审视和阐释了翻译。印度的形而上学理论相信灵魂可以不受阻碍地从一个身体迁移到另一个身体，而且不会失去任何本质意义。印度哲学以这种形而上学思想为指导，认为灵魂或意义不受时间规律的约束。因此，印度人的观点具有重要意义，甚至是文学意义。情节、故事、人物的元素可以被新一代作家一次又一次地重复使用，因为印度文学理论并没有过分强调原创。如果原创成为文学卓越的标准，那么大多数印度经典将无法通过考验。真正的考验是作家改造、翻译、重述、重振原作的能力。从这个意义上说，印度的文学传统本质上就是翻译的传统。

该论文集通过审视超越文化边界下的语言与权力之间的关系，揭示了翻译在重新定义文化与种族身份方面所起到的重要作用。翻译的背后是两种文化之间的权力争斗和权力运作，以及译者在这种境遇下自觉与不自觉的价值取向和策略选择。因而巴斯奈特极力推崇坎普斯的巴西同类相食理论，坎普斯曾用“输血”一词来比喻翻译对既定书写与文化的深刻影响，译者从原文中汲取营养，同时原语文化的精髓通过翻译输入译入语文化之中。因此，在当代的翻译实践中，我们既要看到原语文化中的优秀文化传统，不能一味地排斥，也要倡导将翻译当作一种消解殖民化的工具，旧殖民地国家要积极吸收他国的优秀文化精髓，在此基础上滋养自己的文化，从而更好地重建自身的文化。

（编译者：李盼盼，北京第二外国语学院 2018 级比较文学与世界文学研究生）

武田纪子：《现代主义人类》

（*The Modernist Human*, by Noriko Takeda, New York: Peter Lang Inc, 2008）

科技迅猛发展、互联网时代到来、大众传媒彻底改变了人类的思维模式……在急剧变化的现代，作为“能独立思考的芦苇”[①] 的我们，仿佛难以在现实生活中寻觅到真实的自己，取而代之的是自我认同缺失带来的人性消弭，在意识与无意识的裂缝间存在的，只剩下“自我”奄奄一息的影子。如何在人性的深渊中找寻真正的自我认同？如何在五光十色、灯红酒绿的商业文明中呼唤永恒的人性？现代主义诗歌就是一种答案，它给了我们下潜深渊时可攀附的绳索、在陌生化词句的释义中不断推进人性发展的可能。

通过持续的解读逐步提高人性化程度，正是这位日本比较文学学者在其著作《现代主义人类》中表达的主要思想。武田纪子（Noriko Takeda）是广岛大学比较文学副教授。她在多伦多大学获得比较文学博士学位。她认为，翻译是一种包含人性的解读。这种思想也体现在她的另外一本著作《翻译如己》中，这本书主要对马拉美（Stephane Mallarme）后期十四行诗中的变化的现代主义风格进行了分析。翻译是一项涉及整个认知过程的活动，而这个过程得以实现是建立在全球范围内共享的无意识生命力量的基础之上的。在翻译和解释的过程中，现代主义诗歌的“不可译性”激发了人类不间断翻译的潜力。翻译和现代主义诗歌的互动同源性，也正是通过这本书中关于前卫艺术家诗歌的“不可译性”得到证明。同时，现代主义加速了日本诗歌的改革，例如诞生了以波德莱尔的散文诗歌为蓝本的新体裁。这些鼓舞人心的文本指导读者通过其多维度的意义来重新创造世界。

《现代主义人类》是“比较浪漫主义语言与文学发展趋势”系列丛书中的一本，作者将视角放在现代主义诗歌对人性的发展功用上，主要阐释了作为一个词语的现代主义诗歌的内涵，即现代主义诗歌在城市化社会剧变

① 帕斯卡尔：《思想录》，北京：商务印书馆，1985年。

中如何诠释人性的紧密关系。作者采用皮尔斯（Charles Sanders Peirce）[①] 的符号学理论和读者反应批评作为阅读和解读的理论基础，来阐释现代主义作品中复杂的人性。在众多的现代性作品当中，作者选取了最能体现现代主义诗歌和人性紧密联系的典范作品，由此，全书分为三大部分：其一，人性的现代主义形象，这部分选用了史蒂芬·马拉美[②]的诗歌剧本《场景》进行分析解读；其二，以艾略特[③]的作品《猫》为例，分析游戏宣泄与人性的关系；其三，象征主义声音，以现代主义抒情诗为主要文本分析现代主义者崇高的抒情追求。

谈及现代主义与现代性，首先要定位在什么层面上，“现代”才能成为“现代”。文艺复兴之后，现代性被定义为人类个体的独立思考，因而强调个体，强调思考，强调理性之光照耀大地，每个人都有思考的权利。从象征意义上讲，19 世纪末至 20 世纪上半叶是可以被称为现代主义的。艺术家们在 80 年左右的时间里创造出了很多语义学形式，例如，法国象征主义抽象短诗、英美意象派诗歌、慕尼黑表现主义绘画、维也纳十二声部音乐等，反映了远离现代个体的自我意识的提高。这些作品并不是粗心大意的幻想品，它们在语义上有跳跃，或者从另一角度上看存在着分裂。这些分裂是矛盾性的，暂时打断了作品语义的连续性，在认知模式中，为现代主义时代塑造了一种鲜明、简洁、快速的形象。抽象表示分解，即现实中可视化的矛盾关系。这些预先形成的分裂似乎是有意的，或者至少是作者下意识地保持的。现代主义风格以支离破碎和令人震惊为主要特征，利用陌生化的语言、琐碎不齐的蒙太奇手法、对现实幻象的破坏，使“制造奇怪”成为诗、画、文中的前卫策略。作品中常常充满自相矛盾、模糊、陌生而意味深长的话语。那些如今已经成为令人钦佩的经典作品，实际上有内在的一致性，即一条坚实的“创意线”。矛盾的是，这条线的产生是由语义分裂

---

① 皮尔斯，美国哲学家、逻辑学家，符号学最主要的创始人。他根据与对象的关系，将符号分为三种：“像似符号”“指示符号”“规约符号”。美国皮尔斯学会前会长李斯卡（James Jacób Liszka）教授所写的专著《皮尔斯符号学导论》，是中国引进的第一本系统介绍皮尔斯符号学理论的专著。

② 马拉美（Stephane Mallarme）是法国象征主义诗人和散文家，生于巴黎一个官员家庭，1876 年作品《牧神的午后》在法国诗坛引起轰动。其他著名作品还有《诗与散文》、诗集《徜徉集》、长诗《希罗狄亚德》《骰子一掷，不会改变偶然》等。

③ 艾略特（T. S. Eliot），诗人、剧作家和文学批评家，诗歌现代派运动领袖。出生于美国密苏里州的圣路易斯。1922 年发表的《荒原》为他赢得了国际声誉。《猫》叙述了杰利克猫族隆重举行从众多猫中推选一只猫升入天堂选举仪式的故事。

导致的，这些分裂可能被限定为有意义的空白。从某种程度上来说，语义空白代表了所有唤起记忆的最终可能性，就像沉默是一种最高级音乐一样。大音希声、大象无形，空白是有意义的，是可以唤起记忆的，填补语义的空白是一个引发读者思考的过程，也是一个阐释的过程，一个个体化的过程。

这个个体化解释的过程看似简单易懂，实则困难重重。孤独的思考者在表达上容易产生主观性的困惑，进一步讲，自我同一是人类意识最难达到的一种状态，因为自我是不可视的。意识被作为一种语言领域，既代表着可以认识差异，也代表着对差异的认同，因此，“意识”一词又可以被视为“认知”的同义词。过度的自我意识成为导致现代性悲剧发生的主要原因，现代性自我的内转型倾向容易导致自我意识的过度，从而使得“认识自我”这一目的陷入一个循环的挫败感僵局里，最后被淹没在无意识的迷宫中，难以实现真正的自我认知。那么，探索者该何去何从？那就是找到一个客观的基础，在与他人比较的过程中“检讨”自我认同感，只有通过这样的途径，才可实现自我认识。

这个客观基础又应该如何寻找呢？那就是从现代主义诗歌中去寻找。

从武田纪子对马拉美诗句的分析中可以清晰地看出她对诗歌重新解读的思想脉络。

女主人公希罗迪德出现在马拉美的诗歌剧本《场景》当中，堪称文学史上最有意义的事件之一。这位前拉斐尔时代的女英雄有着杰出的魅力，包括性感和神性。她是一个犹太公主，一个民族的象征，虽然她表达自己用的是法语诗句。马拉美的希罗迪德是一个完整的形象，即使这个形象最终被道德评判所否定。她以一种朦胧的、象征性的表达方式扩展了她的身体之美。这是马拉美的修辞所特有的，她把自己的身体结构融入模棱两可的马拉美式的语言中，从而赋予自己的肉体以超越性和无限性。希罗迪德被认为是刺杀施洗约翰的人，她是一个罪犯，因为《新约》这本不可否定的权威著作把她归为杀手，从某种意义上说，她代表了蛇蝎美人的一个极致，即流行的“世界末日身材”。重新审视这位复杂的女主人公，文本《场景》在语义上是超负荷的，这首诗使读者进入一个通向解释的迷宫，从根本上说，文本中的女主人公本身就是“小说”的化身，甚至可以说，她的故事就是“小说中的小说”，源于《圣经》这一不可思议的幻想曲。因此，寻找女主人公的历史真相是一件牵强的事情。希罗迪德是犹太部落的王室成员，在犹太教、罗马天主教和基督教的三教冲突中被视为希腊女神的伪装后裔。她是一个边缘人，不是当地的犹太人，因为她是以东人的后裔，也就是阿拉伯人，来自死海和亚喀巴湾之间的地区。这个地区被称为"以东"，这是"场景"的一种题词。

在阅读过程中，读者的任务是从文本中引出意义，而二维文本中塑造的女主人公，是要被交付给这个真实世界的，这时她可能代表着完全有意义的生活：为人类。有意义的生活就是活着，生活就是他们存在的一切。

现代主义诗歌是认识人性的重要手段；现代主义是一种人性的象征。现代主义看似支离破碎的词语并不是无效的，而是激发性的，刺激读者的认知能力。一部文学作品总是等待着读者的解读。所以，无论最终的解释是牵强附会还是发人深省，人性都会成长，诗歌在任何时候都会给读者一些东西，它不仅是现代自我认知的符号，也是对现代人类隐匿人性的一种救赎。

在后现代时代，人类的认知能力不断受到专制的大众媒体的威胁，信息暴力使受众的认知陷入瘫痪和被否定。现代主义诗歌作为一种对后现代主义铺张浪费的否定，作为一个谜一般的文本形式，以其诱人的形式挑战人类心灵的持续解释能力，旨在探索人类心理的潜能和功效。诗歌就像一根针，用来激起阐释意识。20 世纪初具有高度现代主义风格的诗歌之所以能够产生，正是因为其潜在的读者群体具有丰富的解读能力，这是浪漫主义、个人主义文学传统为感情驱动所培养出来的一种解读能力。

如果诠释学批评的各种实例能够引导读者对形式的理解，那么现代主义形式将继续有效。人类需要超越人工智能，设计一种方法以保护自己的基本知识，即生命力的延续。目前在全球范围内普遍存在的走向死亡的冲动必须转变为对待生命的持续渴望。任何躲避包括大众传媒在内的各种独裁者的发明都是迫切需要的，必须通过逐步进行的、刺激的认知活动来实现这一目的。谈到人类的潜能，艾略特说过，"对我们来说，只有尝试，其余不关我们的事"。诗人的鼓励虽然是苦涩的，但是也说明了这一尝试更具有挑战性。无论如何，尝试就是生活，事实上，生活就是一切。

《现代主义人类》这本书中探讨的主要诗歌，即马拉美的《场景》、艾略特的《猫》和主要现代主义抒情诗中，既包含了语言形式的唯美主义，又包含了现代情感中所指的人性。情感嵌入在历史语境中的诗歌中，正体现了一种整体的形式，即内外交融：这种形式占有并传播一切，同时又集中于一个词。在这种看似荒谬的形式中隐含的信息是毫无人性的：“你不应该杀人”，“解释为行动” 和 “提升人性”。

现代主义诗歌作为一个谜题，具有高度而曲折的群体性。这种明显不连贯的诗歌与读者之间存在着一种具有挑战性的距离，读者需要靠解释文字来填补空白。读者能否找到正确的解决方案并不重要，人性的愉快成长就是一切。任何解释性词语都是受欢迎的，结局是偶然的。

从根本上说，文学作品是语言中最引人入胜的综合体，吸引着读者不断地进行分析和解读。一般来说，这不是一个直接的问题。交错的工作激发了认知斗争，却没有带来单一的解决方案。这项工作代表了概念的不断发展。文学作品实际上产生了一种被称为“文学理论”的复杂理论。在翻译的大脑中，语言形式的积累增加了能指固有的无理性，而能指则是文学性的来源。

现代主义艺术既是短暂的，也是永恒的；既是个体的，也是集体的，其目的在于升华古希腊谚语“生命是短暂的，艺术是漫长的”所表达的悖论。

武田纪子站在世界人类的高度，反观人性在现代主义中的体现，创造性地提出：无论解释的正确与否，它们恰恰都是在不断填充空白及持续诠释的过程中推进人性的发展。现代主义不再是一个被视为凌乱不堪的毛线团，而是一种探寻自我存在意义的重要方法和途径。面对有限的人生、无限的艺术，对生命的持续渴望是人类至关重要的生之源泉。

（编译者：张卓娴，北京第二外国语学院2018级比较文学与世界文学研究生）

西娜·稣玛丽·奥克利：《共同之地——非洲大西洋后浪漫主义诗论》

（*Common Places—The Poetics of African Atlantic Postromantics*, Edited by Seanna Sumalee Oakley, Amsterdam, New York: Brill/Rodopi, 2011）

作者西娜·稣玛丽·奥克利（Seanna Sumalee Oakley）通过反思欧洲现

代主义、后现代主义、浪漫主义、后浪漫主义的历史和现状，从拉丁美洲哲人、诗人、小说家爱德华·格里森特（Édouard Glissant）的“共同之地”（common places/lieux communs）概念出发，认为在非洲大西洋的文学创作中体现的“共同之地”能够给现代社会、政治带来一种具有革命意义的审美性和伦理性融合的可能，并且，作者希望基于这种可能的研究方法能在比较文学的研究中有所突破。作者选取诗人 Walcott、Claudia Rankine、Frankétienne 以及 Werewere Liking 的长诗片段，具体阐明“共同之地”概念的多层次含义，认为这些非洲大西洋的作家集中地展示了不同于欧洲浪漫主义的乌托邦式浪漫主义的潜能。

19 世纪欧洲连续不断的政治和社会剧变，以及 20 世纪的大规模种族大屠杀，使浪漫主义中的个人主义信念走到了尽头，在备受考验的世界舞台上摇摇欲坠，由此，欧洲迎来了 20 世纪现代化、虚无主义、存在主义等文化现状。而大陆的另一边，陆地的广袤之所——非洲，经历了欧洲侵略者长达 4 个世纪的压迫、支配和暴力行径的对待，在近一百年的时间内吸收了欧洲的后浪漫主义和理性、资本乐观主义等现代性观念。也就是说，后奴隶和后殖民时代的非洲大西洋文学传统中的哲学和美学发展包含了欧洲传统文化的因素。浪漫主义之所以吸引非洲大西洋作家是因为两者在美学和伦理哲学上一致，均展示了一种乌托邦式的普遍政治学，即消除美学和伦理学的边界，追求二者的融合和贯通。然而非洲大西洋的作家们发现，浪漫主义以及整个现代欧洲都没有实现这样的一个乌托邦世界，欧洲浪漫主义和非洲大西洋作家最终还是在欧洲殖民的矛盾中分道扬镳。非洲大西洋的作家们意识到，殖民地中意识的入侵与奴隶贩卖一样是极端暴力的，二者惯常且原初地被一种叫“文明理性”的名字所主导，因而他们看到，欧洲浪漫主义的诗论是一种杂糅的且以自己为中心的自我形式，一种以自我作为一切事物参考标准的观念思想，一种孤立的主体意识在具象世界当中的蔓延。因此，非洲大西洋作家不仅要对浪漫主义和后浪漫主义所共有的审美和伦理问题进行思辨，而且要通过他们的言语、比喻，甚至通过更具社会创造力与象征性的体裁来改善美学和道德问题。

文化尊重的平等并不能代替非洲人自己可能认为的平等，如生活标准的平等、能接触到好东西的平等。非洲大西洋的作家们意识到，非洲的历史意识不应被一种进步观或者持续的方式所沉淀，不应通过为非洲现象寻找形而上学的超验论或者宿命论来作为对偶然性解释的避难所，因为这种方式通常掌握在那些经常参与到历史极权政治的人的手中，整个文化只会被理性的术语解释。奥克利认为，非洲大西洋文化应在对西方没落的预兆中，在缄默、哭泣、被否定和轰然毁灭的疼痛中得到巩固，即巩固一种不同于西方历史、自由、市场概念的意识，将目光落在自身的文化和进程上，以一种非现代的进步观念、以朴素原始的意蕴对抗理性文明的入侵。正是动乱世界或政治想象的固定体系打开了非洲大西洋作家心中的观念和乌托邦的自由剧场——共同之地。非洲大西洋作家对非洲的奴隶历史和殖民主义或个人压迫、创伤的判断和定义并不感兴趣，他们感兴趣的是拯救迄今为止仍保留着难以想象的共同地。

"具有差异性的共同地"（differential commonplace）是格利森特（Glissant）提出的概念，在非洲大西洋的文学中表示非洲大西洋作家如何根据"群体"（community）、自由和社会改变浪漫主义和后浪漫主义的形式和问题。非洲大西洋产生了一种诗歌文学，这种文学将信念投向对过去记忆和未来想象力的永恒救赎的可能性。作者认为，非洲大西洋的诗歌作为一个记录共同地的理想场所，在"世界的心灵和存在的场所"之中不断地重复。而对非洲大西洋诗歌的评论则致力于寻找一种美学与伦理相统一的乌托邦式蓝图，而不是像欧洲浪漫主义思想家与作家那样将一切都普遍化、形而上学化。"共同之地"的观念带领非洲大西洋的作者批判性地改变了美学的伦理传统，从而转变为真正共通与多样的乌托邦结局。不同于杂糅的克里奥尔语方式，共同之地的诗论有意地体现出共同的、混合的以及多样的特征，使得边缘的文化以别出心裁的方式加入世界文化的中心。这个中心既不是与边缘相对的中心，也不是和边缘无差别的虚设，而是一个文化与另一个文化相互渗透、相互决定的中心，这意味着浪漫主义的排他性乌托邦已转变为多样性的共同的乌托邦。

在"共同之地"观念的鼓舞下，非洲大西洋的长篇诗歌凸显出了一种救赎性视角的特征。不同于后殖民主义者因看重现代主义和后现代主义而对非洲大西洋写作采取怀疑甚至是冷漠的态度，这个视角是非洲大西洋作家从大西洋彼岸的奴隶制和欧洲殖民主义以及暴力的经历中剥离而来的。救赎——这个在作者的研究中与乌托邦相联系的概念，在20世纪文学批评中不光彩的概念，通常与基督教联系在一起。而在"共同之地"当中，救赎具有一种文化沟通的意义，它能够在常规的艺术经验的特定类型之外，内在地修复破损以及无意义的经验。因此，"共同之地"的提出具备救赎含义，它将边缘的文化拉回备受瞩目的中心地带并使其继续发挥影响力。在古老而又伤痕累累的非洲土地上，救赎的意义在于，它的时间维度并不局限在客观的当下，而是如同彗星划过夜空一般，指向古老而神秘的流变与遗留的记忆，回归以寓言指示未来，以寓言牵连过往的时空，就如同本雅明所说的“过去携带了转瞬即逝的标记，指向救赎”以及格利森特所说的“过去存有的预言视角”，它指向未来。救赎性视角不存在于浪漫主义和现代性的历史进程中，其暗含的对乌托邦的渴望也并不存在于一个被玩弄、被表演或者被歌唱的现代艺术形式中，因为像这些词语，甚至是那些被修饰过的词语形式，将永远不足以表达非洲大地不可言说的真相。文化中的救赎扮演着承接过去，并和现在与未来保持某种联系的角色，因而在精神上和文化上具有创造性。

非洲大西洋的作家如 Frankétienne、Walcott、Rankine 和 Werewere Liking 熟知浪漫主义和后浪漫主义的方式并以“共同之地”的救赎视角去了解非洲过去、现在、未来的变迁深渊与后殖民统治时的经验，所有纵深的历史救赎都摒弃并避免了明晰的 19 世纪欧洲诗论成与败的绝对观念误区。这些作家从性别、语言和后殖民主义的视角清晰地表明了共同的立场，明确地纠正在浪漫主义和后浪漫主义作家中存在的普遍化、同一化观念，企图使整个文学世界具有共同之地的特征——超越现在，让过去蔓延至未来。非洲大西洋作家转向比喻、寓言的美学伦理，特别是被引证为本土的或者“原生的素材”——非洲大西洋的形式。寓言存在于一个理想的时间中，不是这里和现在，而是过去或者无尽的未来，其保留的一个救赎成分为“寓言意图固定的东西是从生活的习惯背景中脱离出来的，它立刻被现实粉碎却被未来存留”。现在的东西，转眼就消失了，但如同现在变为过去一样，过去永远预示着未来。这种寓言形式在非洲大西洋的诗歌中，并不表现为一种娱乐，也不是一种对于美的一系列感觉，而是包含了一种不能被荒芜打倒的精神，它从人类文化的神秘现象出发，逃离历史的分析，指向存在的根本变异。

体现“共同之地”概念的非洲大西洋文学艺术给世界带来了时空性、多样性和比喻性的张力，而不是仅仅限制在主体化的时间和语言上面。从这个层面上说，非洲大西洋作家明显具有不同于浪漫主义的视角。此外，“共同之地”表示人类在文化交往之中互相改变，但并没有迷失自身的本质，这个概念不仅是一个描述观念关系的通用术语，而且本身表示一种文化关联，促进文化创新。可以说，非洲大西洋文学创作代表了横向历史时代的新生文化，这种文化从纵深的非洲神秘的残余文化演变而来，流经欧洲浪漫主义文学，与众多各异的文化价值共同编制未来的多样性蓝图。

（编译者：范颖琳，北京第二外国语学院2018级美学研究生）

苏珊·巴斯奈特：《建设文化：文学翻译论文集》

（Susan Bassnett，*Constructing Cultures*：*Essays on Literary Translation Topics in Translation*，Channel View Publications Ltd，2000）

苏珊·巴斯奈特（Susan Bassnett）是翻译研究学科的领导人物，与安德烈·勒菲弗尔（Andre Lefevere）一同提出“文化转向”（cultural turn）的概念，两位学者大力促进了翻译研究与比较文学学科的交流发展。他们在相同的领域使用了类似的研究方法，有着相同的教育背景及工作经验，也都认为文学翻译研究与比较文学密切相关，并与历史研究不可分割。与此同时，他们都认为翻译研究应被视为比较文学所在的学科，而非毫不相干。

在本书的序言中，巴斯奈特介绍道，勒菲弗尔是英国华威大学（University of Warwick）的名誉客座教授，每年都会从他的居住地——美国德克萨斯州到该校为学生讲课，分享有关文学翻译研究的看法。巴斯奈特编辑本书最初的想法源于20世纪90年代在华威大学举办的有关文学与翻译的研讨会。不幸的是，勒菲弗尔在1996年因白血病去世，翻译界一颗巨星陨落。巴斯奈特写道：“他把本书中的几篇文章的初稿寄给我，现在，我再也无法向他表达我的谢意，也再没有机会聆听他对我的文章提出批评意见了。”巴斯奈特带着悲伤的情绪整理了勒菲弗尔的遗作，连同她未发表过的论文，再加上两人一起写的一篇引言，合编了本书《建设文化：文学翻译论文集》（*Constructing Cultures*：*Essays on Literary Translation Topics in Translation*）。

吉恩兹拉（Edwin Gentzler）为本书写了长达13页的前言。吉恩兹拉首先对巴斯奈特与勒菲弗尔为文学与翻译研究所做的贡献给予了充分的肯定。他认为二人在过去20年的工作中架起了通往研究其他学科的桥梁。1990

年，他们首次提出，要走翻译研究“文化转向”的道路，使得文化研究领域更加接近翻译研究。

随着巴斯奈特与勒菲弗尔研究的不断深入，“建设文化”这一概念也在二人撰写的一篇篇论文中逐渐成形。早在1976年召开的比利时大会上，当大多数学者还认为这是一个翻译研究会议时，勒菲弗尔就发表了论文《翻译：文学知识发展的焦点》（Translation：The Focus of the Growth of Literary Knowledge），追溯并分析了翻译研究的语言、文学和文化组成部分。1978年，该论文被收在由霍姆斯（Holmes）主编的论文集中。勒菲弗尔在另一篇论文《翻译研究：本学科的目标》（Translation Studies：The Goal of the Discipline）中提出，翻译实践应为翻译理论提供信息，从而使该领域更具有向前发展的动力。吉恩兹拉认为，勒菲弗尔的《翻译研究》（*Translation Studies*）到目前为止仍是翻译领域的权威著作。翻译研究领域的下一个里程碑是1985年西奥·赫曼斯（Theo Hermans）主编了《文学摆布》（*The Manipulation of Literature*）论文集，赫曼斯认为翻译不是一种次要的衍生品，而是一种文学工具，这一工具甚至可以摆布整个社会。翻译这种“社会机构”包括教育系统、艺术机构、出版公司和政府部门，借助翻译文学工具，人们可以建设一种该社会所需要的文化。例如，教堂付钱给翻译《圣经》的人；政府支付翻译民族史诗的费用，国王赞助英雄的书籍出版，社会资助现实主义的文献出版。20世纪90年代，翻译领域出现了真正的突破，巴斯奈特与勒菲弗尔合作编辑了《翻译、历史与文化》（*Translation*，*History and Culture*），标志着翻译领域向文化研究的转向。巴斯奈特与勒菲弗尔都认为对翻译领域的重新定义“可以提供一种摆布文本的复杂方法。例如，在选用翻译文本中，人们如何看待译者在翻译过程中的角色，编辑、出版商或是赞助商，不同的标准决定着译者不同的身份与策略”。当学者们纷纷走向文化转型的时候，巴斯奈特与勒菲弗尔早已确定立场并开始了新的学术转向。正如本书中的9篇论文从不同角度阐明文化翻译的最新研究发展与教学方向。

本书由巴斯奈特和勒菲弗尔合写的新论文《翻译研究何去何从》（Where Are We in Translation Studies）作为引言开始。引言介绍了翻译的各部分历史并展望翻译研究的方向，且提出三种有效的模型：霍勒斯模型（Horace Model），即译者倾向于读者；杰罗姆模型（Jerome Model），即译者倾向忠实原文；施莱尔马赫模型（Schleiermacher Model），即保留文本原始文化特征。巴斯奈特同勒菲弗尔并没有提出哪一种模型最为有效，而是认为在不同的时代与文化背景下，三种模型的效用各有利弊。

本书的第一章是勒菲弗尔撰写的《中国和西方的翻译思想》（Chinese and Western Thinking on Translation）。在这一章中，他详细地介绍了文本构架（grid）是如何帮助学者进行比较分析的。他将中国的翻译机制与西方的翻译体系进行比较后得出了这样的结论：前者往往是口头的，也就是所谓的"口译"，通常由一组学者进行翻译，并经常朗读或吟唱，翻译在某种程度上会取代原著；后者则由一个作者撰写，且原文总能体现在译文中。因此，勒菲弗尔考察了造成这一现象的强制性原因，如中国集权的皇帝与西方独权的天主教。勒菲弗尔认为，我们对翻译的定义其实是一种语言的传递，但当语言处于一个系统架构中时就要受实际条件和背景的限制，只有考虑当时的架构与文化建设，才能翻译出语言所具有的内容和性质。

巴斯奈特在第二章《翻译何时不是翻译》（When Is a Translation Not a Translation）中指出，在把文本作为翻译来阅读和推向市场的过程中，文化建设起着决定性作用。例如，在美国以自由诗为界限的诗歌范围中，要出版押韵对仗的严肃诗歌可能会有困难，然而，如果一个作家有意隐藏自己的身份，假扮成来自其他国家的伟大作家，这些诗歌就有可能出版。这种欺骗在当时比比皆是，例如艾米丽·努斯鲍姆（Emily Nussbaum）在《转日语：广岛诗歌恶作剧》（*Turning Japanese*: *The Hiroshima Poetry Hoax*）一书中就提到，英语和西班牙语教授肯特·约翰逊（Kent Johnson）掩盖了自己的真实身份，以广岛幸存者的身份发表诗歌，以此显得诗歌的内容和情感更加真实。当然，想象中的幸存者和真实的目击证人是完全不同的，尤其是编造自己女儿死于核辐射毒害的假想事实。由此，巴斯奈特引出了一个全新的概念——"共谋"（collusion），并以此来分析伪翻译。其实读者往往都知道这些大多数是捏造的，但读者并不想承认，所以，读者与译者共同勾结促成了这种伪翻译。巴斯奈特指出，要确定原文与翻译的界限及区分翻译的真伪非常困难，因此文化建设对文化研究者和语言研究者产生了一定的吸引力。

本书的第三章《翻译实践与文化资产的流通：埃涅伊特英文版》[Translation Practice(s) and the Circulation of Cultural Capital: Some Aeneids in English] 同样由勒菲弗尔所著。在这一章中，勒菲弗尔对古罗马史诗《埃涅伊特》的英文版进行了研究，并借用皮埃尔·布尔迪（Pierre Bourdieu）所创造的“文化资产”（cultural capital）概念来解释人们想融入任何一种文化环境所需要的信息其实都被译者做了调节和整理的现象。例如维吉尔（Virgl）翻译《埃涅阿斯纪》（*Aeneid*）的成功与翻译质量关系并不大，而是与《埃涅阿斯纪》的声望有关。读者日益下降的拉丁语水平和读到最正确翻译的愿望，让读者们渴望进入精确的圈子中。在本章中，勒菲弗尔举了教皇为克里斯托弗·皮特提供赞助的例子，并用理论预测了翻译的发展方向。

在第四章《移植种子：诗歌与翻译》（Transplanting the Seed：Poetry and Translation）中，巴斯奈特对理论与实践做了进一步的融合。她对诗歌和戏剧译者的建议十分相似：关注文本中语言的发挥。巴斯奈特对她自己和诗歌那些无形的概念如精神与存在进行了区分，且反驳了弗罗斯特·威尔在《翻译理论和实践：重装塔》（Translation Theory and Practice：Reassembling the Tower）中的观点，即诗歌翻译中存在丢失的成分。巴斯奈特还提出分析文本的用词、语法及组合模式都是译者在翻译文化构建的过程中采用的重要方法，并引用了著名翻译家埃兹拉·庞德（Ezra Pound）、奥古托斯·德·坎波斯（Augusto de Campos）、伊夫·博内福（Yves Bonnefoy）和奥克塔维奥·帕（Octavio Paz）等人的话，“翻译家的任务就是拆除诗人的原始语言材料，并用一种新的语言重新组合这些符号。这并不是复制原件，而是组成一个类似的文本”。所以巴斯奈特建议，犹如移栽种子，种子一旦被移植就会茁壮成长，要使这些重组的符号自由，就不能将它们笨拙又拘束地连接在一起。所以，巴斯奈特希望译者可以从原文的桎梏中解放出来，将翻译做到宛如符号重组的能量释放。这种翻译理论得到了后结构主义的共鸣，随后又激发了后殖民学者对文化翻译的研究兴趣。

安德烈·勒菲弗尔在第五章《比喻途径：凯莱维拉英文版》（The Gates of Analogy：The Kalevala in English）中继续探讨了文本架构的概念。勒菲弗尔通过对比分析分栏史诗《凯莱维拉》（*Kalevala*）的原文和译文的组织框架，说明了受众是怎样在有意或者无意的情况下接受民族史诗的概念和形式的。与此同时，麦克斐逊（James Macpherson）通过翻译苏格兰史诗《奥西恩》（*Ossian*）构建了一种民族史诗的形式。但吉迪恩·图瑞（Gideon Toury）认为这也是一种伪翻译。然而，对诸如芬兰语、捷克语、盖尔语等较为不知名的语言来说，这种变化并不罕见，它们的复兴往往依赖于瑞典语、德语、法语及英语翻译的出现。这种翻译在新兴的国家中所起的作用也是研究者们的贡献之一。勒菲弗尔等人为我们提供了研究史诗文学的新模式。当然，这也将对未来文化的研究产生巨大的影响。

巴斯奈特在第六章《仍困迷宫：对翻译与戏剧的再度反思》（Still Trapped in the Labyrinth：Further Reflections on Translation and Theatre）中延续了第四章《移植种子：诗歌与翻译》的主题，继续探讨有关戏剧翻译研究的问题。巴斯奈特认为戏剧翻译并不是把戏剧译成可演绎的模样，而是把原作品中的矛盾冲突、故事情节乃至台词声调的变化译出来，剩下的放权给导演、编剧和演员去演绎。与戏剧翻译不同的是诗歌翻译，诗歌翻译更加侧重其原始语言。巴斯奈特认为读者和观众不用过度倾向原著，要积极地体会重新组建的形象，因为通过翻译，新的形象会释放出构建的能量，一旦受众感受到这种能量，原作品的新形象就会成为好的创作文化，例如维姬·奥伊（Vicki Ooi）对奥尼尔（O'Neill）《进入黑夜的漫长旅程》（Long Day's Journey into Night）中的翻译论述，充分展示出西方文化如何在没有剧本的时候找到翻译的惯性模式。

勒菲弗尔在第七章《归化布莱希特》（Acculturating Bertolt Brecht）中转向文学批评，并以美国布莱希特（Brecht）翻译为例来说明他的观点。尽管他在《胆大妈妈的黄瓜》（Mother Courage's Cucumbers）论文中就讨论过布莱希特的翻译，但这次他将研究扩展到翻译和文学批评的范围。1987 年在《超越翻译》（Beyond Interpretation）一文中他提出了“翻译是重写”的观点，此文指出译者在翻译的过程中将一些文化价值进行不适当解读的行为是不正确的。他又在《驯化托尔特·布莱希特》（Acculturating Berolt Brecht）一文中揭露了第二次世界大战到 20 世纪 70 年代美国出现的对早期文学与思想意识领域的偏见；还论证说明了翻译家和文献批评家并非无辜的旁观者，而是积极参与文化建设并做出了巨大的贡献。近几十年里，翻译研究的目标之一就是解释目标文化的社会性和规范性。勒菲弗尔的文章不仅有效地阐释了这些约束，还体现出译者和文学批评家是如何参与这一研究的。

本书的最后一章《文化研究中的翻译转向》（The Translation Turn in Cultural Studies）将翻译研究与文化研究联系起来，并宣告一个跨学科研究的新时代已经来临。文中指出，在过去的三十年中，翻译界的学者已经取得了足够大的成就，足以让任何讨厌跨文化运动的文化研究者对自己知识的匮乏感到遗憾。本章借用伊斯托普（Anthony Easthope）的论文《但是什么是文化研究》（But What Is Cultural Studies）回顾了文化研究和翻译的历史并梳理了其发展过程。现在，文化研究已经吸收了社会学和人文学等的研究方法，进入了一个国际性学科发展的新阶段。因此，翻译研究和文化研究的平行时代已经结束，正式进入并轨时期。最后，两位作者不约而同地倡议，我们必须充分整合并利用多领域的资源，从而开始跨学科的新研究。

总的来说，本书行文易懂，巴斯奈特与勒菲弗尔所用的专业术语也相对较少，很适合对翻译研究及文化研究有兴趣的读者阅读。正如他们在本书所写，“翻译研究实际就是文化互动的研究”。因此，本书不仅对从事翻译研究的读者有直接帮助，而且对从事文化、文学理论、人类学、心理语言学、语言哲学等领域研究的学者亦有借鉴和启发作用。

（编译者：陆畅，北京第二外国语学院2018级美学硕士研究生）

艾米丽·阿普特：《翻译地带：一种新的比较文学》

（*The Translation Zone*：*A New Comparative Literature*，Edited by Emily Apter，Princeton：Princeton University Press，2006）

艾米丽·阿普特（Emily Apter）是纽约大学法语和比较文学教授。她从事19世纪和20世纪的法国、德国、英国、北非、加勒比海地区和北美等国家和地区的文学研究。其专著《欧洲大陆的倾向》是研究法国和法国殖民地之间关系的一部重要著作。在另一部专著《翻译地带：一种新的比较文学》中，她提出了基于翻译而非基于民族的一种新的比较文学。

1999年，艾米丽在加州大学洛杉矶分校教书，大学慷慨地为她提供了研究、写作和休假的支持。2001年9月，艾米丽在纽约城市大学非洲和加勒比文化研究所担任洛克菲勒研究员。在9月11日那痛苦的一天过后，研究所里所有人团结在一起，艾米丽在他们的帮助下完成了这本书的写作。

“9·11”事件发生后，美国意识到自己缺乏阿拉伯语翻译，翻译便成了一个热点问题。单一语言体系主义作为美国单边主义和单边文化外交政策的支柱，在多大程度上激怒了世界其他国家，这一点突然变得透明起来。随着公众对国务院和情报人员翻译能力失去信心，人们对单一语言的自满情绪消失了，但其英语中心主义所带来的精神和政治危险从未得到有效解除。误译的风险还没有完全被克服，与此同时越来越多的人倾向于将机器翻译作为一种解决办法，但这对缓解恐惧没有什么作用。在伊拉克战争开始之前，2002 年 10 月 7 日，微软全国广播公司报道："如果美国军队很快攻入伊拉克，他们将依靠计算机语言翻译来完成从审问囚犯到定位化学武器库的一切工作。"除了将"把手举起来"这样的句子转换成阿拉伯语或库尔德语之外，军事团体还希望能够从世界上最复杂的语言中快速翻译时间性很强的情报。"CED 研究项目局"在波斯尼亚战争期间特别流行。其中一个受欢迎的项目有一个乐观的名字"外交官"，但结果证明该项目是不可靠的，在最坏的情况下，这是致命的，因为在战区中，机械错误很容易导致友军或被误判为敌人的目标死亡。随着负责保护国家安全的机构争先恐后地寻找精通语言的专家来破译不同的文件，对熟练翻译的政治需求变得十分迫切。翻译与全球外交的关系似乎从未如此密切，美国的单一语言体系备受批评，但作为重新呼吁共享信息、跨文化和宗教互相协作以及多边合作的战略构成，翻译作为一个重大政治和文化意义的问题被提到了最前面。翻译不再仅仅被视为发展国际关系、商业、教育和文化的工具，而是与战争与和平有了特殊的相关性。

正是在这种政治形势下，翻译地带才形成了一种新的比较文学。

本书的一个基本前提是：无论语言的广泛程度是多少，语言战争在媒体、文化、文学市场、电子信息传递和文学性代码等领域都导致了翻译政治的产生。翻译研究的领域也相应地扩大：一方面，是现实的世界问题，如战争中的情报收集，国家文化中少数民族语言的困扰，关于"其他英语"的争论；另一方面，是更抽象的概念考虑，或文学，或历史先锋派的多语言实验主义，或跨媒体翻译。

翻译研究一直都必须面对这样一个问题：它是有助于延续文化的记忆，还是有助于促进记忆的消亡。正如瓦尔特·本雅明（Walter Benjamin）所说，一种好的翻译可以让原文重获新生，因为它跨越了源语言的死亡和未来目标的转移之间的界限。这种死亡导致了翻译研究领域的分裂。虽然翻译被认为是传播和保存文本继承的必要条件，但它也被理解为文本语言的媒介。对于翻译，尤其是在一个由强大经济体和"大"人口的语言主导的世界里，人们谴责少数民族语言的过时，但翻译促进了"小"文献的文化遗产的积聚，确保了对少数宗教传统的选择，使具有代表性的作者获得了更广的接受范围。

在第一节“翻译人文主义”中，作者在列奥·斯皮策1933年伊斯坦布尔研讨会上探讨了比较文学作为战后学科的起源问题。埃里希·奥尔巴赫（Erich Auerbach，他被任命为斯皮策的指定继承人）在伊斯坦布尔的11年客居经历得到了应有的回报，这也形成了作者的这么一种猜测，即在“原始民族主义”［语言（自动）殖民］的影响下，奥尔巴赫所关注的核心主题乃是西方文明的未来生存状况。在文学语言及其大众方面，奥尔巴赫的计划与阿塔图语言改革后的罗马帝国、“第三帝国”时期的德国和土耳其都有相似之处。

论及已故的爱德华·萨义德为《模仿论》新版所作的序言时，作者发现了斯皮策人文主义的线索，它本身就是为了将人类（以一种新生命主义语源的形式）恢复到人文主义。萨义德式的人文主义成了一个逻辑场所，可以考虑语言学是如何以本体论和全球翻译伦理的名义回归到如此依赖翻译实践和语言间亲属关系的。尽管人文主义与欧洲普遍主义之间存在着问题性的联系，但是人文主义仍存在于萨义德的思想中，因为他主张一种批判的世俗主义，这种世俗主义拒绝剥夺一种共同世界文化的可能性。

随着叙述的展开，很明显，两个对立的原则——“没有什么是可翻译的”和“一切都是可翻译的”——被认为是翻译理论的两极。正如芭芭拉·约翰逊所说，翻译的障碍可能指向“纯粹的语言”，翻译使人得以一瞥。尽管有这些障碍，翻译还是发生了，这一事实使作者想到了阿兰·巴迪欧的比较诗学。巴迪欧将翻译视为一场灾难，尽管如此，这一观点还是提供了一个有趣的范例：一个不是基于共同的文献学词汇历史，而是基于无限的不被约束的创作。在它对不同时期和传统翻译的许可中，巴迪欧提出了一种民主的比较关系的思想哲学。

“不可译性”也是一个术语，可以用来描述有利于某些国家和特定类型写作的国际出版业的副作用。在这里，作者重点讨论了一些相互关联的问题：国家文学的营销、出版政治（强调英语或标准语言出版机构的主导地位），以及国际化美学对散文和艺术流派的影响。

第一部分阐述语言战争，第二部分考察文化工业的影响和英语的全球传播，两个部分互相印证，彼此强化。作者质疑这样一种不正常的情况，即作者用土著语、克里奥尔语等写作，尽管在公众阅读的道路上设置了文体和修辞障碍，尽管他们对译者的语言使用持怀疑态度，尽管他们否认本土读者可能会对其语言和方言的文学表现、背叛形式、私人交流系统的暴露、语言文化的异化做出判断。尽管国际主义教规的地域化和翻译的衰落似乎是英语国家占主导地位的必然结果，但仍有明显的顽抗的例子，从路易斯·沃尔夫森1974年出版的小说《分裂性别之语言》（*Le Schizoetles Languages*）中攻击英语作为母语，到欧文·威尔士的成绩单。爱丁堡一个工人阶级的白话人，对着英国统治阶级吐口水。他们的作品展示了主流语言的力量如何被最弱势民族的创造性所颠覆。它还引发了对离散语言界限的反思，不仅是对原始语言和目标语言的界定，还是对本土语言和“外国语言”的界定，更准确地说，是对由多语种主义与企业标准化之间的冲突所造成的边界战的界定。在《巴尔干巴别塔》一章中，作者将翻译区定义为一个军事区。

在第四部分和最后一部分，作者致力于研究翻译技术、评估编程代码和机器翻译对人文学科未来的影响。在这里，作者提出了一个问题，即翻译研究（以及更普遍的人文学科）将如何吸收或不吸收技术素养和媒介理论。数字技术似乎正日益挑战翻译的界限，将其从审美的原创性和复制性的话语中剔除，并进入技术再现性、语言和遗传的领域。当一切（至少在理论上）都可以通过数字代码的媒介进行翻译时，翻译体现出一种系统性或“系统意志”，可以追溯到菲利普·拉库伊－拉巴特和让·卢克·南希对黑格尔的“德意志观念论的源始纲领”的分析。这一后康德主义的意志，作为“世界知识的理想知识”“更大的物理学”“紧急和欲望的‘纲领性’安排”，以及“人类最后的任务和最后的工作”，系统地描述了在技术再现性时期中翻译里复活的形式主义和深远的认识论目标。

斯皮策的语言学和文学史文献学对战后比较文学学科的消解至关重要，并不断激发比较文学创新，开启新的研究方向，描绘文化研究范式转型的轨迹。该学科是一种媒介，通过对古代的学习和对文化的恢复，文艺复兴得以发明，成为欧洲人从德国流亡到土耳其后主持一门课程的教学支点。这种重估有助于纠正19世纪和20世纪初对译者技艺的历史性低估，在这期间，译者的名字经常被从他们翻译的书籍中删除。他们被认为是文学无产阶级的成员，被归为卑鄙的街头作家和低级的文案编辑，译者经常被剥削，迫不得已匿名、改名，除非他们恰好是著名的作家。翻译学作为一门分支学科，其地位同样低下。一种新的比较文学，则是以翻译工作者的劳动重估和翻译理论为中心，以离心趋势向一种真正的行星式批评扩展，强调文本从一种语言到另一种语言的转移，以及通过多种语言实践构建一门新的学科。

想象在一个领域里，语言学与全球化、关塔那摩湾、战争与和平、互联网和“网络英语”以及世界各地所说的“其他英语”相关，更不用说克隆和计算机模拟的“语言”。翻译被认为是文学和社会分析的一项雄心勃勃的任务来源，成为人文学科交流过去和未来的方式，同时也促成语言本身在文化和政治地位的转变。通过坚持学习与本土语言完全不同的语言，一种基于翻译教学法的新的合作文学，即使会使人们遇到巨大的困难，也会使人们不断获得更丰富的精神生活。

（编译者：贾珺行，北京第二外国语学院2018级美学研究生）

马塞尔·科尼斯-波普：《多媒体表达时代下的新文学混合：跨越界限和流派》

（*New Literary Hybrids in the Age of Multimedia Expression*：*Crossing Borders*，*Crossing Genres*，Edited by Marcel Cornis-Pope，Amsterdam，Philadelphia：John Benjamins Publishing Company，2014）

随着科学技术的发展，人类进入了多媒体时代，信息潮流以极快的速度影响到人类生活的方方面面。《多媒体表达时代下的新文学混合：跨越界限和流派》是对多媒体潮流下文学处境的描述，它认为多媒体的广泛性这一特点在文学中得到了极大的发挥，文学在创作和传播方面更具有创新性和交流性。

《多媒体表达时代下的新文学混合：跨越界限和流派》以《20世纪后期和21世纪初的文学和多媒体》开篇，总体论述了文学和多媒体的现状，从创新和交流的角度概括了这本书的内容。这篇文章认为，1993年美国比较文学协会发表的“伯恩海姆”报告指出了从“文学性”向“文化性”的转变，却缺少对多媒体与文化之间关系的分析。多媒体技术的发展是打破“文学性”局限的主要力量，它把人类文化更迅速地联系起来，尽管人们对多媒体和文化的影响持有不同的观点，但现实的总体趋势则是对这种现象的肯定。

这篇文章分为六个部分，从客观的角度评价多媒体对文学发展的利弊。第一部分从历史和理论的角度论述了多媒体对文学的影响，多媒体突破了文学的界限，使其从文本创作到传播接纳都发生了极大的转变，视听效用也变得更明显。文本成为更多创作结果的集合，从印刷媒介上的书写和口头阅读文本扩大为网络出版物、广告、电影、电视、视频和数字化声音、图形媒体、混合媒体文本等。但多媒体也对传统的文本造成了极大的冲击，从而在多媒体发展之初导致所谓的“数字鸿沟”现象发生，即人们需要时间去适应混合媒体的新形式。

第二部分讨论了文学范式的转变，重点叙述了数字现代主义和后现代主义的关系。数字现代主义使读者在文学中获得了更多的权利，并有可能间接参与到文学创作之中，大众媒体也可以运用计算机来制作电影，但这种普遍化的结果也会引发与后现代主义的区分。有些学者认为数字现代主义因过于关注表面的真实而使文学创作失去在过去、现在和未来所蕴含的历史意义，这与“回顾性”的后现代主义形成了对比。当然也有学者认为在许多方面数字现代主义跟随了后现代主义，使它更具有现实性，有助于在当下将事实显现出来，比如在巴尔干战争中女性借助互联网和视频技术将战争的暴行揭露出来、通过媒体提高了女性和种族的地位。

第三部分论述全球和混合区域联系中的多媒体文献。世界因为多媒体技术普遍联系起来，文化间不可避免地产生了交流，呈现为欧洲中心主义破碎并向多元化发展的趋势，对许多国家来说这既是机会也是挑战。比如中国和印度与美英文化之间的对抗、电影中国家主义的传播等。

第四部分讲了作为文学理论话语模式的多媒体或超文本，文中列举了超文本创作的例子，让读者对列车中的253个人物进行填充。这种做法虽然具有创新性，但在小说结构方面会引起混乱，每位读者的任意性使得人物之间失去了联系。

第五部分是该领域的研究和出版状况。一方面，这一领域讨论了20世纪中后期文学和艺术领域日益增多的多媒体结构，不同地区的文化主要以“超文本”的形式联系起来，本书的作者借鉴多媒体和电子文献领域的理论，并将之付诸应用，提出文化普遍联系不应抹杀地区的特定文化，求同存异是最可取的道路。另一方面，作者还发表了关于非文学媒体最新发展的重要报告，包括将文学作为其中的一个专题。文中格外强调漫画的子体裁“图形小说”。“图形小说”作为新的文学形式具有更丰富的表现能力。地区差异导致文化的不同，文化在交流输出的过程中必然带有该地区的烙印，许多动画带有思想政治倾向，比如美国借助漫画重新定义民族主义和男子主义、其他地区性别认同、种族歧视和战争事实；图形文化还能让人们进一步认识到社会和医学问题的重要性，比如哈维·皮卡尔和乔伊斯·布拉布纳作为作家、弗兰克·斯塔克作为艺术家共同出版了《我们的癌症时期》，记载了皮卡尔和布拉布纳在被诊断为癌症后的生活，以及这对他们的婚姻、工作和与大人物关系的影响。

文章的第六部分提出了这本书的主体结构，并选取了相关论文来印证自己的观点。

《多媒体表达时代下的新文学混合：跨越界限和流派》的主体包括理论与历史视野中的多媒体产品、区域和文化间项目、形式和体裁、多媒体环境中的读者和重写者四部分，每个部分都以相关的论文研究为内容，读者可以把这四部分内容看作对《20 世纪后期和 21 世纪初的文学和多媒体》这篇文章部分内容的具体化阐释。

这本书主体内容的前两部分强调多媒体影响下文学的新创作和新形式，以及数字文学对其他领域的影响。理论与历史视野中的多媒体生产提出了一系列多媒体产品的定义、混合体裁和交叉形式的问题和争论。从早期的超文本到更复杂的数字文学，以及计算机上和在画廊装置上都可以应用的跨界限作品，文学将多媒体的广泛性用自己的形式表现出来。比如文章《电子文献和生产模式：数字和数字网络范式时代的艺术》介绍了文学的新范式，通过借鉴“技术文本”概念，将其作为媒体材料的先导形式，挑战大众文化的透明度和作为语言文本的主导地位；《数字档案馆分类学方法基础》提出数字材料保存的理论与实践问题；《贝克特及其他：遍历文本、新巴洛克以及作为社会雕塑的跨媒体表演》中提及了一些艺术家跨越流派和地理界限，提供跨媒体和表演装置等。

区域文化研究主要关注欧洲近期多媒体文化及其对地缘政治的影响，还探讨了诸种文化之间的关系问题，即多媒体为文学的传播提供了极大的便利，数字文学突破了区域的界限，促成了更多文化之间的交流，人们可以借助这些全球范围内的文化共性解决各区域的问题。例如，《后殖民共通文学与 2.0/3.0：跨媒体知识中的“反思”》强调混合文学在后殖民时代对欧洲的重新定义中所起到的作用。文章认为，混合文学是解构殖民话语和重建后殖民文学的必要条件，并强调数字文学发挥着重要的作用，使我们能够更加了解这种差异的多重性和不同的文化传统——西方与东方相互作用，从而寻求一种既有区域性又有全球性的方法。《多媒体表达时代的新文学混合体："后殖民时期"东欧—中欧的案例》将一种范式应用于中东欧，建议在讨论这一领域的网络文本时，我们要挑战单向世界系统这一挥之不去的观念，将先进的西方多媒体技术传递给非西方和殖民外围地区。

后两部分介绍文学与多媒体等技术的交融，使得新的互动表达方式形成。形式和体裁这一部分重点介绍了文学已经创造或在进入数字表达、多媒体表演、博客圈和虚拟等领域后成为其中组成部分的一个广泛媒介形式和流派。保加利亚科学院艺术研究所撰写的《在当代表演艺术中交流后世身体》收录在这一部分中，文章充分体现了文学和多媒体的交融，并讨论了身体在当代表演艺术中的转变，因为它们被推过了虚拟世界和现实世界之间的边界。随着表演艺术与数字艺术的竞争加剧，舞台上开始出现由演员身体构成的生物机器、机器人等形象。

本书的最后一部分从文学互动的角度出发，论述多媒体环境中的读者和重写者，分析了作者、文本和读者在多媒体形式的文学中如何增强互动联系。弗朗西斯卡·帕斯夸里在她题为《作者、读者和融合文化：社会网络时代的故事》的文章中重点讨论了数字文化中作者与读者合作的新形式，多媒体为文学创作提供了新的平台，草根写作和社交媒体在线写作形成了新的"参与性"，作者和读者可以通过合作形成新的作品；《超文本和多媒体交流时代的作者—读者互动》也收录在这一部分中，文章认为作者和读者的定义和作用在最近几十年出现的新的超文本和网络通信技术的帮助下产生了变化，更加强调协作的模式，传统线性的读和写模式也过渡到多级和交互的重读—重写模式。

总而言之，《多媒体表达时代下的新文学混合：跨越界限和流派》从多个角度对多媒体时代的新文学进行了论述，文学依托于多媒体的广泛性，突破了创作、传播、区域等的限制，在不同领域得以创新和交流，虽然人们对文学的这种处境褒贬不一，但现实对新文学的肯定是不可否认的，每个人都处于这种新文学环境中。

（编译者：张凯，北京第二外国语学院2018级美学研究生）

Abstract

· Academic Focus · Begriffsgeschichte Studies ·

Blumenberg and the Modernity Problem *By Robert B. Pippin* / 1

Abstract: In sum, Blumenberg's attack on perennialist, speculative philosophies of history obligates him to defend a criterion of legitimation that does not defend the modern intellectual revolution by comparing it to other attempts to answer the "great questions" (or by simply applying an a-historical test of rationality to modernity and premodernity), and his isolation of the scientific revolution implies an interpretation of the modern tradition. Or summed up more simply, much of Blumenberg's legitimation of modernity will come down to his being able to justify his own notions of "legitimation" and "modernity," notions that are challenging even if often elusive. From these four aspects, which named as "Secularization", "The Christian Contradiction", "The Liberation of Theoretical Curiosity" and "The Epochality of Modernity", we can draw a conclusion that for all of its value in challenging much modernist dogma, Blumenberg's now justly famous project does not succeed.

Keywords: Blumenberg; Modernity; Legitimization

Hans Blumenberg on Political Myth—Recent Publication from the Nachlass

By Angus Nicholls / 23

Abstract: Some of Blumenberg's essays have not yet been translated into English. These works demonstrate that beneath their predominantly non-political surface, they are full of latent yet highly intense political argumentation that has everything to do with recent German history. Under those historical and biographical circumstances it was virtually impossible for Blumenberg discretely to separate life from theory. Blumenberg's essays now reveal more explicit consequences of political thinking when it is applied to pressing questions. How might one understand the phenomenon of National Socialism in relation to the theory of myth? Can and should political myth be overcome, or are there exceptional circumstances, under which the deployment of political myth is unavoidable and for that reason defensible? One might conclude that Blumenberg offers a total condemnation of political myth per se. But this is definitely not the case, since Hitler and his regime represent only an extreme case in which political myth turns out to be disastrous. Insofar as Blumenberg's political writings entertain the notion that not every political decision-making process can be rational, and that many are in fact rhetorical, then he would appear to suggest that myth is a rhetorical mode of orientation, which it would be very difficult indeed to excise from politics completely.

Keywords: Political Philosophy; Political Myth; Prefigure; Polytheistic Liberalism

Unfamiliar Methods—Blumenberg and Rorty on Metaphor

By Anthony Reynolds / 49

Abstract: The understanding of metaphor as a pragmatic tool in the service of human progress remains a crucial presupposition for Blumenberg's work and constitutes the very method of Rorty's neopragmatism. Blumenberg's metaphorology influences Rorty's work and Rorty regards Blumenberg as an ally in an effort to bolster his own project. Blumenberg provides Rorty with a model of Geistesgeschichte conceptualized as a process of on-going conceptual transformations or reoccupations of absolute metaphors that remain latently operative within the tradition. Moreover, Blumenberg presents Rorty with a model of modernity conceptualized as the origin (and triumph) of philosophical pragmatism. Yet there is a crucial difference between their projects, for what Rorty cultivates as method is not at all compatible with the method of Blumenberg's metaphorology. What Blumenberg refers to as the pragmatic use of metaphor constitutes the object rather than the method of his metaphorological project. And while the success of pragmatism depends upon the disappearance of metaphor into the literality of language, the task of metaphorology consists in the opposite gesture of bringing precisely those metaphors to light which in the history of their pragmatic functioning have become naturalized.

Keywords: Blumenberg; Rorty; Metaphor

· Guide to Classics: Exile, Comparison and Figuralism ·

Comparative Literature Begins in Exile—Ernst Roert Curtius, Erich Auerbach and Hans-Robert Jauss *By Earl Jeffrey Richards* / 69

Abstract: Comparative Literature does indeed begin in exile, and the nature of the exile itself guides the direction that this comparative research takes. And the question does indeed merit a certain solemn reflection. Therefore, the paper investigates three arguably most important

German comparatists of the twentieth century in terms of their relation to the topic of exile, Ernst Robert Curtius (1886 - 1956), Erich Auerbach (1892 - 1957) and Hans-Robert Jauss (1921 - 1997). It briefly elucidates the different contexts for each of these scholars' works so as to explain the German intellectual context in which the writings of these scholars were written. Exile made both Auerbach and Curtius struggle with moral quandaries, moral quandaries that are conspicuously absent in Jauss' writing. Comparative Literature begins in exile, and it usually entails not an aesthetic struggle, but a moral one. Comparative Literature may begin in exile, but it certainly does not end there.

Keywords: Comparative Literature; Exile; Ernst Robert Curtius; Erich Auerbach; Hans-Robert Jauss

The Analysis of *The Lamentations of Mother Rizpah* from Biblical Literature Perspective

By Marián Gálik / 100

Abstract: The Biblical *Lamentations* were the most important model for *The Lamentations of Mother Rizpah* which was adapted by the dramatist, Xiang Peiliang (1905 - 1961) in 1930. From biblical literature perspective, this article outlines how Xiang rewrote, adapted and extended his monologue drama based on the related historical events of the Book of Samuel. It also shows the similarities and features of genre between "Lamentations" in western literature and "Ai Diao" in Chinese traditional literature. We may regard this short and neglected piece of Xiang Peiliang as a noteworthy work of modern Chinese literature studies.

Keywords: Lamentations; Biblical Literature; Xiang Peiliang; *Samuel*; *The Lamentations of Mother Rizpah*

Sophocles' King Oedipus—Justice of Heroes and Polis behind Ethical Justice

By You Jiazhong / 114

Abstract: Sophocles' *King Oedipus* wins a great mount of comments since it has been created. It is easily that we can find that most comments of it is of ethical justice, but the actuality is that the author is displaying the conflicts between hero justice and city-state justice beneath the ethical justice and through which the author shows that the tragic of the drama is that the main character become sacrifice of this collision that causes sympathy and compassion from the audience. And at last we find that the objective of this drama is to extol the city-state justice of Pericles' time.

Keywords: King Oedipus; Ethical Justice; Hero Justice; City-state Justice

In the "Ekklēsia of Women" to Analyze Feminist Hermeneutics of Elisabeth Fiorenza

By Shan Yu / 123

Abstract: Feminist hermeneutics, as a combination of Christian religion studies and Feminist, has always had its own characteristics. However, Elisabeth Fiorenza, as the leader of Feminist Hermeneutics, her research has always focused on the exploration of Feminist Hermeneutics in theory and practice. In her feminist hermeneutics, except the methods of Feminist Hermeneutics be well known, "Ekklēsia of women" is worth mentioning because it is the important points of Fiorenza's later research and exploration. Therefore, the exploration of "The Ekklēsia of Women" can not only analyze Fiorencha's Feminist Hermeneutics from another perspective, but also enlighten the construction of Feminist theory and feminist literature in different contexts.

Keywords: Feminist Hermeneutics; Elisabeth Fiorenza; Ekklēsia of Women

· New Horizons of Aesthetics: Interdisciplinary Studies from Humanistic Philosophical Traditions ·

A Report on the 2019 Chinese Aesthetics Annual Conference

By Zhang Yuan / 134

Abstract: When theory of Literature and Art, aesthetics and art which are these disciplines were introduced to China and connected with Chinese disciplines, it shows the diversity of basic vocabulary and terminology is ambiguous and chaotic. It led to theory of literature and Art, aesthetic and art to interact with each other. Therefore, in this academic context which it is the 100th anniversary of the May 4th movement and the 70th anniversary of the founding of the People's Republic of China. The 2019 annual meeting of the Chinese aesthetic society was jointly hosted by northeastern university and the Chinese aesthetic society which its theme is fusion of horizons: the theoretical construction of aesthetic, theory of literature and Art and art. This meeting was held in Shen Yang ceremoniously. The professor Hu Jihua attended the meeting with two graduate students who they are in Beijing international studies university. They discussed the topic about aesthetic problems from ancient times to modern times. This meeting roundly retrospect and summary the construction of modernity of Chinese aesthetics in one hundred years. They reflect on what aesthetics interact with theory of Literature, art and cultural studies in the cross field of view; create aesthetic discourse with Chinese characteristics in the dialogue and communication between China and the west; understand the modern transformation and contemporary value of Chinese aesthetic spirit in the historical and cultural context; explore the construction of contemporary aesthetic theory in the genealogy of contemporary disciplinary knowledge. This meeting is to look forward to the future trend of Chinese aesthetic construction.

Keywords: Chinese Aesthetics Annual Conference; Aesthetics; Theory of Literature and Art; Art; Fusion of Horizons

· Translation of Classical Text ·

Abstract: Derrida renews and refines the materialist critique of the traditional platonic-idealist position that truth exists apart from and above signification in language, which is considered a merely derivative supplement to the true idea present in the mind or logos. Plato, in *The Phaedrus*, describes logos as "the Father" and "King" to suggest its authority in relation to writing, which should obediently represent truth but which can also lead truth astray. This was Plato's quarrel with the Sophists, who taught youth to use language to argue points without training them in proper reasoning. Only when ideas are present is there truth, and without true ideas the techniques of representation such as memorizing passages in order to repeat them are the bearers of falsehood. This is why Plato uses an ambivalent word — pharmakon, which means both poison and cure — as a metaphor for writing. Writing endangers true ideas by offering a simulacrum of truth that need not contain true ideas, yet it is an addition or supplement to true ideas that allow them to be communicated.

Keywords: Plato; *Phaedrus*; Speech; Writing; Pharmacy

· Book Reviews ·

Abstract: The emergence of Digital Humanities means that the way of constructing knowledge system has gradually changed. In this set of book reviews, we selected some representative works which put digital technology in the context of philosophy, literature, archaeology, sociology, pedagogy and other traditional humanities for critical reflection in the field of Digital Humanities. These Digital Humanities scholars take an interdisciplinary and objective perspective to face the huge impact of digital technology, and uncover the opportunities and difficulties faced by traditional humanities in the digital era. They explored the digital technology defects and solutions of traditional humanities to seek the future development direction between digital and humanities, and reassess the influence of digital technology on the humanistic spirit. They hoped to provide some thoughts on how to explore the world and wisdom more purely in the huge wave of information on the Internet.

Keywords: Digital Humanities; Modern Technology; Literature; Aesthetics; Reading

Translation and Comparative Literature *By Li Panpan et al.* / 245

Abstract: Translation plays an important role in comparative literature because of its communication. The politics, science and literature makes the translation studies come into being some new field. The book takes the representative works about translation and comparative literature to comment. It is to grasp the new trends and provide an extensively translational platform. The original authors serves some point of views, which are the post-colonialism, the further human exploration in the process of translation and interpretation, the refection on the development path of translation theory from the development state of African Atlantic literature, Post-modern drama criticism and translation, the cultural shift in translation studies and the comparative literature in the age of multimedia, and so on.

Keywords: Translation Study; Cultural Study; Hermeneutic Circle; Post-colonialism; Literature Theory and Translation Study

《跨文化研究》稿约

《跨文化研究》（*Transcultural Studies*）系北京第二外国语学院文学院（跨文化研究院）主办的综合性学术集刊。其主旨是瞩望人文，学宗博雅，故拆解古今中西樊篱，汇通人文，“六艺”兼容；立足语言文学，却无学科本位，尝试将文学、历史、宗教、哲学、语言融于一体。顾名思义，本刊广邀善士，拜约各方，祈求文化间性研究、文化交往性研究、文化超越性研究的前沿学术成果，期待并培壅既有古典根荄又富当代意识的学术情怀。

《跨文化研究》力求每辑聚焦一个领域，烘托一个主题，突出中国问题意识、中国解决方法和中国学理构建。在“学无中西”的全球化视野下，本刊以“中国学子”作“世界学问”为仰望的境界。在“学科通串”的现代人文转向趋势中，本刊以“综观全局”且“细察幽微”为治学的状态。本刊常设“经典论绎”“经典导读”“异邦视野”“文论前沿”和“新著揽英”等栏目，且不对作者的文字篇幅、研究领域、治学方法做刻意的限制。本刊每年出版 2 辑，春季 4 月和秋季 11 月为发稿时间。

如蒙慷慨赐稿，敬请了解并遵循如下约定：

1. 所投稿件须是没有公开发表过的新作；

2. 在大作的最后一页上注明您的供职单位、研究方向，且留下电邮地址；

3. 文稿用 Word 文档常规格式，标题用宋体 3 号字加粗、居中，作者署名用 4 号楷体、居中，正文一级标题用 4 号宋体、加粗，独立引文用楷体、上下空 1 行，正文用 5 号宋体，全文 1.5 倍行距；

4. 论文请提供中英文摘要 200 个字符，关键词 3—5 个，论文题目英译、英文摘要和关键词置于文末。

5. 注释用页下注，每页重新编号，编号用数字带圈；其要件和顺序例示如下（未尽之处，敬请参阅新一期样刊）：

①陈恒：《希腊化研究》，北京：商务印书馆，2006 年，第 26 页。

②包向飞：《宽广的反讽》，载《文化与诗学》，北京：北京大学出版社，2013年，第160—172页。

③Erich Auerbach, *Dante*: *Poet of the Secular World*, trans. with an introduction by Michael Dirda, New York: New York Books, 2001, p. 42 (or pp. 42 -46).

④William Franke, "Metaphor and the Making of Sense," *Philosophy & Rhetoric*, 2 (2000), pp. 137 -153.

6. 参考文献要件和顺序例示如下：

包向飞：《宽广的反讽》，载《文化与诗学》，北京：北京大学出版社，2013年。

陈恒：《希腊化研究》，北京：商务印书馆，2006年。

让-皮埃尔·韦尔南：《古希腊神话与悲剧》，张苗等译，上海：华东师范大学出版社，2016年。

Blumenberg, Hans, *Höhlenausgänge*, Frankfurt am Main: Suhrkamp, 1989.

Pavesich, Vida, "Hans Blumenberg's Philosophical Anthropology: After Heidegger and Cassirer," *Journal of the History of Philosophy*, 3 (2008), pp. 421 -448.

7. 如蒙赐稿，请将大作发至 kuawenhuayjy@ bisu. edu. cn。

8. 如果有必要寄送纸质版，请寄：100024，北京市朝阳区定福庄南里1号北京第二外国语学院文学院（跨文化研究院）；联系人：杨老师、胡老师。

9. 本刊采用匿名评审制。大作一经发表，即奉微薄稿酬。由于编辑部人手有限，来稿一般不退还，也不奉告评审意见。

《跨文化研究》编辑部

图书在版编目(CIP)数据

跨文化研究. 2019 年. 第 2 辑 : 总第 7 辑 / 王柯平,
胡继华主编. -- 北京 : 社会科学文献出版社, 2020.2
ISBN 978-7-5201-4887-0

Ⅰ.①跨… Ⅱ.①王… ②胡… Ⅲ.①文化交流-文
集 Ⅳ.①G115-53

中国版本图书馆 CIP 数据核字（2019）第 301429 号

跨文化研究　总第 7 辑（2019 年第 2 辑）

主　　编 / 王柯平　胡继华

出 版 人 / 谢寿光
组稿编辑 / 刘　娟　祝得彬
责任编辑 / 张　萍
文稿编辑 / 何　丹

出　　版 / 社会科学文献出版社 · 当代世界出版分社（010）59367004
地址：北京市北三环中路甲 29 号院华龙大厦　邮编：100029
网址：www.ssap.com.cn
发　　行 / 市场营销中心（010）59367081　59367083
印　　装 / 三河市龙林印务有限公司

规　　格 / 开　本：787mm×1092mm　1/16
印　张：17.75　字　数：299 千字
版　　次 / 2020 年 2 月第 1 版　2020 年 2 月第 1 次印刷
书　　号 / ISBN 978-7-5201-4887-0
定　　价 / 98.00 元

本书如有印装质量问题，请与读者服务中心（010-59367028）联系